櫻井義秀・外川昌彦・矢野秀武 編著

アジアの社会参加仏教

政教関係の視座から

現代宗教文化
研究叢書
005

北海道大学出版会

はじめに

櫻井義秀・外川昌彦・矢野秀武

1　社会参加仏教（Engaged Buddhism）について

社会参加型の仏教として紹介される〝Engaged Buddhism（エンゲイジド・ブッディズム）〟は、世俗化した市民社会における仏教の社会貢献の可能性として注目されている。ベトナムのティク・ナット・ハンをその名づけ親とし、現代世界ではチベットのダライ・ラマ一四世やインドの不可触民解放を訴える新仏教徒、災害支援や地域開発に取り組む仏教者などが紹介されている。日本では、阿満利麿が早くからこの問題を取り上げて、その社会変革の可能性を論じており（阿満 二〇〇三）、ランジャナ・ムコパディヤーヤは、既存の研究を検証することで、〝Engaged Buddhism〟を日本語で「社会参加仏教」と訳し、次のような定義を行っている（ムコパディヤーヤ 二〇〇五）。

「仏教者が布教・教化などのいわゆる宗教活動にとどまらず、様々な社会活動も行い、それを仏教教義の実践化とみなし、その活動の影響が仏教界に限らず、一般社会にも及ぶという仏教の対社会的姿勢を示す用語」である。

ところで、「社会参加仏教」が様々なかたちで注目されるなかで、現実にはこの用語は欧米の研究者と非欧米の研究者、あるいは運動の当事者などにより多様な意味で用いられている。本書では、そのため対象を特定の事例には限定せずに、アジアの多様な地域社会の文脈に位置づけられた実践例を通して、「社会参加」の視点が切り開く様々な可能性を明らかにしたいと考えている。

その際に指針としたのは、地域研究を専門とする研究者の視点を通して、社会参加仏教とされる各地の事例を、①地域社会や政治状況における社会参加の過程として位置づけ、②その影響の広がりを多様な社会的文脈を通して検証し、③それを通して宗教の社会参加の可能性を明らかにする、という観点である。

ところで、「仏教」、あるいは広い意味での「宗教」が、「社会」に参加するというのは、見方を変えれば、社会の外にある「宗教」が、あらためて「社会」に参加するという意味を持つ。その前提には、私的な「信仰」というかたちで私事化された近代の「宗教」があり、その枠を超える運動として、「社会参加宗教」が想定されているといえるだろう。

「宗教」の社会参加を問うことは、その意味では、近代の市民社会における「宗教」の位置づけを問うことにつながる。しかし、その「宗教」の社会における布置は、国や地域によっても多様であり、とりわけ歴史的・文化的背景も多様なアジアの諸社会では、それをあらかじめ一つの視点に限定して論じることは難しいだろう。そこではじめに、宗教の社会参加に関わる近年の議論から、以下の三つの論点を通して、本書が仏教の社会参加に注目する意図を整理してみたい。

(一) 近代と仏教

これまで、社会参加仏教について、それが二〇世紀に生み出された新しい運動なのか、あるいは仏教に内在する古くからの運動なのかという観点から、一つの議論がなされてきた。たとえば、欧米の研究者の多くは、社会参加仏教を、近代のキリスト教文明に由来する人権や社会的平等などの西洋の概念に触発された運動として捉えている(Queen and King, eds., 1996, King 2009)。具体的には、スリランカのダルマパーラ(一八六四－一九三三)が一九世紀末から展開した仏教復興運動は、植民地下のキリスト教の布教活動に影響を受けた、プロテスタント仏教と呼ばれることになる。

社会参加仏教は、ここでは伝統的な仏教に、近代的な理念が付与されることで生み出された新しい現象とされる。仏教は、もともと現世を否定し、もっぱら個人の解脱を目指す非社会的な宗教であり、西欧近代の宗教運動に触発されることで、初めて社会の解放を目指す運動へと脱皮を図ることになる、とされる。

しかし、仏教が個人の解脱のみを追求する非社会的な宗教だという観点は、それが西洋の歴史から見た偏見にすぎないと反論することは、難しくないだろう。

たとえば、そもそもブッダは、当時の社会的因習であるカースト制度の打破を表明したとされる(e.g. 中村 一九九七)。その後の仏教運動でも、アショーカ王のダンマ(法)による統治や日本の鎌倉仏教など、歴史的にも優れた社会改革の事例が知られている。あるいは、上座仏教圏では、王権による統治と仏教的な社会倫理には密接な関係があり、村落内でも僧院や僧侶は村の教育や福祉などに関わってきた。ティク・ナット・ハンの言葉を引用すると、「仏教は、常に社会参加を行ってきました。仏教は人間の苦難に関わるのだから、あらゆる仏教は社会参加を行っているのです」となる。

しかし、これに対しても、それは近代の理念を、歴史を超えた過去に当てはめた解釈にすぎないのではないか、と問い直すことは可能だろう。仏教が社会参加であるかどうかを議論することは、「仏教」の歴史を超えた本質を問うことにつながる。しかし、「宗教の普遍的な定義は存在しない」というタラル・アサドの言葉に従えば、「仏教」の普遍的な定義についてもまた、私たちが合意を得ることは難しい、ということになるだろう(Asad

1993: 29)。

本書では、アジア諸国の多様な政教関係に目くばりするために、宗教と社会をめぐる境界的な状況に関わる概念としての、社会参加に注目したいと考えている。本書第一章「東アジアの政教関係と福祉」で櫻井義秀が論じているように、ここで問われているのは、特定の宗教者の「社会参加」の思想ではなく、その活動が制度化され、政治過程に組み込まれた社会における宗教の問題である、というべきだろう。そこで、次に問われるのは、近代社会における「宗教」の境界の問題である。

(二)「宗教」の境界

西欧の近代社会をモデルとした世俗化は、後述の「2　宗教の社会活動と政治」のなかで論じられるように、一般に国家と宗教の分離の過程として説明される。近代社会は、政治や経済、教育制度などの多様な社会機能を分化させることで、「宗教」は公的領域から切り離され、私的領域に囲い込まれてゆく。しかし、ホセ・カサノヴァが、「脱私事化」という言葉で説明するように、グローバル化した現代世界では、世界の各地で様々な宗教復興や宗教運動が展開し、公的領域に影響を及ぼすようになっている(カサノヴァ 一九九七)。「脱私事化」とは、個人の信仰などの私的な事柄として「私事化」されたはずの宗教が、再び公的領域へと踏み込んでゆく事態を指しているが、西洋の世俗化モデルだけでは説明のできない多様なアジア諸社会では、この「脱私事化」の過程もまた、それだけ多様な様相を見せている。「仏教」が社会的かどうかを問うことは、ここでは私的な領域としての「宗教」と、それ以外の政治や経済に関わる公的領域という、多様な文脈に置かれた国家や社会の政教関係が、問われているともいえるだろう。

この問題に関連して、仏教への改宗を通してカースト差別と闘ったインドのB・R・アンベードカルは、次のように述べている（Ambedkar 2010: 278）。

宗教は、個人的なものである。それは個人に限定され、その役割は公的生活に発揮させてはならない。それに対して、仏教（ダンマ）は、原理的に、そして本質的に、社会的なものである。

アンベードカルは、私的な領域を超えた「仏教」の社会的な意味づけを通して、現実のカースト差別に対抗するための仏教徒の政治的・社会的運動を組織する。ダリト（元「不可触民」）や少数民族に教育・政治参加の機会を優先的に提供する政府の留保制度などを通して、個人の信条などの宗教的な帰属が、時に社会的・政治的資源とも深く結びつくインドにおいては、それは同時に、極めて政治的な主張にもつながることになる。

あるいは、東アジアの政教関係について櫻井が本書第一章で論じているように、宗教活動への政治介入が強く制限される日本社会では、かえって創価学会のような新宗教が社会的・政治的な影響力を発揮する余地を与えている。他方で、本書第八章「東南アジアの政教関係」で矢野秀武が論じているように、国家仏教庁を持ち、国家介入的な政教関係を持つタイ社会では、個人の苦悩や社会の安寧だけでなく、仏教には、「国家規模の大きな社会をまとめあげる社会秩序の理念」の提供が、期待されているのである。

このように、多様な政教関係を持つ国家や社会を背景にすることで、アジア諸国の社会参加仏教は、その「宗教」の境界的な状況に関わり、それを媒介として積極的に社会に関与しようとする、多様な事例を見ることができそうである。わかりやすく述べれば、同じ社会参加仏教の活動でも、異なる政教関係を背景とすることで、それが信教の自由として保障されることもあれば、政教分離からの逸脱として禁止されることもある。この問題は、三番目の論点に関連する。

（三）市民社会と社会参加仏教

冷戦後の世界の地域紛争では、しばしば宗教がその背景にあることが指摘されるようになった。特に現代の平和構築論では、宗教は国際社会の政治的、経済的な秩序を脅かす主要な要因ともされている（e.g. Boutros-Ghali 1995）。実際、九・一一以降、宗教に基盤を持つテロリズムや各地での宗教紛争が注目され、社会に関与する「宗教」が、必ずしも平和に貢献するとは限らないことが指摘されてきた。このことは、宗教の社会貢献の議論における目的論的な傾向に注意を促す矢野に従えば、時に「反社会性」をも含む多元的な視点が、宗教の社会性を捉えるためには不可欠な方法になるといえるだろう（矢野 二〇一一）。

たとえば、社会参加仏教の議論に大きな影響を与えたとされる、インドのM・K・ガーンディーは、イギリス政府にとっては、大英帝国を解体に導く反逆者ともみなされていた（King 2009: 1-12、外川 二〇一二）。仏教の不殺生戒に触発されたアヒンサーの理念を掲げ、あえて国家の不正な法律にも背くことが、ガーンディーの非暴力運動の方法であったが、そのために ガーンディーは、何度も刑務所に収監されたのである。この点に関連して、インドのパルタ・チャタジーの議論は興味深い。

チャタジーは、植民地支配から独立し、機会や権利の平等な保障という市民社会が成立したように見える開発途上国の多くで、しかし、今もなお格差や政治的抑圧と格闘する様々な現実を指摘し、そのなかで土着の論理に基づく固有の政治領域を通して、人々が権力と交渉してゆく可能性を指摘する（Chatterjee 2004）。伝統宗教の価値を体現し、近代的諸制度の矛盾と対峙するガーンディーは、その典型的な姿として言及されている（Chatterjee 1993: 237-238）。そのチャタジーの視点は、次のカサノヴァの議論との、興味深い対応を見せているといえるだろう（カサノヴァ 一九九七：八七―八八頁）。

私が近代宗教の「脱私事化」と呼ぶのは、宗教が私的領域のなかに割り当てられた場所を放棄して、論争や討議による正当化や、境界線の引きなおしなど、進行中のプロセスに参加するため、市民社会の未分化な公的領域に入っていく、そのプロセスのことである。一九八〇年代には、世界中の宗教が、さまざまな形の公的で集団的な行動の最前線にたっていた。

ここで述べられた「市民社会の未分化な公的領域」とは、公共の利害と個人の自由、公的正義と私的欲求、経済活動の領域と子育てなどの再生産の領域、法と道徳やジェンダーなど、市民社会の多様な争点を形成する境界的な領域を指している。

チャタジーとカサノヴァは、第三世界と西洋世界というそれぞれに異なる現実の位相から、近代的な諸制度に由来しながら、しかし、それによっては解決の困難な葛藤や矛盾に対して、固有の理念や運動を通して社会と交渉する宗教の可能性を指摘する。その市民社会の境界的な領域を通して社会と交渉する宗教という観点は、グローバル化した世界の各地で仏教が社会と切り結ぶ様々な運動が注目されてきた、一つの理由を説明するものといえるだろう。

いい換えると、「宗教」が社会に参加するという観点は、多様な国々の政教関係を背景に持つことで、時に地域紛争をもたらす排他的な宗教運動の要因を説明し、また時に、福祉や災害支援などの積極的な社会参加を可能とする、その制度的・社会的基盤を説明するものといえるのではないだろうか。

2　宗教の社会活動と政治

宗教が社会参加をなすという問題設定は極めて現代的なものであるが、宗教運動と政治、制度としての政教関係において社会参加の内実が規定されていることを社会関係・制度論の水準で理解しておくことが必要である。

（一）政教関係の制度

歴史的には古代・中世の諸宗教は王権（皇帝から首長まで）と融合するか（神権国家）、宗教が権力的に支配される関係が主であった。しかし、近代に入ると一六四八年のウェストファリア条約以後、教会の所領が王侯に割譲され、カトリック側とプロテスタント側に分かれた王国・諸侯国が国際秩序をめぐって争うような宗教戦争は終結した。この世俗化（secularization）の流れのなかで、ヨーロッパ諸国において国家が教会と政教条約（コンコルダート）を結び、公認宗教制か政教分離の関係を確立するようになる（松嶌 二〇一〇）。こうした政教関係は王権と教会との勢力争いや交渉の長いプロセスの過程で構築されてきた制度である。

日本のように信教の自由（個人的な信仰の自由と組織としての宗教活動の自由）が法律的に保障され、宗教活動に政治的介入が認められない社会もまた、数ある政教関係の一つの類型であって、民主主義の進展の度合いという規範的な観点でのみ政教関係を捉えられないことは留意しておきたい。しかも、日本の憲法や宗教法人法に規定された現在の政教関係は戦前のそれとは断絶しており、宗教側と政治体制による交渉の過程を欠落させたものであるために、信教の自由と社会秩序のバランスに関するコモンセンスが形成されてこなかった。その結果として、組織的な宗教活動の自由が個人の信教の自由を圧迫する事態が、殉職した自衛官の遺族が護国神社での合祀に反対した訴訟やカルト団体の元信者による損害賠償請求訴訟において明らかになり、司法や行政の限界を露呈している。

(二) 宗教運動と政治的機会構造

宗教的才覚に恵まれた人物が特定の宗教文化から独自に教説を編み出して信奉者集団を形成し、既成教団や体制との協調的ないしは対抗的な関係において教勢を拡大していく動きが宗教運動となる。宗教研究では教祖のカリスマや教説の独自性、信者集団の組織化に注目するが、そもそも宗教運動そのものが体制下で許容されているか否か、許容されているにしてもその程度が問題である。王権の統制力が弱体化しているか信教の自由が保障されているか、いずれかの時代や地域に条件づけられて宗教運動が成長する社会的空間が生まれる。

日本には自然物や祖霊を崇拝する自生的な宗教文化に儒仏道の三教を加えて多様な宗教文化が形成され、明治以降は信教の自由が認められたためにキリスト教の宣教が活発化し、民俗宗教からも多くの新宗教教団が生み出されてきた。しかしながら、明治政府は統制的な宗教政策を実施し、国体と天皇の崇拝を祭儀とする体制(天皇制イデオロギーや「国家神道」などとして論じられてきたもの)を構築したために、新宗教の多くが教派神道として公認を受けざるをえず、教説や教団形成に規制が加えられた。戦後になって完全な信教の自由が認められるようになると、神々のラッシュアワーとも呼ばれた新宗教運動の隆盛を迎え、世界でも類を見ない新宗教教団の多さと勢力の伸張を見たのである。そして、一九八〇年代以降は、海外からのニューカマーが宗教文化をも移入し、イスラーム、キリスト教会、外来の新宗教が日本の宗教的多様性を倍加した(三木・櫻井 二〇一二)。これが可能となったのは、宗教文化の多様性に由来する新宗教を生み出しやすい文化的土壌に加えて、宗教運動の展開に制限を加えようとする伝統宗教の勢力が弱く、政治体制が非介入の政策を戦後一貫して継続してきたためである。厳格な政教分離が制度として確立し、支配的な宗教文化がなく宗教多元主義的な政策が実施される国では、新宗教が興隆する。その典型がアメリカと日本である。

(三) 比較制度・比較宗教論

政教関係と政治的機会構造によって宗教運動が発展する社会的条件が形成されると考えれば、類似した宗教文化を有する地域・国であっても宗教運動の展開には違いが出るはずである。たとえば、私たちは東アジアの宗教比較をする際に、儒教・仏教・道教、キリスト教、イスラームといった歴史宗教が地域的偏差を伴いながらもそれぞれの地域に土着化していると考え、日中韓の伝統仏教を比べ、在家仏教教団は新宗教として比較の対象から外しがちである。日本では仏教系新宗教が多いが他の国では少ないというのが一般的認識となる。しかしながら、仏教教団の組織原理を宗門における寺院の本末関係とみなすと、台湾の仏教復興運動において中心となった四大仏教と称される中台山・法鼓山・佛光山・慈済功徳会は包括的な財団法人となっており、日本の仏教系新宗教と同じ組織構造を有する。僧侶・尼僧ともに出家者であるが財団の職員的身分を有し、組織を離れて独立した寺院を構えることはできない。日本の新宗教における専従職員のようなものである。

宗教運動が急速に発展し、教団成長を伴う事例には、指導者の強力なリーダーシップ(宗教研究ではカリスマという表現を多用する)、トップダウン型の組織構造、布教・教化活動を効率的に進める組織運営や戦略が存在するが、台湾の四大仏教と日本の新宗教は類似した組織構造を有し、政治的宗教支配が緩和した機会構造の下で急速に成長したといえる(五十嵐 二〇〇六)。

他方、韓国のキリスト教を日本のキリスト教と比べてみると、クリスチャン人口比(韓国約三〇%、日本は約一%)に伴う宣教力や社会的影響力においてあまりに違いすぎることに気づかされる。しかしながら、韓国のプロテスタントにせよカトリックにせよ光復(独立)の時点(一九四五年)では信者人口が日本と大差なかったのであり、一九五〇―七〇年代にアジアの奇跡と呼ばれる急成長を遂げたのである。その社会的要因に着目してみるならば、南北分断・朝鮮戦争後の混乱期における価値観や所属集団への希求や都市化による故郷喪失者の増加といった日本の戦後に似た状況が指摘されよう。また、韓国のキリスト教会の組織構造を見るならば、一〇分の一献金による自活教会、信者による宣教、早天祈祷・査経会など集会の重視、セルチャーチなど小グループ活動の活性化など、日本では伝統宗教よりも新宗教に見られる組織運営や信者の活動形態に似た要素が指摘できる。要するに、日本では戦後に新宗教が成長できた社会空間に韓国ではキリスト教が入り込んで急激な成長を遂げたということであり、宗教運動の社会的機能からいえば、日本の新宗教と韓国のキリスト教は、社会的混乱期から都市化・産業化の社会変動期に価値観と所属集団を提供したという等価の機能を担ったということになる。

ちなみに東南アジアのタイにおいても似たような現象は起きている。たとえば都市新中間層の増加に伴いサンティアソークやタンマガーイなど、新たな教理解釈を有した新興の仏教団体が一九七〇年代に台頭した。両団体は国家が組織化したタイ国サンガ(僧団)の枠組みとの関係において、自らの立ち位置を決めている。たとえば、前者は既存のタイ国サンガの組織から離脱し政治活動なども展開し、後者はタイ国サンガに内棲しつつ、日系新宗教の組織運営方法を積極的に取り入れ独自の全国的な大規模組織(外国の支部も多い)を構築した。しかし、いずれもタイ社会において新宗教とはみなされていない。一方、これらの団体に匹敵するような独自の教理や実践を持った、いわゆる新宗教的な団体はタイでは現れていない。

以上、宗教を比較する場合に伝統宗教・新宗教という枠をそのまま適用することには難があることを示せたかと思う。同時に、宗教の社会的活動を比較するためには、当該の宗教運動がその社会でどのような社会的機能を担うことが政治的機会構造で許容され、一般市民に期待されてきたのかを比較検討することも重要である。

3　アジアの政教関係と国家の介入

社会参加仏教の特質として政治状況への参加や、市民社会の未分化な公的領域への参加といった、宗教と政治をめぐるいくつかの境界状況が指摘される。しかし、ここで十分に考慮しなくてはいけないのが、社会参加仏教の展開しているアジアの国々の多くには、市民社会の形成過程や政教分離のあり方にも、西欧近代とは異なる多様なかたちがあるという点である。

ただしこの状況は、アジア諸国に限られたものではない。世界各国の国家介入的政教関係の度合いや特質を調査し比較した、政治学者ジョナサン・フォックスによるＧＩＲ(Government Involvement in Religion)研究において示されているように、宗教への国家介入のない国は意外と少なく、フランスやアメリカのような政教関係を持つ国は、おおよそ世界各国の約三〇%である(Fox 2008: 48, 79)。もっとも、政教分離が厳格なかたちでなされて「いない」としても、その国独自の文脈において、政治と宗教、国家と宗教集団の区分がなされ、その区分をふまえたうえで両者が緊密に関わる近代の政教関係が構築されている。

そのような多様な政教関係を持つ国々のなかには、国家が特定の宗教や宗教団体をサポートするようなケースもあれば、強度の世俗主義ゆえに宗教への介入を行うケースもある。政教分離的な要素の強い社会を前提にした宗教研究の諸理論は、時としてこれらの国々の実態にそぐわないことも多いと思われる。本書では、こういった点をもふまえつつ、社会参加仏教の可能性を問うてみたい。

(一)　国家が掲げる宗教的理念

まず第一に、国家が自ら宗教的活動の一翼を担っている状況があるということである。これは何も宗教的な原理主義国家に限られたものではない。タイやインドネシアなど、国家の体制理念の一部に宗教的観念が組み込まれ、行政活動の一環として宗教関連事業を展開しているケースもあるし、中国のように当初は反宗教的な強硬な共産主義思想を抱えていた国が、儒教的な理念を統治体制に組み込み始めるといった動きもある。いずれにしても私的な(もしくは村落などにおける)宗教実践とは区別された、国家規模の公的な宗教的なるものの領域がある状況といってもよい。そこでは、一方で公的宗教にそぐわない私的な宗教を抑圧する傾向も見られるが、他方で国家が掲げる体制的な宗教観念や実践を、上から押しつけるだけではなく、地方の下からの諸実践を吸い上げて全国展開するといったダイナミズムを有することもある。それは市民社会の論理と矛盾を抱えつつ接続する可能性を持ちうる。

(二) 世俗主義による宗教への介入

第二に、逆に世俗主義の国家が様々なかたちで政教関係に強く介入するようなケースも存在する。特に共産主義を国是として掲げる国々でそのような傾向が見られた。もっともこの点は、国家と宗教集団の衝突という面だけでなく、宗教の社会参加が、共産主義や社会主義の思想や制度とのあいだにつむぎ出す協働や共闘なども含め、多様な交渉のあり方を捉える必要があるだろう。しかも、共産主義・社会主義、社会参加仏教の運動の双方が、それぞれのグローバルな戦略を用いることにより、国家内だけではない多元的な交渉過程が生じる可能性があるという点も注目しておくべきである。

また植民地政府による宗教カテゴリーの使用が、その対象となる宗教集団を実体化・自律化させたという点も見落としてはならない。

（三）宗教の公的役割をめぐる諸解釈

第三に考慮すべき点は、「市民社会の未分化の公的領域」といった政治状況に参入するタイプの社会参加仏教は、各国の宗教的な体制理念（もしくは、反宗教的な体制理念）から、陰に陽に影響を被るという点である。たとえば、宗教が公的なものとして存在する社会では、公認された諸宗教が社会に積極的に関わるという事象は折り込み済みのものといえよう。そこでもし、社会参加仏教が政治的・経済的権力集団と衝突・交渉するといったかたちで政治状況に参入するとするならば、そこで行われているのは、世俗と宗教の対立ではなく、宗教の持つ公的役割（社会秩序観）の諸解釈間の対立であるということである。市民社会が未成立の状況において、宗教的な土着の論理と領域において、権力と交渉し、社会が抱える矛盾と格闘するというチャタジーの議論は、そういった点からも読み込むことができるのではないだろうか。

ただしそのような衝突・交渉は、市民社会への扉を開く可能性もあれば、別種の宗教的ナショナリズムとして展開するケースもありうるだろう。もしくは、宗教的な理念を基盤にしつつ市民社会の理念をも取り込むといった、新たな国家形成の試みを目指す者たちもいるだろう。国家から独立した、市民社会的な近代理念を持つ宗教団体が、世俗主義社会と国家に対し挑み交渉を行うといったモデルでは、扱いきれない現象がそこにはある。

社会参加仏教の可能性を問うには、アジア社会の現実から問いを発し、論を組み立てねばならない。そこでは政教分離と世俗化、およびその帰結である宗教の私事化だけでなく、脱私事化（少なくともカサノヴァの公共宗教論が規範的に重視するような、宗教者や宗教団体が国家や政党と結託せずに公的討議の場に参入するといった種類の理想的な脱私事化）にも、ストレートに結びつかない場合を想定しておくことが、必要ではないだろうか。

本書では、こういった点からアジア諸国の政教関係の基礎情報を提供し、加えて政教関係のコンテクストをふまえ、社会参加仏教の考察を試みる。

4　本書の概要

第Ⅰ部　東アジア

第一章「東アジアの政教関係と福祉――比較制度論的視点」(櫻井義秀)では、宗教が社会的領域においてケアやサポートの役割を担い、公共的課題に関わる歴史的・社会的条件を明らかにするべく、日本、韓国、中国、台湾、香港の東アジア五カ国・地域について宗教文化、政教関係、宗教による社会事業・福祉的活動を概説する。東アジア諸国は社会福祉において共通の課題を抱え、その解決のために様々な社会集団にケアやサポートを委ねたり、行政と連携したりせざるをえない時代に移行しつつある。韓国・台湾・香港では宗教による社会事業が継続的になされる一方で、日本は政教分離の政策から、中国では宗教管理の政策から世俗化が進行しており、政府は宗教団体が公共的空間に参入することに制限を設けている。

第二章「近代日本の政教関係と宗教の社会参加」(小島信之)では、日本型政教関係の成立を明治期における神道国教化政策の挫折と神道の非宗教化(皇室祭祀と教育勅語による国体のイデオロギー化)から説き起こして、大日本帝国憲法の下で諸宗教が国家の総動員体制に巻き込まれる局面と独自の活動領域を確保した局面を描出し、あわせて戦後の宗教法制の成立までを丁寧に跡づける。近代の日本宗教は戦前戦後一貫して公共空間への参画に制限を課されたために、戦前は翼賛や皇道主義、戦後は福祉・社会支援の領域で社会参加することになった。

第三章「妹尾義郎と新興仏教青年同盟の反戦・平和運動」(大谷栄一)では、近代日本の公共空間における仏教徒の社会参加の特徴と通史を概観し、昭和前期における妹尾義郎と新興仏教青年同盟の反戦・平和運動の事例を分析する。仏教改革運動の特徴を持つ明治中期の反省会、新仏教運動、大正期の国柱会、昭和前期の新興仏教青年同盟がそれぞれの立場から社会的サービス型、政治的アクティビズム型の諸活動を通じて社会参加していたことを描出する。

第四章「現代中国の宗教文化と社会主義」(長谷千代子)では、改革開放政策により急速な経済発展を遂げる現代中国において、イデオロギーとして国民統合の機能が弛緩し始めた共産主義に代わり「儒教」や「中華民族」が国民統合の理念として復興してきた状況を、中国の宗教政策や民間における仏教復興の現象から考察する。そして、費孝通がいう「中華民族多元一体格局(多民族が多元にして一体となっている中華民族の構造)」のように漢民族と五五の少数民族の平等と統合を謳う中華民族という民族概念はつくれても、中国的な儒仏道の三教に一体化しないイスラームとキリスト教の処遇には管理と排除が残ることを指摘する。

第五章「チベット問題をめぐる宗教と政治――ダライ・ラマの非暴力運動との関わりから」(別所裕介)では、現代中国の不可分の領土とされたチベット自治区の民衆運動と亡命自治政府におけるナショナリズムの中核にありながら、非暴力・不殺生による交渉によってチベットの高次の自治を主張してきたダライ・ラマ一四世の宗教・政治理念を考察する。自治政府とチベット自治区やネパールへ亡命したチベット民衆の「自由」への希求は僧侶の焼身自殺を伴うほど激しさを増しており、習近平がいう「中華民族の夢」には中国政府による民族・宗教統制とそれに伴う葛藤が渦巻いていることを示している。

第六章「戦後台湾の社会参加仏教――佛光山を事例に」(五十嵐真子)では、一九六七年の創設以来台湾の内外に多数の別院・道場、大学、文化施設を擁する佛光山の発展過程を、開祖である星雲法師の行跡からたどった。台湾では斎教と呼ばれる民間信仰と習合した在家仏教が主流であったが、大陸から移入された「人間(じんかん)仏教」を布教する過程で従来の寺院仏教にはない布教・教化・社会事業に好適な法人組織を生み出し、教団組織に奉職した宗教的情熱と社会奉仕を志向した尼僧に活躍の場を提供することでさらに発展飛躍したものである。

第七章「韓国の政教関係と社会参加仏教の展開」(李賢京)では、国民の約三割が熱心なキリスト教徒である韓国の宗教を概観し、建国期の李承晩、軍事政権期（朴正熙・全斗煥・盧泰愚）、民政期（金泳三・金大中・盧武鉉・李明博）といった歴代大統領ごとの宗教政策を解説する。基本的には大統領自身のキリスト教への傾倒やキリスト教会を政権基盤にするねらいからキリスト教に便宜を図り、仏教や新宗教が冷遇された。しかしながら、一九九〇年代以降の仏教界から各種の社会参加を重視する「参与仏教運動」が起こり、加えて、個人の省察や癒やしを求める「作福仏教運動」が展開されるようになった。

第II部　東南アジア

第八章「東南アジアの政教関係――その制度化の諸相」（矢野秀武）では、インド亜大陸と中国大陸のあいだに位置し、古来より多様な宗教が伝播してきた東南アジアの政教関係を概説している。東南アジアは宗教的ないしは文化的に多様であるが、その多くの国で宗教は公的な要素を帯びたものとして位置づけられ、国家主導による政教関係が形成されてきた。そのような政教関係を理解するには、宗教団体の組織化・制度化のあり方、宗教的多数派と少数派の関係、植民地政府や抑圧的な政府への異議申し立て、社会主義政権と伝統的な王制の関係といった四つの点に留意することが必要である。また社会参加仏教の活動もこのような政教関係の影響を受けつつ展開している点について論じている。

第九章「タイにおける国家介入的な政教関係と仏教の社会参加」（矢野秀武）では、タイの政教関係について国家行政の視点から捉える試みを行っている。世俗化や私事化あるいは脱私事化・公共宗教といった宗教社会学で一般的な概念は、西洋的な政教分離を前提にしており、国家が宗教の支援や統制といった強い介入を行っている東南アジアの国々（さらには戦前の日本）のような政教関係を捉えるにはあまり適していない。本稿では、この点について、タイの近現代政教関係をモデルとしながら、他国の事例にも汎用性のある概念を提供することを試みる。

またそのような政教関係との関わりのなかで、開発僧やオルターナティブな仏教実践等を位置づける。

第一〇章「タイの『開発僧』と社会参加仏教」(櫻井義秀)では、タイにおける社会参加仏教の一つのかたちとして注目されてきた「開発僧」の役割が終わりを迎えつつあるといった議論がなされている。一九六〇年代末頃から一九九〇年代にかけてのタイでは官民それぞれの視点で開発推進が重視されてきた。しかし一九九〇年代から農村の経済水準が上昇し、消費社会化が進み、農民たちは開発よりも政治的な社会参加を求めるようになった。しかしこれは、一方で国民的な共通価値の形成を困難にし、他方で国家制度の枠内にとどまるサンガでは対応ができないといった状況を生み出している。

第一一章「ミャンマーの社会参加仏教――出家者の活動に注目して」(藏本龍介)では、ミャンマーにおける出家者の社会参加活動として、政治的活動、世俗的サービス(占いやまじない等の現世利益サービスと、僧院学校における世俗教育)、仏教的サービス(瞑想指導・教義解説)を取り上げ概説している。ただしこれらの社会参加活動に従事する出家者は少数派である点、および出家者の社会参加実践は、出家者の聖性を損なうジレンマを有している点を指摘している。またそのジレンマを克服する試みも取り上げられている。(なおミャンマーとビルマ、いずれを日本語の国名表記として使用すべきかといった議論がある。本書ではこの点について十分な議論はできないが、便宜的にミャンマーで表記を統一した。)

第一二章「ベトナムの政教関係――戦争と社会主義の下で」(北澤直宏)では、政治や国家との関わりのなかでその活動形態をかたちづくってきたベトナムの宗教について、歴史的変遷を追いつつ解説している。まずベトナム戦争時代の混乱のなかで、政治的活動を展開する僧侶や、ティク・ナット・ハンの社会参加仏教の活動が現れた背景を取り上げ、さらに社会主義政権時代における国家が主導権を持った公認宗教制度の展開過程を紹介している。公認化に際しては、宗教集団の統一組織形成や再組織化が国家主導で行われ、社会参加活動も国家の意向を反映したものとなりがちな点が指摘されている。

第一三章「インドネシアの政教関係と仏教の展開」(蓮池隆広)では、仏教が少数派である場合の事例を取り上げている。イスラームが多数派を占めるインドネシアでは、仏教の公認化に際し、建国五原則「パンチャシラ」の一つ「唯一神への信仰」という規定に即して教義を調えることが必要とされた。また仏教集団は反共政策との関わりから華人に関する文化的・社会的資源を活用できず、華人仏教の特質を排除した仏教を形成する必要にも迫られた。少数派宗教の仏教の教義や活動は、このように国家政策から大きな影響を被ってきた。そのような背景もあってか、社会参加活動などの面でインドネシア社会への影響力は強くはない。なお儒教の公認化についても触れられている。

第Ⅲ部　南アジア

第一四章「南アジアの政教関係――宗教とセキュラリズムの相克」(外川昌彦)では、特にイギリス植民地時代に英領インドを構成した、今日のインド、パキスタン、バングラデシュを中心に、宗教人口と政治体制の概況を対比的に概観している。南アジア諸国の政教関係の特徴として、地域言語や民族文化の多様性とあわせて、地域社会の文脈に応じて、多元的な宗教文化や帰属集団が重層的に構成されてきた歴史的な背景が指摘され、同時に、このような地域的な多様性や文化的な重層性を持つ南アジア世界で、イギリスの植民地統治とそれに対する民衆運動を通した複雑な政治過程によって、今日のような南アジア諸国における多様な政教関係が形成されてゆく経緯が検証される。

第一五章「スリランカの民族紛争と宗教――ソーシャル・キャピタル論の視点から」(田中雅一)では、二六年に及ぶ内戦状態が続いたスリランカにおいて、シンハラ・ナショナリズムを通して少数民族を抑圧した仏教僧集団などの排他的な活動を、「ソーシャル・キャピタルとしての宗教」の視点から検討する。イスラーム教徒を仮想敵とみなすことで、排他的で強固な集団を生み出す結束型のソーシャル・キャピタルの問題を指摘し、カリスマ的な指導者である政治家との癒着やパトロン‐クライエント関係に基づく党派政治、戦闘集団への動員などの事例を通して、既存の「ソーシャル・キャピタル」論の再検討の必要性を明らかにする。少数民族への弾圧を通した国民の結束のような「負のソーシャル・キャピタル」を超えた、暴力の被害者と加害者とを架橋するような、ケアの実践の可能性が指摘される。

第一六章「近現代インドの仏教に見る『社会性』――B・R・アンベードカルの仏教解釈から現代インドの仏教改宗運動まで」(舟橋健太)では、インドにおける「社会参加仏教」の代表として挙げられる、B・R・アンベードカル(Bhimrao Ramji Ambedkar、一八九一―一九六五)による仏教改宗と、そのアンベードカルの遺志を継いで行われている、現代のダリト(元「不可触民」)による仏教改宗運動の事例が検証される。特に、現代インドの仏教運動の嚆矢としてのアンベードカルにおける仏教解釈の意義と特徴が検証され、インドの社会政策としての留保制度の恩恵を受けて登場するエリート・ダリトに注目することで、現代インドにおけるダリト運動や仏教改宗運動の諸活動を「社会性」の観点から検証する。

第一七章「バングラデシュの政教関係とマイノリティ仏教」(外川昌彦)では、バングラデシュの国民の約九割を占めるムスリム人口が信奉するイスラームと、一九七一年のパキスタンからの独立戦争において国民を統合した世俗的ナショナリズムの二つの理念を通して、バングラデシュにおける宗教と政治の関係を概観する。特に、セキュラリズムを掲げる独立後の憲法や、その後の多様な政権によるイスラーム化の推進など、個々の政治過程における宗教政策の変遷が検証され、そのなかで圧倒的なマイノリティである仏教徒社会が、どのようにその独自性を保持し、メインストリーム社会と交渉し、その独自の役割を通して社会に参加してゆこうとするのかを検証する。

第一八章「政治的締めつけと文化的創造力――ネパール在住チベット難民ポップ歌手と仏教」(山本達也)では、ネパールにおけるチベット難民社会におけるチベタン・ポップを、音楽を通した仏教的な社会実践の事例として検討している。特に、大国である中国とインドに隣接する多民族・多宗教社会としてのネパール社会において、厳しい政治状況に置かれているチベット難民社会が、チベット・イメージと結びついた観光産業を背景とすることで、アイデンティティを振りかざして問題解決に立ち上がるような政治運動とは異なるかたちで、静かにその宗教的世界を拡大させてゆく可能性が論じられている。

＊＊＊

なお、本書は、「宗教と社会」学会の創立二〇周年を記念して企画されたシンポジウムの成果の一部である。海外をフィールドとする研究者が日本の研究者と連携し、宗教学や文化人類学、社会学などの関連諸分野の研究者が世代を越えて議論を共有する場を目指して企画されている。本書の試みの成否は読者の判断に委ねる他にないが、アジアの諸社会の宗教と社会についての、制度的な研究分野の枠を超えた活発な議論を共有してゆくための、一つのきっかけになればと考えている。読者からの、コメントや助言をいただければ幸いである。

参考文献

阿満利麿、二〇〇三、『社会をつくる仏教――エンゲイジド・ブッディズム』人文書院。
五十嵐真子、二〇〇六、『現代台湾宗教の諸相――台湾漢族に関する文化人類学的研究』人文書院。

稲場圭信・櫻井義秀編、二〇〇九、『社会貢献する宗教』世界思想社。

大谷栄一、二〇一二、『近代仏教という視座——戦争・アジア・社会主義』ぺりかん社。

カサノヴァ、ホセ、一九九七、津城寛文訳『近代世界の公共宗教』玉川大学出版部。

外川昌彦、二〇一二、「想起される『ガンディー』——パルタ・チャタジーの市民社会批判とマハトマ・ガンディーにおける非暴力思想の形成」国立民族学博物館『国立民族学博物館研究報告』三六巻二号、一八一—二二六頁。

中村元、一九九七、『中村元選集5　インド史Ⅰ』春秋社。

松嶌明男、二〇一〇、『礼拝の自由とナポレオン——公認宗教体制の成立』山川出版社。

三木英・櫻井義秀編、二〇一二、『日本に生きる移民たちの宗教生活——ニューカマーのもたらす宗教多元化』ミネルヴァ書房。

ムコパディヤーヤ、ランジャナ、二〇〇五、『日本の社会参加仏教——法音寺と立正佼成会の社会活動と社会倫理』東信堂。

ムコパディヤーヤ、ランジャナ、二〇一一、「社会参加と仏教」末木文美士編『新アジア仏教史15　現代仏教の可能性』佼成出版社。

矢野秀武、二〇一一、「『宗教の社会貢献』論から『宗教研究の社会的マネジメント』論へ」「宗教と社会貢献」研究会『宗教と社会貢献』一巻二号、四九—七一頁。

Ambedkar, Babahasheb, 2010 [1957], *The Buddha and His Dhamma*, Samyak Prakashan.
Asad, Talal, 1993, *Genealogies of Religion: Discipline and Reasons of Power in Christianity and Islam*, The Johns Hopkins Univeristy Press = タラル・アサド、二〇〇四、中村圭志訳『宗教の系譜——キリスト教とイスラムにおける権力の根拠と訓練』岩波書店。
Boutros-Ghali, Boutros, 1995, *Supplement for an Agenda for Peace* (Position Paper of the Secretary-General on the Occasion of the Fifth Anniversary of the United Nations): A/50/6-S/1995/1, 3 January 1995, United Nations, Dept. of Public Information.
Chatterjee, Partha, 1993, *The Nation and its Fragments: Colonial and Postcolonial Histories*, Princeton University Press.
Chatterjee, Partha, 2004, *The Politics of the Governed: Reflections on Popular Politics in Most of the World*, Columbia University Press.

Fox, Jonathan, 2008, *A World Survey of Religion and the State*, Cambridge University Press.
King, Salli B., 2009, *Socially Engaged Buddhism*, University of Hawai'i Press.
Queen, Christopher S. and King, Salli B., eds., 1996, *Engaged Buddhism: Buddhist Liberation Movements in Asia*, State University of New York Press.

目次

第Ⅲ部　南アジア

第Ⅰ部　東アジア

第一章　東アジアの政教関係と福祉

――比較制度論的視点――

櫻井義秀

一　はじめに

錯綜する〝Engaged Buddhism〟論

Engaged という言葉は、サルトルがフランス語のアンガージュマン(engagement)で表現した人間の生き方やあり方そのものを意味し、自分の意思で社会参加や政治参加していくことで自己を形成するという行動の哲学である。したがって、〝Engaged Buddhism〟という概念をめぐる議論において、仏教は本来社会的性格を有していたかどうか、今日どうあるべきなのかといった教団としての仏教論はアンガージュマンの本旨からずれている。仏教で生きる人間は社会・政治との関わりを持たざるをえないという現代的な現実認識を持った人々の行為・言説が〝Engaged Buddhism〟なのである。その意味で、宗教と社会、教団と世俗権力の関係や宗教による社会事業・活動を一般的に論議する話と〝Engaged Buddhism〟の議論とは一部重なり合うものの、本質的には異なる地平に置かれるべきものと理解されなければならない。

実際に、〝Engaged Buddhism〟の言葉は、著名な禅仏教僧で平和活動家のティク・ナット・ハンが著作 *Viet-nam: Lotus in a Sea of Fire* のなかで初めて用いたといわれている(Thích Nhất Hạnh 1967)。一九六三年にベトナムの僧侶ティク・クアン・ドゥック(Thích Quảng Đức)が、南ベトナムのゴ・ディン・ジェム(Ngô Đình Diệm)政権の仏教弾圧に抗議して路上でガソリンをかぶり、自ら火を付け瞑想に入った。その写真は世界中に報道され、アメリカでは反戦運動に大きな影響を与えた。この事件に啓発された仏教者や批評家は少なくなく、近年の日本でも論評は続いている(阿満 二〇〇三、宮内 二〇〇五)。

現在、〝Engaged Buddhism〟を実践している著名人としては、ノーベル平和賞を受賞したダライ・ラマ一四世や、地域医療推進者にして仏教的社会改革論者、そしてアジアにおけるノーベル賞ともいわれるマグサイサイ賞を受賞したタイのプラウェート・ワシー(Prawes Wasi)やタイを代表する仏教研究者・社会評論家であるスラク・シワラク(Sulak Sivarakusa)が挙げられるだろう。彼らは自分が考えているところのチベット仏教やタイ上座仏教の理念に基づいて社会活動を行っているのであり、チベット仏教やタイ上座仏教が〝Engaged Buddhism〟なのではない。主体は仏教者個人である。ところが、議論の変調が研究者の類型化によって生じてきた。

アメリカのクリストファー・クイーンは編著書、*Engaged Buddhism: Buddhist Liberation Movements in Asia* において、政治活動を通して社会参加を目指す創価学会の政治活動や平和運動を高く評価している(Queen and King, eds., 1996)。仏教の正法思想を具現しようという仏教運動は日蓮の立正安国論に顕著であり、その思想や実践性が明治・大正期の法華系在家教団や国家主義的運動(国柱会)に受け継がれ、戦後は創価学会(二〇一三年で公称八二七万世帯の会員)、霊友会、立正佼成会等が、政党を設立するか(一九六四年に公明党が設立され、党員は約四〇万人)、支持政党や推薦候補者を決めて政治への参加意欲を示してきた。創価学会は現在日本で最も政治参加している仏教団体であることは間違いない。その政治志向の内実をめぐって種々論議があることは措くにしても、教団の政治志向性や社会参加の意思から〝Engaged Buddhism〟を見ていく限り、歴史上、そして現在も大半の宗教団体は〝Engaged Religion〟といわざるをえず、政治的目的達成のために覇権主義的になる宗派主義やテロ行為も厭わない宗教的過激主義もまた典型的な〝Engaged Religion〟となってしまうだろう。実のところ、創価学会ではなく池田大作名誉会長以下の創価学会の会員一人ひとりが〝Engaged Buddhism〟を実践しているかどうかが問題なのであり、選挙活動に学会員を動員する体制としての宗教組織が〝Engaged Buddhism〟であるかどうかといった話は、二重の意味で本来の〝Engaged Buddhism〟の議論からずれていると思われる。

分析の視点

本章では、アンガージュマンを含みとした社会参加仏教あるいは宗教の社会参加ではなく、制度化された宗教の社会参加という問題を見ていくことにする。すなわち、意識化・主体化された近現代的な個人によってなされる宗教的行為とは別に、政治過程に組み込まれたり、今日的な意味での福祉・社会活動の領域で活動することが制度化されたりしている宗教の問題を扱いたいということである。そうすることで個人や個別宗教の実践が〝Engaged Buddhism〟であるかどうかという規範的議論から距離を置いた政教関係の歴史的・比較地域的考察に徹することが可能になる。その意味では、ランジャナ・ムコパディヤーヤによる日本の在家仏教運動(立正佼成会や日蓮宗大乗山法音寺)の研究や海外の〝Engaged Buddhism〟のネットワーク研究とは問題意識が異なる(ムコパディヤーヤ、二〇〇五、二〇〇九)。むしろ、貧困飢餓に苦しむ人々に対する「一食を捧げる運動」や「世界宗教者平和会議」を推進してきた立正佼成会、社会事業や日本福祉大学の創設に力を尽くした法音寺、海外で社会支援を行う「シャンティ国際ボランティア会」など仏教教団に発したNGO間の国際連携に着目するムコパディヤーヤの視点はクイーンに近く、しかも、現代日本において〝Engaged Buddhism〟を研究・実践しようとする仏教系大学や日本仏教界の動向も、日本仏教全体や個別宗派（伝統的宗派と仏教系新宗教ともに含む）の社会参加を論じている。繰り返し述べるが、本章では宗教の社会活動を地域間で比較する際に傑出した宗教者の物語や個人の能動性はあまり問題にされず、制度・組織・関係の構築が主な考究の課題となる。

二　宗教文化の構造と政教関係

二-一　東アジアにおける宗教文化

本章では日本、中国（香港）、台湾、韓国を東アジアの諸国として分析の対象にする。東アジアの宗教文化には、祖先崇拝とシャーマニズムの民俗宗教に加えて儒仏道の三教が伝統的な宗教文化の層をなし、そこに外来宗教としてのイスラームやキリスト教、および新宗教が存在するという点において、異質性より共通性が顕著である。以下では、東アジアの宗教史を概観してみよう。

東アジアの宗教文化はキリスト教とイスラームを除き、中国が宗教文化を揺籃して朝鮮半島や日本に届け、とりわけ日本では仏教が日本固有の神道的な宗教文化と習合して修験道や戒律を重視しない宗派や在家主義仏教運動を生み出したといえる。中国発祥の儒教は韓国・日本において前近代の公定的な政治哲学であり、道教や民俗信仰に由来する卜占・祈願の方法は東アジアにおける宗教文化の基底をなすといってもよい。宗教文化の交流は

図 1-1　東アジア諸国・地域

国や宗教者の強い意志により長期的に継続されてきた。

宗教文化の構造をやや図式的に整理するならば、①宗教文化の基層では地域ごとに儒仏道の三教が独自のやり方で習合して民俗信仰となり、祖先崇拝や巫俗、卜占が日常生活を構成する主要な儀礼となっている（菊池 二〇〇八）。②基層信仰の上位に仏教や道教の宗派、外来宗教の教派による教団宗教が位置し、人々を信者として組織化している。③しかしながら、それらの諸教が政治権力を正当化するほどの権威を持つことはなく、むしろ権力に庇護・許容されながら宗教活動のスペースを確保してきたという意味において、東アジアでは公定宗教・公認宗教に属するものはない。むしろ、政治権力は中国における天の観念や儒教における道徳、あるいは日本における天皇制を補強する伊勢神道のような若干の政治宗教的観念を利用するだけで人々を統治しえたのである。

宗教運動が活発化したときは統治力が弱体化したときであり、それを平定した者が次の王朝を確立した例は、中国における太平道の乱や太平天国の乱に顕著であり、宗教勢力の力が弱ければ、中国・韓国のような廃仏の圧力、日本における一向一揆の制圧となる。また、キリスト教の場合は、中国・日本ともに一六世紀におけるイエズス会の宣教活動を禁止し、日本におけるキリシタンの弾圧はその方法の凄惨さや殉教者の数において突出しており、韓国でも一八〇一年の辛酉教難においてカトリックの司祭・信者を惨殺したが、一九世紀後半になると西欧諸国の圧力により外来宗教として弾圧もできなくなり、信教の自由を認めざるをえなくなったのである。

この後、東アジアの宗教状況は、日本が植民地主義国家として台頭し、台湾を含む中国大陸の一部と朝鮮半島を国土に組み入れることによって大きく変わることになる。すなわち、日系宗教の開拓布教が神道、仏教、キリスト教の各宗派・教派によって行われ、新宗教においても植民地で生活した日本人の宗教として東アジアに拡大していった。この五〇年に及ぶ日本から東アジアへの宗教文化の移動は、日本の敗戦をもって終了した。日本の象徴であった寺社は破壊されたり、現地の様々な施設に転用されたりし、いささかの現地化した新宗教信者を残

表 1-1　東アジアの宗教史概況

	仏教	神道／儒教	道教／巫俗	キリスト教／イスラーム	新宗教／スピリチュアリズム
日本	6，8-10 鎮護国家仏教 11-13 寺社仏教 14- 鎌倉新仏教 17-19 寺壇制度 20 近代仏教・宗派仏教	-19 神仏習合・修験道 伊勢神道 17-19 朱子学・国学 19-20 国家神道・教派神道	10- 陰陽道，修験道，風水 鬼道，卑弥呼 -現代 イタコ，ユタ，拝屋，新宗教の教祖	16 イエズス会・キリシタン大名 17-19 潜伏キリシタン 19-20 宣教と拡大・停滞 20 マスジッド(モスク)	18-19 民衆宗教・新宗教の発生 20 新宗教の隆盛，カルト問題，スピリチュアリティ・ブーム
韓国	6，8-14 仏教の興隆 15 王朝による弾圧 20 再生と興隆	13-19 儒教の隆盛，宋明理学 祖先祭祀・祭礼	祖先祭祀 巫俗，ムーダンによるクッ	18 カトリック 19 プロテスタント宣教 20 プロテスタントのリバイバル，キリスト教徒の反植民地運動，国民の約 3 割に拡大	19 東学(天道教)・反植民地運動 20 日系新宗教，キリスト教系新宗教，スピリチュアリズム
中国	1- 漢訳仏典と学派・宗派の形成，廃仏政策の交代，玄奘三蔵，天台・禅 20 人間仏教，文革による弾圧，中国仏教協会	前 5- 孔子，孟子，儒家思想 12 朱熹(朱子学) 16 王陽明(陽明学) 20 新儒家，共産党による弾圧と再評価	老子，神仙思想 20 正一教・全真教，文化大革命による弾圧と復興，中国道教協会 廟信仰：多数の神々(黄帝・関帝・財神・媽祖(天后)等々)	7 ネストリウス派(景教) 16 イエズス会 19 プロテスタント宣教 20 文化大革命による弾圧，三自愛国教会，中国天主教愛国会，家庭教会興隆 回族・中国イスラーム協会，清真寺(モスク)	2 太平道(黄巾の乱) 19 太平天国の乱 20 法輪功の隆盛と禁止
台湾	19-20 日系仏教宗派の布教，斎教 20 中台山・法鼓山・佛光山・霊鷲山・慈済功徳会による仏教復興		19-20 正一教・閭山派 媽祖廟，行天宮(関帝廟) 尪姨，童乩(霊媒)	19 原住民宣教 20 長老派教会，真耶蘇教会 清真寺(モスク)，外国人労働者	一貫道，日系新宗教
香港	20 寺院・道場・遺骨安置施設	20 新儒家・思想研究	道観 関帝廟，媽祖廟 黄大仙	19-20 聖公会他各教派，教会・慈善団体・NPO 多数 清真寺(モスク)	一貫道

（注）数字は世紀を示す

すのみとなったのである（寺田 二〇〇九）。

太平洋戦争後の宗教文化交流は、中国の国民党が台湾に移転したことに伴う中国仏教の台湾への移入とそこから発展した「人間（じんかん）仏教」の普及と社会事業化が一つの流れとして目につき[1]、中国国内で抑圧の対象となった一貫道が香港や台湾へ、そして日本へ教線を拡大してきたことも注目される。もう一つの大きな流れは、日本と韓国のあいだで日系新宗教による戦後の開拓布教が創価学会を中心に活発化し、韓国では創価学会が一四〇万人を信者にしたといわれている。他方、日本には一九八〇年代以降韓国系キリスト教会の宣教者が来日し、韓国系キリスト教会は日本の停滞する主流派キリスト教から羨望と警戒心をもって受け入れられており、キリスト教系の新宗教である統一教会や摂理といったカルト視される団体は社会問題を起こしている（李・櫻井編 二〇一一）。

東アジアの宗教文化交流は、儒仏道の三教に加えて土着化したキリスト教の宣教や新宗教も交え、今後も活発化するものと考えられる。しかし、中国では未だ宗教団体による自由な宣教や布教が不可能であり、その意味では東アジア諸国約一五億の人々のうち約八、九割方の人々は宗教統制下にあるといえる。

二－二　東アジアの政教関係

政教関係に着目してみるならば、東アジアでは古代より近代まで政治権力から自立しえた宗教団体はなかった。もちろん、仏教では出家者集団が王権から相応の対応を受けていたことは事実だが、政治権力に影響力を行使しうるほどの政治的経済的基盤は持ちえなかった。例外的にチベットにおける宗派の長や日本における中世の寺社や浄土真宗教団が封建領主でもあった。むしろ、政治権力は仏教や儒教（朱子学）を統治の正当化に利用したのである。外来宗教、とりわけキリスト教は近代まで宣教活動が認められなかったために拠点を形成することができず、現代において信教の自由が保障されるまで教勢を拡大することができなかった。新宗教や民俗宗教は権力の支配が及ばない地方や私的領域(村落や家族)において存在を認められたが、中国が淫祠・邪教と呼んだように正統的な宗教文化ではなかった。邪教が社会的空間に存在感を示したときは、政治権力の力が弱まる王朝末期であった。近代までの東アジアの政治は宗教の統制に力を注いだのである。

このようにかなりの共通的基盤を持ちながらも、現在の四カ国(五地域)における宗教の現状には相違点が見られる。これは四カ国における近代化と現体制の成立に歴史的差異があり、政教関係も社会体制に応じて独特なものになったからである。歴史的経緯を見る限り、東アジア四カ国の政教関係は国際的な政治史によって構築されてきたといえる。

四カ国が西欧による開国圧力を受けて近代化政策を始めたのは一九世紀後半からであるが、中国・朝鮮半島において最大の不安定要因が日本の植民地主義であった。日本は一八九四―九五年の日清戦争の後、下関条約によって遼東半島(後に返還)・台湾・澎湖列島の割譲と多額の賠償金を獲得し、一八九五年に台湾総督府を置いた。台湾は一九四五年まで日本統治下に置かれ、その間植民地の産業化と同化政策を受け、日本宗教の開教政策の対象となった。朝鮮半島では一八七六年の江華島条約により日本の資本流入を招き、一八九四年の甲午農民戦争(東学農民革命)では清と日本の介入を招いた。日清戦争後、日本が朝鮮半島に影響力を行使し、一九〇五年の日露戦争後、日韓協約を締結して大韓帝国の外交権を日本が手にして保護下に置き、一九一〇年に韓国を併合した。朝鮮半島でも台湾同様に一九四五年の日本敗戦まで植民地政策・同化政策が行われ、日本の神社・寺院・キリスト教会が教線を延ばしてきた。

殖産興業・富国強兵により脱亜入欧を目指した日本は台湾・韓国を植民地とし、一九三一年の満州事変によって満州を占領した後、一九三二年に満州国を成立させ、満蒙開拓団と称する日本人が入植した。日本は一八六八年の明治維新から一九四五年の太平洋戦争の敗戦まで、国体と皇室の祭祀を核とする「国家神道」政策により国民統合を果たし、急速な近代化政策によって困窮する国民を植民地に入植させるなどして国民国家としての一体性を保つことができた。そして、敗戦により国土は荒廃し、多くの人命が失われたものの国家の一体性・一貫性を失うことはなかった。それどころか、朝鮮戦争の特需で経済復興を果たし、中国が改革開放政策をとる一九七八年まで東アジアにおいて独占的な経済発展を遂げることができたのである。

それに対して、中国・台湾・韓国では日本によって内発的な近代化が阻害され(日本による外発的な産業化をなしえたとしても)、民族と国家的一体性が分断された。中国には共産主義政権が成立し、朝鮮半島は北朝鮮と大韓民国に南北分断され、台湾は国民党政権の成立によってわずか一割の外省人によって九割の本省人が統治されることになったのである。(2) 韓国の経済発展は一九六五年の日韓国交正常化以降の日本からの経済協力を待たねばならなかったし、台湾も一九六〇年代に日本の経済投資を受け、一九七〇年代に韓国とともにＮＩＣＳ(新興工業経済地域)となったのである。中国の経済発展は一九七八年の改革開放以降である。こうした経済発展の遅れは、韓国と台湾で開発独裁政権を生み出し、韓国・台湾とも一九八〇年代末の民主化まで宗教を含む社会の諸団体や個人に対して統制的な政策が持続した。一方、共産党一党独裁を維持しつつ経済開発を進める中国では、今でも宗教団体の活動は政府の統制下にある。日本のように宗教団体が自由に活動できる政治的機会構造の出現は大幅に遅れたために、宗教運動の展開も異なる道筋をたどることになった。

また、後発的な経済開発には、経済特区の設置や安価な労働力によって輸出型工業化を急速に進められる利点がある(韓国・台湾の経済発展のスピードは日本より速く、中国の経済発展は韓国・台湾よりも速い)が、社会資本が経済開発に集中するために地域・社会福祉が遅れる欠点もある。行政でカバーできない福祉・ケアの領域を

表 1-2　東アジアの近代化と政教関係

	近代	現体制	政教関係の変化
中国	1856-60 アロー戦争→天津条約(1857) 1894-95 日清戦争→下関条約 1912 清王朝終，中華民国成立 1927-37 国共内戦 1937-45 日中戦争 1945-49 国共内戦	1949 中華人民共和国成立 1966-77 文化大革命 1978- 改革開放	マルクス主義唯物論，公認宗教制 宗教の抑圧・旧習の打破 宗教文化として保護
台湾	先住民，移民，清朝統治 1895-1945 台湾総督府(日本植民地) 1945- 中華民国	1949 国民党が台湾に移転 1949-86 国民党独裁 1987- 総統直接選挙，自由化	国民党の政策に追従した宗教活動 自由化により4大仏教の活性化
香港	1839-42 アヘン戦争→南京条約，イギリスに香港島割譲 1856-60 アロー戦争→北京条約，イギリスに九龍割譲 1898- イギリスに新界租借	1842- 英国植民地 1997- 中国へ返還，一国二制度	宗教への統制なし，キリスト教優遇
韓国	1876 江華島条約 1894 甲午農民戦争(東学農民革命) 1897- 李王朝が大韓帝国樹立，以後，日本介入 1910 李王朝(大韓帝国)終 1910-45 朝鮮総督府(日本植民地)	1945 光復 1948 大韓民国成立 1950-53 朝鮮戦争 1972-86 朴正煕(パク・チョンヒ)が独裁を確立した維新体制(-1979)と，その後の独裁の期間 1987 民主化宣言，自由化	宗教への統制なし ただし，維新体制とその後の独裁の期間は翼賛団体のみ許容，この間キリスト教成長
日本	1868 江戸幕府終 1868-1945 大日本帝国 1945- 日本国	1868- 一貫して日本政府 1945 太平洋戦争後アメリカ統治を経て，新憲法を施行	明治・大正・昭和初期：宗教統制 戦後：宗教への統制なし

家族やコミュニティによる伝統的な互助協働か、宗教団体による慈善事業で代替する社会空間が生まれるのである。宗教の社会貢献的な活動はこうした需要に対応するものとして発展した。この点に関しては、四カ国の社会福祉政策を比較することによって、宗教の社会参加可能なスペースがより明確になる。

三　福祉制度の確立と多元化

三-一　東アジアの福祉レジーム

福祉レジームという概念は、デンマークの社会学者イエスタ・エスピン=アンデルセンにより提案された福祉の制度的形態を意味する（エスピン=アンデルセン 二〇〇一）。彼は、①就業の有無が福祉的サービス受給の条件になっているか、②福祉サービスが社会的な財の再配分機能を担うか否かに着目して、北欧の社会民主主義（税による福祉サービス重視）、英米のアングロサクソン諸国の自由主義（自助努力重視）、大陸ヨーロッパ諸国の保守主義（社会保険・企業の福利厚生重視）の三形態があることを指摘した。東アジアの諸国は、第二次世界大戦後の国家建設を様々な方向で進めたために社会福祉の制度化が一様には進まず、ケアの領域を家族による扶養に任せてきた。東アジアにおいて宗教団体が社会福祉や地域福祉に参画する社会空間を考えるためには、社会福祉の制度化の遅れと国家ごとの差異を明確に押さえておく必要がある。

社会福祉の制度化にいち早く着手したのは日本と中国である。日本は福祉国家型、中国は社会主義型を目指し

表 1-3　東アジア諸国の社会福祉制度

	社会保障の法的根拠	公的扶助	医療・介護	年金	失業給付	社会福祉団体
日本	1946 年の日本国憲法第25 条生存権，および，戦後の生活困窮者・傷痍軍人等への対応	1946 生活保護法 1949 身体障害者福祉法 1951 社会福祉事業法	1961- 国民健康保険 2000- 介護保険	1959 国民年金法(1961- 国民皆年金)	1947-74 失業保険 1974- 雇用保険	1951- 社会福祉協議会 1948- 民生委員・児童委員 消防団・町内会，NPO
韓国	1963 年の社会保障に関する法律以後，1970—80 年代に制度の充実	1961 生活保護 2000- 国民基礎生活保護制度	1964- 産業災害保険 1977- 健康保険(1989- 国民皆保険)	1988- 国民年金(1999- 国民皆年金)	1995- 雇用保険	1952 韓国社会福祉協議会 1961 人口保健福祉協会 1998 社会福祉共同募金会
台湾	外省人対応(軍人・公務員・教員)の福祉政策が先行し，1987 年以降に充実化	1980 社会救助法(1997 改訂) 1980 障害福利法(1990 改訂) 1993- 中低収入老人生活津貼 1995- 老年農民福利津貼	1950 労工保険 1953 軍人保険 1958 公務員保険 1995- 全民健康保険(国民皆保険)	1949 軍人退職制度 1948 公務員退職制度 1985 労基法退職制度 2008- 国民年金(皆年金)	1999- 失業保険	1994- 老人福利推動聯盟
中国	1951 年の中華人民共和国労働保険条例(都市部「単位」)と 1958 年の人民公社(農村)によって，都市部では完全雇用・完全給付，農村部では自給自足を目的にしたが，1980 年代に破綻し，新制度の整備に至る	1990- 中華人民共和国残疾人保障法 1993- 城市居民最低生活保障制度(1999 に全国実施) 1994- 農村居民最低生活保障制度(2007 全国実施)	1998- 城鎮職工基本医療保険制度 2003- 新型農村合作医療制度 2007- 城鎮居民基本医療保険制度	1991- 城鎮企業職工基本養老保険 2009- 新型農村社会養老保険 2011- 城鎮居民社会養老保険	1996- 工傷保険 1999- 失業保険	社区居民委員会 社区服務站
香港	1950 年代の中国移民増加により行政府の福祉制度の確立，都市計画の実施	1971- 現金公的扶助制度 1993- 総合社会保障援助制度(CSSA) 2013- 長者生活津貼	公的医療保険なし	2000- 強制性公積金	1953- 雇用条例 失業保険なし	1947- 香港社会服務連会 1996- 長者安居協会 東華三院・Hong Kong Christian Service 等，および NPO

（備考）各国の福祉制度・統計は注(3)参照

た。戦後、日本の福祉的課題は都市の戦争被災者や傷痍軍人への生活支援であった。一九五〇年代の経済成長により国民生活が向上して、一九六一年から国民皆年金制度(老齢・障害・遺族の各年金給付)、国民健康保険制度が整備されて国民皆保険が達成された。そして、一九六〇―七〇年代にかけての高度経済成長によって医療保険の給付率の改善、年金水準の引き上げ、生活保護基準の引き上げ等、社会保障分野での制度の充実・給付改善が行われた。しかし、一九七四年のオイルショック以降、インフレに連動して給付関係費が増額したために財政再建が課題となり、社会保障の見直しが進められ、一九八二年に老人保険制度、一九八五年には基礎年金制度、二〇〇〇年には介護保険制度が創設され、財源を広く集め、給付水準を下げる政策が継続されている。少子高齢化の急速な進展により社会保障関連給付費は増大の一途をたどっている。

中国の社会主義型福祉は、当初から都市と農村を二分する戸籍制度に対応して構築され、都市の国有企業労働者と家族を対象とした「単位」における住宅、医療、教育、余暇活動にわたる保障と、農村部の人民公社―生産大隊―生産隊における低レベルの保障に分けられた。しかし、一九五八―六〇年に実施された毛沢東の大躍進政策によって中国経済は混乱し数千万人の餓死者を出したとされ、さらに大躍進の失政で失脚した毛沢東の政治的巻き返しによって一九六六―七七年まで文化大革命が進められ、社会発展は大いに遅滞した。一九七八年から鄧小平による改革開放政策が始まったが、市場経済の導入によって国有企業は経営不振に陥り「単位」制度が崩壊し、国有企業(政府)全額負担の社会保障モデルが維持できなくなった。また、農家生産請負制が導入された農村では人民公社が解散され、郷鎮政府(地方行政府)と郷鎮企業(地方企業)、個々の農家に分化され、農家間・地域間の格差が増大した。一九九〇年代に都市部は農村の過剰労働力を吸収して大いに経済発展を遂げたが、農民工(農村出身労働者)に都市戸籍や都市部における社会保障は与えられず、都市―農村の格差は深刻化した。近年の社会保障制度も、都市部と農村部が別立てであり、都市部では社区が地域福祉の拠点とされている。総じて福祉サービスは給付額が十分ではなく、人々の社会移動を制限する戸籍制度による格差の温存は社会的不満を増大させる。

日中を比較すれば、日本は高度経済成長の恩恵を生かして社会福祉の充実化を果たしたが、中国は政治的混乱と社会主義経済の失敗によって本格的な経済成長に三〇年ほど遅れ、その結果、政治＝行政と民間経済が一体となって経済優先の政策を推進し、政府も国力増進に努めたために社会保障の充実が著しく遅れている。これに対して、韓国・台湾は福祉制度の拡充時期は遅れたものの国民皆保険(韓国一九八九年、台湾一九九五年)・国民皆年金(韓国一九九九年、台湾二〇〇八年)にたどり着いている。

韓国の社会保険は一九六〇年代に制度化が進められ、約二〇年を経て国民皆保険となっており、年金制度も一九九九年には国民皆年金となっている。医療費の自己負担が外来一五%、入院一〇%、年金の所得代替率五〇%程度と実質的なものである。公的扶助の生活保護費は単身者約四万五千円、失業保険も離職前平均賃金の五〇%保障である。韓国は一九五〇―五三年の朝鮮戦争によって数百万人の市民が犠牲になり国土の荒廃が著しく、一九六一年に朴正熙(パク・チョンヒ)がクーデターで政権を掌握した後開発独裁体制で韓国を経済発展に導いた。一九六〇年代に至ってようやく社会保障を整えられる政治的安定を得たが、その後の制度の充実化は速い。

台湾では国民党政権が大陸反攻を目指して一九五〇―八七年まで戒厳令を敷いて国力増強や経済発展に努め、国民党支持者(外省人)のために、一九四〇年代終わりから一九五〇年代にかけて「軍公教福利」といわれる医療保険や年金制度を整備した。一九七三年に児童福祉法、一九八〇年に老人福利法、残障福利法、社会救助法を制定したものの、人口の九割を占める本省人に対する社会保障の整備は基本的に民主化以降まで待たざるをえなかった。現在の社会保障制度は職域ごとの給付・保険・扶助に分かれており、公的扶助の補足率は一%以下と極めて低く、国民皆年金が制度化されたのが二〇〇八年と遅いために、低所得層高齢者向けの手当が重視されている。

韓国・台湾では社会保障・福祉が充実されない時代に、キリスト教や台湾仏教が大いに教勢を拡大しており、家族・親族や地域によるケアや精神的サポートを補完する役割を担っていたものと考えられる。逆のいい方をすれば、国家が社会福祉を独占的に担う中国や日本において、社会事業・福祉の担い手としての宗教は後景化してきたのである。

最後に、香港であるが、一九九七年に香港は中国政府に返還されたものの特別行政区として一国二制度が五〇年間維持されることになった。香港の人口は一九四五年時点の約六〇万人から一九五〇年には国共内戦を逃れた避難民で約二〇〇万人にふくれ上がり、その後も本土からの移民が続いて現在約七二〇万人を数える。札幌市とほぼ同じ面積に高層建築で人口密度が極端に高い計画都市を建設してきた香港の社会保障制度は、公的医療保険・失業保険がなく、拠出金所得比例の自己積立型年金の仕組みを持つという点で独特である。公的扶助は一九九三年に包括的社会保障支援(Comprehensive Social Security Assistance：CSSA)に変更され、社会福利支出の六〇%を占める。自活できない低所得者に受給資格の確認を行った後、単身者には月額約二万円程度の現金支給を行う。自助努力が最大限求められる香港において、社会的弱者支援にはキリスト教系民間団体が果たした役割が大きい。

三-二　経済・人口・福祉制度とケアの領域

社会保障・社会福祉の制度は一様な発展のプロセスをたどるものではなく、当該国の家族・地域コミュニティ・労働組合ごとの福祉的機能と、政府―市民社会の政治的・法律的関係によって多様な発展形態を示すもの

表 1-4　東アジア諸国の人口変動

		1950	1970	1990	2010	2030	2050
高齢化率	日本	4.9	7.1	12.1	23.0	31.3	38.8
	韓国		3.1	5.1	11.0	24.3	37.4
	中国	4.4（1953）	3.6（1964） 4.9（1982）	5.6	8.9	16.23	23.07
	台湾			6.2	10.74	23.9	
	香港		4.5（1971）	8.7（1991）	13.4（2011）	26.5（2031）	
合計特殊出生率	日本	3.65	2.13	1.54	1.39		
	韓国		4.56	1.57	1.22		
	中国	5.81	5.81	2.31	1.8 以下		
	台湾	7.04（1951）	3.71（1971）	1.81	0.90		
	香港		1.97（1971）	1.28（1991）	1.2（2011）		

（備考）各国の統計は注(3)参照

表 1-5　経済成長率と社会保障関連給付金の GDP 比

	日本	韓国	中国	台湾	香港
経済成長率 前年度 GDP 比	1.54	2.78	7.67	2.11	2.94
社会保障関連給付金の GDP 比(2009)	22.2	9.6	4.6	3.5（2005）	5.7（2007）

（出典）OECD Statistics, IMF World Economic Outlook Database 他

である(西村・京極・金子　二〇一四)。家族・親族間の互助協働を補完する制度として福祉が登場し、国民皆保険・皆年金に至って日本は約五〇年経ったが、韓国は十数年、台湾は一〇年しか経過していない。中国は現在整備中であり、香港は公的扶助のみである。この差は大きい。しかしながら、福祉制度の先進国である日本は高齢化率でも先頭を走り、社会保障関連給付金の国内総生産費に対する比率が他三カ国の二倍以上である。福祉に手厚いOECDの国は三〇％前後であり、日本はイギリス並みである。韓国・台湾の高齢化のスピードは日本を上回るために医療・年金の充実によって財政負担は加速度的に増すことが予想される。中国は都市部で一人っ子政策を維持するが、農村部や少数民族は除外されるために少子

高齢化の速度は遅い。香港の少子高齢化も深刻であるが、医療・年金の拡充をしないという政策によって問題化を回避している。そして、財政負担の重さは人口変動のみならず経済成長とも大きく関わる。

日本は定常型経済の域に入っており、経済成長の恩恵で社会福祉の財源を確保することは不可能である。中国の経済成長率も年々鈍化し、いずれは韓国並みに低下することが予想される。そうすれば、中国との取引で成長してきた台湾・香港も日本並みの定常経済の域に入るだろうし、韓国にもそのことがいえる。国民皆保険・皆年金を維持することが困難になり、早々に福祉の多元化という状況を迎えるかもしれない。すなわち、家族によるケアの領域が公的機関を通した社会福祉と商業的サービスに代替される時代がそれほど長続きせず、再び家族によるケアが求められたり（日本における病院から在宅ケアへの転換）、年金で不足する分の自助努力が求められたり、社会福祉法人やＮＰＯによる支援事業に加えて伝統的な宗教団体による社会事業の継続や復活が求められる状況がでてくるのではないか。

実のところ、先進国のなかで社会福祉の制度化が最も遅れているアメリカにおいて宗教団体による社会事業・福祉的支援が最も活発になされているという事情がある（稲場 二〇〇八、寺沢 二〇一二）。キリスト教会が直接的な担い手であるケースと、教派や教会が設立した「信仰に根ざした組織（Faith Based Organization：ＦＢＯ）」もしくは「信仰と関わる組織（Faith Related Organization：ＦＲＯ）」が、福祉の担い手として連邦政府や地域行政府から業務委託を受けているケースがある。こうした動きは、キリスト教が公認宗教であるイギリスや北欧諸国でも見られ、福祉的領域に再びキリスト教会が存在感を持ちつつある。もちろん、政教分離や信教の自由が法制化されている国家においては、国家の補助金がＦＢＯやＦＲＯ、もしくは宗教団体による慈善的社会活動に活用される場合の透明性（transparency）や、教義を活動に持ち込まない、信者の優遇等はしないという制約がでてくる。したがって、宗教が公的領域に進出するといっても、福祉領域に限定はされるが宗教の信頼性にはプラ

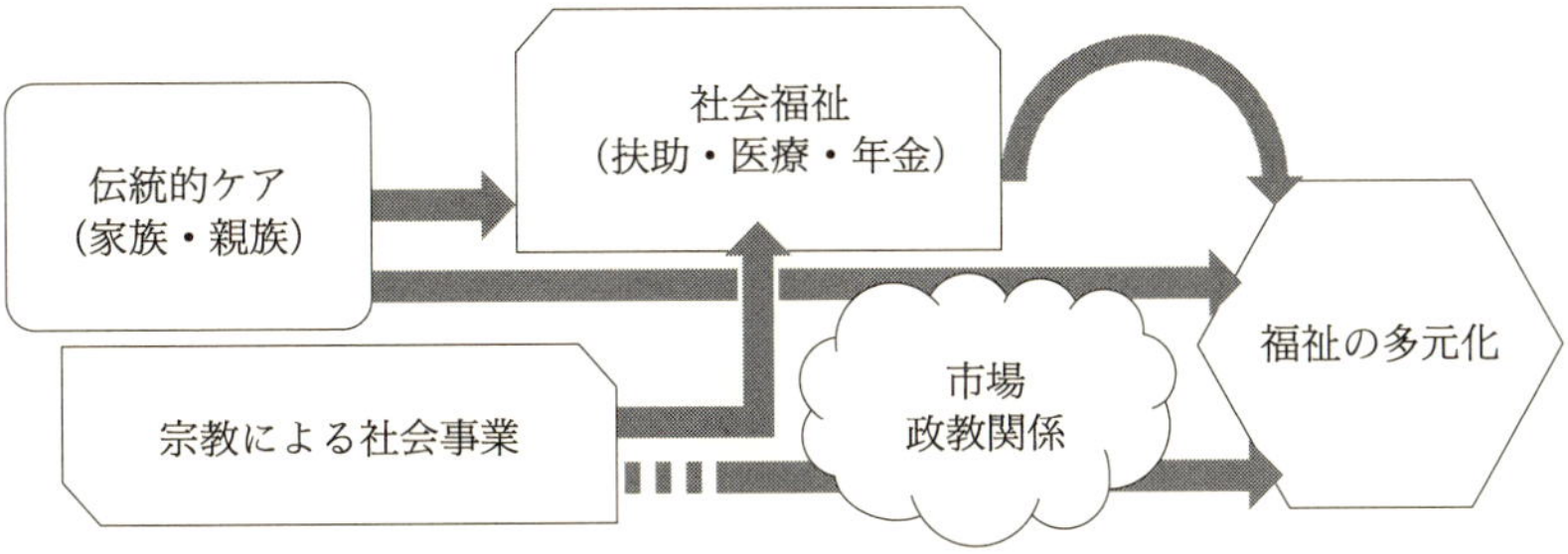

図1-2　ケアの制度化と多元化

スの働きがあるのではないか。ただし、政府による社会保障・福祉の削減と経済政策優先の動向であるネオ・リベラリズムは世界的に進展しており、この方向性に棹さす宗教の社会参画をどう評価するかは意見が分かれるところかもしれない。

以上述べた流れを図示してみると図1-2のようになろうか。

社会福祉制度論では、福祉国家からポスト福祉国家へという流れ(市場の導入と福祉資源の多元化)が図式的に論じられ、次いで福祉レジーム論で福祉制度の地域的相違が論じられてきた。東アジアの事例に即して述べれば、伝統的ケアを社会福祉もしくは社会主義的福祉で一部代替する福祉政策が進められてきたが、少子高齢化と経済成長の鈍化によってどの国も福祉の多元化という段階に至ることが予想される。福祉資源は、家族・親族によるケア、社会福祉による支援、市場から調達される商業的サービス、および民間団体や宗教団体による社会事業があろう。

以上の記述によってケアやソーシャル・サポートが当該社会において必要とされる時代や社会的空間の存在が理解されたかと思う。次に東アジア諸国における宗教状況を概観し、宗教団体による社会事業の特徴について記しておきたい。

四　東アジア諸国の政教関係と宗教による社会事業

四-一　日　本

1 概　況

平成二五年度版の『宗教年鑑』によると、日本の宗教団体は二二万一八九団体(宗教法人として認証を受けている法人は一八万一八〇三団体)であり、宗教施設として全国に八万一二〇七社の神社、七万五九六二寺の寺院、二万三一一一カ所の教会(キリスト教会は四一七二)がある。神社・寺院の数はそれぞれ全国のコンビニエンスストアより多いとはいわれるが、一社一寺が一宗教法人である。それに対してキリスト教や新宗教は包括法人が存在し、個別教会は被包括法人となっている。例外はあり、新宗教でも天理教・金光教といった成立年次の古いものは伝統宗教同様に一施設一宗教法人であるが、施設の本末関係がある。

信者人口は神道系が約一億人、仏教系が約八千五〇〇万人、キリスト教系が約一九〇万人、諸教が約九〇〇万人とされている。神仏を拝み、民間信仰の儀礼にも参加するのが伝統的な日本人である。しかし、氏子・檀家でありながら信仰なしとする人も少なくなく、各種世論調査では日本の宗教人口(信仰あり所属団体ありと回答する人)は総人口の約三割程度とされる。他方で特定の信仰の持ち主ではない限り、日本人の多くが初詣・盆の墓参り、七五三の通過儀礼や年忌法要といった慣習的宗教実践を行っている。

もう一つ、日本における現代宗教の特徴を挙げるならば、新宗教の教勢が非常に強いことであり、最大教団の創価学会が公称信者数八二七万世帯を誇るのをはじめ、立正佼成会約三一一万人、霊友会約一三九万人他、信者数五〇万人を超える教団は約十教団に及び、一〇万人から五〇万人以下の教団でも約二〇教団を数える。日本の場合、新宗教と呼ばれる教団は江戸の末期に設立されたものから現代まで、古いもので二〇〇年の歴史を持つものもあり(黒住教)、戦後に日本の宗教政策が一転したことから飛躍的な成長を遂げた。(4)

2 政教関係

近代日本の宗教政策では、明治政府が一八六八年に天皇を中心とした王政復古・祭政一致を目指し、大教院を設けるなどして神官により伊勢神道や国学を国民に教化しようとしたが、仏教教団の反発や制度の非現実性により頓挫した。その後は、教育勅語を通じた道徳教育や皇室祭祀・天皇巡幸を通した天皇制の基盤強化により国民統合を図った(cf. 本書第二章・小島伸之「近代日本の政教関係と宗教の社会参加」)。この間、神仏分離令や廃仏毀釈の運動によって仏教界はダメージを受け、勃興した新宗教は神道系の教派神道として独立を果たし、キリスト教をはじめ諸宗教は皇道に関わり、政府と「国家神道」を翼賛するかたちでの存在を余儀なくされた。国家・政治が宗教を抑圧したという宗教者の記憶に、日本における戦前の政教関係が示されている(cf. 本書第三章・大谷栄一「妹尾義郎と新興仏教青年同盟の反戦・平和運動」)。

戦後、制度が大きく変更される。大日本帝国憲法第二八条「日本臣民ハ安寧秩序ヲ妨ケス及臣民タルノ義務ニ背カサル限ニ於テ信教ノ自由ヲ有ス」に対して、日本国憲法第二〇条では「一　信教の自由は、何人に対してもこれを保障する。いかなる宗教団体も、国から特権を受け、又は政治上の権力を行使してはならない。二　何人も、宗教上の行為、祝典、儀式又は行事に参加することを強制されない。三　国及びその機関は、宗教教育その他いかなる宗教的活動もしてはならない」とされた。信教の自由と政教分離が明確に規定され、国家が個人の信教に介入する余地は一切なくなり、国家・行政・公教育と宗教の領域が重なることを厳格に禁じられたと日本人は認識した。一九五一年に制定された宗教法人法は法人認証の権限を都道府県知事と文部科学大臣に与えたが、所轄庁である文化庁は宗教団体の管理・指導を行わない。また、オウム真理教のように一九八九年に認証を受け、サリン事件をはじめとする違法行為によって一九九五年に認証が取り消されたとしても、団体の解散を命じる権限が国にはないので、現在でも後継団体のアレフとひかりの輪の活動は許容されている。実際、一九九六年の法改正で、宗教法人に対して役員名簿や財産目録などの書類提出が義務づけられたものの、それが文化庁文化部宗務課による宗教行政を指導・監督の方向に転換したとはいえない。

要するに、政教関係でいえば日本ほど宗教団体が自由な活動を享受できる国はない。そして、政教分離に関して付言すれば、創価学会が公明党の支持団体であるなど、宗教団体と支援政党・政治家の関係は広く知られているところであり、法律的には厳格な政教分離があるものの、政治過程において宗教の影響力は政治に及んでいるのが実態といえよう。

3　社会福祉

明治以降、女子教育や救貧・医療事業、教誨・矯風活動、解放運動のような貧困・被差別階層に対する社会事業は宗教団体により担われた。教団ごとの社会事業史の研究も進められており、近年は社会福祉関連学部・学科を抱えるミッション系大学では宗教と福祉の関係を扱うテキストも刊行されている。キリスト教の場合、明治以降の社会事業が中心である（阿部・岡本・日本キリスト教社会福祉学会 二〇一四）。それに対して、仏教はカリスマ的開発僧であった行基以来の伝統があり、仏教福祉は一三〇〇年以上の歴史を誇る（長谷川編 二〇〇七）。神道は戦前ある意味で公共宗教であったわけだが、戦後神職者が地域福祉や伝統芸能・祭りの復興事業に携わる例は少なくなかった（藤本 二〇〇九）。

一九五〇年代に社会福祉の基本法制が整備され、一九六〇年代に国民皆保険・皆年金が制度化されるに至って、宗教団体による直接的な社会事業は福祉領域の後景に退くことになる。教育は学校法人、施療は医療法人、福祉は社会福祉法人に担われることで、教育・医療・福祉の具体的な現場に宗教的理念や救済の方法が持ち込まれることがなくなったのである。また、もともとは宗教団体が設立した学校・病院・社会福祉施設であっても、宗教者・信者の専門職を確保することが実質的に不可能なために担い手は大半が非信者であり、サービスの受け手も一般市民であることから、宗教が社会的領域の前面にでることはなくなった。

ところが一九九〇年代以降、日本経済の成長が鈍化し、階層・地域間の経済格差が大きくなるにつれて、都市部でホームレスとなる中高年やネットカフェ難民となる若者、貧困層のシングルマザーや独居高齢者の存在が顕著になり、制度化された公的支援の手からこぼれ落ちる人々を対象にした宗教団体による支援事業が再び注目されるようになった。一九九五年と二〇一一年の大震災では報道が稀であるものの、宗教団体による支援活動がボランティアの重要なアクターになっており、宗教者も社会貢献を意識化しつつある。

福祉の多元化状況において宗教が社会的領域に関わる事例は今後増えることが見込まれる。

四-二　中　国

1　概　況

中国に公式の宗教人口調査資料はなく、公式文書や各種調査報告から概要を知るしかない。『宗教事務条例』

は一九九七年一〇月の現状として、天主教（カトリック）四〇〇万人（会堂四六〇〇カ所）、基督教（プロテスタント）一〇〇〇万人（教会・布教所三万七千カ所）、イスラーム一八〇〇万人（清真寺（モスク）三万寺）、仏教では一万三千寺（チベット仏教は三〇〇〇寺、上座仏教は一六〇〇寺）、道教の宮観は一五〇〇カ所としている（国家宗教事務局政策法規司編 二〇一〇：五五一頁）。仏教と道教に関しては寺院や宮観ごとに信徒を把握していないために宗教人口を推測することはできない。中国宗教研究者として評価の高いヤン・フェンガンが最新のデータとして書籍で紹介している新聞社の資料では、二〇〇九年時点における信者人口は天主教五三〇万人（会堂六千カ所）、基督教一六〇〇万人（教会五万八千カ所）、イスラーム二一〇〇万人（清真寺三万五千寺）であり、寺院が二万寺、宮観が三千カ所とされる（Yang 2012: 93-94）。中国ではカトリック・プロテスタント・イスラーム・仏教・道教のみが公認され、その他の宗教団体の活動は原則認められないので、非公認の宗教や施設の資料はない。(5)

2　政教関係

中華人民共和国憲法（一九五四、一九七五、一九七八、一九八二年に採択）ではいずれも宗教の自由が認められている。一九八二年採択の憲法第三六条では、①国家・社会団体・個人は公民に対して宗教の信仰と無信仰を強制してはならない、②国家は宗教を保護するが、宗教を利用した社会秩序の破壊は認められない、③宗教団体は外国勢力の支配を受けない、と規定されている。日本の憲法第二〇条の信教の自由の規定と比べると①はほぼ同じだが、②と③が中国独特の制度といえる。つまり、保護というのは利益供与ではなく、共産党が宗教団体を公認し領導することを意味する（土屋 二〇〇九）。また、外国勢力とはカトリックにおけるローマ法王庁や海外の宣教団体、新宗教の海外布教が意図され、亡命したダライ・ラマ一四世によるチベット仏教への影響力も阻止することが意図されている（cf. 本書第五章・別所裕介「チベット問題をめぐる宗教と政治」）。

中国の宗教政策の変遷を見るとおおよそ三つの時期に区分される。

第一期は一九四九年の中華人民共和国成立から文化大革命が開始されるまでの宗教抑圧の時代である。上記の五大公認宗教は一九五三年から一九五七年にかけて中国仏教協会、中国道教協会、中国天主教愛国会、中国基督教三自愛国運動委員会、中国イスラーム協会を設立し、傘下の宗教施設は行政と密接な関係のなかで運営されることになった（三自愛国運動については後述）。しかも、一九六六年から一〇年間続いた文化大革命によって大打撃を受ける。これが第二期であり、人民公社と大躍進計画の失政により実権を失っていた毛沢東が巻き返しにでて、毛沢東思想を学習した青少年が紅衛兵として知識人や実務派をつるし上げ、自己批判を強要する運動が全国に拡大した。毛沢東の無神論が至上の宗教論となり、紅衛兵が宗教施設を破壊し、宗教者に暴力が振るわれたのである。チベットでは寺院の破壊、僧侶の強制還俗・投獄があった。一九七六年に毛沢東が死に、文化大革命を主導してきた四人組が逮捕されて文化大革命が終結するまで、中国では毛沢東崇拝という代理宗教が全土を覆った。

第三期はハードな統制からソフトな統制に移行した鄧小平・江沢民・胡錦濤の時代である。この時期は総書記の講話が宗教政策の骨子をかたちづくることになる。江沢民は民族と宗教への対応に神経を使い、信教の自由と宗教の独立自主に加えて、①法による宗教事務の管理と、②宗教の社会主義社会への適応という談話は、後の宗教政策を方向づけるものになった。

二〇〇四年に「宗教事務条例」が制定され、宗教団体の設立、施設の運営と活動の管理、教職者の人事や資産管理、法的責任という原則が定められ、その下に詳細な宗教法規が規定されていく。公認宗教であっても公認された施設の外部で布教活動を行うことは原則認められていない。また、宗教の社会主義社会への適応という方針に関しては、一つは胡錦濤の「科学的発展観」と「和諧社会」に資する宗教の社会貢献が積極的に求められ、もう一つは宗教を文化資源として活用する方向（伝統的祭礼や仏教寺院の復興とツーリズム）を官民一体で推進した。

この時期には、宗教政策が抑圧から緩和に転じたために公認宗教の教勢が伸張するが、人々の宗教に対する欲求も増大した。中国で一九八〇年代から一九九〇年代にかけて伸びた非公認の宗教として、①キリスト教の地下教会（家庭教会）、②気功などの治病・健康法、③チベット仏教が挙げられる。一九八〇年代に李洪志によって設立され一九九〇年代に勢力を伸ばした法輪功は、政府の統制に抗議して中国政府要人が居住する中南海を信者で包囲する抗議活動を行ったことから、江沢民が一九九九年に活動を禁止した。

3　社会福祉

潮州地方では、清末の一九世紀末期にローカルな「大峰祖師信仰」と結びついた慈善結社の善堂が現れ、民国期に大きく発展した（善堂・善会について、本書第四章・長谷千代子「現代中国の宗教文化と社会主義」も参照）。そして、一九世紀に始まった潮州人の大量移住とともに、タイやマレー半島を中心に東南アジアにも伝わり、華人社会の相互扶助的組織として、また現代ではタイのように政府の地域福祉を補完するような慈善活動を展開している。中国本土では中華人民共和国成立とともに公益活動がすべて行政に移管されたが、改革開放以降、海外の華人団体から支援を受けて善堂が復興し、養老院・診療所・貧困者支援・奨学金支給などの活動をなすところがでてきているという（玉置 二〇一二）。

キリスト教では、一八五六―六〇年のアロー戦争のなかで天津条約が締結されて以後、布教権を獲得した西欧諸国は宣教師を派遣し、布教と社会事業（カトリックの修道会による病院、学校、福祉施設の設立など）を行っていた。しかし、キリスト教の三自愛国運動（中国人による教会の自治・自養・自伝）が進展し、外国人宣教師が追放され、宗教統制が制度化されるに至って中国のキリスト教は公共的領域から排除された。長い抑圧の時代を経て一九九〇年代以降、カトリックでは養老院を設置、仏教寺院が安養院を付設する動きがでてきた。また、二〇〇〇年代には辺境地域でワールドビジョンなどのＮＧＯ団体が地域福祉の活動を展開するようになった。

　しかし、こうした宗教による社会事業が公共的活動として認められることは当分のあいだないのではないか。中国共産党は無神論の立場に立つが、秩序を乱さない限りにおいて信教の自由を保障し、保護的政策をとる。中国の宗教研究は近年非常に盛んになっているが、宗教が国家による和諧社会の実現や社会政策にどのように協力していくのかという論考が顕著であり、宗教は「宗教文化」として伝統文化保護やツーリズムの対象となることで安全地帯を確保しているようにも見える。市民社会形成のアクターになるような地位は与えられていない。その点において、中国本土と比較して台湾の宗教は大いに伸張したといえよう。

四-三　台　湾

1 概　況

台湾政府内政部の統計によると二〇一二年の時点で、天主教(カトリック)の信者約一八万人、基督教(プロテスタント)約四〇万人であり、仏教の信者は後に述べる慈済功徳会のような仏教団体への参加者を信者に含めるかどうかで数十万人から数百万人まで幅がある。道教は民間信仰の実践者を含めると数十万人というよりは、台湾国民約二三〇〇万人の大半となるのではないか。その他、一貫道の信者が約二万人弱おり、新宗教(天理教や成長の家のような日系新宗教を含む)や外来宗教の信者もいる。(6)

2　政教関係

台湾を一九四五年に日本軍から解放した中国国民党の蒋介石は中国共産党との国共内戦に敗れた後台湾に移動し、中国国民党は一九四五年から一九九六年まで約五〇年間にわたり台湾を統治し、一九八七年まで戒厳令を敷く独裁を行った。中華民国憲法（一九四六年制定）には、第一三条「人民は宗教信仰の自由を有する」、第一四条「人民は集会及び結社の自由を有する」と規定されていたが、この時期、集会や結社の自由も制限され、宗教活動もまた国民党との良好な関係なしには行えなかった。現代の台湾を代表する仏教団体の開祖たちが活動を開始した時期は、強大な政治権力の下に宗教は置かれていた。戒厳令解除後に政党結成の自由も認められ、宗教団体の活動も大いに活性化するようになったが、政治的な批判や対抗を示すような宗教運動は起こっていないというのが、台湾の政教関係の特徴である。

宗教行政は内政部民政司が担当し、宗教団体は財団法人として登録して税制面での優遇を受けることができる。詳細は佛光山の事例研究を含め、本書第六章・五十嵐真子「戦後台湾の社会参加仏教」を参照されたい。

3　社会福祉

ここでは台湾の慈済功徳会を取り上げたい。慈済功徳会は尼僧の證厳法師（一九三七―）が一九六六年に会員三六人から始めたもので、一九八〇年に財団法人格を取得、一九八六年に慈済総合病院、一九八九年に慈済看護専門学校、一九九三年に骨髄バンク等を創設、その他、環境保護や地震等への国際救援活動、地域ボランティア組織の結成等を行ってきた。一九八六年には会員八千人ほどであったが、戒厳令が解除された一九八八年には約一〇万人に激増し、一九九〇年代に順調に会員を集め、現在では会員四〇〇万人を超える世界最大規模の宗教団体系NPOである(金子 二〇〇五)。

證厳法師は、「人間(じんかん)仏教」という太虚大師の教えを台湾仏教界に導入した印順法師により説かれた「為仏教、為衆生」という実践論に感化され、「仏法生活化、菩薩人間化」という菩薩道の実践を志工(ボランティア)に見いだしたとされる。證厳法師を中心にした少数の尼僧たちは在俗信者(会員)の崇敬を集め、社会事業に特化した組織づくりを行っていった。慈済功徳会は尼僧や財団の管理運営を行う少数の委員の下にボランティア活動に参加する多くの会員が地域単位で組織化されている。慈済功徳会の特徴をフィールドワークで明らかにした丁仁傑によると、①台湾が国連から脱退し、国際的な政治舞台から孤立してプレゼンスを失っていた時代に台湾民衆の抑圧された社会活動への欲求が、慈済功徳会の非政治的な慈善活動に現れたのではないかという。実際、戒厳令下には政治活動はできなかったし、日米からの直接投資によって急速な経済成長を経験した台湾にはボランティアの余裕があった。②慈済功徳会の組織は、一般会員、多額の寄付をなす名誉理事、奉仕・募金活動を行う慈誠隊、組織運営を手伝う委員から構成され、効率的な人材の配置がなされている。しかも、会員の多くは女性であり、家族・親族・友人・近隣のネットワークで広がっていく(寺沢・伍 二〇一三:八一―八八頁)。

①の点に関しては、慈済功徳会に限らず、佛光山のように教化・布教活動に専心している団体が国際的な仏教組織に成長していく原動力になっていると思われる。②に関しても、台湾の民主化や社会発展の段階が女性の社会参加を促していることに関連していると思われる。これらの要因に加えて、慈済功徳会の実行力を目の当たりにして会員になる人も多いといわれる。一九九九年の九・二一大地震のときに政府の復興支援を待たずに、慈済功徳会が二千戸弱の仮設住宅を建設し、五一校の学校を建て直したという。村島健司によれば、慈済功徳会が行う社会支援・復興支援では、支援側(ボランティア・寄付者)と被支援側(地方、社会保障、政府支援にあずかれない社会層)が交錯する領域が認められるという(村島 二〇一三:二五〇―二六九頁)。

現在、慈済功徳会は四川省大地震や三・一一の東日本大震災において救援活動や義捐金を送るなどの慈善事業に加えて、独居高齢者訪問などのケアにも力を入れているという。慈済功徳会の社会事業は東アジアにおいて特筆すべきものだが、仏教団体の興隆や公共的領域への参加を促したのは政府による社会福祉制度化の遅れであったことも留意しておきたい。

四-四　韓　国

1　概　況

二〇〇五年度版人口住宅総調査によれば、カトリック信者は約五〇〇万人、プロテスタント信者は約八六〇万人、仏教信者は約一千万人、新宗教は円仏教(ウォンブルギョ)が約一二万人、天道教(チョンドギョ)が約四万五千人、甑山教(ズンサンギョ)が約三万五千人などであり、韓国は東アジアで突出したキリスト教社会である(本調査結果について、本書第七章・李賢京「韓国の政教関係と社会参加仏教」を参照)。韓国においてキリスト教の隆盛が見られた理由として、キリスト教会が日本帝国主義と「国家神道」に抵抗する拠点となったために、韓国のナショナリズムとキリスト教は連帯可能となったことを挙げる論者が多い。実際、植民地支配と朝鮮戦争の受難がイスラエル民族の受難に比定され、選民思想やメシアニズム、千年王国論といった神学思想がリアルに実感されたであろうし、それは韓国の新宗教における世界観にも共通する。(7)

2　政教関係

大韓民国憲法第二〇条「一　すべての国民は宗教の自由を有する。二　国教は認めず、宗教と政治は分離される」とあるように、信教の自由・政教分離が守られている。しかし、韓国は大統領の権限が強く、大統領の信仰、とりわけプロテスタントを優遇する措置がなされていることが李賢京により後述される。

ちなみに北朝鮮でも、朝鮮民主主義人民共和国憲法第六八条に「一　公民は信仰の自由を有する。この権利は宗教建物をつくり、または宗教儀式等を許容することにより保障される。二　宗教を、外勢を引き込み、または国家社会秩序を害することに利用することができない」と規定されている。これは先に紹介した中国の憲法に類似した規定である。特に北朝鮮の場合には、プロテスタント信者への迫害は知られているところである。

3　社会福祉

一九世紀末に外国人居留地で宣教を開始した牧師たちは国王である高宗の許可を得て、医療と教育に力を注ぎ、長老派・メソジストの教派が二〇世紀初頭に、三〇カ所ほどの病院(ハンセン氏病施療院が多い)と四〇カ所ほどの学校(半数は女学校)を設立した。現在の梨花女子大学のもととなった梨花学堂は一八八七年設立である。また、児童養護施設も創設し、プロテスタントによる社会事業は、韓国における社会福祉の先駆けともなったのである(朴 二〇〇七：一二五—一四九頁、李 二〇一〇：八九—一一六頁)。

東アジアにおけるキリスト教の宣教では、日本・中国・韓国ともに社会事業を通しての布教という経緯は共通している。しかし、二〇世紀において三国のキリスト教は日本の植民地主義や「国家神道」の政策に翻弄されることになる。韓国では日本統治下において受難の時代を耐えなければならなかったが、光復(独立)後キリスト教による社会事業は教育・医療の分野で制度化していった。ミッションスクールは有名大学、中高となり、病院は一般の病院となった。

一九六〇―七〇年代に韓国ではキリスト教人口が爆発的に増大したが、そのことは韓国の社会運動に多くのキリスト教徒たちが参画していったことも意味する。一九八〇年代までに展開された学生の民主化運動、労働運動や住民運動には、キリスト教の青年会や教会が大いに関わったといわれる。その流れは現代までつながっている。

一九九七年にアジア金融危機に端を発した経済危機は韓国を襲い、ＩＭＦ危機と呼ばれて企業倒産、失職者を大量に生み出した。特に、野宿者はソウルだけで五千人を超え、ソウル市は一九九八年に「ソウル市野宿者対策協議会」を発足させ、野宿者用シェルターの設置、就業支援などを様々な運動団体と連携して推進した。そして、センターとなる「全国失職露宿者対策宗教・市民団体協議会」には、韓国カトリック教会、大韓聖公会、救世軍、大韓イエス教長老会、韓国キリスト教長老会、仏教では曹渓宗（チョゲジョン）が加わった。大韓聖公会は一九八六年から「分かち合いの家」と呼ばれる独居老人・母子家庭・障害者など社会的弱者への生計費支援や生活相談事業、コミュニティベースの雇用を創出するなどの生活支援事業を継続しており、それが野宿者支援事業のモデルになったという（白波瀬 二〇〇八：一五三―一六四頁）。

ここではキリスト教による社会福祉事業だけを取り上げた。韓国社会では、強固な家族による扶養規範や親族的紐帯の強さだけでは克服できない経済的格差や社会的排除の問題が浮上しており、宗教団体が行政と連携して地域福祉のアクターになる状況が出現している。

四-五　香　港

1　概　要

香港の人口は約七二二万人(二〇一三年)だが、そのうち約六六〇万人が中国人で約六〇万人が外国人(インドネシア人約一三万人、フィリピン人約一三万人、白人五万人、インド人約三万人、パキスタン人約二万人、日本人約一万人など)である。民族集団に応じた宗教人口と施設があると考えて差し支えない。中国人の大半は伝統的な節日を守り、仏教寺院や三〇〇カ所以上ある道教の宮観に占い・祈願・信仰のために参拝する。香港仏教協会、香港道教協会がある。儒教に関しては学術団体・教育機関がある。カトリック人口は約三六万人、プロテスタント人口は約四八万人で一四五〇の教派に分かれている。イスラーム人口は約二七万人、ヒンドゥー教は約四万人、シク教が約一万人、ユダヤ教徒、モルモン教徒、一貫道、新宗教信者が少数ながらいる。(8)

2　政教関係

香港は、香港島・九龍・新界(付近の諸地域と島々)からなるが、順に一八四二年の南京条約、一八六〇年の北京条約により英国植民地となり、一八九八年の租借条約により九九年間租借された。統治機関である香港政庁の下、香港は華南貿易の基地として発展したが、一九四一―四五年のあいだ日本が占領し、日本語使用や軍用紙幣たる軍票発行により香港経済を混乱に陥れた。

現在の香港は、一九四九年の中華人民共和国成立に伴い、上海から逃れた華人資本や共産主義を嫌った中国からの大量移民によって形成された。そして、一九七〇年代に軽工業で発展し、その後アジアの中継港・金融センターとして発展した。英国は一九九七年に香港を中国に返還し、香港は中国の特別行政区となる。香港には自治が許されているが、外交・防衛は中国(人民解放軍が駐屯)が行い、香港政府高官の任命権も国務院にある。

香港政庁はキリスト教を優遇したとは思われるが、信教の自由は当初から確保されており、むしろ一九世紀末から二〇世紀前半にかけての東アジアでは最も自由であった。中国への返還後も、香港特別行政区基本法(中華人民共和国主席令第二六条、一九九〇年成立、一九九七年七月一日施行）の第三二条「香港住民は信仰の自由を有する。香港住民は宗教信仰の自由を有し、公開の布教および宗教活動の挙行、参加の自由を有する」という規定通り、信教の自由が守られ、香港行政府が宗教活動に介入することはない。

3　社会福祉

植民地政府であった香港政庁は財政支出を要する社会福祉制度の整備には消極的であり、中国人の伝統的な家族的扶助が様々なリスクへの備えだった。キリスト教会は教育・医療の両面において香港の社会事業をリードしてきた。現在、カトリック創設の学校・幼稚園数は三二〇校、病院六カ所、診療所一五カ所、養老院一二カ所、プロテスタントでは、香港中文大学の崇基學院、香港浸会大学、嶺南大学を設置したのをはじめ、中高が一四四校、小学校が一九二校、幼稚園・保育園三九八校を設置している。また、一八カ所の診療所、七四カ所のデイケアセンター、一七カ所の児童養護施設、三五カ所の養老院、四七カ所の授産所がある。また、社会的支援を行うキリスト教の「信仰に根ざした組織（ＦＢＯ）」も数多くあり、ソーシャルワーカーの職員やボランティアを擁して青少年の教育、高齢者や障害者へのケア、家事労働者や新移民労働者の相談に乗るなどの活動を幅広く行っている。

香港では一九九〇年以降中国の広州や深圳といった経済特区に工場が移転し、製造業の空洞化が進んだ。失職者たちがＩＴや金融のセクターに転職することはできないのでサービス・雑業層に移行した。香港では唯一の公的扶助である包括的社会保障支援（ＣＳＳＡ）受給者が増加し、高齢化も同時に進行しているので年金のない高齢者もまた受給者に加わり、財政的負担になっている。

香港は階層間格差が大きく、また平均的な勤労者では住宅取得の目途もたたないほどの不動産高騰ぶりに貧困や格差解消が大きな社会問題となり、香港行政府に対する不満から金融・官庁街のセントラルを市民・労働者・学生が占拠するような抗議行動が起きている。このような状況においてカリタス香港をはじめＦＢＯが社会的弱者支援を継続しているのである。

五　おわりに

本章では〝Engaged Buddhism〟研究を導きの糸として、宗教が社会的領域においてケアやサポートの役割を担い、公共的課題に関わる歴史的・社会的条件を明らかにするべく、日本、韓国、中国、台湾、香港の東アジア四カ国(五地域)について宗教文化、政教関係、宗教による社会事業・福祉的活動を概説してきた。

〝Engaged Buddhism〟は現代的な個人が実存をかけて政治に主体的に関わる生き方としての実践する仏教なのであり、仏教本来のあり方や仏教史に現れた正法の実現や慈善事業そのものとは区別されるべき概念であると考える。しかしながら、〝Engaged Buddhism〟を実践する人や社会的脈絡を超えて、信教の自由が確保された他地域の仏教人や研究者が現代的な仏教のあり方として論じてきたことも事実であり、これはこれで現代仏教を活性化させる思想として意義深いことかもしれない。しかしながら、日本において〝Engaged Buddhism〟を構想するならば、日本の仏教とはどのようなものであったかを知ることが先決である。その際、東アジア諸国において仏教を含めた宗教のあり方と政治・社会との関係を総体的に捉え、相対的に比較することでわかってくることが多いはずである。

現代の宗教団体、なかんずく仏教教団が、政治や社会福祉制度によって十分支援しきれない人々にケアやサポートを提供しうるかどうかを考察するのであれば、宗教団体に社会活動を許容する政治的機会構造（宗教活動に認容的な政教関係）がどのような歴史的政治的文脈で生じてきたのか、宗教が公共的領域に参画することを人々がどのように認識するかといった社会意識のあり様をしっかりと見ていかなければならない。

本章は東アジアの政教関係と社会参加仏教を考察する第一部への導入として書かれ、各国別の概況をまとめることが目的なのだが、思いのほか四カ国の政治史と福祉の制度論的比較に紙幅を割くことになった。東アジアの近現代化には日本の植民地主義や戦後の経済交流が大いに関わっており、特徴のある国民社会が形成されてきた。一九世紀後半から二〇世紀前半までキリスト教の宣教や社会事業が国家の福祉的機能を代替した時代では、四カ国の宗教が社会的領域に関わるやり方には共通点が多かった。しかし、戦後、日本は敗戦国でありながら東西冷戦体制の西側につき経済復興をなし遂げたのに対して、中国・台湾は国家としての正統性を争い、中国は社会主義国から改革開放を進める共産党が統治する資本主義国家として独自の発展を遂げてきた。台湾・韓国は隣国と対峙するために権威主義的な開発独裁体制が長く続き、民主化は一九八〇年代後半を待たねばならなかった。日本が戦時中占領した香港は植民地統治下から中国統治下に移行し、経済発展のために格差や制限された自由を代償とせざるをえなかった。二〇世紀が終わるまでの社会福祉制度や宗教団体が社会的領域に参画できる政治的機会構造は四カ国ともかなり異なるものとなった。

しかしながら、東アジア諸国は稼働人口が被扶養人口を大いに上回った成長の時代を経て日本を筆頭に少子高齢社会へ転換しており、日本は福祉多元化を迎え、中国は社会主義に代わる社会保障や福祉の制度化を模索、韓国と台湾、香港は社会保障・福祉関連支出に財政が圧迫される状況を共通して迎える時代に入った。そのために、東アジア諸国は社会福祉において共通の課題を抱え、その解決のために様々な社会集団にケアやサポートを委ねたり、行政との連携を求めたりせざるをえない時代に移行しつつある。韓国・台湾・香港では宗教による社会事業が継続的になされる一方で、日本や中国では、全く別の理由からではあるが、キリスト教団体や仏教団体が公共的空間に参入することに政府と市民がためらいを覚えるだろう。

宗教が公共的領域で存在感を増し、現実に様々な支援事業を展開するには、少なくとも東アジア諸国では歴史と政治の壁を乗り越えなくてはならないのである。それが何であるかを本章に続く諸論考から読み取っていただきたい。

(注)

(1)「人間仏教」の太平洋戦争後の台湾における展開について、本章第六章・五十嵐真子「戦後台湾の社会参加仏教」を参照。また、戦後中国大陸における「人間仏教」の展開については、本書第四章・長谷千代子「現代中国の宗教文化と社会主義」を参照。

(2) 外省人とは、一九四五年に日本が敗戦し台湾が中華民国に編入されて以降に、中国大陸から台湾に渡った人々を指す。特に、国共内戦を経た一九四九年の国民党政府台湾移転の前後に、外省人の数は増えた。一方、本省人とは、日本敗戦以前から台湾に暮らしていた人々を指す。外省人と本省人については、本章第六章・五十嵐真子「戦後台湾の社会参加仏教」も参照。

(3) 各国の福祉制度・統計は下記の文献を参照した。
日本：厚生労働省、国立社会保障・人口問題研究所の各種統計、および、秋元ほか編(二〇〇三)。
韓国：金・山本(二〇〇九)、および、出産動向(統計庁、二〇一〇)、将来人口推計(統計庁、二〇一一)。
中国：中兼(二〇〇〇)、沙(二〇〇〇)、および、王(二〇一〇)、中華人民共和国国家統計局編(二〇一三)。
台湾：呉(一九八七)、陳(二〇〇九)、および、内政部統計処「内政統計通報」。
香港：梁(一九八七)、澤田(二〇一一)、および、Hong Kong Census and Statistics Department 各種統計。なお、中国・台湾・香港の比較福祉制度の考察として、沈編(二〇〇七)。

(4) 日本宗教の概況については、櫻井・三木編(二〇〇七)の各事項、石井(二〇〇七)、井上編(二〇〇五)、を参照。

（5）　中国宗教の概況については、川上（二〇一四）、三菱ＵＦＪリサーチ&コンサルティング株式会社（二〇一四）、瀬川・川口編（二〇一三）、Yang（2012）。キリスト教に関する調査では、中国社会科学院世界宗教研究所課題組（二〇一〇）、国家宗教事務局政策法規司編（二〇一〇）。
（6）　台湾宗教の概況については、五十嵐（二〇〇六）。台湾宗教の包括的研究は、瞿（二〇〇六ａ、二〇〇六ｂ）。
（7）　韓国宗教の概況については、伊藤（二〇〇五）、李・櫻井編（二〇一一）。
（8）　香港宗教の概況については、瀬川（一九九一）、志賀（一九九九）、"Hong Kong: The Facts Religion and Custom" [http://www.gov.hk/en/about/abouthk/factsheets/docs/religion.pdf]（二〇一四年八月八日閲覧）。

参考文献

秋元美世ほか編、二〇〇三、『現代社会福祉事典』有斐閣。

阿部志郎・岡本榮一・日本キリスト教社会福祉学会、二〇一四、『日本キリスト教社会福祉の歴史』ミネルヴァ書房。

阿満利麿、二〇〇三、『社会をつくる仏教――エンゲイジド・ブッディズム』人文書院。

エスピン=アンデルセン、イエスタ、二〇〇一、岡澤憲芙・宮本太郎監訳『福祉資本主義の三つの世界――比較福祉国家の理論と動態』ミネルヴァ書房（= Esping-Andersen, Gøsta, 1990, *The Three Worlds of Welfare Capitalism*, Polity Press）。

五十嵐真子、二〇〇六、『現代台湾宗教の諸相――台湾漢族に関する文化人類学的研究』人文書院。

石井研士、二〇〇七、『データブック　現代日本人の宗教』（増補改訂版）、新曜社。

伊藤亜人、二〇〇五、「第一章　東アジア　第一節　東アジアの概観」「第一章　東アジア　第二節　韓国」文化庁『海外の宗教事情に関する調査報告書』。

稲場圭信、二〇〇八、「アメリカにおける宗教の社会貢献――『慈善的選択』と信仰にもとづいた社会福祉サービス」国際宗教研究所『国際宗教研究所ニュースレター』五八号、一一―一六頁。

井上順孝編、二〇〇五、『現代宗教事典』弘文堂。

王文亮、二〇一〇、『現代中国社会保障事典』集広舎。

金子昭、二〇〇五、『驚異の仏教ボランティア――台湾の社会参画仏教「慈済会」』白馬社。

川上新二、二〇一四、「第一部　概論編　第一章　東アジア」文化庁文化部宗務課『在留外国人の宗教事情に関する資料集――東アジア・南アメリカ編』。

菊池章太、二〇〇八、『儒教・仏教・道教――東アジアの思想空間』講談社。

金成垣・山本克也、二〇〇九、「韓国の社会と社会保障制度」国立社会保障・人口問題研究所『海外社会保障研究』一六七号（特集・韓国の社会保障）、四―一七頁。

呉凱勲、一九八七、「台湾における社会保障建設の現状」社会保障研究所『海外社会保障情報』八一号、二七―四七頁。

沙銀華、二〇〇〇、「中国社会保険制度の現状と問題」国立社会保障・人口問題研究所『海外社会保障研究』一三二号（特集・中国の社会保障）、一三―三〇頁。

櫻井義秀・三木英編、二〇〇七、『よくわかる宗教社会学』ミネルヴァ書房。

澤田ゆかり、二〇一一、「香港における貧困の高齢化――リスク社会の言説による生活保障の転換」宇佐見耕一編『新興諸国における高齢者生活保障制度――批判的社会老年学からの接近』アジア経済研究所、一七七―二一二頁。

志賀市子、一九九九、『近代中国のシャーマニズムと道教――香港の道壇と扶乩信仰』勉誠出版。

白波瀬達也、二〇〇八、「韓国の公的な野宿者対策における宗教団体の役割――公民協働事業への軌跡」関西学院大学社会学部研究会『関西学院大学社会学部紀要』一〇四号、一五三―一六四頁。

瀬川昌久、一九九一、『中国人の村落と宗族――香港新界農村の社会人類学的研究』弘文堂。

瀬川昌久・川口幸大編、二〇一三、『現代中国の宗教――信仰と社会をめぐる民族誌』昭和堂。

玉置充子、二〇一二、「中国と東南アジアの華人社会――民間信仰と結びついた慈善団体『善堂』」櫻井義秀・濱田陽編『宗教とソーシャル・キャピタル1　アジアの宗教とソーシャル・キャピタル』明石書店、一九六―二一九頁。

沈潔編、二〇〇七、『中華圏の高齢者福祉と介護――中国・香港・台湾』ミネルヴァ書房。

陳小紅、二〇〇九、「台湾社会政策の発展――示唆と展望」埋橋孝文ほか編『東アジアの社会保障――日本・韓国・台湾の現状と課題』ナカニシヤ出版、一三八―一六三頁。

土屋英雄、二〇〇九、『現代中国の信教の自由――研究と資料』尚学社。

寺沢重法、二〇一二、「アメリカにおける『宗教と社会活動』研究の動向：American Sociological Review, American Journal of Sociology, Journal for the Scientific Study of Religion, Review of Religious Research, Sociology of Religion のレビューを通じて」「宗教と社会貢献」研究会『宗教と社会貢献』二巻一号、四五―六〇頁。

寺沢重法・伍嘉誠、二〇一三、「書評論文　丁人傑『社会脈絡中的助人行為――台湾仏教慈済功徳会個案研究』」「宗教と社会貢献」研究会『宗教と社会貢献』三巻一号、八一―八八頁。

寺田喜朗、二〇〇九、『旧植民地における日系新宗教の受容――台湾生長の家のモノグラフ』ハーベスト社。

中兼和津次、二〇〇〇、「中国社会保障制度研究の課題と焦点」国立社会保障・人口問題研究所『海外社会保障研究』一三二号（特集・中国の社会保障）、二―一二頁。

西村周三・京極高宣・金子能宏、二〇一四、『社会保障の国際比較研究――制度再校に向けた学際的・政策科学的アプローチ』ミネルヴァ書房。

朴貞蘭、二〇〇七、『韓国社会事業史――成立と展開』ミネルヴァ書房。

長谷川匡俊編、二〇〇七、『戦後仏教社会福祉事業の歴史』法蔵館。

藤本頼生、二〇〇九、『神道と社会事業の近代史』弘文堂。

三木英・櫻井義秀編、二〇一二、『日本に生きる移民たちの宗教生活――ニューカマーのもたらす宗教多元化』ミネルヴァ書房。

三菱UFJリサーチ&コンサルティング株式会社、二〇一四、「第二部　各国地域編　第一章　中国」文化庁文化部宗務課『在留外国人の宗教事情に関する資料集――東アジア・南アメリカ編』。

宮内勝典、二〇〇五、『焼身』集英社。

ムコパディヤーヤ、ランジャナ、二〇〇五、『日本の社会参加仏教――法音寺と立正佼成会の社会活動と社会倫理』東信堂。

ムコパディヤーヤ、ランジャナ、二〇〇九、「社会参加仏教（エンゲイジド・ブッディズム）――アジア仏教との社会的活動そして日本仏教の可能性」国際宗教研究所編『現代宗教――変革期のアジアと宗教』秋山書店、七一―九六頁。

村島健司、二〇一三、「台湾における震災復興と宗教――仏教慈済基金会による取り組みを事例に」稲場圭信・黒崎浩行編『宗教とソーシャル・キャピタル4　震災復興と宗教』明石書店、二五〇―二六九頁。

李元範・櫻井義秀編、二〇一一、『越境する日韓宗教文化――韓国の日系宗教　日本の韓流キリスト教』北海道大学出版会。

李善惠、二〇一〇、「近代初期における韓国のプロテスタント社会事業に関する一考察」同志社大学社会学会『評論・社会科学』九二号、八九―一一六頁。

梁宝霖、一九八七、「香港の社会保障制度」社会保障研究所『海外社会保障情報』八一号、四八―六〇頁。
Queen, Christopher S. and King, Sallie B., eds., 1996, *Engaged Buddhism: Buddhist Liberation Movements in Asia*, State University of New York Press.
Thích Nhất Hạnh, 1967, *Vietnam: Lotus in a Sea of Fire*, Hill and Wang.
Yang, Fenggang, 2012, *Religion in China: Survival and Revival under Communist Rule*, Oxford University Press.

■中国語文献(ピンイン順)

国家宗教事務局政策法規司編、二〇一〇、『宗教事務条例』宗教文化出版社。

瞿海源、二〇〇六a、『宗教術数与社会変遷(一)　台湾宗教研究　術数行為研究　新興宗教研究』皇冠文学出版有限公司。

瞿海源、二〇〇六b、『宗教術数与社会変遷(二)　基督宗教研究　政教関係研究』皇冠文学出版有限公司。

中国社会科学院世界宗教研究所課題組、二〇一〇、「中国基督教入戸問巻調査報告」金沢・邱永輝編『中国宗教報告二〇一〇宗教藍皮書』社会科学文献出版社、一九〇―二一二頁。

中華人民共和国国家統計局編、二〇一三、『二〇一三　中国統計年鑑』中国統計出版社。

第二章　近代日本の政教関係と宗教の社会参加

小島伸之

一　はじめに

近代以降の宗教の社会参加のあり方を理解するための前提として、ある国家の政教関係に関する理解が重要となる。宗教の社会参加は、当該宗教が「救済」への道程をどのように規定しているか（救済観）といった宗教様式などの内発的要因だけではなく、外在的要因によっても動機づけられるからである。

一般的に一六四八年のウェストファリア条約の成立によって確立したとされる主権国家体制においては、宗教団体（・宗教運動）は世俗社会（国家）のなかに存在する。それぞれの宗教団体は、その時々における国家との具体的な関わり方を前提にして、いわゆる「社会参加」、すなわち「世俗的」活動を多様なかたちで展開するのである。

ある国家の政教関係の理解は、実はさほど容易ではない。ある国家の政教関係の理解に際しては、まずその国の憲法の規定が手がかりとされることが多いであろう。憲法上の規定の把握はむろん重要ではあるものの、しかし、憲法の規定のみを前提とする政教関係の考察には限界がある。まず、憲法上政教関係に関する規定が存在しない場合がある。また、「法規の生命は、解釈と運用によって与えられる」(大石 一九九六：一四頁)ため、憲法上政教関係に関する規定がある場合でも、それが存在しない場合でも、宗教に関する行政法令や宗教活動に対する警察的規制のあり方、宗教的紛争に対する裁判所の対応なども考察の対象とされなければならない。

さらに宗教に関する法令は多くの法領域にわたっている。例を挙げれば、法人法制・税制における宗教団体の位置づけや保護監督規定、宗教者の被選挙権・政治活動の制限に関する選挙法上の扱い、宗教に関する犯罪等に関する刑事法の規定、徴兵特例等の軍事法上の保護規定、教育法や教育行政における宗教の扱われ方など、多くの法規定が宗教と関わっていることがわかるであろう。また、各法令の法規定とその運用実態にずれが存在することも考慮しなければならない。宗教に関する法や行政に関する法規定や運用が時期的に大きく変遷することもあり、政教関係の実態的把握を徹底するためには上記の諸要素に関する幅広い考察が必要となる。

また、政教関係について検討する場合、国家と宗教団体の関係のみならず、その対象とする国家の統合原理(国家アイデンティティー)にも目を配らなければならない。ある国家の統合原理は、それが特定宗教的なものであったとしても、世俗的なものであったとしても、何らかの「宗教性」を帯びる(ユルゲンスマイヤー 一九九五：二八―二九頁)。そうした国家の統合原理の宗教性のあり方は、宗教団体と国家の関係性に関係し、影響を与えるからである。

以上のような視座を前提に、本章は近代以降の日本の政教関係について概観する。宗教行政・法制に関する制度史的整理を中心に近代以降のわが国における政教関係の変遷を跡づけ、その展開に伴う宗教の社会参加のモチベーションにも触れながら記述を進めていくことにする。紙幅の関係上、取り上げられるトピックが限定されることについては、あらかじめ了解を請う。

二　近代国家日本の統合原理

法哲学者の長尾龍一は、「いかなる社会集団も、その集団のアイデンティティーを確保するための信条・信仰を有し、成員のそれへの信従を確保しようとする。このようなものを欠き、完全に『開かれた』人群は、集団とはよべないであろう。明治国家において、このような信条・信仰は『国体』とよばれた」と述べる（長尾 一九九六：一〇頁）。「国体」は多義的に用いられる概念であるが、ここでの「国体」は皇国思想（天皇による統治）と神国思想（神々の国）の複合物である。「国体」の自覚化、すなわち近代国家日本の形成に向けた動きは、黒船来航（一八五三・嘉永六年）に象徴される欧米列強との対外的緊張とそれがもたらした国内の政変によるものであった。

幕末期の対外的緊張は、鎖国を「国体」とし幕府を権力の簒奪者と見る後期水戸学の「尊皇」と、「神国」日本からの外来思想・外来文化（特に仏教）の排斥を主張する復古神道（平田派国学）を結びつけた。対外的緊張に対処できない幕府に対する討幕運動が「尊皇攘夷」イデオロギーの下で生じたことが近代国家日本形成の契機となったのである。

しかし、欧米列強（西洋）と日本の科学技術的格差（軍事力格差）が理解されるとともに、対外的危機への現実的対応のために「攘夷」の要素は切り捨てられ開国が決せられる。欧米列強の圧力に抗するために、欧米的近代化（西洋化）を図らなければならないというねじれのなか、「討幕」の正当性は「尊皇」に集約されたことになる。討幕運動は大政奉還・王政復古（一八六七・慶応三年）を帰結し、「天皇親政」による「祭政一致」の統治というイデオロギーが明治新政府の正当性を担保することとなった。

このように尊皇攘夷運動を起源とする近代国家日本の形成が「国体」という統合原理と密接に関わり合いながら展開したことが、近代日本の宗教団体と国家の関係に深い影響を与えることになる。

三　日本型政教関係

三-一　神道国教化政策とその挫折

明治維新初期、王政復古の理念による古代律令制を範にした統治制度の復活と、「祭政一致」のイデオロギーによるいわゆる神道国教化政策が試みられた。これらの政策は、近代国民国家的な中央集権的統治体制の確立という近代的・普遍的目的と、動員された正当化資源としての古代的・特殊日本的諸要素が錯綜したものとなった(羽賀 一九九四：一一五―一二二頁参照)。

一八六八(慶応四・明治元)年、「政体書」により太政官[1]が設置され、また天皇が宮中で執り行う仏教的儀礼が廃止される。一八六九(明治二)年には神祇官を設置、全国の神社・神主を監督下に置く方針がとられ、すべての神社を「公的」な国民道徳的施設とすることが模索されるとともに、近世における儒学・国学が主張した廃仏論の延長線上にある政策として、神仏判然令が出された。

神仏判然令の意図は必ずしも廃仏にはなく、従来あった神仏習合の慣習を廃し、寺院と神社を区別するためのものであったが、一部の地方官や神職、民衆によって、政府の意図を超えて過激化して展開され、政府はむしろその鎮静化に苦心した。一八六九(明治二)年には「宣教使」による神道国教主義的な国民教化も試行されるが、一部の神官や明治維新のイデオロギーの提供者層であった国学者や儒学者を担い手とする国民教化はほとんど成果を上げられなかった。一八七一(明治四)年には、江戸時代の寺院を担い手とする対キリスト教政策・住民管理政策であった宗門改・寺請制度(檀家制度)に代わって神社を担い手とする氏子調が発令されるが、一八七三(明治六)年には廃止される。

このように神道国教化政策は早くも転機を迎え、神祇官(一八七一・明治四年には神祇省)および「宣教使」も一八七二(明治五)年に廃止された。財政的問題などから、すべての神社を「公的」な国民道徳的施設とする意図も放棄され、「国家の宗祀」(国家性・公共性を有する神社祭祀)としての官社(官幣社・国幣社)と、「民祭の神社」としての諸社(府県社・郷社・村社)との区別が明確化・固定化されてゆく(阪本 一九九四)。

明治維新の主たる担い手であった長州藩の有力な支持勢力が西本願寺(浄土真宗本願寺派)であったことからも、明治維新初期の試行的神道国教化政策には理念と現実のずれという点でそもそも無理があったともいえた。

以上の経緯により国民教化には既成仏教(伝統仏教諸宗)僧侶の協力が不可欠と判断され、一八七二(明治五)年、神祇省に代わって教部省が設けられる。教部省の下で神道仏教合同の「教院」が設けられ、政府によって無給の公務員である「教導職」の地位を与えられた神官・僧侶・落語家・講談師などによって「敬神愛国」を宣布する神仏合同の「皇道宣布」布教が展開される。また同年には「自葬」が禁じられ、葬儀は神官・僧侶を経なければ行えないようになる(一八七四・明治七年からは神官・僧侶以外の「教導職」の葬儀執行も認められる)。

こうした政策の転換は既成仏教勢力にとって、明治維新以来の抑圧・不遇状況に対する社会参加による挽回の機会とも捉えられた。明治維新初期の神道国教化政策に対する抑圧感が、仏教勢力の社会参加のモチベーションに転じたのである。しかし次第に、仏教的な布教を独自・自由に展開できない仏教側の不満と、仏教との合同布教により神社の「国家の宗祀」性が曖昧になるという神社側の不満が、それぞれ高じることになる。その結果、一八七五(明治八)年には神仏合同布教が差し止められ、一八七七(明治一〇)年には教部省も廃止(教部省の事務は内務省社寺局に移管)される。

神道国教主義的な国民教化の挫折の過程と反比例するかたちで、一八七二(明治五)年「学制」の発布、一八七九(明治一二)年の「教育令」の公布など、国民教化は「宗教」を媒介としない「公教育」によって担われるようになってゆく。

三-二　「信教自由」・「政教分離」・「祭教分離」

明治維新は欧米列強に対する危機意識を主たる要因とするものであることから、江戸時代からのキリスト教に対する禁教政策は維新後においても継続された。しかし、それが文明国の条件である信教の自由を侵すとして不平等条約改正交渉の障害になることが明らかとなり、一八七三(明治六)年には、キリスト教の信仰は黙許されることとなった(2)。

神道国教化政策の頓挫とキリスト教の黙許というかたちで、布教・信教の自由、政教分離の要求が徐々に政府に受け入れられることと並行して、浄土真宗本願寺派僧侶・島地黙雷によって唱えられた「神社非宗教論」が政府によって採られることになる。つまり「神社」が布教・信教の自由、政教分離の対象としての「宗教」であるならば、それは「私的信仰」に属するものとなり、それに対する信仰・崇敬を国民に要求することはできなくなる。そのため、政府は「神社は宗教に非ず」として、宗教的行為(布教、葬儀関与)を禁じたうえ「公的」存在とする方針を採用した。

一八八二(明治一五)年には官社の神官の「教導職」兼補が廃止される。それによって官社の神官が「皇道宣布」から外れるとともに、葬儀関与も禁止される。これに伴い、独自の「宗教」的教義と実践体系を有する神道諸派は、「教派神道」として「神社」から分離され、「宗教」と位置づけられた(「祭祀と宗教の分離」)(井上 一九九一)。

こうした動きのなかで「民祭の神社」たる諸社は、半ば「宗教」としての扱いを受ける。一八七九(明治一二)年に諸社の神職の身分は仏教の住職と同様とされ(太政官布達第四五号)、上記神官の葬儀関与の禁止についても、諸社の神職については「当分従前の通り」とされた。こうした「中途半端」な位置づけをされた諸社の神職の不遇感は、後に「国家の宗祀」性の再強化を求める社会参加へのモチベーションの一つとなる。

一八八四(明治一七)年には、政府によって管理される「敬神愛国」布教者(および葬儀執行者)の地位たる「教導職」が廃止、教派神道各派・既成仏教各宗内の人事(住職の任免等)が国家の直接管理から外され各派各宗の管長に委任されるに至る(太政官布達第一九号)。また「教導職」の廃止に伴って神官・僧侶・その他「教導職」によらない「自葬」も解禁される[3]。

以上のような「政教分離」「祭教分離」のプロセスを経て、「宗教」と公的に位置づけられた教派神道各派、既成仏教各宗については一定の「教団自治」が行政上認められる一方、(特に官社たる)神社は「宗教」の圏外に立つという体制が固まったのである(井上 一九七二：二四頁)。

こうして、明治維新初期の試行的な神道国教主義的政策の「失敗」を経て、教団の自治(政教分離)と信教自由の対象たる公認された「宗教」としての既成仏教・教派神道・キリスト教と、宗教活動を禁止された公的施設としての「非宗教」たる「神社」(官社)および「宗教」と「非宗教」の境界的存在とでもいうべき「神社」(諸社)という、戦前日本の政教関係の基本構造が確立する。いわゆる「日本型政教関係の誕生」(井上・阪本編 一九八七)である。

このような政教関係の下、「宗教」は宗教行政の、「神社」は神社行政の対象とされ、それぞれ国家による一定の保護・監督下に置かれた。上記「宗教」「神社」以外の宗教集団や宗教運動については、それが教派神道や仏教の系統であったとしても、任意団体としての「類似宗教」とされた。行政上「宗教」とみなされない「類似宗教」は宗教行政の対象とはならないため、警察行政に触れない限り設立・活動は自由であったが、それは同時に「宗教」としての宗教行政上の保護を受けられないことも意味した（井上 一九七二：三〇―三一頁）。

このような近代日本の政教関係に関して、宗教社会学者の西山茂は以下のような近代日本宗教の成層構造を示している（西山 一九九八：七頁）。

（頂）①「非宗教A（神社中心の国家神道・国民的天皇崇拝儀礼）」
↑　②「宗教B（教派神道・仏教・キリスト教の諸宗教派）」
（底）③「非宗教C（類似宗教＝新宗教教団・民俗宗教等）」

西山の提示した成層構造は、「日本型政教関係」下における宗教の社会参加のモチベーションが、同一階層内における他の宗教とのいわば「社会貢献競争」や上昇志向運動に規定された側面を有することの理解を容易にする。また、各宗教の社会参加のあり方が、他宗教（特に他階層）が得手とする領域を避けるニッチ志向を有したことの理解も容易にする。たとえば、既成宗教が教育や福祉などの「世俗的」社会参加に力を注いだ一方、「類似宗教」は病気治しなどの現世利益的な「社会参加」を志向する傾向を有したのである。

西山の整理をふまえつつ、先に述べた「国家の宗祀」としての官社と「民祭の神社」としての諸社の区別をも考慮するならば、この三層構造の「非宗教A」と「宗教B」のあいだに、「非宗教／宗教X（諸社）」を挿入して四層構造とすることができる。これに加え、禁教から黙許そして公許という展開をたどり、また公許後も教派神道・既成仏教とは微細に異なる行政上の取り扱い(五-一の2にて後述)を受けたキリスト教の「宗教Ｂ」における相対的異質性も考慮(「宗教Ｂ'」)するならば、西山の成層構造を修正した以下の成層構造を示すことができる。

(頂)　①「非宗教Ａ(官社・国民的天皇崇拝儀礼)」
　　　②「非宗教／宗教Ｘ(諸社)」
　↑　③「宗教Ｂ(教派神道・既成仏教)」「宗教Ｂ'(キリスト教)」
(底)　④「非宗教Ｃ(類似宗教＝新宗教・民俗宗教等)」

この修正した成層構造を前提にすれば、後に考察する「非宗教／宗教Ｘ(諸社)」の神職による上位階層への上昇志向や、一九三九(昭和一四)年成立の「宗教団体法」(やそれ以前の一八九九・明治三二年に議会に提出されるも廃案となった「宗教法案」)の有していた性格の理解がより容易になる。「宗教Ｂ(Ｂ')」のみならず、「非宗教Ａ」「非宗教Ｃ」「非宗教／宗教Ｘ」も当然宗教であるとみなす今日の一般的・学術的認識からは、「日本型政教関係」が行政上「宗教」と「非宗教」の扱いを区別していることに違和感があるかもしれない。この点について考慮されなければならないのは、我々が前提とする宗教概念自体が近代において歴史的に構築されたことである。

歴史的には、上記のような個別具体的な神社、教派神道・既成仏教・キリスト教を対象とした行政的対応の必要性に伴う行政上の区分が宗教概念の成立に先行した。今日自明視されている宗教概念は、大日本帝国憲法に「信教自由」保障が規定されたことによる憲法上の自由権の対象となる〈宗教〉定義問題の登場、および明治三〇年代以降の宗教学の構築による近代的学知の普及という経緯を経て構築されたものなのである（山口 一九九九、磯前 二〇〇三）。

三-三　大日本帝国憲法と政教関係

以上のような「日本型政教関係」確立後、一八八九（明治二二）年に発布された大日本帝国憲法（帝国憲法）には信教自由に関する規定（第二八条）は設けられたものの、政教関係に関する規定は設けられなかった。そのため、戦前の憲法学は比較法史的な政教関係の類型にあまり関心を示さず、政教関係に関する議論はむしろ行政法学において盛んであった（大石 一九九六：六―七頁）。

行政法学においては、既述の一八八四（明治一七）年太政官布達第一九号が教派神道各派・既成仏教各宗内の人事（住職の任免等）を「宗教」の自治に委ねたことの法的意味をどのように解釈するのかによって、[4] 公認宗教制説・政教分離説・（公認宗教制説と政教分離説の）折衷説という学説の対立があった。最も有力なのは政教分離制説であった（大石 一九九六：二三二―二三三頁）。

帝国憲法下の日本が「国家神道」体制であり、「事実上の国教制」であったという認識は戦後一般的に普及している。戦前の行政法学における政教関係に関する学説に国教制説が存在しなかったこと、通説が政教分離説であったことは意外な事実と感じられるかもしれない。

こうした認識上のずれは、既に述べた今日の〈宗教〉概念と、行政上の必要性が先行して構築された戦前の「宗教」概念のずれ（戦前における、行政上・法律上の「宗教」の特殊的設定）という問題に加え、〈近代国家日本の統合原理が帯びる宗教性〉と〈国家と宗教団体の関係〉という二つの異なる宗教に関する問題が交錯して論じられることによって生じているように思われる(百地 一九九一：六―八頁参照)。

少なくとも、明治初期の神道国教化政策の試行が「失敗」した以後においては、明治維新のイデオロギーのうち、神国思想は後景化し皇国思想が前景化した。

このことについて、憲法立法の中心人物とされる伊藤博文は、帝国憲法の審議過程において神道も仏教も「(近代国民)国家の機軸」になることはできないと明言した。[5] 伊藤は近代国民国家には「機軸」(＝「人心」を帰一させる政治的・社会的統合原理)が必要であり、ヨーロッパにおいてはキリスト教が「機軸」になっていると見る。一方、日本の主な宗教である仏教・神道はともにその「機軸」足りえず、「機軸」になりうるのは「皇室」(天皇)だけであると判断したのである。

むろん「皇室」(天皇)の地位の正統性には神道的要素が関わっている。しかし、枢密院における帝国憲法の「信教自由」規定の審議においても、「朝廷の御親祭」(皇室における神道祭祀)が神社祭祀一般とは関連づけられることなく、したがって臣民(国民)と直接的には関わるものではないという前提で議論が展開された(山口 一九九九：一五一―一五二頁)。つまり帝国憲法制定前後の段階において、国家の統合原理としての神道的要素は、直接国民に対峙するものではなく、「皇室」(天皇)の背後にあってその正統性を担保するものであり、天皇を介して国民と間接的に関わるという文脈に限定されるという認識が立法者たちに共有されていたのである。[6]

このように、帝国憲法制定の時期においては、世俗主義的な近代主権国家体制(世俗的ナショナリズム)を大前提として、国家の統合原理は神道そのものではなく天皇(皇室)に集約されていた。こうした世俗的ナショナリズムのあり方を前提にしてこそ、各宗教においても世俗国家的規範と宗教的規範の関係性の再構築が論点となる。[7]

「布教」を禁じられた神社が公的礼拝施設(法的には「公の営造物」)とされていたこととあわせて鑑みれば、後に生じる神社参拝の「強制」の根底的性格を、主として、神道信仰の強制と捉えるのではなく、近代国民国家日本（の統合原理）への帰属意識の確認の強制と評価する余地も十分に存するように思われる。

四　帝国憲法下の仏教・神社の社会参加

四-一　仏教と社会参加

ランジャナ・ムコパディヤーヤによれば、近代日本仏教の社会参加には「国家化・国家主義化」、「社会化」、「大衆化」、「国際化」の四つのパターンがある（ムコパディヤーヤ 二〇〇五：三一―三二頁）。以下では「国家化・国家主義化」の流れを中心に仏教の社会参加について概観したい。

幕末から明治中期にかけて仏教の社会参加を動機づけた思想は「護法即護国論」であった。「護法即護国論」は、儒学・国学による近世廃仏論への対抗論（護法論）を起源とする議論であり、それが欧米列強（西洋）を脅威とする認識を前提に、キリスト教排斥による国家貢献を主張する議論に転じたものであった。「護法即護国論」の背景には、江戸時代における仏教の国家的特権地位が明治維新によって激変したことがあった。特に、神仏判然令によって惹起された廃仏毀釈の展開による「抑圧感」や「危機意識」が、宗門改革や政治・教育・福祉活動への積極的参加による「国益への貢献」の志向という仏教の近代化運動につながったのである（ムコパディヤーヤ 二〇〇五：五一―五三頁）。戦前における仏教の社会参加は、「神社」やキリスト教等の他「宗教」および各仏教宗派間における「国家への貢献」競争の土俵によって支えられた側面を有していたといえる。

「護法即護国論」は、明治二〇年代以降の「仏教公認運動」に連続する。「仏教公認運動」は、一八八四(明治一七)年の太政官布達第一九号により「教団自治」が認められて以降、かえって仏教宗派内の内紛が激化した状況と、将来予測された条約改正によって国内にキリスト教が進出することを憂いた仏教者によって展開された。既成仏教に対する、より高度な国家行政の保護監督(仏教公認)によるキリスト教排斥を主張したこの運動は、同一階層を構成するキリスト教(「宗教B'」)や教派神道(「宗教B」)よりも、既成仏教を国家制度上の相対的上位階層に再定位することを試みる上昇志向運動であった。

ここでの国家の保護監督強化の要求を、「政教分離」「信教自由」の自発的放棄と批判的に捉えた仏教者もいた。しかし、国家の保護監督強化によって「教団自治」をより実質的に担保することで仏教を強化し、キリスト教に対する防壁とするべきと主張する運動が止むことはなかった。一八九四(明治二七)年調印の改正条約実施(一八九九・明治三二年七月)が迫るなか、一八九八(明治三一)年、巣鴨監獄教誨師事件が生じる。同事件はキリスト教徒の有馬四郎助が、巣鴨監獄典獄(刑務所長)に着任し、教誨師であった真宗大谷派僧侶を辞職させたうえでキリスト教徒の留岡幸助を教誨師に採用した事件である(岩田 二〇一四：四六―四七頁)。この事件に対する反発も影響し、「仏教公認運動」はさらに活発化する。一方、一八九九(明治三二)年七月、不平等条約改正実施に伴い「神仏道以外の宗教の宣布および堂宇説教所講義所の設立、移転、廃止などに関する届け出規定」(内務省令第四一号)が発布され、キリスト教が正式に宗教行政の対象として位置づけられる。

「仏教公認運動」への対応と改正条約実施を契機とする宗教に関する総合立法制定のため、政府は「宗教法案」を議会に提出する(一八九九・明治三二年一二月)。同法案の提出に際し政府は、①宗教団体への法人格の付与、②宗派教派内の内紛を裁決する制度の整備、③改正条約実施に伴いキリスト教を正式に宗教行政の対象とすることへの法的対応、の三点を主たる理由として説明した。

「宗教法案」の内容は、「仏教公認運動」が排撃の対象としたキリスト教(および教派神道)を仏教と同等に取り扱うものであり、「宗教」内で相対的上位の位置づけを求める「仏教公認運動」の要求を容れたものではなかった。[8] したがって「仏教公認運動」は宗教法案に対し「超絶的反対」を掲げる運動に転じる。こうした反対運動が激烈に展開された影響もあり、結局「宗教法案」は審議未了で廃案となるに至る。

「宗教法案」の廃案以降、宗教に関する総合的立法が成立するのは一九三九(昭和一四)年の「宗教団体法」を待たなければならない。しかし、「日本型政教関係」の構図を前提とした行政上の取り扱い、すなわち神社を「非宗教」とし、仏教・キリスト教・教派神道を若干の相違を除けば「宗教」として基本的に同一の法的位置づけのものとして扱うという宗教行政上のスタンスは、「宗教法案」廃案後も一貫して維持され続ける。若干の相違とは、既成仏教や教派神道のみに包括団体(「宗派」「教派」)が行政上公認されていたことと、それに伴い包括団体に属さない「単立教会」がキリスト教にのみ認められていたことである。

既に触れたように、行政上の取り扱いが基本的に同一であるがゆえに(「宗教B(B')」)、政治・教育・福祉活動の領域という社会参加の側面においては、各宗教の、特に仏教にとってはキリスト教との、〈市場原理〉に基づく競争(や棲み分け志向)が生じる。

日露戦争後の地方荒廃・民心動揺の状況下における「国体論」と結びついた日蓮主義運動の展開(大谷 二〇〇一)、大正デモクラシー下における普選運動と並行して行われた僧侶被選挙権獲得運動の展開(ムコパディヤーヤ 二〇〇五：五八頁)、昭和期における宗派合同や総力戦体制への協力というかたちで、「護法即護国論」の延長線上としての社会参加の流れは持続することになる。

四-二　神社（諸社）と社会参加

「抑圧感」や「危機意識」が社会活動の動力源となるという関係は、諸社（府県社以下の神社）の神職に関しても当てはまる。一八七七（明治一〇）年に教部省の事務を引き継いで設立された内務省社寺局は、一九〇〇（明治三三）年に神社局と宗教局に分離され、一九一三（大正二）年には内務省宗教局が廃止（内務省神社局は存続）、宗教局は文部省に設けられ、政府は神社と「宗教」の区別の明確化を徹底していく。こうした状況のなか、日露戦争後の地方の荒廃や民心の動揺への対処策として内務省による「地方改良運動」が企図される。「地方改良運動」の一環として、明治後期から大正初期にかけて、地方自治は神社を中心にして行われるべきとする「神社中心説」に基づく神社政策が展開された。

「神社中心説」に基づく神社政策は、諸社にとっては両義的な意味を持っていた。一八九八（明治三一）年に「全国神職会」を結成していた諸社の神職にとって、「神社中心説」に基づく神社政策は、諸社が「国家の宗祀」としての地位を回復・獲得する好機として捉えられた（藤本 二〇〇六：二八七―二八九頁）。「非宗教A」でもなく、「宗教B」でもない「非宗教／宗教X」の上昇志向運動の好機と捉えられたのである。

他方、地方自治の中心としての神社の位置づけを試みるに際し、一八七三（明治六）年以降廃止されていた諸社に対する公費供進の再開要求に対応する財源問題も絡みつつ、神社の氏子区域と行政区画を一致させることが求められる。一町村一神社を基準とするいわゆる「神社整理」（神社合祀）政策が展開されたのである（森岡 一九八七：一六―二五頁）。

「神社中心説」に基づく神社政策は、世俗的合理性（経済的合理性）の論理に基づく「神社整理」を伴うことによって、諸社にとっていわば「弾圧」と評しうる状況をもたらすことにもなった。一九〇八(明治四一)年から一九一二(明治四五・大正元)年にかけて合祀が盛んに実施された結果、統計上では七万三千弱の神社が合祀によって減少したとされ(藤本 二〇〇六：二七一頁)、整理された神社境内は学校や役所に転用される以外は「焼け跡」のようになっていたという(藤本 二〇〇六：三〇〇頁)。戦後において帝国憲法下の「事実上の国教」と評される神道の神社(諸社)は、このような状況も経験したのである。

こうした「抑圧感」や「危機意識」が、「下からの国家神道」とも評される大正デモクラシー下およびそれ以降における新世代の神職による社会活動の動力源となる(畔上 二〇〇九)。そうした社会的運動の戦前における一つの帰結が一九四〇(昭和一五)年における内務省神社局を「神祇院」とする「神祇院官制」であったが、実態としてそれが諸社の「国家の宗祀」としての性格を実質的に「回復」したものと評価することができるかは疑問であった(藤田 二〇〇六)。

五　「宗教団体法」と政教関係

五-一　「宗教団体法」成立の意義

「宗教法案」廃案以降、宗教行政は数多くの単発法令を根拠にして行われ続けた。こうした煩雑さもあったため、宗教に関する総合立法制定は長年の懸案であり続けた。一九二七(昭和二)年には「宗教法案」から約三〇年の間隔を経て「(第二次)宗教法案」が議会に提出される。しかし同法案はキリスト教方面からの反対が強く、審議未了・廃案に終わる(井上 一九七二:二二五頁)。一九二九(昭和四)年には法の対象を「宗教」から「宗教団体」に絞った「(第一次)宗教団体法案」が議会に提出され、かつての二つの宗教法案に対するよりも反対は少なかったものの、貴族院で審議未了に終わる(井上 一九七二:二三三頁)。宗教に関する総合立法制定が長期にわたって達せられなかった理由は、各法案の仏教・キリスト教・教派神道の位置づけをめぐる宗教界の抵抗、神社と「宗教」の関係をめぐる論争、「宗教教師」の法的位置づけの是非などの諸点がネックとなり続けたことによる(田上 一九九四:一一九四頁)。[9]

こうした前史を経て、宗教(団体)に関する総合的立法は一九三九(昭和一四)年に至り、「宗教団体法」としてようやく成立を迎える。この時期において懸案であった宗教に関する総合的立法の成立が達せられた背景としては、当時の戦時国防国家体制の下、国家側の国民精神総動員の要請に、宗教界の大勢も応じたという状況があった。「宗教団体法」によって明治以来随時発布された約三〇〇に及ぶ宗教に関する法令の整備統一と内容の拡充がようやく果たされたことになる(井上 一九七二:二三八頁)。なお「宗教団体法」においても神社は「非宗教」としてその対象とされなかった。

当時の挙国一致的風潮下、相対的・系統的に類似性の強い宗派・教派が個別化されていることが、国家によっても宗教界の大勢においても非合理的とされ、「宗教団体法」の規定により宗派統合が進められた。[10]こうした「宗教団体法」の運用のされ方により、戦後において「宗教団体法」は「宗教弾圧法」と評されることも多い。確かに、「宗教団体法」が「宗教」に対する統制法的側面を有していたことは間違いない。しかし同時に、「宗教団体法」は、従来の宗教行政と比べて国家関与を縮減し教団の自治を拡大するなど、信教自由と政教分離を拡充する側面も有していた。このことについて、特徴的な点を二つ挙げておこう。

「宗教団体法」は「宗教結社」に関する規定を定め、従来の宗教行政では「宗教」として扱われてこなかった「類似宗教」(新宗教)を初めて宗教行政の対象とした。「類似宗教」が「宗教結社」になるか否かは任意であった(届出制)。

1　「宗教結社」

同法の「宗教団体」(既成仏教・教派神道・キリスト教の集団・組織が主たる対象)は法人になりえるとされ、また税制上等の特権が付与されていた(11)。一方、「宗教結社」には法人格が認められておらず、税制上等の特権も付与されなかった。法人格がなければ、団体名義での宗教施設や土地の所有が認められない。

このように「宗教結社」に対する法的保護の度合いは「宗教団体」に比して劣るものであった。では「宗教団体法」が「宗教結社」制度を規定したことに、どのような意味で信教の自由を拡充する画期性があったのであろうか。

それは、警察行政上の集会規制との関連であった。「治安警察法」(一九〇〇・明治三三年)は「政治」集会や「公事」集会に対する規制を定めていた(12)。同法は宗教的結社・集会を直接の対象とするものではなかったが、(宗教的)集会がある程度の規模を超えた場合、警察の判断次第によっては、宗教的結社・集会にも集会規制の諸規定が適用される余地が存していた。宗教的集会の合法性を確保する必要性から、戦前においては「類似宗教」(新宗教)がその組織的・規模的発展に伴い、「宗教」(既成仏教・教派神道)に形式的に所属するかたちをとる(「借傘型」教団(13))ことも少なくなかった(西山 一九九五：一一頁)。

「公衆ヲ参集」させるとみなされる規模・形態で宗教活動を行う場合、「宗教」(教派神道・仏教・キリスト教)には集会規制を制度的に避ける方法が「宗教団体法」以前から用意されていた。たとえば、一九二三(大正一二)

年「神仏道教会所規則」(文部省令第三二号)によれば、「教会所ニ於テハ教義ノ宣布又ハ儀式ノ執行ニ際シ公衆ヲ参集セシムルコトヲ得」(第八条)と規定されている。

つまり、「宗教団体法」の「宗教結社」制度は、「類似宗教」が集会開催に際して「宗教」的集会であることを担保するものであった。つまり「類似宗教」に対し「借傘型」のような組織形態をとることなく集会規制「乱用」の怖れを緩和する手段を提供したのである。

2 「教団」と「単立教会」

「宗教団体法」は、宗教行政における「宗教B」(既成仏教・教派神道)と「宗教B'」(キリスト教)に対する取り扱いの差異を概ね全面的に解消するものでもあった。

従来の宗教行政は、下位レベルの各個別宗教拠点・組織(「寺院」「教会」)を包括する上位レベルの組織(「宗派」「教派」)の地位を既成仏教・教派神道のみに認めてきた。キリスト教の各個別教会を包括する組織は、従来の宗教行政において法的地位を有さないものとして扱われてきたのである。「宗教団体法」は、キリスト教に関する包括団体を「教団」として法的に位置づけ宗教行政の対象とした。

また従来の宗教行政上、キリスト教の包括的組織(教団)が法的に位置づけられていなかったことにより、キリスト教の宗教行政の対象は個別的な「教会」であった。そのため、包括的組織に属さない「単立教会」はキリスト教にのみ認められてきた。既成仏教や教派神道の「単立教会」は従来認められなかったのである。「宗教団体法」はこうした「単立教会」の設立を宗教の別にかかわらず認めた(14)。

このように「宗教団体法」は、従来の宗教行政上における既成仏教・教派神道とキリスト教間に存在した取り扱いの格差を概ね全面的に解消したことになる。

五-二　「宗教団体法」と政教関係の再定位

「宗教団体法」は、宗教行政上既成仏教と教派神道のみに認められていたいわゆる包括団体の地位を、キリスト教に対しても認めた。同時に、従来キリスト教にのみ認められていた教宗派に属さない「宗教団体」の一種である「単立教会」を既成仏教や教派神道を含め、宗教の別を問わず認めた。さらに、これまで宗教行政の直接的対象とされていなかった類似宗教を「宗教結社」として法的に位置づけ宗教行政の対象とした。「宗教結社」を宗教行政の対象とし、宗教の別を問わず「単立教会」を認めたことは、新宗教等の「宗教結社」がその発展により「宗教団体」となる「近道」が開かれたことを意味した（井上　一九七二：二三九頁）。

このような「宗教団体法」によって、前述（三-二）の日本型政教関係の成層構造は、以下のように再定位されたことになる。

（頂）①「非宗教A（官社・国民的天皇崇拝儀礼）」
②「非宗教／宗教X（諸社）」
③「宗教B（「宗教団体」たる教派神道・既成仏教・キリスト教、（新宗教等））」
④「宗教C（「宗教結社」たる新宗教・民俗宗教等）」
（底）⑤「非宗教D（「宗教結社」でない新宗教・民俗宗教等）」

「宗教団体法」による新たな日本型政教関係は、非宗教Dから宗教Bまでの階層移動性を前提としたものであった。その意味では従来の宗教行政における日本型政教関係に比して、より信教自由的なものとみなすことは十分可能であろう。「宗教団体法」は、「そこに盛られた内容は、まだ不完全ながら、信教自由・政教分離の色彩がかなり濃厚になったことは、否み得ない」ものだったのである（井上 一九七二：二五四頁）。

六　戦後の宗教法制

国家による宗教政策（宗教行政・宗教法制）において、各種宗教をそれぞれどのように位置づけ取り扱うかという「平等」原則については理論上二つの考え方がある。一つは、「各宗教団体の国家に対する歴史上の地位や社会に対する教化上の勢力などを基礎とし、その各種各様の特性に立脚して、それぞれそれに相当する取扱いをする」（相対的実質的平等）という考え方であり、もう一つは、「種々雑多な宗教団体に対し、一律一様に同じ法的地位を与える」（絶対的形式的平等）という考え方である（井上 一九七二：一二四―一二五頁）。

あらためて確認するならば、戦前のわが国の宗教政策は、一貫して、このうち相対的実質的平等の考え方を基礎としていた。

六‐一　「宗教団体法」の廃止と「宗教法人令」

「宗教団体法」が再定位した新たな日本型政教関係は、わずか六年後に根本的変化を迫られる。わが国の敗戦と占領に伴い、一九四五（昭和二〇）年一〇月四日、ＧＨＱにより信教自由に反する法律として、「宗教団体法」の廃止が指令された。同一二月一五日には、ＧＨＱより神道指令が出され、「国家神道」の廃止、一九四〇(昭和一五)年に内務省神社局を改組して成立した神祇院の解体が命じられる。

一九四五(昭和二〇)年一二月二八日には「宗教法人令」が発布され、「宗教団体法」は廃止される。「宗教法人令」は宗教に対する国家的関与を極めて縮小化した。翌二月二日の同令改正によって、戦前において「非宗教」とされ続けた神社も、「宗教」として同令の対象に含められることになった。神社も含めた宗教は、宗教政策上、すべからく「私」的な存在と規定されたのである。

つまり、「宗教法人令」は各種宗教間の政策上の取り扱いについて、戦前の相対的実質的平等を絶対的形式的平等の考え方に改めたことになる。

(頂)　①「宗教Ａ(「宗教法人」である宗教)」

(底)　②「宗教Ｂ(「宗教法人」でない宗教)」

「宗教団体法」が「宗教団体」(法人)の設立について認可主義をとっていたのに対し、「宗教法人令」においては法人の設立にも準則主義がとられた。(15) また、「宗教法人」にはすべて等しく税制上の特権が与えられた。事前に内容を審査されることなく登記さえすれば法人格が与えられ、税制上の特権を受けられる制度となった結果、新設される宗教法人の数が激増し、租税回避等のために宗教以外の団体が宗教法人として登記を行うような逸脱が少なからず見られる結果となった。

六-二　「宗教法人法」

占領末期の一九五一(昭和二六)年四月、「宗教法人令」は改正され「宗教法人法」が成立した。濫用が問題視されていた法人の設立の準則主義は廃され、認証制度[16]がとられたほか、簡素で自由にすぎた「宗教法人令」の不備を補うため、「宗教団体法」に比しても多数の条文を備える法律となった。

一方、絶対的形式的平等の原則、国家の宗教法人への関与に慎重なスタンス、「宗教法人」にはすべて等しく税制上の特権を与える規定などは「宗教法人令」から継続して維持された。「宗教法人法」は、「宗教法人令」ほど極端ではないものの、戦前の宗教行政・宗教法制に比して、国家と宗教の関わりを大きく縮減したのである。

六-三　オウム真理教事件と「宗教法人法」改正・「団体規制法」

「宗教法人法」は、一九九五(平成七)年のオウム真理教地下鉄サリン事件を契機に見直しを迫られる。オウム真理教事件を契機に、税制上等の保護を受ける対象にはより立ち入った国家による監督が必要ではないかという観点が、あらためて表面化したことになる。宗教法人法の改正に際しては、①宗教法人の所轄、②宗教法人設立後の活動状況の把握の方法、③宗教法人の情報開示、④収益事業の停止命令等に関する所轄庁の質問権、⑤宗教法人審議会の委員増員などが主たる論点となった(中根 一九九六：一一頁)。

一九九六(平成八)年、宗教法人に対する役員名簿や財産目録などの提出を義務づけることなどの改正がなされる。さらに、オウム真理教に対する「破壊活動防止法」の適用申請が公安審査委員会に拒否(一九九七・平成九年一月）されたことを受けて、一九九九（平成一一）年一二月七日「無差別大量殺人行為を行った団体の規制に関する法律」が公布され、オウム真理教およびその後継・分派団体が適用対象となった。

オウム真理教事件は、「宗教法人」に対する国家関与の度合いをいくつかの点において増加するという結果を帰結した。しかし、逸脱的な宗教団体に対しては個別に特別立法によって対処する対応がなされ、絶対的形式的平等の考え方を基礎とする戦後の宗教政策における基本方針そのものは、オウム真理教事件を経ても変化することはなかったのである。

七　おわりに

戦前のわが国の政教関係は、宗教政策における相対的実質的平等の考え方を基礎とし、「国家が国家や国民に深い関係を有する一定の宗教団体に対し特別の取扱いをする」という方針を原則としていた（井上 一九七二：一二五頁）。むろん、どのような宗教がどうような意味において国家と深い関係を有するのかという問題に対する回答は一義的に明確ではない。戦前の宗教政策の展開は、近代国民国家の形成という問題とも関わりながら、諸宗教それぞれの相対的相違を宗教政策（宗教行政・宗教法制）上に汲み取って組み込もうと苦闘した経験であった。日本型政教関係は、諸宗教の「公的」側面と「私的」側面をどのように評価し、法的にどのように位置づけるべきかという難問への、一つの解答であったのである。

戦後の政教関係は、占領政策という外在的契機がもたらした宗教政策における平等観の転換、すなわち相対的実質的平等から絶対的形式的平等への転換を基礎として構築されている。日本国憲法第二〇条第三項、同第八九条に政教分離に関する規定が定められたこともあり、宗教は徹底して平等に、かつ「私的」なものとして法的に位置づけられたのである。

信教自由の最大化という観点からすれば、このコペルニクス的転回は、大いに望ましいことなる。一方、平等の捉え方次第によっては、戦前のわが国の政教関係構築の営みや日本型政教関係のあり方にも、単なる消極的反省の対象としてではなく、積極的な経験の蓄積という像を見ることもできるように思われる。本書が扱うアジア諸国における宗教と政治の関係の諸事例を参照すれば、戦前のわが国の政教関係のある種の一般性が浮かび上がってくるかもしれない。

いずれにせよ、宗教政策の変化にかかわらず、宗教は社会に何らかのかたちで関わり続ける。行政上・法制上「私的」で平等な存在となった宗教は、宗教の公共性をめぐって、自律的・自覚的に社会参加のあり方を動機づけ、模索・展開しなければならない。宗教に対する国家の監督と保護によってその「公共性」を担保され、またその行政上・法制上の取り扱いの違いによって社会参加へのモチベーションが促進される度合いが大きく減じた戦後のわが国においてこそ、宗教による社会参加のあり方が鋭く問われているのである。

(注)

(1) 古代律令制の立法・行政・司法を所轄する最高行政機関を参考に設立された官庁で、一八八五(明治一八)年、「太政官達第六九号」により廃止、内閣制度に代わられた。

(2) キリスト教式葬祭の禁止は一八八四(明治一七)年まで継続された。

(3) これにより、キリスト教式葬祭も事実上解禁された。

(4) 本来国家が有する権限を放棄したと捉えるか、権限自体は国家に留保しつつ行使についてのみ教団自治に委ねたと捉えるかという解釈上の対立が存在した。

（5）「欧州ニ於テハ憲法政治ノ萌セルコト千余年独リ人民ノ此制度ニ習熟セルノミナラス又タ宗教ナル者アリテ之カ基軸ヲ為シ深ク人心ニ浸潤シテ人心此ニ帰一セリ然ルニ我国ニ在テハ宗教ナル者其力微弱ニシテ一モ国家ノ機軸タルヘキモノナシ仏教ハ一タヒ隆盛ノ勢ヲ張リ上下ノ人心ヲ繋キタルモ今日ニ至テハ已ニ衰替ニ傾キタリ神道ハ祖宗ノ遺訓ニ基キ之ヲ祖述ストハ雖宗教トシテ人心ヲ帰向セシムルノ力ニ乏シ我国ニ在テ機軸トスヘキハ独リ皇室アルノミ」（「憲法起草の大意」一八八八・明治二一年六月）（稲田　一九六二：五六七頁）。

（6）「非宗教A」としての神社が国家との関係を失った戦後においても、「国民統合の象徴」（日本国憲法第一条）としての天皇制は維持され、天皇は私的な行為として皇室祭祀を継続している。また、こうした天皇に対する国民崇敬も同時に存続していることを根拠として、戦後における「国家神道」の存続を指摘する議論が主張されている（島薗　二〇一〇）。

天皇の地位や正統性に関しては、国家・国民―天皇―神道の関係性をめぐって、すでに戦前の昭和一〇年代に「国体論争」が展開されている。「国体論争」においては、天皇―神道の関係を本質とみなす国体論と、天皇―国民の関係を本質とみなす国体論の鋭い対立があった（昆野　二〇〇八）。

「国家神道」の戦後における存続という主張をめぐる議論は、ある意味において昭和一〇年代の国体論争の変奏曲として捉えることができる。

（7）たとえば、仏教では浄土真宗等の「真俗二諦（しんぞくにたい）」（仏法と国法の相互補完性）・「王法為本（おうほういほん）」（日常生活における世俗法の尊重）や日蓮宗等の「王仏冥合（おうぶつみょうごう）」（仏法と国法の自然的融合）など、キリスト教では「日本的キリスト教」などをめぐる教学的議論が展開された。

（8）なお「宗教法案」は、「非宗教」である神社に関する内容を含まなかった。

（9）法律で宗教者（布教者・儀礼執行者）の資格等を規定すること。

（10）従来の仏教五八派は二八派に、プロテスタント二〇団体は一教団に統合されている。

（11）「宗教団体」になるか否かも、対象教団の任意とされた。なお、「寺院」は必ず法人格を有するものとされた。

（12）「公事ニ関スル結社又ハ集会ニシテ政事ニ関セサルモノト雖安寧秩序ヲ保持スル為届出ヲ必要トスルモノアルトキハ命令ヲ以テ第一条又ハ第二条ノ規定ニ依ラシムルコトヲ得」（第三条）、「安寧秩序ヲ保持スル為必要ナル場合ニ於テハ警察官ハ屋外ノ集会又ハ多衆ノ運動若ハ群集ヲ制限、禁止若ハ解散シ又ハ屋内ノ集会ヲ解散スルコトヲ得」（第八条一項）、「集会又ハ多衆運動ノ場合ニ於テ故ラニ喧擾シ又ハ狂暴ニ渉ル者アルトキハ警察官ハ之ヲ制止シ其ノ命ニ従ハサルトキハ現場ヨリ退去セシムルコトヲ得」(第一二条)。

(13)　「借傘型」とは西山茂の提示した宗教教団類型の一つであり、ある宗教集団が「合法的な教団活動を維持したり、組織を温存したりするといった便宜上の都合によって、既成教団などの傘を借りている」態様を示している。

(14)　なお、「宗教団体法」は、既成仏教の包括的組織「宗派」に属さない「単立寺院」の設立を認めなかった。一方で、一八八六(明治一九)年「内務省訓第三九七号」以降、長年にわたって禁止されていた寺院新設の原則禁止を解禁している。したがって、仏教においては「寺院」(設立認可標準として、①檀徒・信徒合せて三〇〇人以上、②境内地二〇〇坪以上、③本堂・庫裏各三〇坪以上、④境内地・本堂・庫裏(建物としての寺院有)、⑤基本金五千円以上)については必ず既成仏教の「宗派」に属することが必要とされた。「教会」(設立認可標準として、法人教会の場合、①教徒・信徒合せて二〇〇人以上、②構内地一五〇坪以上、③会堂三〇坪以上、③境内地・会堂・(建物としての)教会有、④基本金五千円以上、非法人教会の場合①教徒・信徒合わせて一〇〇人以上)に関しては、仏教においても「宗派」に属さない「単立教会」が認められたのである(井上一九七二：三九二―三九三頁参照)。

(15)　準則主義とは、法人の設立にあたり登記等の法律の要件を満たしていれば、行政機関の判断を経ずに自動的に法人格が与えられる考え方をいう。

(16)　認証制度とは、基本的には準則主義の一種であるが、法人の登記前に一定の事項を広告し、規則等について所轄庁の認証を受けなければ法人格を与えられないとする制度である。

参考文献

畔上直樹、二〇〇九、『「村の鎮守」と戦前日本――「国家神道」の地域社会史』有志舎。

磯前順一、二〇〇三、『近代日本の宗教言説とその系譜――宗教・国家・神道』岩波書店。

稲田正次、一九六二、『明治憲法成立史』下巻、有斐閣。

井上恵行、一九七二、『宗教法人法の基礎的研究』改訂版、第一書房。

井上順孝、一九九一、『教派神道の形成』弘文堂。

井上順孝・阪本是丸編、一九八七、『日本型政教関係の誕生』第一書房。

岩田文昭、二〇一四、『近代仏教と青年』岩波書店。

大石眞、一九九六、『憲法と宗教制度』有斐閣。

大谷栄一、二〇〇一、『近代日本の日蓮主義運動』法藏館。

昆野伸幸、二〇〇八、『近代日本の国体論――〈皇国史観〉再考』ぺりかん社。

阪本是丸、一九九四、『国家神道形成過程の研究』岩波書店。

島薗進、二〇一〇、『国家神道と日本人』岩波書店。

田上穣治、一九四一、「宗教統制法の意義及び限界」東京商科大学国立学会『東京商科大学研究年報法学研究』五号、一九三―二一三頁。

長尾龍一、一九九六、『日本憲法思想史』講談社学術文庫。

中根孝司、一九九六、『新宗教法人法――その背景と解説』第一法規。

西山茂、一九九五、「在家仏教における伝統と革新」（平成六年度における東洋大学国内特別研究成果報告及び文部省科学研究費補助金（一般研究C）研究成果中間報告書）。

西山茂、一九九八、「近代仏教研究の宗教社会学的諸課題」日本近代仏教史研究会『近代仏教』五巻、五―一四頁。

羽賀祥二、一九九四、『明治維新と宗教』筑摩書房。

藤田大誠、二〇〇六、「国家神道体制成立以降の祭政一致論」阪本是丸編『国家神道再考』弘文堂、三五五―四〇九頁。

藤本頼生、二〇〇六、「明治末期における神社整理と井上友一」阪本是丸編『国家神道再考』弘文堂、二六七―三一六頁。

ムコパディヤーヤ、ランジャナ、二〇〇五、『日本の社会参加仏教――法音寺と立正佼成会の社会活動と社会倫理』東信堂。

百地章、一九九一、『憲法と政教分離』成文堂。

森岡清美、一九八七、『近代の集落神社と国家統制』吉川弘文館。

山口輝臣、一九九九、『明治国家と宗教』東京大学出版会。

ユルゲンスマイヤー、マーク、一九九五、阿部美哉訳『ナショナリズムの世俗性と宗教性』玉川大学出版部。

第三章　妹尾義郎と新興仏教青年同盟の反戦・平和運動

大谷栄一

一　問題の設定

本論では、「人道主義から出発し、反戦と変革を求めつづけた仏教者」(稲垣 一九七四：vi頁)と評される妹尾義郎(一八八九―一九六一)と彼の支持者たちの活動を事例として、近代日本の公共空間における仏教徒の社会参加について検討してみたい。

妹尾は、一九二〇年代に日蓮主義という仏教ナショナリズム思想を掲げて、大日本日蓮主義青年団を率いて活動したが、一九三〇年代には新興仏教青年同盟(以下、新興仏青)を結成し、仏教社会主義というべき「新興仏教」思想を主張する。仏教界と社会の変革のために、様々な社会活動や政治活動を実践した(大谷 二〇一四)。しかし、その活動は政府当局から左翼運動と認定され、妹尾が一九三六(昭和一一)年一二月に、他の新興仏青関係者百十余名は翌年一〇月から一一月にかけて検挙され、組織は解体した。治安維持法によって妹尾ら約三〇名が起訴され、妹尾は一年八カ月の獄中生活を送ることになる。

第二次世界大戦後、妹尾と旧・新興仏青のメンバーたちは活動を再開する。一九四六(昭和二一)年七月に仏教社会主義同盟(後に仏教社会同盟と改称)を、一九四九(昭和二四)年四月には全国仏教革新連盟をそれぞれ結成し、仏教界と社会の変革のための活動に取り組んだ。また、妹尾は、一九五一(昭和二六)年七月に設立された社会党、日本労働組合総評議会(総評)系の平和団体・日本平和推進国民会議に事務局長として参加し、平和運動にも積極的にコミットした。

以上のように、戦前から戦後にかけて、一貫して積極的に社会参加を行ったのが、妹尾たちの活動の特徴である。

本論では、前半(第二節)で近代日本(明治中期~第二次世界大戦終戦)における仏教徒の社会参加の歴史を概観する。妹尾の思想と運動は、近代仏教の一動向として捉えることができるので、まず、日本の近代仏教と社会参加仏教の関係を整理しよう。そのうえで、日本の近代仏教における社会参加の特徴を指摘し、その通史を描く。後半(第三節、第四節)では、一九三〇年代の妹尾と新興仏青メンバーの活動を分析する。特に妹尾たちの反戦・平和運動(宗教者平和運動)を取り上げ、妹尾たちの社会参加の特徴を析出する。最後(第五節)に、近代日本の仏教徒の社会参加の特徴を考察することにしよう。

二　近代日本の仏教徒の社会参加の特徴と通史

二-一　日本の近代仏教と社会参加仏教の接点

そもそも「近代仏教(Modern Buddhism)」とは一九世紀半ば以降、日本を含むアジア、欧米の世界中に現れた仏教の近代的形態を意味する(大谷 二〇一二：三八頁)。日本では幕末・明治維新期から第二次世界大戦前(あるいは戦後)までの時期の仏教を指す(1)。しかし、日本の近代仏教の実態をどう捉えるかについては様々な見解がある。

そこで、私は日本の近代仏教の全体像を、①浄土宗、浄土真宗、日蓮宗などのような伝統仏教、②本門佛立講(現・本門佛立宗)、創価学会、真如苑のような仏教系新宗教、③葬送儀礼や踊り念仏のような民俗仏教、④清沢満之の精神主義、境野黄洋や高嶋米峰らの新仏教運動に象徴される仏教改革運動に大別する(cf. 大谷 二〇一二：二〇頁)。ちなみに、妹尾の運動は④の仏教改革運動に当てはまり、妹尾は伝統仏教、仏教系新宗教、民俗仏教を批判しながら、自分たちの集合的アイデンティティを構築した。

では、日本の近代仏教と社会参加仏教はどのような関係にあるのだろうか。

日本の近代仏教研究は、吉田久一(吉田 一九五九、一九六四)、柏原祐泉(柏原 一九六九、二〇〇〇)、池田英俊(池田 一九七六、一九九四)らによって開拓され、近年の末木文美士の研究(末木 二〇〇四a、二〇〇四b、二〇一〇)に至るまで、数多くの蓄積がある(2)。扱われてきた研究対象は①の伝統教団(特に浄土真宗)と、④の仏教改革運動(清沢満之や新仏教運動)が中心だった。ただし、二〇〇〇年代以降は研究者の数や研究テーマも広がりを見せており、海外の研究者との共同作業によるトランスナショナルな視点からの研究も進んでいる(3)。

一方、日本の宗教研究に欧米の〝Engaged Buddhism〟研究を紹介し、事例研究を行ったのが、インド人研究者のランジャナ・ムコパディヤーヤ（ムコパディヤーヤ 二〇〇五）である。彼女の研究は、日本で最初の本格的な〝Engaged Buddhism〟研究である。ムコパディヤーヤが対象としたのは、仏教系新宗教教団の日蓮宗法音寺と立正佼成会である。両教団の社会活動とそれを支える社会倫理を歴史調査と質問紙調査、聞き取り調査から明らかにしている。調査の結果、二つの教団の社会参加は単なる福祉活動やボランティア活動ではないことを指摘した。それは、「伝統的仏教思想の近代的解釈」（ムコパディヤーヤ 二〇〇五：二九二―二九三頁）に基づく教団の社会倫理に根ざし、宗教的意義を持った社会活動であることが詳らかにされた。

日本の近代仏教のメインストリームとムコパディヤーヤの社会参加仏教(4)の研究対象は同じ近代仏教ではあっても、前者が伝統教団と仏教改革運動、後者が仏教系新宗教教団というように、その対象は異なる。しかし、ムコパディヤーヤの社会参加仏教研究では近代仏教研究が前提とされ、その更新が目指されていた。この点で、日本の近代仏教と社会参加仏教の研究が接点を持ちうるのである。

二-二　近代仏教と改革的志向性

では、欧米の〝Engaged Buddhism〟研究（Queen and King, eds., 1996, Queen, ed., 2000, Queen, Prebish and Keown, eds., 2003）とムコパディヤーヤの社会参加仏教研究を参照しつつ、近代日本の仏教徒（近代仏教）の社会参加の特徴を指摘してみたい。

まず、欧米の〝Engaged Buddhism〟研究においては、クリストファー・クイーンが社会参加のパターンを、①社会的サービス（Social Service）と②政治的アクティビズム（Political Activism）に大別している（Queen 2003: 1）。それに対して、ムコパディヤーヤは、日本の「近代仏教の社会参加のパターン」として、①国家化・国家主義化（国家主義イデオロギーを取り入れた活動や国民教化への参加）、②社会化（仏教諸派間のネットワークや結社活動および社会運動への参加、社会事業・福祉活動への参加、教育事業への参加および仏教についての新しい学術研究の隆盛）、③大衆化（大衆主体的な志向や性格）、④国際化（日本の近代仏教と海外の仏教者・仏教団体との交流・ネットワーク活動）の四次元を挙げている（ムコパディヤーヤ 二〇〇五：三一―三二頁）。しかし、ムコパディヤーヤの四次元は、（民俗仏教を除く）伝統教団、新宗教教団、仏教改革運動の諸活動を包括する幅広い指標となっており、これを適用すると、近代仏教のほとんどが（ムコパディヤーヤのいう）「社会参加仏教」になってしまう。そのため、対象や指標の限定が必要となる。

欧米の〝Engaged Buddhism〟研究を牽引している研究者の一人、サリー・キングによれば、〝Engaged Buddhism〟の仏教徒たちは社会改革や仏教改革など、「何らかの改革に深く関わっている」（キング 二〇一四：二四五頁）[5]。キングの見解をふまえるのであれば、日本の近代仏教における改革的志向性を持つ思想や運動が（欧米の〝Engaged Buddhism〟研究のいう）〝Engaged Buddhism〟に当てはまるといえよう。

そのため、本論では、日本の近代仏教のうち、何らかの改革的志向性を持った仏教改革運動や伝統教団の一部を社会参加仏教として把握し、その社会参加の特徴を、（クイーンが提起した）社会的サービスと政治的アクティビズムの指標に即して概観していくことにする[6]。ただし、大正期以降、社会的サービス型の活動を中心的に担うのは仏教改革運動ではなく、伝統教団である。そのため、本論では伝統教団を社会参加仏教としては捉えないが、その社会参加の特徴については検討することにしたい。

二―三　日本の近代仏教史における社会参加

1　明治中期〜後期

日本の近代仏教史において最も大きな勢力を有したのは、いうまでもなく、伝統仏教である。明治初期の神仏分離・廃仏毀釈の危機を乗り越え、「日本型政教分離」(安丸 一九七九：二〇八頁)(7)の下、伝統教団は国家や社会の要請に応じながら、維持・運営されてきた。戦後は日本国憲法に基づく厳密な政教分離体制のなかで、国家とは一定の距離を取りながら活動し、現在に至っている。「葬式仏教」と揶揄されながらも、葬送儀礼を中心とした活動によって、現代人の生活に強い影響力を保持している。

そうした伝統仏教に対する批判が日本の近現代仏教史で最初に本格化したのが、明治二〇年代である(8)。明治初期の政府の宗教政策に翻弄され、沈滞していた仏教界に対して仏教改革の声を上げたのが、哲学館(現・東洋大学)の創立者・井上円了(一八五八―一九一九)である。一八八七(明治二〇)年に刊行された円了の『仏教活論序論』は「護国愛理」の国家主義的な立場から、西洋の学知で解釈した仏教の社会的役割を強調し、仏教の再興を訴えた。本書はベストセラーになり、仏教界を活気づけた。

また、円了に影響を受けたジャーナリストの中西牛郎(一八五九―一九三〇)は、『宗教革命論』(一八八九年)や『組織仏教論』(一八九〇年)等の仏教改革論を公刊し、その主張は大きな反響を呼び、仏教界の寵児となった。中西は『宗教革命論』のなかで旧来の「旧仏教」に対して、改革された仏教のイメージを「新仏教」と概念化した。

こうした円了や中西の仏教改革論を受容し、支持したのが、明治二〇年代に続々と誕生した仏教青年サークルだった。明治一〇年代末頃から、東京を中心として当時の官私立諸学校内に仏教を信奉し研究しようとする学生たちの同好会的組織が発生し、明治二〇年代には「仏教青年会」を名乗る団体が東京や関西、地方の諸学校や寺院にも設立された（龍渓　一九八七）。

このうち、一八八五（明治一八）年三月に京都で結成された仏教青年サークルが、反省有志会（後に反省会と改称。以下、反省会）である。前年四月に浄土真宗本願寺派は、普通教育も取り入れた僧俗共学の普通教校を開校するが、この普通教育の進取的な校風を反映して、普通教校の学生有志一四名によって結成されたのが反省会である。「禁酒進徳」をスローガンとした禁酒団体だった。飲酒が常態化していた仏教界において、禁酒を通じて仏教の刷新を訴える反省会の活動は反響を呼んだ。

一八八七（明治二〇）年八月には、機関誌『反省会雑誌』（一八九三年に『反省雑誌』、一八九九年に『中央公論』と改題）を発刊するが、その実務を担ったのは、沢井洵（高楠順次郎、一八六六年生）、櫻井義肇（一八六八年生）、古河勇（老川、一八七一年生）ら、十代、二十代の青年仏教徒たちだった。会員数は、一八八九（明治二二）年には八四四八人、一八九五（明治二八）年には一万八千人を数えた（永嶺　二〇〇四：一三五頁）。後者の会員の六、七割を占めていたのが、仏事や法会の際の禁酒を誓う「仏事禁酒同盟員」であり（永嶺　二〇〇四：一三六頁）、反省会の禁酒運動の広がりを知ることができる。

『反省会雑誌』には創刊当初から仏教改革の主張が見られるが、中西の『宗教革命論』刊行後は、中西の影響が顕著になる。二九号（明治二三年四月一〇日）の社説「新仏教運動の本色」（執筆者不明）では、「外に宗門最後の改革を頭上に擔ひ、完全な組織体の運動をなすはこれ新仏教運動の本色なり」と、「新仏教」という言葉によって、宗門改革が語られている。

つまり、反省会に集まった青年仏教徒たちは仏教改革を掲げ、その具体的な活動の一環として、禁酒運動という社会的サービス型の活動を行ったのである。

反省会の仏教改革運動を継承して、一八九九（明治三二）年二月に東京で結成された仏教青年サークルが、仏教清徒同志会（後に新仏教徒同志会と改称。以下、同志会）である。中西が活躍した明治二〇年代には想像の産物だった「新仏教」が実体化されたのが、明治三〇年代の同志会による新仏教運動であった[9]。

結成時のメンバーは、境野黄洋（一八七一年生）、田中治六（一八六九年生）、安藤弘（一八七六年生）、高嶋米峰（一八七五年生）、杉村楚人冠（一八七二年生）、渡辺海旭（一八七二年生）、加藤玄智（一八七三年生）であり、全員が二十代から三十代前半の青年仏教徒だった（ただし、僧侶として活動していたのは浄土宗の海旭のみで、他のメンバーは在家者として活動）。

同志会は、翌一九〇〇（明治三三）年七月に機関誌『新仏教』を創刊する。創刊号には次のような「綱領」が掲げられた。

一、我徒は仏教の健全なる信仰を根本義とす
二、我徒は健全なる信仰知識及道義を振作普及して社会の根本的改善を力む
三、我徒は仏教及其の他宗教の自由討究を主張す
四、我徒は一切迷信の勦絶を期す
五、我徒は従来の宗教的制度及儀式を保持するの必要を認めず
六、我徒は総て政治上の保護干渉を斥く

内面的な「信仰」を重視し、それによって「社会の根本的改善」を目指すべきこと、「自由討究」という態度による批判・研究姿勢、民俗信仰の迷信性や伝統仏教の外形的な制度や儀礼の否定、政治権力からの自立といっ

たポリシーが明示された。

その基本的な活動は定期的な通常会と演説会の開催、毎月の機関誌の刊行だったが、「社会の根本的改善」のために、伝統仏教教団による仏教公認運動(cf. 大谷 二〇一三)や三教会同に対する批判を投じ、廃娼運動、禁酒禁煙運動、婦人運動、動物虐待防止運動を実践した。実費診療所も開設している。また、足尾銅山鉱毒事件の発生に際しては支援活動も行い、堺利彦や幸徳秋水らの社会主義者との交流もあった(ただし、社会主義とは距離をとり、穏健な社会改良主義というべき政治的立場であった)。[10]

つまり、公共空間における積極的な社会参加が新仏教運動の特徴であり、その活動は政治的アクティビズム(政府と仏教教団の提携的・協力的な「日本型政教分離」の批判や社会運動)と社会的サービス(社会事業)の両方に及ぶものだった。前者の政教関係に関する新仏教徒たちの立場を確認しておくと、「総て政治上の保護干渉を斥く」立場を徹底した。たとえば、高嶋米峰は三教会同を批判し、国家が宗教を「利用」することや宗教家が国家の保護を「哀願」して教線の拡大を図ることを認めなかった。米峰は政治・教育・道徳の根柢は宗教にあると考えていたが、あくまでも宗教の独立を強調し、政府におもねる(と米峰が考えた)宗教者たちを「御用坊主」「御用牧師」と痛烈に皮肉った。さらに、(皇室と国体の尊厳を前提とした)「神道の面目は、国家の宗祀に奉仕して、祭儀を司るに在り」として、神道を宗教と認めず、いわゆる神社非宗教論を支持した。[11]

なお、社会主義に対する新仏教徒たちの立場は、あくまでもシンパ程度のものだったが、当時の仏教徒のなかで、明確に無政府主義や社会主義を支持していたのが、大逆事件に連座した曹洞宗の内山愚童(一八七四―一九一一)と真宗大谷派の高木顕明(一八六四―一九一四)である。愚童は、天皇、政府、資本家、地主を批判したパンフレット『入獄紀念　無政府共産』を秘密出版し、無政府主義を力説した。また、高木は日露戦争時に非戦論を主張した稀有な仏教徒である。[12]ここでは、高木の活動に注目したい。

愛知県出身の高木は、一八九七（明治三〇）年に和歌山県新宮町の真宗大谷派寺院・浄泉寺に入寺した。浄泉寺の門徒には被差別部落の人々が多く、高木は差別や貧困に向き合い、差別問題や廃娼運動に取り組むとともに、社会主義の立場をとった。高木は、日露戦争開戦から二カ月後の一九〇四（明治三七）年四月に「余が社会主義」と題する短い論説を書いている。このなかで「余は非開戦論者である」と宣示するとともに、「余は社会主義は政治より宗教に関係が深いと考へる。社会の改良ハ先づ心霊上より進みたいと思ふ」と記し、阿弥陀仏の他力信仰に基づく社会主義の実践を強調している。

しかし、高木は秋水らとの交流から、一九一〇（明治四三）年六月に逮捕され、翌年一月に死刑を宣告される（愚童は同年五月に逮捕され、翌年一月二四日に死刑となる）。特赦によって無期懲役となったが、秋田刑務所に収監中の一九一四（大正三）年六月、自ら命を絶った。高木が示した仏教社会主義の立場は、昭和に入ってから、妹尾と新興仏青によって継承されていくことになる。

愚童と高木は無政府主義、社会主義という政治的立場に立ち、政治的アクティビズム型の主張を行いながら、社会参加を図ったのである。

2　大正期

大正期の公共空間における仏教徒の社会参加は、政治的アクティビズム型よりも、社会的サービス型の活動（当時の仏教社会事業、現在の仏教社会福祉事業）によって一般化する。それは、主に伝統教団によって担われた（この傾向は戦後も続く）。なかでも、中心的に先導したのが、渡辺海旭（一八七二―一九三三）、矢吹慶輝（一八七九―一九三九）、長谷川良信（一八九〇―一九六六）らの「浄土宗社会派」（藤吉 一九八五：五二頁）である。

そもそも、近代日本における仏教徒の社会事業の取り組みは、明治維新期からの救貧活動、災害救助、児童保護、医療保護、監獄教誨、社会教化による慈善事業に始まる(吉田 一九六四)。日清・日露戦争後、一九〇八(明治四一)年の政府主催の感化救済事業講習会を契機として、仏教感化救済事業が組織される。これらの活動は、伝統教団によって担われた。浄土宗慈善会(一九〇〇年設立)、浄土真宗本願寺派の大日本仏教慈善会財団(一九〇一年)、天台宗(一九〇八年)、曹洞宗(一九一〇年)、真宗大谷派の大谷派慈善協会(一九一一年)、日蓮宗(同年)、真言宗豊山派(一九一二年)など、各宗派で感化救済事業団体が発足する。また、通仏教の組織として、日本大菩提会、仏教徒同盟会、仏教慈善財団(一九〇〇年)、中央慈善会(一九〇八年)、仏教徒同志会(一九〇九年)が設立された。

このように仏教徒の社会事業は仏教界全体で取り組まれたが、明治後期の時点では旧来の「救済事業」であった。それを明治末年以降、新たな「社会事業」へと発展させる指導的役割を担ったのが、浄土宗社会派の人々である。ここでは、渡辺海旭の活動を取り上げよう。前述の通り、海旭は新仏教徒同志会のメンバーでもあり、海旭による仏教社会事業の主張と実践は、新仏教運動の綱領にある「社会の根本的改善」の海旭的な実践として位置づけることができるであろう。

海旭は若い頃から浄土宗の中枢で活躍したが、一九〇〇(明治三三)年に浄土宗第一期海外留学生としてドイツに渡り、ストラスブルク大学で仏教研究に従事した。一〇年間の留学生活後に帰国し、宗教大学(現・大正大学)、東洋大学の教授を務めるが、この留学で見聞きしたヨーロッパの社会運動や社会事業の経験が、海旭の仏教社会事業の根底にある。

そもそも「仏教社会事業」という言葉を初めて用いたのは、海旭である。一九二三(大正一二)年六月二二日発行の『浄土教報』一五四四号で使用した(芹川 一九七八：五一頁)。芹川博通によれば、海旭の「仏教社会事業思想の特色は、近代ヨーロッパの社会思想・社会事業思想と彼のいうところの大乗仏教思想・大乗仏教の精神から成り立っている」(芹川 一九七八：五一頁)。たとえば、海旭は、一九二一(大正一〇)年に行った講演「大乗仏教の精神」

で次のように述べた。

大乗仏教には労働問題も、社会問題もある、皆世を救ひ人を利するものは皆仏教である。ハンマーの音、シャベルの音、油じみた労働服の働きの中にも、大乗仏教は存在するのである。(壺月全集刊行会編 一九三一(下巻)：八二頁)

このように、大乗仏教思想に根ざした仏教社会事業の実践を訴えた海旭の活動は、文筆にとどまらなかった。現実への積極的なコミットメントを図り、仏教社会事業を牽引した。一九一一(明治四四)年三月、東京に浄土宗労働共済会を設立し、翌年には東京在住の仏教社会事業家の有志とともに仏教徒社会事業研究会を結成して、社会事業の研究と調査に着手した。さらに一九一四(大正三)年六月一三―一五日には、第一回全国仏教徒社会事業大会を東京の丸の内保険協会会館で開催している。

なお、仏教徒社会事業研究会は、一九二〇(大正九)年に『仏教徒社会事業大観』を公刊し、当時の仏教徒社会事業の概要をまとめている。ここで紹介されている活動は、①統一助成研究事業、②窮民救助事業、③養老救助事業、④救療事業、⑤育児事業、⑥感化教育事業[13]、⑦盲啞教育事業、⑧貧児教育事業、⑨子守教育事業、⑩幼児保育事業、⑪授産職業紹介宿泊保護事業、⑫免囚保護事業[14]であり、計三八七の事業と各伝統教団、各宗協同、通仏教の諸団体による活動が取り上げられた。明治末年に有志の仏教徒たちによって着手された仏教社会事業は、大正期には伝統教団による取り組みへと拡大したのである。

こうして仏教社会事業は、戦前の仏教界の主要な社会的サービス型の活動として組織化・制度化され、実践された。

一方、大正期の政治的アクティビズム型の活動として、仏教徒による政治参加がある。大正デモクラシーの風潮のなか、一九二五(大正一四)年五月に普通選挙法が成立する。それ以前の選挙は財産による制限選挙であり、僧侶には参政権がなかった(ただし、成立した普通選挙法も男性限定)。伝統教団の各宗派からなる仏教連合会(一九一五年創立)や、この連合会が母体になった仏教護国団(一九一六年結成)が文部大臣へ働きかけ、僧侶の参政権を求める運動を繰り広げた。とくに一九二一(大正一〇)年二月に東京芝の増上寺で開催された仏教参政権問題仏教徒大会は、教団関係者や檀信徒ら千数百名が集まるほどの盛り上がりだった。

こうして仏教徒のあいだで政治参加が話題になるなか、実際に政党を創設し、衆議院議員選挙に立候補したのが、国柱会の田中智学(一八六一—一九三九)である(大谷 二〇〇一)。

智学は、日蓮主義(日蓮仏教を時代適合的に再解釈・再編集した近代仏教思想)を創唱した在家仏教者である。一八八四(明治一七)年に在家仏教教団・立正安国会(後に国柱会に改称)を結成し、日蓮教団と仏教の改革を訴えた。智学の思想と運動も仏教改革運動の一つだった。

日露戦争前後から、智学は仏教ナショナリズムを主張するようになる。『法華経』と日本国体が一致するとの考えに基づき、日本による道義的な世界統一と日蓮主義の指導的役割を強調する仏教的な国体論(日本国体学)を国民に訴えた。とりわけ、大正期から昭和前期にかけて、国柱会は日蓮主義に根ざした国体観念普及のための教化運動を実施した。第一次世界大戦やロシア革命の発生によって、社会主義とデモクラシーが一世を風靡するなか、日蓮主義は大正時代の流行思想となり、陸軍軍人の石原莞爾と文学者の宮沢賢治をはじめとする多くの青年の心をとらえた。

智学は、日蓮主義の主張を政治の場で実現するため、一九二三(大正一二)年一一月、立憲養正会(以下、養正会)という政治結社を東京で結党し、自らが翌年五月の衆議院議員選挙に立候補することにした。宗教政党といえば、戦後の公明党(一九六四年結党。前身の公明政治連盟は一九六一年結成)が思い浮かぶが、公明党に先駆けて結成された「宗教政党」が、養正会だった。ただし、養正会のポリシーは「国体主義の政治」の実現であり、厳密には宗教政党というより、国家主義的な政治結社というべき団体だった。

智学と養正会会員たちは、日蓮主義に基づく国体を国政の指導原理とすることを目指し、公開演説会などの選挙活動を行ったが、選挙の結果は落選だった。

なお、前述の僧侶の参政権問題だが、普通選挙法の成立によって、実現することになる。一九二八(昭和三)二月、第一回普通選挙による衆議院議員選挙が実施され、浄土宗の椎尾弁匡の当選を筆頭に、地方選挙で百余名の僧侶が当選するなど、一挙に仏教徒の政治参加が進むことになる。

このように、大正末から昭和初期にかけては、参政権獲得運動、選挙への立候補という政治参加も仏教界のトレンドだったのであり(そのなかに智学の政治活動を位置づけることができる)、政治的アクティビズム型の動向を見ることができる。

つまり、大正期〜昭和初期(一九一〇—二〇年代)は、近代日本における仏教徒の社会的サービス、政治的アクティビズムによる社会参加(政治参加を含む)が仏教改革運動のみならず、広く仏教界で一般化した時期だったのである。

3　昭和前期

一九三一(昭和六)年九月、満州事変が勃発する。翌年三月には満州国が建国され、以後、中国大陸への日本軍の侵略が本格化する。国内では、事変前年の昭和恐慌の発生により、未曾有の不況が到来し、労働争議や小作争議が激化した。

これ以降、リベラリズム、デモクラシー、マルクス主義が退潮し、ナショナリズムが復権し、右翼勢力によるテロリズムやクーデター(未遂を含む)が続発した。「非常時」という言葉が流行することになる。

昭和初期以降、仏教徒の社会参加は仏教社会事業として進展を見せる。それを担ったのは、大正期に続き、伝統教団である。中西直樹によれば、「仏教社会事業は、大正後期に仏教徒有志による救済活動から教団社会事業の段階へと移り、さらに昭和初期に寺院社会事業の段階へと移行していった」(中西 二〇一一：一頁)。昭和期になり、地域における社会資源としての寺院の重要性が再認識されたことで、仏教社会事業の実施主体は地方末寺まで拡大したという。事業内容の多様化と事業団体数の増加も見られ、その事業団体数は大正末の一二三四から一九二九(昭和四)年の四八四九に増加している(中西 二〇一一：五頁)。

たとえば、浄土宗では「一寺院一事業」のスローガンを掲げ、方面委員制度、救療事業[15]、防貧事業、児童保護、感化事業、教化事業[16]、隣保事業(セツルメント)等の活動が報告されている(長谷川良信 一九三四)。なかでも、隣保事業施設が多いのが浄土宗の仏教社会事業の特色だった(長谷川良信 一九三四：四七頁)[17]。

社会的な危機の深まりのなか、伝統教団は仏教社会事業という社会的サービス型の活動を積極的に担いつつ、社会参加を図った。ただし、「国家の責任を問題とする認識は希薄であり、社会政策の不備を裨益することで、自らの存在意義をアピールしようとする立場を脱することはできなかった」(中西 二〇一一：一頁)ことは確認しておく必要があるであろう。明治初期以降の日本型政教分離の下、自らの有効性を示すという姿勢が昭和前期にも一貫していた点に、日本の近代仏教(特に伝統仏教)の社会参加の特徴がある。

そうした仏教界の姿勢は、一九三七(昭和一二)年七月に日中戦争が発生し、翌四月の国家総動員法の制定によって戦時総動員体制が整備されていくなかでますます強まる。戦時中の社会事業は「人的資源の保護育成」を目的とし、「国民生活の確保」を掲げた戦時厚生事業として展開されていく(吉田 二〇〇四)。仏教界もその要請に応え、一九三八(昭和一三)年五月に全日本仏教徒社会事業総連盟を結成した。その「宣言」にはこうある。

現下時局の重大と社会情勢の推移に鑑み、本連盟は益々大乗仏教精神による社会事業の特色と真価を発揮して斯業の発達と国家の進展に貢献し、以て仏教報国の実績を顕揚せむことを誓ふ[18]

仏教界は「仏教報国」を掲げ、国策の遂行に貢献することを期して、社会事業に取り組んだのである。

こうした仏教界の戦争協力は、一九四一(昭和一六)年一二月の太平洋戦争開戦後、さらに強まる。仏教各宗派からなる大日本仏教会(仏教連合会が同年三月に改組したもの)は、一九四四(昭和一九)年三月、神道、キリスト教の各連合会とともに、大日本戦時宗教報国会を結成する。仏教教団を含む宗教団体は戦時総動員体制のための国民教化活動に動員され、戦争遂行のための公共的役割を担ったのである。

いわば、昭和前期(一九三〇―四五年)における伝統仏教の社会的サービス型の活動は戦時厚生事業に合流し、戦時総動員体制の一端を担いながら、一九四五(昭和二〇)年八月一五日の終戦を迎えるのである。

なお、昭和初期以降の政治的アクティビズム型の活動を担ったのが、妹尾義郎に率いられた新興仏教青年同盟であった。新興仏青は社会的サービス型と政治的アクティビズム型両方の活動を展開していたが、とりわけ、後者の活動が顕著だった。ただし、仏教界からは支援や協力を得ることができなかった。一九三七(昭和一二)年に新興仏青が解体してからは、仏教界で政治的アクティビズム型の活動を行う仏教徒はいなかった。仏教徒や仏教団体が仏教改革を主張するとともに、平和運動による社会参加を行うのは、終戦を待たなければならなかった。

すなわち、妹尾たちは当時の仏教界のなかで孤立した存在であり、その政治的アクティビズム型の活動は、極めてマージナルなものだったのである。では、その活動を検討することにしよう。

三　新興仏教青年同盟の概要

「仏陀を背負いて街頭へと！　農漁村へと！」。これは、妹尾義郎が唱えたスローガンである。仏教徒が寺院にとどまるのではなく、街頭、農漁村へと飛び出し、仏教界と社会を変革するための行動をとることを力説した。

妹尾は、一八八九（明治二二）年に広島で旧家の造り酒屋に生まれた（実家は真宗門徒）。旧制第一高等学校（現・東京大学教養学部）に入学したが、病気のため、中退を余儀なくされた。故郷で闘病の最中、『法華経』に出会い、人生観が一変する体験をする。以降、法華信者として信仰に励み、健康を回復する。一九一四（大正四）年には日蓮宗で得度するが、生涯を通じて在家者として過ごした。一九一八（大正七）年に上京し、田中智学と並ぶ日蓮主義の雄、顕本法華宗管長の本多日生に師事した。

大正期から昭和初期にかけては大日本日蓮主義青年団（一九一九年設立）を率い、国家主義的な日蓮主義者として活躍する。昭和初期以降は日蓮主義を「清算」し、新興仏青の委員長として、仏教社会主義の立場から活動した。その背景には、日蓮主義に対する失望と批判があった（詳しくは後述）。

新興仏青は一九三一（昭和六）年四月に結成されるが、その活動期間は、約六年七カ月と決して長くない。しかし、その間、妹尾とメンバーたちが行った様々な実践は、現在でも注目に値する。妹尾たちは仏教界の冠婚葬祭や墓地のあり方の改革を唱え、社会的サービス型の活動（禁酒運動、農民学校、共済組合、エスペラント運動）、政治的アクティビズム型の活動（反戦・平和運動、女性解放運動、政治活動の実践や水平運動、社会運動、労働運動への支援）を行った。また、第二次世界大戦後も、妹尾と彼を支持する仏教徒たちは仏教界の戦争責任を問い、反戦・平和運動、アメリカ軍基地反対闘争、中国人俘虜殉難者の遺骨送還運動、原水爆禁止運動などの政治的アクティビズム型の活動に取り組んだ。

以下、新興仏青の組織、妹尾の「新興仏教」思想、新興仏青の活動の概要を確認したうえで、新興仏青の反戦・平和運動について考察する。

三-一　新興仏青の組織

一九三一（昭和六）年四月五日、妹尾は、日蓮主義青年団を解消して、新興仏青を結成する。同盟の目的は、「仏教の真理を現代的に明闡実践して仏国土を建設す」ることだった。その綱領は、以下の通りである。[19]

一　我等は人類の有する最高人格、釈迦牟尼仏を鑽仰し、同胞親愛の教綱に則つて仏国土建設の実現を期す

一　我等は全既成宗団は仏教精神を冒涜したる残骸的存在なりと認め、之を排撃して仏教の新時代的闡揚を期す

一　我等は現資本主義経済組織は仏教精神に背反して大衆生活の福利を阻害するものと認め、之を改革して当来社会の実現を期す

同盟の勢力だが、司法省刑事局の記録では全国一七県に二二支部、四百余名の同盟員と千名を超す誌友（社会問題資料研究会編　一九七二：二八四頁）、内務省警保局の記録では一四県一八支部、同盟員一四六名、誌友五二四名（内務省警保局編　一九七二：二五三頁）とある。後者の原資料が残されており、それを見る限りでは内務省警保局資料の

方が正確であり、少人数の宗教団体だったことがわかる。

メンバーは青年団時代からのメンバーと、新興仏青時代から参加したメンバーに分かれるが、後者では林霊法(一九〇六年生、浄土宗)、面屋龍門(一九〇八年生、日蓮宗)、堀米中(一九〇九年生、真言宗)、谷本重清(一九〇八年生、浄土宗西山派)、山本(後に佐藤)秀順(一九一一年生、真言宗)、山本(後に壬生)照順(一九〇八年生、天台宗)ら、東京帝大や宗教系大学(大正大学、立正大学、東洋大学、日本大学専門部宗教科等)に学んだ二十代の青年仏教徒が多かった(ただし、妹尾は結成時に四二歳)。ほかに新聞記者、地方議員、歯科医、薬剤師、写真業、農家、工場労働者、主婦等もいた。

三-二　妹尾の「新興仏教」思想

妹尾は、『社会変革途上の新興仏教』(仏旗社、一九三三年)という主著のなかで、「新興仏教」という新しい概念を提唱した。それは「仏陀のみ名による全宗派仏教の解消とその統一、および資本主義の共同社会的改造」と規定されている(妹尾 一九三三：一頁)。「有害無益」で「観念的福音主義」、「迷妄性」や「アヘン的役割」を持つ(と妹尾が考えた)「寺院仏教」「宗派的仏教」「既成仏教」「御用宗教」という「旧仏教」に、「新興仏教」を対置したのである。これは、明治時代の「新仏教」概念を継承したものである。

なお、妹尾はもともとナショナリズムに根ざした日蓮主義を奉じていたが、次第にその「御用宗教」性に限界を感じ、日蓮主義を「清算」したうえで、仏教社会主義思想というべき新興仏教を掲げるのである。大正期のナショナリズム的な政治的アクティビズムに対して、昭和初期の妹尾は、(ナショナリズムが復権する社会状況のなかで)社会主義に根ざした政治的アクティビズムを主張し、実践するのである。

また、妹尾の新興仏教思想は、極めて合理的な仏教解釈に大きな特徴がある。仏教学者の高楠順次郎、木村泰賢、宇井伯壽らの最新の学説を援用して、「歴史的釈尊」(仏陀)を称揚した。「仏陀とは人格化された真理である」との見解によって無神論を強調し、また、伝統仏教や民俗仏教の加持祈祷や御利益信心を否定し、信仰に対する「客観的科学的要素」の必要性を力説した。後年には「類似宗教」(新宗教)の迷信性も厳しく批判している。

三-二　新興仏青の活動

妹尾とメンバーたちは、葬式や結婚式の簡素化、「一村一墓碑」の計画や農民学校の開催(金沢支部)、仏教共済組合の計画(和歌山支部)、「子ども会(みどり会)」の結成(東京支部)に見られるように、社会サービス型の活動も実施していたが、その一方、「仏教無産政党」の計画、倉敷市議選挙への辻孝平の出馬・当選(岡山支部)、東京都府会議員選挙への妹尾の出馬・落選、町会議員選挙への前田睦雄の出馬・当選(広島支部)、水平運動、無産運動への支援に見られるように、政治的アクティビズム型の活動に精力的だった。

一村一墓碑は、いわゆる集合墓の構想である。実際に金沢支部の山本清嗣によって静岡県浜松市の共同納骨堂の実地見学も行われたが、実現しなかった。しかし、金沢支部では、簡素な仏前結婚式や飲酒や虚礼(香典返し)を廃した葬式が行われている(稲垣 一九七四)。

一方、政治的アクティビズム型の活動に着目すると、国際主義と反戦平和を標榜した合法的な社会民主主義的な活動として実践された。仏教無産政党は一九三一(昭和六)年一〇月の段階で妹尾によって提唱されたが、時期尚早として実現せず、無産運動への提携を図ることになった。ただし、岡山支部の辻孝平が倉敷市議選に(一九三六年)、広島支部の前田睦雄が加計町(現在の安芸太田町)の町会議員選挙に(一九三七年)それぞれ当選し、地方選挙への政治参加を果たしている(松根編 一九七五)。

なお、妹尾個人は一九三三(昭和八)年頃から無産運動へのコミットが深まる。一九三五(昭和一〇)年二月、妹尾は労働者向けの大衆誌『労働雑誌』の編集発行人に就任し、以後、日本の人民戦線運動への参加を志向した。翌年五月には労農無産協議会に個人加盟し、六月には東京都府会議員選挙に立候補し、落選している。

こうして無産運動に対する妹尾のコミットメントの度合いが強まる一方、仏教界の改革を求めるメンバーたちとの溝が深まり、運動は停滞していった。

組織内で溝が深まるなか、一九三六(昭和一一)年一二月、妹尾は人民戦線運動事件に連座し、検挙される。翌年一一月には、新興仏青の解散を決議するために集まった同盟幹部たちも検挙され、最終的には治安維持法によって一一六名の同盟員が検挙され、組織は壊滅した。

四　新興仏教青年同盟の反戦・平和運動

四-一　反ナチス・ファッショ粉砕同盟と極東平和友の会

では、妹尾と新興仏青による政治的アクティビズム型の活動の具体例として、反戦・平和運動について見ていくことにしよう。

一九三一(昭和六)年の満州事変発生以降、日本国内で国家主義が復権し、日本主義(日本型ファシズム)が興隆するなか、伝統教団は政府の教化体制に対する協力を図っていく。妹尾たちは、日本政府の大陸政策を追認した仏教界のなかで孤立していった。そこで、合法左翼、社会民主主義者、自由主義者たちと協力して、反戦・平和運動と反ファシズム活動に取り組むことになる。

一九三三(昭和八)年五月五日、新興仏青は「ファシズム批判　新興仏教大講演会」を東京本郷の帝大仏教青年会館で開催し、二百余名の聴衆を集めた[20]。三十余名の私服、制服の警官が立ち会う「いかめしい空気」のなか、講演会は、林霊法書記長の「社会的危機と新興仏教」と題する講演から始まった。仏教運動はプロレタリアートの解放戦線で重要な役割を果たすべきであると訴えた。次いで新興仏青の中央委員であり、日本排酒連盟の書記長でもある安藤政吉が飲酒はいかに人間の生活に害毒なものであり、反社会的なものであるかと力説し、女性運動家の戸塚松子が仏教女性の現代的使命を説いた(戸塚は非同盟員)。さらに山本哲夫研究部長が新興仏教思想についての社会科学的な説明を行い、最後に登壇した妹尾がファシズム批判の講演を行った。

七月二四日、妹尾は東京浜松町の合法左翼組合・全労統一全国会議の本部で開かれた反ナチス・ファッショ粉砕同盟の協議会に参加し、新興仏青の加盟を申し込んだ。また、同年八月二九日に創立された極東平和友の会の発起人にも妹尾は名前を連ねた。ちなみに、この団体は国際的な平和団体だった。前年八月末にオランダのアムステルダムで開かれた世界反戦大会で国際反戦委員会が設置された(本部はパリ)。この委員会が上海で極東反戦大会を開催することを提唱し、この呼びかけに応じて結成された団体だった。いわば、妹尾は国際的な平和運動の一翼を担ったのである。

九月一日、新興仏青は、「全仏教界に与ふ」と題した宣言文を『新興仏教新聞』一五七号の一面に公表する。激烈な仏教界批判の論説であり、以下のように述べられている。

〔仏教界は〕現下所謂「非常時」に直面して、一部の固陋なる支配階級に迎合して、その走狗となり、個人主義、闘争主義を助長し仏教の本質に叛逆し、時代批判を歪曲し、偏狭極まる排外主義に転落し更には残虐なる戦禍を黙認するに至った事実を我々は余りにも多く見るのである。（中略）／我同盟は、仏教本来の大使命に立脚して、この妄動せる現代の教界に対して、時局救済の為に国際平和主義を提唱し現下の危機を防ぎ人類平和への大道に蹶起されんことを促すものである。

新興仏青の立場からすれば、仏教とは本来的に集団主義、平和主義、国際主義に立つものであり、伝統教団を個人主義、闘争主義、排外主義であると批判したのである。同じ頁には、「新興仏教主義から／国際平和運動に起つ／宗教団体としては我同盟のみだ」と見出しの付けられた記事が掲載されており、反ナチス・ファッショ粉砕同盟と極東平和友の会への参加、「ファシズム批判　新興仏教大講演会」の開催などが言及され、「全国の支部同志諸君は国際平和の為に積極的に平和主義戦線に立たれんことを望む」と結ばれている。さらには「新興仏教徒と平和運動」と題する妹尾の論説も二面に掲載されており、新興仏青が平和運動を強調していたことがわかる。なお、こうした妹尾と新興仏青の主張は、仏教界からは「赤色仏教」とラベリングされ、敬遠された。

四-二　第二回汎太平洋仏教青年大会の開催

翌一九三四（昭和九）年五月一二日、帝大仏教青年会館で、新興仏青は「戦争と国際平和問題大講演会」を開催する。「現代と仏教ルネッサンス」（林霊法）、「大乗仏教の世界的使命」（ジャック・R・ブリンクリー）、「戦争と新聞記事」（山本清嗣）、「現段階に於ける仏青運動」（山本哲夫）、「国際平和への道」（高津正道）、「新興仏教の戦争論」（妹尾）がそれぞれ講演された(高津は非同盟員)。二〇〇名の聴衆が集まった。

しかし、こうした新興仏青の立場と伝統教団の青年仏教徒の立場は相いれなかったことが顕在化する出来事が発生する。

同年七月一七―二八日、東京、京都、大阪、高野山、広島、呉を会場に、日本仏教界の総力を挙げた第二回汎太平洋仏教青年大会が盛大に挙行された。日本(台湾、朝鮮)、北米、ハワイ、カナダ、満洲、中国、シャム(タイ)、シンガポール、ビルマ、印度、セイロンから仏教徒六六六名が集まった。

数多くの議案が討議されたが、そのなかには「世界平和に関する案」もあった。「世界平和を促進する一大前提」として、汎太平洋仏教青年連盟を結成したうえで、「諸国に於ける経済政治機構中に宗教団体の発言権を確立し、平和工作に対する宗教団体特に仏教徒の認識を闡明すること」という決議がある一方、「軍備縮小は現時の国際情勢に於て是を理想的に徹底せしむること困難なるべきを以て、従来の強国優先権的傾向を排除し列国の対等権を是認し、国際正義を支持すること」という現実的な決議もなされた(全日本仏教青年会連盟編 一九三五)。

妹尾はこの会議には参加しなかったが、その見解が同盟の機関誌に掲載されている。日本仏教界の歩みを見れば、「平和工作の実践成績」の決議は何ら実現されておらず、「絶望以外の何ものをもたらしたであらうか」と述べる。そのうえで「現代国際平和運動の必須条件として資本主義経済機構の共同社会化的改造運動が少なくとも其の声明だけでも本大会に於て決議されるべきだと信じる」と、批判している[21]。反戦・平和運動は、あくまでも資本主義体制の批判として実践されるべきだとする妹尾の立場をうかがうことができる。

一九三六(昭和一一)年一月一九日、新興仏青は、東京神田の中央仏教会館で第六回全国大会を開催した(参加者約四〇名)。「一、国際主義の精力的高揚、二、資本主義改造運動の強化、三、進歩的仏教運動の高揚、四、各人の内面生活浄化の徹底」の四大運動方針を採用し、二五の行動綱領を採択した。その綱領のなかには、「仏教の平和思想の高調と世界各国の軍備縮小と全廃への唱導」「各種国際平和運動への参加とその提唱」といった反戦・平和の主張も含まれていた[22]。しかし、それらを実践に移すことはかなわなかった。

五　若干の結論

以上、近代日本の公共空間における仏教徒の社会参加の特徴と通史を概観し、昭和前期における妹尾義郎と新興仏教青年同盟の反戦・平和運動の事例を分析した。その結果、仏教改革運動の特徴を持つ明治中期の反省会、新仏教運動、大正期の国柱会、昭和前期の新興仏教青年同盟がそれぞれの立場から社会的サービス型、政治的アクティビズム型の諸活動を通じて社会参加したことが明らかとなった。いわば、これらの団体が近代日本の社会参加仏教であると捉えることができるであろう(ただし、ほかにも社会参加仏教として把握できる団体や活動がある)。

また、社会参加仏教ではないが、伝統教団の社会参加は大正期以降、社会的サービス型の仏教社会事業を通じて行われた。伝統教団の有志による仏教徒たちの活動が教団社会事業に発展し、さらに寺院社会事業にまで拡大し、戦時厚生事業や戦争協力的な国民教化活動にまで進展したことも確認できた。すなわち、近代日本における広範な仏教徒の社会参加は、社会的サービス型の活動なのである。

それに対して、政治的アクティビズム型の系譜をたどると、政治とは一線を画そうとした新仏教運動に対して、参政権獲得運動を行い、普通選挙法施行後は国政や地方政治の選挙に当選した伝統仏教の僧侶たちや、「宗教政党」を結成し、国政、地方政治に立候補者を出した国柱会や新興仏教青年同盟は、政治制度への参画による制度的な政治参加を行った。また、社会主義運動に関わった内山愚童や高木顕明、社会運動や労働運動、政治運動と連携した妹尾義郎や新興仏青のメンバーたちのように、非制度的な政治参加も見られた。ただし、戦前の日本の場合、仏教徒たちの社会的サービス型の活動は政府の社会政策や社会事業の不備を補う機能を果たしたのに対して、仏教徒たちの政治参加が一般社会のなかで果たした役割は大きくない。それは政府がそうした仏教徒たちの政治的アクティビズム型の活動を制限した一面があるからである。

とりわけ、昭和前期の非制度的な政治参加には政府当局の監視や統制が厳しかった。妹尾と新興仏青による反戦・平和運動は左翼運動団体の支持を得たものの、仏教界では孤立し、ついには政府当局からの弾圧を受けた。また、新興仏青内部では、仏教界の変革を最優先し、宗教運動の次元（での社会的サービスや政治的アクティビズムの実践）にとどまろうとするメンバーたちと、宗教運動の限界を乗り越え、政治運動として政治的アクティビズム型の活動を実践しようとする妹尾のあいだの社会参加の志向性の違いによる齟齬もあった。この点は、日本の近代仏教史における政治的アクティビズム型の政治参加をめぐるアポリア（難問）である。

以上、まとめると、近代日本の公共空間における仏教徒の社会参加としては、最も広範に行われたのが伝統教団による社会的サービス型の活動であり、それに対して伝統教団の仏教徒による政治的アクティビズム型の制度的な政治参加や仏教改革運動の立場に立つ仏教徒による政治的アクティビズム型の制度的かつ非制度的な政治参加はマージナルなものであった。

じつは、こうした傾向は、戦後も同様である。戦後の伝統仏教教団による社会的サービス型の仏教社会福祉活動の活動領域は、①児童福祉分野、②高齢者福祉分野、③障害児・者福祉分野、④婦人・母子福祉分野、⑤地域福祉、⑥医療福祉、⑦生活救済、⑧災害救済・支援、⑨更生保護・教誨活動、⑩ボランティア活動、⑪ターミナルケア活動、⑫福祉教育・職員養成、⑬同和事業、⑭国際福祉分野と幅広く（長谷川匡俊編 二〇〇七）、社会的な認知も低くない（ただし、高いともいえない）。

それに対して、仏教改革運動に基づく政治的アクティビズム型の戦後の活動は、仏教社会主義同盟（後に仏教社会同盟、一九四六年結成）や全国仏教革新連盟（一九四九年）によって生起した。とりわけ、宗教者平和運動協議会（一九五一年）、原水爆禁止宗教者懇話会（一九五八年）、日本宗教者平和協議会（一九六二年）などによって、平和運動（宗教者平和運動）が精力的に実践された（森下　二〇〇三）。しかし、そうした活動は伝統教団でも社会のなかでも相変わらず、マージナルなものだった。

今後の仏教徒の社会参加について展望する際、これからも社会的サービス型の活動が仏教界の中心を担うことは、これまでの歴史的経験からも明らかであり、社会的期待も高いであろう。一方、社会変革や政治変革を掲げた政治的アクティビズム型の活動については、戦後の厳格な政教分離体制の下では仏教界にも一般社会にも忌避感があることは間違いない。とはいえ、現在の安倍晋三政権下での集団的自衛権の閣議決定（二〇一四年七月）に対する宗教者たちの抗議活動に見られるように、政治的アクティビズム型の活動の重要性は減じるどころか、高まっている。戦争協力という戦前の公共的役割に対して、今後、どのような社会参加や政治参加を図ることができるのか、仏教界の動きを注視したい。

追記：本論は二〇一三年度佛教大学教育職員研修の成果である。

（注）

（1）　その通史については、柏原（一九九〇）、吉田（一九九八）に詳しい。両著とも幕末から戦後、現代までを扱っている。なお、本論では明治維新（一八六八年）から第二次世界大戦終戦（一九四五年）までを「近代」、戦後（一九四五年以降）を「現代」と規定し、それらを総称し、「近現代」と記す。

(2) 日本の近代仏教の研究史については、大谷(二〇一二)の「第一章『近代仏教になる』という物語」を参照されたい。

(3) その最新の成果として、末木・林・吉永・大谷編(二〇一四)がある。

(4) ちなみに、"Engaged Buddhism"を「社会参加仏教」と日本語訳したのは、ムコパディヤーヤである。

(5) キング(二〇一四)は、Queen and King, eds. (1996)の結論"Conclusion: Buddhist Social Activism"の抄訳(高橋原訳)である。

(6) ただし、仏教系新宗教教団が社会参加仏教に当てはまらないということではない。改革的志向性を持った仏教系新宗教も社会参加仏教であり、実際にQueen and King, eds. (1996)では創価学会が取り上げられている。しかし、本論では対象を限定するため、仏教系新宗教は取り扱わないことにする。

(7) 安丸によれば、「国家のイデオロギー的要請にたいして、各宗派がみずから有効性を証明してみせる自由競争」が明治初期に制度化されたという。私も、仏教界は明治初期から一貫して国家における公的有用性を主張し、そのための制度的位置を獲得することを目指してきたと考える(大谷 二〇一三)。

(8) 以下、大谷(二〇一一、二〇一二)に基づく。

(9) 新仏教運動の代表的な成果として、吉田(一九五九)を参照。また、最新の成果として、吉永編(二〇一一)がある。

(10) 明治政府が一九一二(明治四五)年二月二五日に神道界、仏教界、キリスト教界の代表者を東京永田町の華族会館に呼び、皇運の扶翼と国民道徳の振興への協力を求めた会議。

(11) 高嶋米峰「内務省の対宗教策を笑ふ」『新仏教』一三巻二号、一七六―一八八頁、一九一二(明治四五)年。

(12) 愚童については、柏木(一九七九)、森長(一九八四)、曹洞宗人権擁護推進本部編(二〇〇六)が、高木については、玉光・辻内・訓覇編(二〇〇〇)、大東(二〇一一)、菱木(二〇一二)が参考になる。

(13) 「感化」とは道徳的な影響を及ぼすことを意味するが、非行少年を保護・教育の対象として、監獄(刑務所)の外で感化する事業のこと。

(14) 監獄や刑事施設から釈放された人物の保護や援助を行う事業のこと。

(15) 生活困窮者に対して、医療的な支援や救護を行う事業のこと。

(16) 「教化」は「感化」や「風化」(風紀の改善)と同じく、道徳的・倫理的な影響を及ぼす働きかけを意味する。当時は児童教化、青年教化、婦人教化などの事業が行われた。

(17)　なお、寺院社会事業に関する研究として、長谷川匡俊(二〇一一)がある。

(18)　『中外日報』昭和一三(一九三八)年五月一七日号、二面。なお、引用に際しては読みやすさを考慮し、旧字を新字に改め、読点を補足した。

(19)　新興仏青の機関誌『新興仏教の旗の下に』創刊号(昭和六(一九三一)年四月号)参照。機関誌は後に『新興仏教』『新興仏教新聞』に改称。

(20)　書記局「ファシズム批判　新興仏教大講演会」『新興仏教』昭和八(一九三三)年六月号、一六一一七頁。

(21)　「第二回汎太平洋仏教青年会大会に直面し仏教の現代的使命を顧みて青年仏教徒に訴ふ」『新興仏教新聞』一六七号、昭和九(一九三四)年七月号、一面。

(22)　「新興仏教青年同盟第六回大会議案」『新興仏教新聞』一八七号(昭和一一(一九三六)年二月号)、二面。

参考文献

池田英俊、一九七六、『明治の新仏教運動』吉川弘文館。

池田英俊、一九九四、『明治仏教教会・結社史の研究』刀水書房。

稲垣真美、一九七四、『仏陀を背負いて街頭へ——妹尾義郎と新興仏教青年同盟』岩波書店。

大谷栄一、二〇〇一、『近代日本の日蓮主義運動』法蔵館。

大谷栄一、二〇一一、「近代仏教の形成と展開」末木文美士編『新アジア仏教史14・日本Ⅳ　近代国家と仏教』佼成出版社、六一一一〇三頁。

大谷栄一、二〇一二、『近代仏教という視座——戦争・アジア・社会主義』ぺりかん社。

大谷栄一、二〇一三、「明治国家と宗教」苅部直ほか編『日本思想史講座4　近代』ぺりかん社、一四七一一八三頁。

大谷栄一、二〇一四、「日蓮主義から仏教社会主義へ——妹尾義郎の思想と運動」西山茂責任編集『シリーズ日蓮4　近現代の法華運動と在家教団』春秋社、一九六一二一一頁。

柏木隆法、一九七九、『大逆事件と内山愚童』ＪＣＡ出版。

柏原祐泉、一九六九、『日本近世近代仏教史の研究』平楽寺書店。

柏原祐泉、一九九〇、『日本仏教史　近代』吉川弘文館。

柏原祐泉、二〇〇〇、『真宗史仏教史の研究Ⅲ　近代編』平楽寺書店。

キング、サリー、二〇一四、高橋原訳「社会参加仏教とは何か？」末木文美士・林淳・吉永進一・大谷栄一編『ブッダの変貌——交錯する近代仏教』法藏館、二四三—二七一頁。

壺月全集刊行会編、一九三一、『壺月全集』(全二巻)、壺月全集刊行会。

社会問題資料研究会編、一九七二(原著一九三九)、『思想研究資料特輯第五二号　仏教と社会運動——主として新興仏教青年同盟に就て』東洋文化社。

末木文美士、二〇〇四ａ、『近代日本の思想・再考Ⅰ　明治思想家論』トランスビュー。

末木文美士、二〇〇四ｂ、『近代日本の思想・再考Ⅱ　近代日本と仏教』トランスビュー。

末木文美士、二〇一〇、『近代日本の思想・再考Ⅲ　他者・死者たちの近代』トランスビュー。

末木文美士・林淳・吉永進一・大谷栄一編、二〇一四、『ブッダの変貌——交錯する近代仏教』法藏館。

妹尾義郎、一九三三、『社会変革途上の新興仏教』仏旗社。

芹川博通、一九七八、『渡辺海旭研究——その思想と行動』大東出版社。

全日本仏教青年会連盟編、一九三五、『仏誕二千五百年　第二回汎太平洋仏教青年会大会紀要』全日本仏教青年会連盟。

曹洞宗人権擁護推進本部編、二〇〇六、『仏種を植ゆる人——内山愚童の生涯と思想』曹洞宗宗務庁。

大東仁、二〇一一、『大逆の僧　高木顕明の真実——真宗僧侶と大逆事件』風媒社。

龍溪章雄、一九八七、「明治期の仏教青年会運動(上)——大日本仏教青年会を中心として」龍谷大学真宗学会『真宗学』七五・七六合併号、三一三—三三五頁。

玉光順正・辻内義浩・訓覇浩編、二〇〇〇、『高木顕明——大逆事件に連座した念仏者』真宗大谷派宗務所出版部。

内務省警保局編、一九七二(原著一九三九)、『復刻版　社会運動の状況九　昭和十二年』三一書房。

中西直樹、二〇一一、「『戦前期仏教社会事業資料集成』第二巻(各宗派共同編その二)解題」船橋治編『編集復刻版　戦前期仏教社会事業資料集成』第二巻(各宗派共同編その二)、不二出版、一—七頁。

永嶺重敏、二〇〇四（原著一九九七）、『雑誌と読者の近代』（オンデマンド版）、日本エディタースクール。

長谷川匡俊、二〇一一、「近代の『寺院社会事業』篇」同『念仏者の福祉思想と実践――近世から現代にいたる浄土宗僧の系譜』法蔵館、一六七―二四六頁。

長谷川匡俊編、二〇〇七、『戦後仏教社会福祉事業の歴史』法蔵館。

長谷川良信、一九三四、「浄土宗社会事業概観」島野禎祥編『浄土宗社会事業』浄土宗宗務所社会課、二三―五一頁。

菱木政晴、二〇一二、『極楽の人数――高木顕明「余が社会主義」を読む』白澤社。

藤吉慈海、一九八五、『現代の浄土教』大東出版社。

松根鷹編、一九七五、『妹尾義郎と「新興仏教青年同盟」』三一書房。

ムコパディヤーヤ、ランジャナ、二〇〇五、『日本の社会参加仏教――法音寺と立正佼成会の社会活動と社会倫理』東信堂。

森下徹、二〇〇三、「戦後宗教者平和運動の出発」立命館大学人文科学研究所『立命館大学人文科学研究所紀要』八二号、一三五―一六二頁。

森長英三郎、一九八四、『内山愚童』論創社。

安丸良夫、一九七九、『神々の明治維新――神仏分離と廃仏毀釈』岩波書店。

吉田久一、一九五九『日本近代仏教史研究』吉川弘文館。

吉田久一、一九六四、『日本近代仏教社会史研究』吉川弘文館。

吉田久一、一九九八、『近現代仏教の歴史』筑摩書房。

吉田久一、二〇〇四、『新・日本社会事業の歴史』勁草書房。

吉永進一編、二〇一二、科学研究費補助金・基盤研究（B）「近代日本における知識人宗教運動の言説空間――『新佛教』の思想史・文化史的研究」報告書（研究代表：吉永進一、研究課題番号：二〇三二〇〇一六、二〇〇八―一一年度）［http://www.maizuru-ct.ac.jp/human/yosinaga/shinbukkyo_report.pdf］（二〇一四年八月七日閲覧）。

Queen, Christopher S., ed., 2000, *Engaged Buddhism in the West*, Wisdom Publishing.

Queen, Christopher, 2003, "Introduction: From Altruism to activism", Christopher Queen, Charles Prebish and Damien Keown, eds., *Action Dharma: New Studies in Engaged Buddhism*, RoutledgeCurzon, 1-35.

Queen, Christopher S. and King, Sallie B., eds., 1996, *Engaged Buddhism: Buddhist Liberation Movements in Asia*, State University of New York Press.
Queen, Christopher, Prebish, Charles and Keown, Damien, eds., 2003, *Action Dharma: New Studies in Engaged Buddhism*, RoutledgeCurzon.

第四章　現代中国の宗教文化と社会主義

長谷千代子

一　はじめに

近代中国史のなかから社会参加型仏教を探すとすれば、清末から中華民国期にかけていくつかの事例が見られるが[1]、中華人民共和国成立以降、そうした活動は影をひそめる。その大きな理由の一つとして、政府が各種宗教団体の活動に対する管理を強めつつ、世俗社会の発展に寄与する活動を奨励しているため、宗教者の自発的な社会参加があったとしても、官製の活動のなかに埋没して見えにくくなる点が挙げられる。このように、新中国の宗教状況を知るには、それを取り巻く政治状況をまず理解する必要がある。そこでここでは筆者の調査地の状況報告も交えつつ、主に論文や雑誌、書籍、新聞などに発表された公的言説[2]の分析を通して中国政府や学術界の宗教観を明らかにしながら、現在注目されている儒教と仏教の位置関係について考察する。

二　公的言説における諸宗教の関係性の変化

一九九〇年代が始まるまで、新中国の公的な宗教観は比較的単純だった。学術界では既に見直しが進んでいたものの、一般的にはまだまだ「宗教はアヘン」であり、経済と科学の進歩によって生活水準が向上すれば、宗教はやがて自然消滅するはずのものであった。ただし、社会がそこまで進歩するには長い時間がかかり、現時点ではまだ信者も多いので、高度に発達した五つの宗教(カトリック、プロテスタント、イスラーム、仏教、道教)については、活動を管理しながらも信教の自由を認めるのが政府の立場だった。そして、シャーマニズムやアニミズムのように、宗教として十分高度に発達していないとみなされたものについては、端的に無視したり、蔑視したり、時には「迷信」として積極的に排除したりしていた。

こうした宗教観の背景にあるのは中国流の社会主義思想であり、とりわけ科学至上主義と社会進化論である。共産党が結党する一九二一年よりも前から、両者は中国の革命思想のなかで大きな位置を占めていた。その最初の発露が一九一六―二一年にかけて展開された新文化運動で、それまでの伝統的文化は科学や社会の発展を阻害するものとして強く批判された。なかでも激しい攻撃の矢面に立たされたのは、儒教にまつわる事物だった[3]。新文化運動を先導した雑誌『新青年』は、不平等な身分制度や煩瑣な儀礼、女性の抑圧、理不尽なまでの孝の強要などを儒教関連の陋習として糾弾している。仏教や道教も、逃避的かつ非生産的な思想としてしばしば非難されてはいたが、「打倒孔家店(孔子の学説を打倒せよ)」「批林批孔(林彪、孔子を批判しよう)[4]」などのスローガンに見られるように、封建迷信・害悪の筆頭としての儒教の公的イメージは一九七〇年代頃まで揺らがなかった。

もう一点注意しておかなければならないのは、学問上の分類から見て儒教は「宗教」ではないという見方が、特に新中国では有力なことである。一般に儒の思想には超越的な人格神の概念がほぼなく、「鬼神」を語らず、来世よりも現世への関心が強いとされる。そのため一種の「学問体系」として認識され、「儒家思想」や「儒学」と呼ばれることが多い。この点でも儒教をキリスト教その他の宗教と同列に語る見方は一般的ではなかった。

一九八〇年代から、こうした状況が徐々に変化し始める。まず改革開放によって様々な情報・商品・人々が中国に流入し、特にグローバルな観光産業が展開することで、中国ならではの生活文化や宗教が観光資源になることが知られるようになった。同時に経済発展偏重のなかで生じた拝金主義、モラルの低下、社会主義思想の権威の失墜なども国民的問題として認識され始めた。人心を建て直し、多民族が一つの国家を形成するための新たな目的ないし大義名分として「社会主義精神文明の建設」や「中華民族多元一体格局（多民族が多元にして一体となっている中華民族の構造）」といったスローガンが打ち出され、その文脈において宗教の精神的価値も再評価されるようになった。その思潮は「儒学復興」「宗教文化」「中華文化」をめぐる動きのなかに表面化している。

「儒学復興」は、儒教を封建迷信として全面的に拒否するのではなく、中華民族の精神的基盤として評価できる部分は評価し直そうとする運動である。一九八〇年代以降、杜維明、余英時、牟宗三ら国外経験豊富な研究者による儒教研究が次々に紹介され、これに大陸の知識人や官僚が触発されて、儒教を盛んに論じるようになった。一九九六年には国務院が孔子の故郷山東省曲阜に総投資額一・九億元にのぼる孔子研究院の設立を批准し、二〇一〇年までに九・五ヘクタールに及ぶ敷地内の工事が完了した。二〇〇七年には中華人民共和国文化部と山東省政府の主催で世界儒学大会発起国際会議が孔子研究院で開かれ、以後も回を重ねている。儒教は既に封建迷信というレッテルを返上し、事実上国家的承認を得ているといえる。

「宗教文化」論は、いわゆる宗教を構成する様々な要素のうち、超越的神や霊魂など、唯物主義思想と正面衝

表 4-1　現代中国の宗教・思想関連の変化

政府の見方	1970 年代まで	1980 年代半ば以降
推奨すべき思想・行為	中国流の共産主義	中国流の共産主義 中華文化 （宗教文化としての儒教）
管理すべき思想・行為	宗教（五大教）	宗教（五大教）
放置する思想・行為	風俗習慣	風俗習慣
排除すべき思想・行為	封建迷信 （迷信としての儒教） 邪教	封建迷信 邪教

突する部分には触れずに、道徳性や倫理性、自然と一体化した宗教建築の美しさなどを「宗教文化」として評価し、奨励しようという議論で、一九九五年頃から盛んになった。特に儒教・道教に由来する「天人合一」という概念は、自然破壊をもたらした西洋思想とは対照的に自然環境保護思想を先取りした宗教文化的スローガンとしてメディア上で多用されている(5)。

「中華文化」という言葉は中国の学術論文総合検索サイト「ＣＮＫＩ」で見る限り、一九七〇年代までほとんど使われていないが、一九八三年に「毛沢東が打ち立てた中華民族の新文化理論を学ぶ」という副題を持つ論文が現れてから、一九八〇年代の終わりまでに定着する。その頃はまだ建築や古代歌謡などの歴史研究が主流だったが、一九九〇年代からは今後のあるべき中華文化の姿や中華文化を通した海外との交流など、現代社会の問題としての議論が飛躍的に増えて現在に至っている。特に「弘揚中華文化、建設中華民族共有精神家園（中華文化を発揚し、中華民族共有の精神的故郷を建設しよう）」という文言はスローガン化しており、二〇〇七年を中心にほぼ同名の論文が場所と筆者を変えて頻出する。「中華文化」は国内外に向けて発信される良好な自己イメージの象徴となっているといえる。そしてここでも仏教をはじめとする宗教文化や儒教が中華文化の核心的要素として重視されている(6)。

以上の変化を簡単に整理すると表4-1のようになる。一九八〇年代半ば以降は、推奨される思想・行為として中国流の共産主義のほかに中華文化が加わり、その内容として一九八〇年代まで排除されたり、少なくとも時代遅れとみなされたりしてきた儒・仏・道、特に儒教的要素が重要な位置を占めるようになったのが近年の特徴であるというのが、筆者の見立てである。ただし、かつての儒・仏・道のすべてが全面的に肯定されたわけではなく、煩雑な葬礼、厭世的な思想傾向などは引き続き批判・排除されていることに留意すべきである。宗教に対する再評価や儒学復興は、それらが単純にカムバックしたことを意味するのではなく、新中国の今後の精神的基盤として、再創造されつつあることを示している。

三　民間における新たな仏教観

次に、特に仏教に注目しながら民間での宗教活動の動向を見てみよう。改革開放以後、中国ではキリスト教、儒教、仏教を中心に、民間での宗教への支持が高まっており、その原因は改革開放以後の急激な社会変化や社会主義の理想実現への期待感が薄れたことなどによって、人々が生きていくための新たな指針を模索しているためと考えられている(7)。また、卓新平はその直近の原因としてアメリカのサブプライムローン問題を発端にした金融危機を挙げ、近代的な社会・経済制度に対する世俗的信仰が危機にさらされたことで、神聖なものに対する信仰が復興する余地を与えたと分析している（金・邱主編 二〇〇九：二五頁）。

中国における宗教関係の統計の信頼性はあまり高くないが、たとえば中国社会科学院世界宗教研究所の発行する『中国宗教報告』では、カトリックの主教数や修道院在籍者は減少傾向にあるものの、信者数は一九九九年の五〇〇万人から二〇〇八年には五六〇〇万人に増えたとされる（金・邱主編 二〇〇九：九五頁）(8)。プロテスタントについては、二〇〇八年時点で五五〇〇カ所ある活動場所の七〇％以上が一九七九年以降に新たに建設されたもので、全国の信徒数は二千万人という数字が紹介されている（金・邱主編 二〇〇九：一三五頁）。仏教については、パデュー大学「中国と宗教社会」研究センター（Center on Religion and Chinese Society）が二〇〇七年に行った調査で、「最近三〇年での仏教の発展速度は歴史的に見ても最も迅速で、仏教徒を自認している人が一億八五〇〇万人、三帰依を誓っている人だけでも一七三〇万人いると見られる」となっている[(9)]。儒教については統計がないが、「儒学復興」の状況については既に述べた通りである。

それでは現在以上のような認識があるとして、そのなかで仏教の立ち位置はどうなっているのだろうか？　まず、ここで「仏教」の中身を整理しておこう。新中国では仏教を、漢伝仏教と南伝仏教と蔵伝（チベット）仏教の三つに大別する。漢伝仏教とは、主に漢族が信仰している仏教であり、その信者は中国で人口的に圧倒的多数を占める。阿弥陀如来、薬師如来、弥勒菩薩、観音菩薩、天部、羅漢など様々な神仏を崇拝し、衆生の救済に重きを置く、いわゆる大乗仏教である。南伝仏教はスリランカや東南アジアで広く信仰されているが、中国では雲南省南部のタイ族居住地域にわずかに見られる。釈迦如来のみを最高の崇拝対象とし、自ら出家して悟りを開くことに重きを置く、いわゆる上座仏教である。蔵伝（チベット）仏教は主にチベット自治区、青海省、モンゴル自治区、四川省の一部などで信仰されており、七世紀頃インドで発達した密教がチベット地域で独自の発達を遂げたものである。近年では漢族のあいだにも支持を広げているようだが、チベット仏教については本書第五章・別所裕介「チベット問題をめぐる宗教と政治」に譲り、ここでは主に漢伝仏教を中心に、南伝仏教の事例も交えて見ていく。

まず、漢伝仏教には長い歴史があるが、現状を考えるうえで見逃せないのは、三教合一という古くからの思想傾向と、中華民国期以降に起こった変化である。三教合一とは、儒教、仏教、道教は一見別々の教えに見えるけれども、根本的な部分では同じ道を説いており、同一視できる、少なくとも折り合いをつけたり、役割分担したりして共存できるという考え方である。実際には、仏教が非世俗的価値を重んじるのに対し、儒教は実社会の忠孝倫理を重視し、道教は不老長寿の神秘性と病気直しなどの現世利益を特徴とするという具合に、相互にかなり大きな違いを抱えており、南北朝時代から唐代にかけては互いに批判し合うことも多かった。しかし長い時間をかけて三教合一の思想が形成され、明代から民国初期にかけては、この発想が思想的に優位となっていったと見られる。筆者のフィールドの雲南省徳宏州でも、上座仏教と大乗仏教、あるいは仏教と儒教の違いを詳しく知ろうとするよりは、「基本的には同じ」とみなそうとする思想傾向が特に民間で顕著である。

中華民国期に起こった変化とは、具体的には仏教が現世的価値をより重視する方向に転じたことを指す。清朝末期、科学やデモクラシーなど、現実社会の革新を推進する欧米的な思想が勢いを増すなかで、仏教は厭世的・逃避的思想として激しく糾弾され始めた。とりわけ民国期に大規模に実践された廟産興学運動によって、仏教は物理的にも存続の危機に立たされた。こうしたなかで、既に清末から楊文会（一八三七－一九一一）らが中国仏教の再生に取り組んでいたが、その影響を受けつつ新たな仏教のあり方を提唱したのは太虚（一八八九－一九四七）である。太虚は浙江省出身で、一六歳から仏僧としての修業を始め、中華民国成立後は仏教界革新のために奔走した。国内各地に仏学院を設けたり、仏教の全国組織の立ち上げを何度も試みたりしたほか、日本、東南アジアなど海外の仏教徒との交流活動や抗日運動にも取り組み、死後には『太虚大師全集』全六四巻を残すなど、中国近代仏教に大きな影響を与えた。

彼が提唱した「人生仏教」ないし「人間（じんかん）仏教」とは、「人界を去って神や亡霊になれと説くのではなく、出家して山奥の寺院で和尚になれと説くのでもない。仏教の道理でもって社会を改良し、人類を進歩させ、世界を改善する仏教のことである」（明・潘編 二〇〇七：二四頁）。具体的には善会などの慈善活動を称賛し、個々人が正業に就いて社会や国家に報恩することを奨励する。帝国主義の脅威にさらされていた時代背景もあってか、軍隊に入って国家安寧を守ったり、警察に入って社会の治安維持に取り組んだりすることも正業であると念押ししている。社会主義思想については抑圧すべきではないと考えているようだが、唯物論には否定的である。己の欲望を野放しにする資本主義とそれによって勢力を拡大してきた西欧的近代化はやがて行き詰まると予見し、社会主義でも資本主義でもなく、善隣主義的な第三の道を模索すべきだと主張している（明・潘編 二〇〇七：二四—三二頁要約）。

太虚は弟子を通じて台湾仏教にも大きな影響を与えている。たとえば台湾最大の宗教法人である佛光山の開祖星雲は「人間仏教」の理念を太虚から受け継いでおり、慈善活動で知られる慈済功徳会の創設者である證厳は太虚の孫弟子にあたる（陳・鄧 二〇〇〇：二〇九—二一一頁、cf. 本書第六章・五十嵐真子「戦後台湾の社会参加仏教」）。

一方新中国成立後の大陸では、共産党政府が各宗教の協会を組織し、これに聖職者を所属させるかたちで宗教活動の管理が始まった。仏教の場合は中国仏教協会が一九五三年に設立され、禅の大家虚雲、太虚の同志圓瑛、太虚の在家の弟子趙朴初らが運営にあたった。当時の仏教協会が目指した方向については、一九五三年五月三〇日から六月三日にかけて行われた仏教協会成立会議での趙朴初の「中国仏教協会発起経過和籌備工作的報告（中国仏教協会発足の経緯と準備工作についての報告）」に詳しい。それによれば、全国各地の仏教徒は愛国運動の一環として抗美援朝運動[13]と世界平和を守る運動に参加し、僧尼は自力更生と社会主義建設事業に貢献し、様々な労働模範[14]に選ばれている（趙 一九五三：四頁）。また、中国仏教協会名誉会長の虚雲は、禅宗の「農禅併重」[15]の伝統を実践するため、一九五四年に自ら江西省雲居山真如禅寺僧伽農場を開いて開墾・造林・水稲耕作などを行った（惟昇 二〇〇三：二九三頁）。

こうした活動は一見美談だが、危うさも孕んでいた。筆者が長期的に調査している雲南省徳宏州の例でいうと、一九五〇年代から一九六〇年代にかけて、仏教的思想に基づいて家畜を飼わない慣習のあった村々で家畜の飼育が奨励されたことがあった。また一部の寺院では僧侶が自ら耕作したり、養魚場をつくったりして、「農禅併重」を実践したとされる（張　一九九二：一五四頁）。しかしこの地域の仏教は上座仏教であり、こうした行為は本来戒律に反することであった。特に文化大革命期には僧侶であること自体が否定され、還俗して生産活動に従事することを強制された人々もいた。

太虚の思想が僧侶自身による自発的な模索の結果であったのに対し、共産党の方針は、あからさまに国家と中国社会への生産的貢献を僧侶や信徒に強要する一面を持っていた。このように、大陸の漢伝仏教には、新中国成立以前に自ら社会参加型仏教になろうとする機運があったが、新中国成立以後は社会参加型になることを政治的に強いられた面があるといえる。

ちなみに、一九五〇年代から一九七〇年代まで、中国仏教協会は「人間仏教」というキーワードを前面に出してはいなかった。そもそも太虚自身は、死後よりも存命中に仏教の教えを実践するという意味で「人生仏教」という言い方をすることの方が多かった。中国仏教協会が「人間仏教」を明確に提唱し出したのは一九八〇年代前半からで、太虚の遺志を心に秘めていた趙朴初が、改革開放という時機をとらえて使用し始めたものとされている（陳・鄧　二〇〇〇：二二三頁）。

一九八〇年代以降の中国仏教協会は、「人間仏教」を旗幟として世俗社会と積極的に関わる活動を行っている。中国仏教協会が二〇〇六年七月に開設したホームページ「中国仏教網」には「仏教慈善」の項目があり、難病、自然災害、貧困などのために被害を受けている人々の事例を個別に紹介し、寄付を呼びかけている。インターネットで検索するだけでも、各地に多くの仏教関連の民間慈善組織が成立していることがわかるが、中国では中国仏教協会も「民間」のジャンルに入るので、注意が必要である。

このように、現在の「人間仏教」という思想には、時代の必要に迫られてではあったが太虚が僧侶としての立場から自発的に考え出した部分と、中国共産党の生産力至上主義的な発想がないまぜになっているといえる。また、公的言説における「宗教文化」論は、伝統的な思想傾向である「三教合一」の思想とよく符合するので、統治者視点の理想主義的言説という押しつけがましさを、一般の人々に感じさせない。つまり、いずれも政治的な民意操作として見ることのできる部分もあるが、今や党のプロパガンダに対して冷めた目を持つようになった多くの中国人民が、それに一方的に操られていると考えるのには無理がある。人民の側にも思想や民族などの違いを乗り越えながら他者と共存し、現代社会のなかで生き生きと生きていきたいというニーズがあって、統治者側がそれに合わせようとする面もあるからこそ、ある種政府公認の宗教ブームのようなものが起こっていると考えた方が整合的であろう。そして、この思想潮流は改革開放以後飛躍的に進歩した物流・交通システムとメディアに乗って各地に一気に行き渡りつつあるように思われる。そうした状況を非常によく象徴する事例の一つが、浄空法師の活動である。

浄空法師の思想

浄空は一九二七年に安徽省に生まれ、一九四九年に台湾に渡り、一九五九年に台北圓山臨済寺で得度した。出家するまでの一三年間に、在家のままで哲学教授・方東美や博学な李炳南居士、チベット仏教の高僧などから教えを学んだという。台湾、アメリカなどで仏教の普及に努め、現在は香港を拠点に、インターネット、書籍、DVDなどを通して精力的に説法活動を行い、現代中国の宗教者のなかでも高い知名度を誇る。浄空の説法は多くはインターネット上の動画やDVDになっているが、ここでは書籍として流通している『認識仏教――幸福美満的教育』(16) からその思想の概要を見てみよう。その主な特徴は、仏教は宗教ではなく教育であるということ、そして大乗仏教の基礎に上座仏教のみならず儒家や道家の思想を置くことである。

浄空は、民国期の有名な在俗仏学徒である欧陽境無(一八七一―一九四三)の「仏法は宗教でもなく、哲学でもないが、現在必要とされているものだ」という言葉を承けて、次のように述べる。「それ(仏教)は教学であり、教育であって、宗教ではない。宇宙や人生について深く知り、悟るための教育である」(釈浄空　製作年不詳:八頁)。なぜかというと、仏教では釈迦やその他の如来・菩薩は本師(先生)、僧尼は弟子であって、いわゆる宗教における神と信徒の関係ではない。僧侶の組織は和尚が校長に相当するような学校組織であり、正覚、正等正覚、無上正等正覚という学位制度もある。このように仏教は教育であるのに、誤って諸仏を神格化したゆえに、多くの人が宗教であると勘違いしてしまったのである(釈浄空　製作年不詳:八―一五頁要約)。

次に、浄空はすべての仏法の基礎として「浄業三福」を挙げる。その三つの福のうち、最も基礎となる「人天福」は父母に孝養を尽くすこと、師を尊重することである。次の「二乗福」は戒律を厳守することで、いわゆる上座仏教(原文では小乗仏法)であり、「大乗福」は菩提心を発して他者のために働くことで、いわゆる大乗仏教である。「私たちは小乗が大乗の基礎であることを知っている。(中略)しかし唐朝末期以降小乗は衰退した。なぜ小乗仏法は中国では失われてしまったのだろうか。それは、当時の人々には儒家、道家の基礎があったからである。中国の儒学と道学(道学は道教ではない)は小乗と代替可能だった。儒家と道家の思想は確かに大乗に近く、それゆえ中国では儒と道の思想が小乗に取って代わったのである。(中略)今日の我々は、大乗仏法は学ぶが小乗も儒家も道家も学ばない。これは、高層建築を建てるのに基礎を疎かにするのと同じである。一階はいらないから、二階から建てようというに等しい。これでは砂上の楼閣で、建物が建つわけがない」(釈浄空　製作年不詳:四二頁)。

一般の人々に対する浄空の影響力は、筆者自身が長年フィールドにしている雲南省徳宏州でも実感される。徳宏州の中心都市芒市には観音寺があり、女性が中心となって廟会や放生などの活動を行っている。一九九七年以来、大きな廟会では常に三〇〇―四〇〇人以上の参加者があり、以前にも増して活況を呈してきた印象があったため、二〇一一年三月一二日に放生に同行するなどして話を聞いた。放生とは生きた魚などを市場に出回る前に買い占め、海や川に放す活動で、功徳を積む方法として中国各地で盛んに実践されているという。このときは男性数人が八四〇キログラム、二七〇〇元分の魚をトラックで運び、二〇人の女性がバスをチャーターして芒市から一〇〇キロメートル近く離れたダムに魚を放した。予想以上に大がかりだったので筆者は驚いたが、彼らにいわせれば今回の分量は特別多かったわけでもなく、よくあることだそうである。バスのなかで隣り合った五十代の女性に仏教を信仰するようになったきっかけを聞いたところ、浄空の教えとの出会いを挙げた。浄空の名前が挙がったところで周囲の女性たちも話に参加してきて、浄空の説法を聞いて出家した女優のこと[17]や、江沢民の家族に浄空の信奉者がいてそれが実際の政治にも影響しているといった噂話を挙げて[18]、浄空法師の偉大さと影響力をたたえ合った。

また、筆者の知人に仏教を信奉している共産党員がいるが、彼の主張はほとんど浄空のそれと一致しており、本人もそれを認めている。彼の考えによれば、浄空は決して目新しいことをいっているわけではない。儒・仏・道が一つの真実に至る三つの道であるという考え方は中国の伝統文化であり、仏教をキリスト教と同じ種類の「宗教」とみなすのは間違っている。儒教的な孝や仁の精神に立ち返ることで、荒廃した中国人の人心を建て直し、異民族とも共存できる平和な社会状態、すなわち儒教でいうところの「大同」が実現できるのである。彼自身は真実に至る道として浄土宗とチベット仏教が自分に合っていると感じるので、日々それを学んでいるという。彼は現地のコミュニティで仏教に関心を持つ人々のあいだでは広く知られており、「宗教臭」を感じさせずに仏教や儒教を語る話術に長け、仏教に興味がない人にもある種の感銘を与えることができる。そのため彼の周りにはある種のサロンが形成されている。彼は筆者に入門書として浄空の『認識仏教』と儒教の啓蒙書『弟子規』を贈ってくれた。そして、彼の友人が個人宅で仏教サークルを開いているというので、二〇一四年三月七日から五日間ほど見学にいくと、そこでも「初心者はまず浄空法師の説法を聞くとよい」と勧められた。サークルはほとんど毎晩開かれており、最初に読経し、インターネットで様々な僧侶の説法を聞き、説法の内容について話し合うというものだった。参加者は毎回九名程度で二十代から五十代までの比較的若い年齢層の人々であり、数名に職業を聞いたところ、地方政府の役人や教師、医者などだった。

これは一地方の事例にすぎないともいえるが、浄空の影響力がインターネットなどのメディアによって全国に広まる性質のものであり、なおかつ共産党員の在俗信者のいうようにその主張が中国人の伝統的な心情に合致しやすいのであれば、仏教ブームが伝えられる他の多くの地域でも、この事例と似たような状況が起こっている可能性は高いと筆者は考える。

このように浄空は仏教が宗教であるという旧来のイメージを払拭し、儒教をその基礎として位置づけることで、儒教ブームにいわば相乗りしながら仏教の普及に努めている。ただし儒教と仏教の親和性の高さは中国の長い歴史のなかで「三教合一」というかたちで培われてきていたので、浄空はそれを一からつくり上げる必要はなく、民衆のなかにあるその傾向に、説法で言説上の筋道をつけるだけでよかった。「仏教は宗教ではなく教育である」という主張は、仏教から「宗教」のマイナスイメージを払拭し、新たな中華文化としての仏教がありうることを人々に鮮やかに印象づけた。その意味で浄空は、社会主義中国において仏教を革新したというよりは、社会主義的言説によって抑圧されていた民衆の発想や感覚を、現在の共産党政権にも許容できるかたちで表現することに成功したといえそうである。

四　中国の市民宗教?——まとめに代えて

これまで見てきたように、現代中国の宗教状況は、以下のような潮流があまり対立することなく合流して形成されているように見える。

まず、一般の人々の側では、一九九〇年代以来社会の激変に直面して、欲望の抑制、他者への思いやり、孝行などのモラルの必要性が認識されていた。次に政府側では、共産主義思想の権威の失墜によって多民族多宗教の国内をまとめるための新たな統合原理が必要となっていた。さらに一九八〇年代に始まっていた改革開放によって海外との交流が盛んとなり、そのなかで日常生活のあらゆる現象を文化として捉え、なおかつ観光資源とみなす視点の獲得や、「宗教」概念の見直しが進んだ。しかも世界のなかでの中国というアイデンティティも必要となるなかで、「儒学復興」が進み、「宗教文化」や「中華文化」が構想されるようになった。公的言説の動向を見ると「宗教文化」や「中華文化」が政治プロパガンダとして機能している面もなくはないが、人民の側がそれに押しつけがましさを感じるよりは、少なくとも今のところは、ニーズに合致するものとして歓迎しているように感じられる。これらの潮流は今のところ宗教への関心を高める一つの大きなうねりを形成しており、仏教はこれにうまく乗っているように思われる。

この状況について、中国では市民宗教論を軸とした活発な議論が行われている。「市民宗教」とは、ジャン＝ジャック・ルソーに始まりロバート・ベラーが一九六〇年代のアメリカ政治の分析に援用した概念で、伝統的な宗教を基盤ないしモデルとするが、伝統宗教そのものではなく、「特定の一つの国においてのみ制度化され、この国にその神々、すなわち固有の守護神を与えるものである」(ルソー 二〇一二：二〇三頁)。中国の場合、政治体制を支えてきた伝統宗教とみなすことができるのは儒教であるが、現代社会の状況に適合しない部分も多いので、これを改造しつつ国家の精神的基盤として援用しようとする試みが議論されている。先のルソーの定義を字義通りに受け取れば、毛沢東の肖像を掲げた天安門広場や清明節での烈士墓参拝などのかたちで制度化された中国流社会主義こそが現実の市民宗教に相当しよう。しかしその求心力は低下しており、それに代わるか、少なくとも補強するようなものが必要であるというのが暗黙の前提となっている。

主な論客としては、中国人民大学教授の康暁光、深圳行政学院や西南政法学院などで教鞭をとっていた蔣慶、中国社会科学院儒教センターの陳明などが挙げられる。康(二〇一二)は今生きている「中国人民」だけではなく、死者や未来の子供たちをも含めた「中華民族」こそが国家の主権者であるとして、この中華民族が培ってきた政治伝統が儒家思想であるゆえに、これに基づいて憲法を策定し、儒家思想を国教と位置づけるべきであるとする。彼の儒教国教化論は議論の的にはなっているが、極端な主張なので賛同者は少ない。蔣(一九九一)は、現状のままでは西洋化が進んで中華文化が失われるという危機感を前面に出し、現実の政治や社会に儒学的思想を生かすべきであると主張するが、儒教を宗教としては見ておらず、制度化の議論にも踏み込まない。

最も明確に儒教の市民宗教化を望む論者の筆頭は陳明で、公共生活のなかに儒教的価値観を復活させようと考えているが、上からの制度化を図る「儒教国教化」論には否定的で、下から盛り上がるようなかたちでの復興を望ましいとする(陳 二〇〇七：五一—五二頁)。また、その「下」の具体的中身としての中華民族を考える際に、「中国の伝統にこだわるあまり、ムスリムやキリスト教徒を排除してはならない」と康の議論をけん制するが、現実的には漢族が培ってきた儒教伝統が市民宗教の母体となるのはやむをえないとしており、それに由来する弊害への具体的な対策には触れていない(陳・陳 二〇一二：一二六—一二七頁)。

こうした言説を分析した中島隆博が既に指摘したように、今後儒教が中国社会のなかで他の宗教との関係性を調整しつつ「儒学復興」という名の再創造を経験するうえで、考えるべき大きなポイントの一つとなるのは、儒教の伝統を必ずしも共有しない漢族以外の民族や宗教の信者に対する不寛容をどこまで克服できるかということであろう（中島 二〇一一：二二六―二二八頁要約）。

これについては、「宗教文化」論を費孝通の民族理論と比べると、その見通しについて興味深いヒントが得られそうである。費孝通が一九八八年に提唱した「中華民族多元一体格局」が現在の民族理論の基盤となっていることは既に広く知られている。費（一九九九）によれば、中国には五六の民族が公認されているが、それらの民族はばらばらに孤立しているのではない。漢代までに形成された多数派の漢族を中心に、相互に影響し合って存在してきたのであり、それぞれの独自性・多元性をある程度保ちつつも、ある面では分離不可能な多元一体の「中華民族」を形成してきた。そして、各民族は一律に平等ではあるが、社会進化論的な観点からすれば発展段階に差があるので、先進的な民族すなわち漢族が、他の少数民族を支援しつつ、多元にして一体の民族関係を維持していくべきであるとされる。

筆者は、諸民族の共通基盤（交流の歴史とその実態）を抽出して「中華民族」を提唱した費の思考様式と、諸宗教の共通基盤（現代社会に必要な最低限のモラル）を抽出して「宗教文化」を提唱する思考様式は、同類のものと考える（長谷 二〇一三：二五頁）。しかし、「中華民族」における諸民族は建前だけでも一律平等とされているのに対して、諸宗教は必ずしも平等に扱われていない点が大きく異なる。たとえば、中華民族の伝統として真っ先に言及されるのは儒・仏・道であり、イスラームやキリスト教はほとんど看過されている。特にキリスト教については、中華文化との異質性や西洋化の尖兵としての歴史などがしばしば強調され、その文脈では問題視されやすい[19]。また、先の浄空の主張にも見られるように、同じ仏教でも上座仏教は大乗仏教に包含できるとして事実上無視されたり、過小評価されたりする傾向にある[20]。

この状況で儒教の市民宗教化や国教化を論じれば、中国古来の伝統宗教とみなされる儒・仏・道以外には非寛容な空気が醸成されるのではないかという危惧が生じても不思議ではない。「近代化」を推進するといいつつ、その陰で漢族文化の優越が当然視され、非漢族に漢族文化が強要される現実があることは、少数民族地域を調査すれば明らかである。

中華民族の誇る宗教文化としての儒教と仏教は、民間で社会のモラル建て直しに貢献するかたちでの社会参加を求められて今のところ支持を広げているが、こうしたモラルに疑義を唱える他者が現れたとき、どのように寛容でありうるのだろうか。あるいは、そうしたときには再び民族の垣根を越える社会主義言説が前景化して相互に補完し合うのだろうか。今後の展開が注目される。

（注）

（1）　王永会は中華民国期に現れた民間仏教団体として、寺院間の連絡機構、仏学研究団体、俗人信徒の修行と布教の会、慈善団体の四種類に分けて数例を紹介している(王 二〇〇三：一七八頁)。

（2）　新中国では、学術は国家建設に貢献すべきであると考えられる傾向が強く、研究者は共産党や政府の政策に協力的な論考を発表することが多い。また、研究者自身が党幹部であったり、政府関係者が学術誌に論文を投稿したりするのも一般的である。そのため、学術論文、新聞、雑誌、書籍などで発表される論考には、共産党の方針に沿った一定の傾向性が強く認められる。したがってここでいう「公的言説」とは、政治・学術・報道がほとんど一体化した場において形成される、主導的な言説のことである。

（3）　後述するように、中国では「儒学」「儒教」「儒家思想」などが使い分けられているが、本稿では孔子の思想を中心につくり出された中国の伝統的思想群という大まかな意味合いで、日本語として一般的な「儒教」を多用する。

（4）　文化大革命後期に行われた、林彪と孔子をあわせて批判する政治運動。文化大革命を指導した江青ら四人組は、林彪を孔子の「中庸の道」などをモットーとする修正主義者・反動派であると批判した。
（5）　詳しくは長谷(二〇一三)を参照。
（6）　以下はCNKIで論文題目「中華文化」で検索して表示された引用件数の多い論文題目の一部である。文化部部長蔡武「為中華文化的偉大復興而努力」(『中国教育報』、二〇一四年)、王暁朝「中国宗教要為中華文化建設出大力」(北京論壇「文明の和諧と共同繁栄」発表論文、二〇一二年)、陳慧麒「伝播儒家思想弘揚中華文化」(『探索与争鳴』、二〇〇五年)、方立天「儒家的人本主義伝統——中華文化三大伝統之一」「道家的自然主義伝統——中華文化三大伝統之二」「仏家的解脱主義伝統——中華文化三大伝統之三」(『石油政工研究』、二〇〇四年)。
（7）　買(二〇〇一)、晁(二〇〇五)、盧・王(二〇〇六)など。
（8）　ここに挙げた数字は、中国天主教主教団が公開したものなどいくつかの雑誌記事に基づくもので、世界宗教研究所が独自に統計調査を行っているわけではない。香港天主教聖神研究センターは非公認集会の信徒なども含めると中国国内のカトリック教徒は二〇〇八年時点で一二〇〇万人にのぼると推定している。信徒とは受洗者のことと思われる。
（9）　この調査結果はヤン・フェンガン(Yang Fenggang)が二〇一〇年七月二六、二七日に中国人民大学で開かれた第七回宗教社会科学年会で発表した報告 "Quantifying Religions in China" に基づくものだが、論文としては確認できない。中国では二〇一〇年八月二四日の新聞『中国民族報』で内容が報道され、大きな反響を呼んだ。
（10）　一八九八年、湖広総督張之洞が提唱。寺廟を社会的に無用のものとみなし、政府が収用して教育施設に転用しようという政策で、一九二〇—三〇年代には国民党政府によって大規模に実施され、一部で社会的混乱をもたらした。
（11）　一九三三(民国二二)年一〇月一日、漢口市総商会での演説「怎様来建設人間仏教(いかにして人間仏教をつくり上げるか)」。
（12）　善会の先駆的研究者である夫馬進によれば、善会とは個人が任意に参加し、社会福祉的な活動を行う自由結社で、善堂はその施設である。身寄りがなく生活力も弱い人々の救済が主な活動内容で、明末以来各地に出現した。善会そのものの宗教色は必ずしも濃くないが、蘇州恤嫠会の中心人物彭紹昇、南京清節堂の開設を指導した僧侶鏡澄など、仏教的動機からこの活動に取り組む人々がいた(夫馬　一九九七：三八三—三八八頁)。
（13）　朝鮮戦争において北朝鮮を支援し、大韓民国に味方するアメリカに対抗しようという運動。

(14)　中国で、様々な分野において生産や技術革新等の面で好成績を収めた者に与えられる称号。

(15)　「農業と禅をともに重視する」。共産党および仏教協会の意図としては、出家者が在家の物質的援助に頼らず、自給自足で修行するのを奨励することに重点があった。

(16)　二〇一四年四月一〇日、中国の出版最王手である新華書店の運営する書籍販売ネット文軒網で、キーワード「仏教」で検索し、購買量順に並べたところ、第八位であった。上位はチベット仏教の解説書や鳩摩羅什訳の仏典などが多く、個人の仏教観・人生観を語ったものとしては、高森顕徹『なぜ生きる』の中国訳書に次いで二位である。本書は装丁を変えて主に仏教寺院で無料配布されており、筆者が入手したのも無料配布版である。一九九一年にマイアミで行った講演をもとに整理されたものだが、配布版の製作年は不詳である。販売用書籍としては二〇一〇年に線装書局から出版されている。

(17)　一九九九年、中国の有名女優・陳暁旭は浄空の講演を聞いて仏教に帰依し、二〇〇七年に出家した。このことは当時メディアで大きく報道された。

(18)　江沢民の親類縁者とされる女性が浄空に中国文化や国家のあり方について教えを受ける動画がインターネット上に多数出回っている。

(19)　たとえば、儒・仏・道は「天人合一」思想に見られるように古くから自然を大切にしてきたがキリスト教は自然の乱開発をもたらしたとする指摘(胡　二〇〇四：四六頁)、一神教で強引な布教をしがちなキリスト教は人本主義で多神教に寛容な中国文化に順応すべきであるとする指摘(李　二〇〇八：四九頁)、キリスト教が広まりすぎれば中国は中国でなくなってしまうという文化的アイデンティティ上の問題点についての指摘(蒋　二〇〇五：六頁)などがある。

(20)　大乗仏教についてはその利他的価値観を現代に生かすべきとする論考がいくつか出ているが、上座仏教はほぼタイ族研究か歴史研究の文脈でしか扱われていない。甚だしくは、上座仏教を万物衆生に仏性があることを認めない偏狭な思想と断じて批判するものもある(王　二〇〇八：二二三頁)。

参考文献

中島隆博、二〇一一、『共生のプラクシス――国家と宗教』東京大学出版会。

長谷千代子、二〇一三、「『宗教文化』と現代中国――雲南省徳宏州における少数民族文化の観光資源化」川口幸大・瀬川昌久編『現代中国の宗教――信仰と社会をめぐる民族誌』昭和堂、二〇―四四頁。

夫馬進、一九九七、『中国善会善堂史研究』同朋舎出版。

ルソー、ジャン゠ジャック、二〇一二、作田啓一訳『社会契約論』白水社。

■中国語文献(ピンイン順)

晁国慶、二〇〇五、「当前農村宗教盛行的原因」『広西社会科学』第五期、一七六―一七八頁。

陳兵・鄧子美、二〇〇〇、『二十世紀中国仏教』民族出版社。

陳明、二〇〇七、「対話或独白――儒教之公民宗教説随札」『原道』零期、四七―五八頁。

陳宜中・陳明、二〇一二、『従儒学到儒教――陳明訪談録』『開放時代』第二期、一二二―一三四頁。

費孝通主編、一九九九、『中華民族多元一体格局』中央民族大学出版社。

胡紹皆、二〇〇四、「宗教的生態智慧与科学発展観」『中国宗教』二〇〇四年第二期、四六―四七頁。

蒋慶、一九九一、「従心性儒学走向政治儒学」『深圳大学学報』第八巻、八〇―九一頁。

蒋慶、二〇〇五、「中国文化的危機及其解決之道」『西南政法大学学報』第七巻第一期、三―一三頁。

金澤・邱永輝主編、二〇〇九、『中国宗教報告　二〇〇九』社会科学文献出版社。

康暁光、二〇一二、「儒家憲政論綱」『歴史法学』零期、八四―一二二頁。

李明、二〇〇八、「儒家思想――中国宗教的文化基礎」『中国宗教』第三期、四八―四九頁。

盧黎歌・王成文、二〇〇六、「当代大学生馬克思主義信仰危機及其対策思考」『合肥工業大学学報』第二〇巻第四期、六―九頁。

買文蘭、二〇〇一、「社会転型期中国農村宗教的特点」『洛陽師範学院学報』第三期、三五―三七頁。

明立志・潘平編、二〇〇七、『太虚大師説人生仏教』団結出版社。

釈浄空講述、製作年不詳、『認識仏教――幸福美満的教育』(印刷物)。

王亜欣、二〇〇八、『宗教文化旅游与環境保護――宗教文化旅游与民族地区生態環境保護研究』中央民族大学出版社。

王永会、二〇〇三、『中国仏教僧団発展及其管理研究』巴蜀書社。

惟昇、二〇〇三、『虚雲老和尚的足跡』宗教文化出版社。

張建章、一九九二、『徳宏宗教』徳宏民族出版社。
趙朴初、一九五三、「趙朴初居士関於中国仏教協会発起経過和籌備工作的報告」『現代仏学』六月号、四―七頁。

第五章　チベット問題をめぐる宗教と政治

——ダライ・ラマの非暴力運動との関わりから——

別所裕介

一　はじめに——ダライ・ラマにおける非暴力の水準

「非暴力」を旗印として、人々の調和を異なる宗教観の対話から捉えることを試み、世界外遊に一年の半分を費やしているチベット仏教の精神的指導者・ダライ・ラマ一四世(以下本論では「ダライ・ラマ」と略称)は、様々な社会問題に対して仏教から見た捉え方を率直かつ明快に語り、現代世界において宗教者の新たな可能性を示す一つの模範と見られている。臙脂色の僧衣をまとい、国際舞台を駆け巡るダライ・ラマの活動は「社会参加仏教(Engaged Buddhism)」の代表的な事例として取り上げられており(Cabezón 1996, Puri 2006)、またランジャナ・ムコパディヤーヤは「ダライ・ラマを中心とするチベットの政治的宗教的解放運動」を社会参加仏教の典型と位置づけている(ムコパディヤーヤ 二〇〇八)。

これらは実際に、世界各地で巻き起こる地域紛争において、伝統仏教徒のそれを含む〝宗教ナショナリズム〟

が「暴力テロによる事態の進展」への欲求を抑えきれないのに対し、チベット仏教のそれが際立った暴力性の低さを保ち、他の宗教紛争とは一線を画している、という認識と相まって、ダライ・ラマの非暴力運動が持つ社会的・政治的な意義への高い評価へとつながっている。

こうした「社会参加仏教の鑑」としてのダライ・ラマに付与されたイメージをふまえずとも、ただ単純に一仏教僧としてのダライ・ラマの活動を見るとき、彼はすでに欧米社会の人々が「仏教」との最初の接点を持つ際の主要なアイコンとなっており、その教えは近代社会において失われてしまった精神性に基づく「西洋とは異質の知恵」を開示するものとみなされている（久保田 二〇一二）。中国との領土主権をめぐる争いである「チベット問題」に絡んで、国際社会でのダライ・ラマのあらゆる活動を「国家転覆をもくろむ陰謀」と非難する中国政府のヒステリックな攻勢が強まれば強まるほど、「自らに害意を持つ者に対しても慈悲の心を失わないこと」を説くダライ・ラマの従容な姿勢が放つカリスマ性は否応もなく増していく。

端的にいって、今日の欧米社会ではダライ・ラマはハリウッド・スターと肩を並べるスーパースターのような存在であり、しかもそのスター性は商業経済のそれではなく、「本物」の精神的指導者として表象されている。その影響力はヨーロッパや北米を舞台とした「カーラチャクラ」や「ティーチング」といった巨大な劇場型装置を介して欧米の一般大衆に発信され、その支援者たちに「人類全体のよき伝統」としてのチベット仏教を守り、育もうとする意識を植えつけることに成功している。(1) このように、本来的には中国政府とチベット亡命政府の領土係争である「チベット問題」は、国際政治とは別個の文脈において、ダライ・ラマが代表する「精神的イメージ」によってもその運動の趨勢を左右されており、国際社会における中国のプレゼンスが向上すればするほど、ダライ・ラマの文化的権威を慕い、チベット支援の輪を広げようとする気運もまた上昇することになる。

だが、ダライ・ラマの「非暴力」の思想と運動を、こうしたグローバルな国際舞台での華々しい活躍と結びつけて語るだけでは不十分である。ダライ・ラマの非暴力思想は、グローバル社会において異なる価値観を結び合わせる「エージェント」としての仏教者のあり方に大いなる可能性を開く一方で、「民族」というナショナルな単位の政治問題、すなわち現代チベット政治をめぐる問題にも直結している。現在、ダライ・ラマと亡命政府が中国との交渉の基軸としている「中道のアプローチ」と呼ばれる宥和政策は、このナショナル・レベルの政治をめぐる一つの焦点である。

一九八八年、鄧小平が最高権力者となった後の中国の路線転換を受け、ダライ・ラマはヨーロッパ議会で行った演説で、自ら独立要求を放棄し、中国主権下での「高度な自治」を求める方針に転換することを宣言した（ストラスブール宣言）。ダライ・ラマ自身が「中道のアプローチ」と名づけるこの提起がなされた直後、チベット亡命社会では学生や知識人を中心に分離独立の堅持を訴える団体が結成され、独自の民族主義闘争路線を今日まで継続している。だが、非暴力・対話による中国との共存の道を探ろうとするダライ・ラマの意志は固く、一九八九年のラサ戒厳令を導いた大規模な民族蜂起や、二〇〇八年三月に起こった全チベット規模の抗議活動に際しても、すべてのチベット人に「中国との共存」と「暴力衝突の回避」を呼びかけ、もしチベット人が「非暴力」を捨てるのであれば、自らはダライ・ラマの座から降りざるをえない、と明言してきた。

チベットの仏教ナショナリズムがイスラームのそれと同様、普遍的指標としての宗教と近代民族概念との癒着によって成立していると見る加々美光行は、「ダライの分離独立要求の放棄と『高度自治』という『提案』は、有る意味でチベットの普遍＝特殊融合型ナショナリズムを解体した上で、チベット仏教の普遍主義を特殊ナショナリズムから切り離し、かつ仏教の普遍主義によって激化するチベット・ナショナリズムを抑制しようとしたものと言えた」と総括する（加々美　二〇〇八：二七頁）。ここでの加々美の論説を換言するならば、ダライ・ラマの中道路線とは、近代の「民族」概念と癒着して形成された汎チベット仏教ナショナリズムの内側に、「殺すか／殺さないか」という二元化された指標を持ち込んで「普遍」と「特殊」のあいだに再び切れ込みを入れる。そして後者の「特殊」を劣位においてナショナリズムを抑制することで、仏教者の望むかたちで中国政府との交渉を進めていくための、一つの強力な拘束性を持った言説としてチベット社会の内側に作用している。

では、すでに亡命から五十余年が経過し、一向に進展しない中国との交渉に一般チベット人のあいだで閉塞感と焦燥感が高まるなかで、「中道のアプローチ」とそれを堅持するために必要不可欠とダライ・ラマが主張する「非暴力」という指針は、どのようにして「チベット人全体に適用されるべきもの」と考えられるに至ったのだろうか。そしてさらにそうした決定は、今日の中国領チベットにおける「宗教」への国家的介入といかなる緊張関係にあるのだろうか。以下、本論ではこの点について検討するために、ダライ・ラマの信念と行動を支える背景を検討することから、現代チベット仏教が社会へ向き合う際の一つの特徴をつかみ出す。それとともに、その呼びかけに呼応する本土チベット社会の動きにも目配りすることで、中国社会とチベット仏教の関係をなるべく総体的な視点から捉える試みを進めてみたい。

二　仏教王権政治からの脱却——ダライ・ラマのローヤリティと民主化

二-一　聖俗両界を統べる王・ダライ・ラマ

今日、ダライ・ラマは国際舞台においてアメリカ大統領やヨーロッパ首脳ら欧米の要人と英語で談笑し、難し

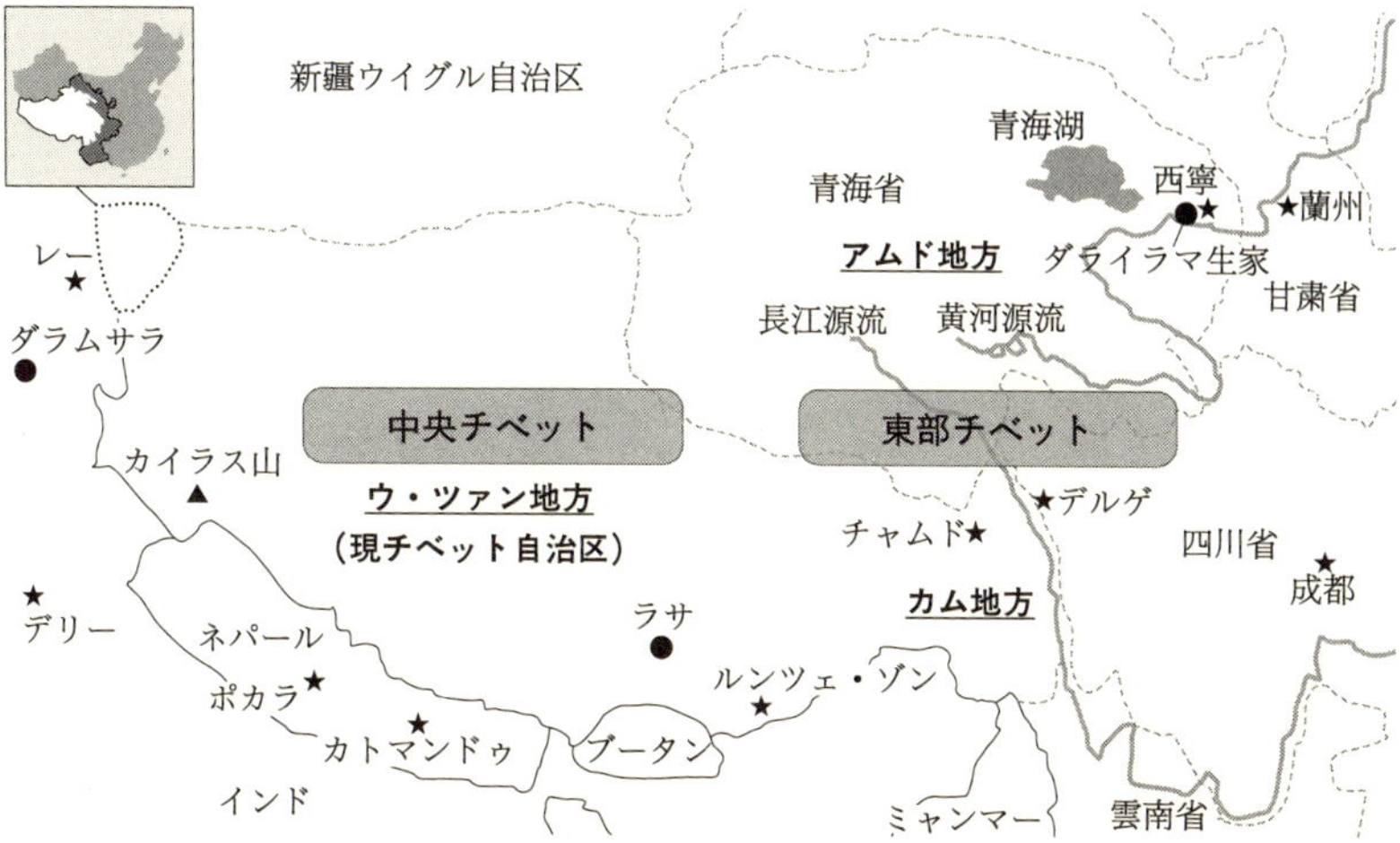

図5-1　中央／東部チベットと三大地方区分(チョルカスム)

い国際政治の話題から「心の本質」に関するスピリチュアルな議論、はては「SEXに関する問題」(VOGUE誌『ダライ・ラマ・インタヴュー』)まで、非常な振幅を持った様々な質問に対して常にユーモアを絶やさず、分け隔てのない親しみと柔軟さを示す人物として知られている。そうした現在の姿からはにわかに想像し難いことだが、彼は一九五九年、二三歳のときにチベットからインドへ決死の亡命を果たす直前まで、現在は中国の世界文化遺産に認定されているポタラ宮殿の最上階に位置する「ガンデン・ポタン」[2]から全中央チベットを統括し、聖俗両界の最高権力者の地位に君臨する「僧形の王」であった。

ダライ・ラマ一四世テンジン・ギャムツォは、一九三五年七月、アムド地方のタクツェル村の民家に、ごく普通の農民夫婦の第九番目の子として生を受けた。幼少期から普通の子供とは違う独特な雰囲気をたたえていたとされるその男児は、三歳のとき、「ダライ・ラマ一三世の生まれ変わり」を探し出すため中央チベット政府から派遣された捜索隊によって見いだされる。託宣官の予言をもとにその男児の家を訪れた捜索隊は、一三世が愛用した遺品を「前世の記憶」に頼って見分けさせる独自のテストを行い、この男児が一三世の生まれ変わりの「転生霊童」(後述)であることを確信する。翌年、ラサのポタラ宮殿に迎え取られた男児は荘厳な典礼を経て第一四代のダライ・ラマに即位した。ラサでは、精神的教導者となるべく、宗教的資質を徹底的に涵養されるとともに、世俗の政治を統括する指導者としても英才教育を受けた。

一九四九年、中華人民共和国の建国と同時に「チベット解放」が宣言され、翌年には、東部チベットのチャムド要塞を攻め落とした中国人民解放軍が中央チベットへ進軍を開始、ラサへの到達も時間の問題とされた。チベットをめぐる情勢が風雲急を告げるなかで、ダライ・ラマは若干一五歳の若さで国家の全権を委ねられることになる。翌一九五一年一月、インド国境へ避難していたダライ・ラマは、その地で接触したアメリカ・CIAの誘いを断り、共産主義中国との宥和共存を図るためラサへ帰還する。一方この間、毛沢東の懐柔を受けた一部貴族層は北京を訪問し、一九五一年五月、チベット政府の主権放棄を盛り込んだ「一七条協定」を調印してしまう。

その後、毛沢東との北京会談を挟み、八年間にわたって中国共産党との折衝を続けるが、様々な局面で中国との不和を実感する。それが決定的となったのは、一九五五年に端を発し、一九五八年には東部チベット全域における広範な武装蜂起とこれに対する解放軍の苛烈な鎮圧を誘発した急進的な社会主義改造であった。東部チベットからの脱出者でラサ市中が混乱を極めるなか、一九五九年三月一〇日には、武装した市民や僧侶がラサ市各所で蜂起し、解放軍部隊との全面衝突に発展する。

こうしたなか、中国との関係が既に収集のつかない事態にまで悪化したことを悟ったダライ・ラマは、同月一七日の夜半、俗人に扮装してひそかにポタラ宮殿を脱出し、二一日間の逃避行の旅に出る。カム地方の勇敢な戦士から選ばれた護衛団に見守られ、CIAの物資投下など、側面支援を受けながら山中を進み、本土チベット最後の滞在地となったルンツェ・ゾンで、先の一七条協定の無効を宣言し、同日、インド側へと脱出した。脱出を知った中国側は即座に「西藏地方政府の廃止」を宣言し、それまで改革を留保してきた中央チベットに対しても社会主義集団化政策を急速に推し進め、名実ともにチベットの併合を確実なものとした。ダライ・ラマの亡命を知った本土チベットの人々は遅れまじとその後に続き、亡命第一波と呼ばれる八万人にのぼるチベット人がインド側へ流出した。ダライ・ラマは亡命の翌年、インド政府からヒマーチャル州のダラムサラに入植用の土地を提供され、そこに亡命チベット政府を樹立、チベット難民のための各種行政機構を正式に創設した。

当初、この亡命政府の急務の課題は「自由チベット憲法」（一九六一年公布、六三年改訂）など、一連の基本法規を制定・発布し、チベット難民社会の統制と組織化に乗り出すことだった。一般の亡命チベット人には、ダラムサラのほか、デラドゥンをはじめとする北インド丘陵部の諸地域、および西インドのオリッサ州と南インドのカルナータカ州に入植地があてがわれた。農業を主軸とする大規模な難民コミュニティの建設が進むなか、亡命政府は特に子弟の学校教育に力を入れ、近代的手法の下で伝統文化の維持と保存に努めた。

旧チベット政府の社会制度に多くの欠点があったことは、国務を司る貴族層の腐敗と権力闘争が中国への対処を遅れさせ、国家の喪失に直結したこと、チベットを併合した中国共産党が旧チベットの封建的体制をあげつらい、自らを「農奴解放者」と任じて統治の正当性を主張していたことが背景にあり、極めて重く認識されていた。その際、かつてのチベット政府の「政教合致」の体制を一身に体現していた人物としてダライ・ラマに課された社会改革の使命は主に二つあった。一つは、亡命した各教派集団のあいだに「同じ釈尊の教えを奉じる者」としてのまとまりをつくり出すことであり、もう一つは、政治行政のなかから自身の権限を少しずつ縮減させることで民主制への移行を実現することであった。

二-二　宗教界の再編――ゲルク派中心の不平等構造の改善

中国のチベット併合によって発生した難民社会は、亡命以前のチベット社会の複雑な内部構造をそのままインド側の入植地に持ち込むかたちになっていた。そして、ダライ・ラマが「信教の自由」や「基本的人権」といった近代的な価値観の下で亡命社会の枠組みを整えていくに際し、亡命以前のチベット社会の不均衡な権力関係は敏感な問題を孕んでいた。

そもそも、今日の汎チベット民族主義の流れのなかで、ほぼすべてのチベット人に受け入れられるに至ったダライ・ラマのローヤリティは、通常の世襲による権力継承とは異なる「生まれ変わりの認定」という独特の宗教的世界観によって支えられている。これは、教団トップクラスの高僧が死去した後、その遺言や残された遺体の状況、神託官の占いなどから死後の生まれ変わり先を特定し、そこで見つけ出された幼児(転生霊童)を先代の「化身」として教団を挙げてサポートすることで後継者に育て上げる、というものである。[3]今日でも、チベットの民衆社会には、高度な修行の境地に達した高僧は「一切衆生の救済」という大乗利他の菩薩の請願のために、自らは解脱して涅槃に達する資格を有しながらも再び現世に生まれ変わってくる、という菩薩信仰が色濃く残っており、「化身ラマ制度」はこうした民間に根強い信仰を、社会的な権威の継承システムに導入したものである。

他方で、この生まれ変わり信仰は前近代の内陸アジアにおける仏教王権政治のイデオロギーとも密接に関連してきた。ダライ・ラマの「ダライ」という称号は「知恵の大海」を意味するモンゴル語である。この称号の由来は、一七世紀の清朝とチベットとの国際関係にまでさかのぼる。そもそもチベット高原には、九世紀のチベット王朝(吐蕃)瓦解以来、統一的な政治主体が現れることはなく、各地に割拠した「氏族教団」と呼ばれる有力豪族を母体とした地域勢力は、それぞれがインドや中国から学び取った多様な仏教教義にのっとって独自の流派を確立した。そして外部の軍事勢力を取り込んで、「チュウユン(*chos yun*)」(4)と呼ばれる宗教的序列に基づく同盟関係(「師僧と施主の関係」と称される)を結ぶことによって、宗派／氏族間の対立に根ざしたチベット内部の覇権抗争に明け暮れてきた。

元朝期から清朝期のおよそ五〇〇年に及ぶこの派閥間抗争に一応の決着をつけたのが、改革派仏教として一五世紀に登場した「ゲルク派」と呼ばれる教派を率いる生まれ変わりの教主として権勢を振るったダライ・ラマ五世、ロブザン・ギャムツォ(一六一七―八二)である。ダライ・ラマ転生系譜の初期から、モンゴル王侯の武力を後ろ盾としてその権威を伸張させてきた新興ゲルク派は、オイラート・モンゴルの支配者でチベット高原の征服者となったグシ・ハーンから広大な土地の寄進を受け、他の諸教派を完全に圧倒することで、一七世紀後半には当時のチベット高原における実質的な最高権力者の地位を手に入れた。その権威は、死後もその摂政によって引き継がれ、今日のポタラ宮殿の完成を見るなど、ゲルク派教団の転生系譜を中軸とした中央集権的な体制の確立に大いに寄与した。五世の死後の転生問題(生まれ変わりの転生霊童の認定)をめぐって、グシ・ハーンの後裔にあたる一族は分裂し、再び大きな戦乱を巻き起こすことになった。これは清朝の大規模介入を促す要因となり、結果として、ダライ・ラマの拠点であるラサを中心とする中央チベット(ウ・ツァン地方)はダライ・ラマ政権の領土、それより東側の東部チベット地域(カム地方、アムド地方)は相互の緩衝領域として清朝皇帝の統治下に帰属する、という大勢が決することとなった。

その後、清朝に割譲された東部チベット地域は中国内地との強い政治・経済的結びつきに組み込まれながらも、基層の宗教文化面では巡礼と交易というネットワークを介して「チベット仏教文化圏」の一角を担い続け、中央チベットのゲルク派にとって清朝との折衝において欠かせない緩衝地帯としての機能を保持してきた。現・ダライ・ラマ一四世をはじめ、パンチェン・ラマ一〇世やカルマ・カギュ派の法主を務めるカルマパなど、中央チベットを代表する大名跡の転生者たちがチベット高原の東縁部諸地域で見いだされていることを見ても、この地域が人的・財的資源の提供において重要な位置を占めてきたことが知られる。

このダライ・ラマ五世期以降、中央チベットに覇権を確立したゲルク派と、対照的に周縁化され、ダライ・ラマの権威に従属せざるをえなくなった諸宗派との関係は決して穏便ではなく、ボン教徒の諸侯やディグン・カギュ派、チョナン派など、ゲルク派によって迫害の憂き目を見たグループも少なくなかった。このため、亡命後に全チベットレベルで一つの「宗教」意識をまとめ上げるためには教派集団間での和解と分断修復が必要であり、ダライ・ラマは亡命政府の議会設立にあたって四つの主要宗派（ゲルク、カギュ、ニンマ、サキャ）およびボン教教団から議会議員を選出するよう要請し、議席は宗派の規模を問わず二議席ずつ平等に割り当てた。このようにして亡命社会でゲルク派が優位に立ちやすい状況を抑制するとともに、自身も、他宗派の教主を務める高僧と親しく交流し、ゲルク派内部の保守派からの咎めだてを受けながらも、近世東部チベットで発生した「無宗派運動」[5]の伝統に倣って、非ゲルク派系の教学も積極的に学んだ。これらの真摯な行動は非ゲルク派諸教団のわだかまりを解き、歴史的に蓄積された誤解を解消するうえで大きな役割を果たした。

こうして諸宗派間の宥和を図る一方で、亡命政府は「宗教」の近代制度上の規定と管理にも着手した。司法・立法・行政の三権分立を明確に規定した一九九一年制定の「亡命チベット人憲章」では、国家政府は仏教／非仏教を問わず、チベット人の信仰をすべからく公平に扱わねばならないとし、基本的人権の遵守と合わせて「信教の自由」（宗教の自由、特定の宗教を信じない自由は基本的人権として憲法で保証される）を規定した。[6]また、政府部内には、これらの宗教関連事務を管轄する部署として「宗教文化省」が設けられ、ここでチベットの主要四大宗派とボン教に関連する実務、なかでも経典の復刻や新たな僧院建設に関わる事務が遂行されている。このように、亡命後のチベットにおいて「宗教」は、政府直属の行政機関が一つの「担当部門」として管理し、統制すべき領域として制度上は位置づけられている。

二‐三　チベット政治の民主化――ダライ・ラマの権限移譲

もう一つの改革の柱は、合議制に基づく近代民主政治の定着である。ダライ・ラマと亡命政府は、「自由チベット憲法」「亡命チベット人憲章」をはじめとして数多くの法令を施行し、ダライ・ラマの手に委ねられた権限を民主的に選ばれた亡命チベット代表者会議(国民会議)へと移譲するための段取りを着々と進めてきた。

現在、中国支配下の本土チベットから国外へ亡命しているチベット人はおよそ一三万人にのぼる。このうち一一万人が、亡命政府のあるダラムサラをはじめとして南インドやオリッサ州、さらにネパールのカトマンドゥやポカラなどに大規模なコミュニティを築いている。またスイスやフランスをはじめヨーロッパに一万数千人、アメリカに六千人ほどが定着している。亡命チベット人社会全体の意思決定機関となる亡命チベット代表者会議はこうした情勢をふまえ、欧米を含む各地域の代表四六人の議員から構成されている。先述した各宗派の代表分一〇議席と、「特別に有能」としてダライ・ラマの推挙を受けた人物三議席分を除いた三三議席の内訳は、チベット語で「チョルカスム(三大地方区分)」と呼ばれるウ・ツァン地方、カム地方、アムド地方それぞれの出身者から各一〇名ずつ、さらにヨーロッパから二名、アメリカから一名、というかたちで配分されている(7)。このように、議会の構成は亡命前のチベット社会の現実の多様性に対応しており、特に議会の意思決定が中央チベット出身者に偏ることなく、チベット人総体としての意思を忖度できるよう配慮されている。

そして一九九二年、この代表者会議による議決を経て再度改訂された「自由チベット憲法」では、民主制を徹底するうえで問題となるダライ・ラマの地位の変更が最も大きなポイントとなった。改訂前にはダライ・ラマを「政治の実権を有する国家元首」と位置づけていたのに対し、改訂版では「チベット問題解決後、その元首としての権限は民主選挙によって選ばれた内閣の長に譲渡される」と定められ、この時点で、政教両界の長を務めるダライ・ラマがその行政上の主権を民主議会に譲り渡すための道筋が用意された。

亡命以降、ダライ・ラマが自身の権限の縮小と引き換えに亡命社会の民主主義の成熟を切望してきたことはつとに知られている(cf. 岡野 二〇〇〇)。それはまた、先代のダライ・ラマ一三世が試みようとして結局は貴族社会の保守性の壁に阻まれて頓挫した旧チベット社会の近代化路線を継承することでもある。今日、独立を放棄した「中道のアプローチ」から既に四半世紀が過ぎ、中国への帰還交渉は遅々として進まず、亡命状態の長期化が予想されるなか、ダライ・ラマ自身が率先して政治から身を引く姿勢を見せない限り、高位の「化身ラマ」による政治的裁定を疑念の余地なく受け入れてきたチベット政治の近代化はなしえない。そして、高齢化するダライ・ラマの寿命に限りがある以上、人々が宗教者の決定に依存することなく、自ら主体的に民族の将来を選び取ることができるようにならなければ、ダライ・ラマ亡き後の転生者問題一つをとっても、その生まれ変わり認定の主導権をめぐって中国との確執が再燃することで、亡命社会全体が重大なリスクを抱え込むことになるのは目に見えていた。

こうしたなか、七六の齢を迎えたダライ・ラマは、亡命社会の民主化を加速させるため、二〇一一年三月、自らの一切の政治職からの引退を表明した。この意向がダライ・ラマ個人から最初に提起されたとき、亡命チベット人議会は全会一致でこれを否決し、引き続き指導者としての地位にとどまることを要請した。しかしダライ・ラマは懇ろな釈明とともにこの要請を固く拒否したため、二回目に開かれた議会では、再度全会一致でダライ・ラマの政治職引退が議決された。

同年四月二七日、長年政教両界の最高意思決定者の座にあったダライ・ラマからバトンタッチするかたちで、亡命政府は前年から世界各地の亡命チベット人コミュニティで行ってきた首相選挙の開票結果を公表し、五五%の得票を得たアメリカ・ハーバード大学に所属する国際法学者、ロブサン・センゲ(当時四三歳)を、前任者であるゲルク派の高名な学僧、サムドン・リンポチェに代わるチベット亡命政府の新首相に選出した。これを受けて同年五月に再び改訂された「亡命チベット人憲章」第一条において、ダライ・ラマにはチベット民族全体の〝象徴〟としての地位が付与され、その政治的権限については亡命政権の新内閣に委譲されることとなった。これにより、「政治と宗教の長を一人の宗教者が兼ねる」という長らく続いた政教合一の状態は正式に解消されるに至った。

ダライ・ラマと亡命政府は、以上の政教両面にわたる改革によって、チベット亡命社会を内部から統合し、近代的法制度によって「チベット民族」のナショナルなくくりを明確にするとともに、これら統合された集団の意思を代表する機関として中国政府と交渉し、チベットの旧来の立場にふさわしい地位を回復することを目指して活動してきた。その過程で、これまでチベットの生活社会を漠然と覆ってきた諸々の文化的実践は、民主化を必要とするものとしての近代政治との関係において「宗教」という制度化された概念によって新たに規定されるようになった。「政治」と「宗教」が画然と分けられるという発想がなかった旧チベット政府の通念からいえば、この作業は「チベット仏教」あるいは「ボン教」が、西洋の「キリスト教」や亡命先のインドの「ヒンドゥー教」と並び立つ「宗教(religion)」であり、また同時に「チベット仏教」はアジアの伝統宗教としての「仏教」がチベット高原を地盤として発展した、唯一無二の「チベット人の宗教」であることを相対的に確認する一連の弁別作業として進展した。ここにおける「宗教」は、亡命政府の限られた予算のなかから特別に「宗教文化」部門としてくくられる領域に収まり、その枠内に収まる限りにおいて、「信仰の自由」をはじめとする個人の精神的な独立性を保証されるという、近代政治との役割分担の関係に名目上組み込まれたものである。そしてこうした役割分担は、これまでチベット亡命政府の行政上の主権を保持してきたダライ・ラマが引退することで、法的手続き上の完成を見たということができる。

だが、ダライ・ラマ主導で進められたチベット社会の民主化は、それが徹頭徹尾上から与えられたものであったがゆえに、亡命チベット人民衆のあいだでは単に受動的なプロセスとして進展し、チベット人一般の宗教者への依存、言い換えれば「化身ラマ崇拝」自体を大きく払拭するには至らなかった。チベット人にとって、ダライ・ラマは現在も「観音菩薩の化身」がチベットの政教両界を統率する、という「仏教王権政治」の神話的意味づけに彩られたローヤリティの保持者である。亡命政府が「政治」の場と「宗教」の場を便宜的に分けたとしても、現実の生活社会で問題に直面した際、仏教者の主導性に基づく判断により大きな信頼を置こうとする心性は容易に消失しない(8)。

また、ダライ・ラマ自身も、ここまで述べてきたような亡命社会の制度的再編を、「政治」によって「宗教」を統制可能な位置に置く、西洋型政教分離原則の全き適用によって進めるつもりは初めからなかったと考えられる。ダライ・ラマは、亡命社会の民主制の確立に関連する部分では「宗教」を国家管理の下に置くことに何ら躊躇を見せなかった一方で、チベット全体が直面しているより大きな問題、すなわち「中国におけるチベット民族全体の地位」をめぐる交渉の文脈においては、むしろ「政治」を超越した価値観念としての「宗教的普遍性」を前面に押し出して対処しようとしてきた。次に検討する、「非暴力・平和の見解」に基づいて中国との宥和共存を模索する政治決定、すなわち「中道のアプローチ」の主張はその一つの典型である。

三　中国政府との交渉――チベット問題をめぐる政教関係

三-一　「中道のアプローチ」の提唱

一九八七年、中国の改革開放路線が本格的に軌道に乗るなか、ダライ・ラマはアメリカ下院議会で「五項目の和平提案」と呼ばれる演説を行い、「中国人のチベットへの入植停止」「自然環境保護の徹底と核のゴミ廃棄の禁止」などとあわせて、「東部のカム地方とアムド地方も含めた全チベット地域を、アヒンサー(非暴力・不殺生)地域、すなわち平和と非暴力の非武装地帯とすること」を中国側に呼びかけた。(9)

ここでキーワードとなっている「アヒンサー(*Hin.* ahiṃsā)」とは、〝あらゆる生き物の命を奪うことを避ける〟という、インドの古代宗教(仏教・ヒンドゥー教・ジャイナ教)に淵源を持つ言葉である。インド独立運動の指導者、M・K・ガーンディーは、この「アヒンサー」を〝西洋とは異なるインドの伝統知〟として再規定し、「非暴力・不服従運動」の指針として、英国によるインド植民地支配の不当性を際立たせる種々の民衆運動に取り入れた。ここでダライ・ラマがこの言葉を用いているのは、先行するインド独立運動の文脈をふまえ、自らがガーンディー主義の系譜に連なる存在であることを意識しているためであり、チベット人を前に話すときには同じ意味合いの表現として「ツェワメパ(*'tshe ba med pa*)」を、非チベット人の聴衆を前にするときには〝Non Violence〟などの表現を使って、これに置き換えている。

翌一九八八年、ストラスブールの欧州議会で行われた提案では独立放棄を明言し、軍事・外交を中国政府に委ねる代わりに、中央チベットにカム地方、アムド地方を足したチベット高原全域を「平和と非暴力の非武装中立地帯」かつ「仏教の理念に基づく恒久的な自然保護区」に変えることを重ねて要求している。

事実上の領土放棄につながるこの方針転換は、それまで独立という目標を信じてきた亡命チベット社会内部に大きな動揺を巻き起こした。このときを境として、亡命社会内部に、学生や知識人を主体とする政府外五団体が形成される。(10) 彼らは中国からの分離独立を手放そうとするダライ・ラマを真っ向から批判し、「独立こそが大義である」として、亡命政府とは袂を分かった独自の民族運動を展開してきた。現在アメリカで作家活動を行っているジャムヤン・ノルブは、亡命社会の独立派として最大勢力を誇るチベット青年会議(Tibetan Youth Congress：TYC)のイデオローグであり、「独立の意義」を鼓舞するその論説は亡命政府の多数派である「中道派」から〝危険思想〟とされ、当時のダラムサラの街頭には彼をお尋ね者とする指名手配書が張り出された。

このようなダライ・ラマの中道路線の本意は、既存の国民国家を前提とした領土主権への執着が、チベット社会を特色づける特異な生態環境と歴史的歩みに照らして最良の結果を生み出すとは考えない点にある。ウッドロー・ウィルソン流の民族自決論にも、また自ら特殊を主張して自国内の民族自決権を棚上げする中国独自の「中華民族論」(11) にも抗しつつ、ダライ・ラマがチベット人にとって最良の存続環境として考えたのは、「ナショナルな主権に満たされた特定の境域」ではなく、「宗教的道徳と理念に満たされた文化的領有空間」である。

ダライ・ラマはこうして、中国領内におけるチベット人の存続空間を、上記のようなアヒンサー概念で囲い込まれた「精神的領土」として規定することで、中国政府に対して領土主権抜きの帰還交渉を進めようとすると同時に、全チベット人に対しては「非暴力・不殺生」の堅持を通して、この「精神的領土」の住人にふさわしい資質を確立するように呼びかけていることになる。こうした方針のなかでは、領土獲得を絶対条件として民族精神を鼓舞するナショナリズムを受け入れる余地はなく、亡命社会ではダライ・ラマ引退後の今日も「中道派」と呼ばれる非暴力路線の支持者が執政上の多数派を占めているのである。

このようなダライ・ラマの非暴力への信念は、自身が奉じるチベット仏教の教学体系を現実の政治状況に対応させるかたちで柔軟に解釈し、より普遍的な意味合いを付け加えていこうとする態度に裏打ちされている。以下ではこの点について、チベット語で「宗教」の訳語に当てられている「チュゥ」という用語の変遷から探ってみたい。

三-二　非暴力の見解に基づく交渉

先に見たように、亡命政府における近代宗教概念の導入は、チベットの社会生活の総体を漠然と覆っていた文化実践のなかから「チベット仏教四大宗派(ゲルク、ニンマ、カギュ、サキャ)とボン教」を特にチベット固有の「宗教」として認定し、各教団代表者の合議制への参加や、教団信徒の信仰の自由などを制度的に定めることで進行した。ここで本論では、以下の議論を進めるうえでの便宜として、この民主化の必要性に応じて確立された狭義の「宗教」を、「チュゥルク(*chos lugs*)」もしくは単に「チュゥ(*chos*)」というチベット語の訳語に従って「チュゥA」と名づけたい。そしてこれに対して、実際のチベットを取り巻く政治情勢のなかで、ダライ・ラマによってより高次の次元にあるとみなされる、既存の「宗教」を超えるより普遍的な精神性の領域を「チュゥB」と呼ぶことにしたい。ここでは、この二種類のチュゥをめぐる解釈の多様化を、以下の三つの過程に区分したうえで、その変容過程を確かめておきたい。

①近代以前のチュゥ：地理学者の月原敏博によれば、伝統的に社会に埋没した文化実践としての「チュゥ」は、

「人のチュゥ（*mi chos*）」と「神のチュゥ（*lha chos*）」という二つの層に分かれており、前者が仏教伝来以前の神話や王権にまつわる土着要素を基盤として成立した「人としてのあるべき生き方」であるのに対し、後者は、七世紀以降のチベット王家による仏教移入に伴って「チュゥスィ・スンデル（*chos srid zung 'brel*）」と呼ばれる政教一体の統治理念の核となった（月原 二〇〇八）。この「チュゥスィ・スンデル」体制は、ヒマラヤ・チベット高地独特の環境条件に規定され、かつ仏教を軸とした外部勢力との長期にわたる交渉、すなわち「チュゥユン」関係（本章二―二参照）を通じて、「チュゥ」の理念を「国家政治」である「スィ（*srid*）」に優先させる特異な社会体制を強化していった。そのようにして築かれてきた社会では、「チベット人」という国家政治の主体に想定される民族的カテゴリーよりも、チュゥの「内」（＝仏教徒）と「外」（＝外道）という基準の方がより重要であり、チュゥこそが多様な社会背景を持つチベット高原に暮らす人々のアイデンティティの核心であった。

②識別されたチュゥ：亡命以降のダライ・ラマの宗教観を整理する辻村優英は、前記「チュゥスィ・スンデル」を「宗政和合」と訳したうえで、民主政治の導入に伴う「チュゥA」の出現を、ダライ・ラマの内面的な変革と関連づけて論じている（辻村 二〇〇九）。それによれば、亡命以前のダライ・ラマは、「仏教こそが最高のものであり、すべての人々が仏教徒になればよい」とする排他主義的な考えを持っていた。上述の月原の指摘の通り、自己アイデンティティの核心としてのチュゥの見地から世界を一元的に見渡していたことになる。だが、亡命後の人生遍歴のなかで多様な宗教者と交流を深め、個別宗教の内実を知り、相互の相違点と共通点に理解を深めるなかで、「世界の主要なすべての宗教は共苦(12)などの同じ価値観を有している」という多元的な視点を手に入れたという。このように宗教を相互に対象化する視点から見たときには、世に存する仏教、キリスト教、イスラーム、ヒンドゥー教、ゾロアスター教などすべての宗教は相対的な価値を持つものとして横並びに見渡

されるとともに、「個別宗教の垣根を超えた、人間にとって普遍的に必要な心の質」の存在を確信することとなる。

③社会還元されるチュゥ：上述のような宗教観の変遷を経て、今日ダライ・ラマが「チュゥ」に与えるより広義かつ核心的な意味は「非暴力・平和の見解」であり、これは諸宗教が共通して説く普遍的価値と等しいもの、と規定されている（辻村 二〇〇九：四四頁）。このようにしてダライ・ラマは諸宗教の共通の価値が非暴力にあると考え、その確信を心に抱きつつ、実社会における自らの生き方にそれを反映していくことこそが、広い意味での「チュゥスィ・スンデル」になる、という考えを示す。ここにおいてダライ・ラマの宗教観は、「民主政治」との兼ね合いで設定される近代宗教の「チュゥA」と、それよりも高次の、諸宗教に共通して説かれる普遍的な価値へとつながる次元での「チュゥB」へと二つに区分されることになる。ダライ・ラマはチュゥに基づく他者との関わり方をこのように多層的に設定することで、世俗政治の領域においても、我執にとらわれた行い、すなわち民族問題で述べるならば「固有の領土主権の獲得」を至上命題とする排他的なナショナリズムの欲求に対して、そのとらわれ自体を相対化し、自らの心のうちに「他者を害さない」という普遍的な基準を設け、そのうえで自己と他者との関係調整の糸口を探るべきであることを説く。

以上をまとめれば、「チュゥB」は、「チュゥA」によって確立された「世界の諸宗教と並び立つチベット固有の文化としてのチベット仏教」という認識を支えとしつつ、チベット民族全体の将来的立場に絡む国際政治の文脈においては「非暴力・平和の核心」として、チベット人全般の民族運動を規定するものとなる。

一九八九年一〇月、以上の方針を世界に向けて打ち出してきたダライ・ラマは、非暴力対話路線と世界平和の実現に向けた努力をたたえられ、ノーベル平和賞を授与される。ダライ・ラマの世界的なプレゼンスはこれを機に飛躍的に高まり、諸国外遊に弾みがつくとともに、中国との帰還交渉の前進が期待された。実際に、ダライ・ラマの長兄であるギャロ・トゥンドゥプを代表とする亡命政府の交渉団は、一九七九年の最初の鄧小平との面談以降一九九二年まで、六回にわたって北京を訪問し、チベット問題の平和的解決に向けた交渉に当たってきた。

しかし結果として「中道のアプローチ」は、中国政府との交渉において何らの実質的な成果を生み出せなかった。「非暴力・穏健主義」の中道路線は、改革開放以降チベットの経済統合を急ピッチで推進する必要のあった中国にとってむしろ好都合なものであった。この間中国政府は領土問題を事実上放棄したはずのダライ・ラマを主体とする「中道派」を、独立堅持を唱える「独立派」とあえて意図的に混同して「ダライ一派」と名づけ、この一派が総体として「国家転覆をもくろむテロリスト集団」であることを国際社会に印象づけようとしてきた。こうした世論形成の下で、中国政府は「中道のアプローチ」が「チベットは中国の不可欠の一部分である」という基本認識をふまえていないこと、従来のダライ・ラマ政権の版図を超えたチョルカスム全域への「高度な自治」の適用を求め、そこへの漢民族の移住などを拒絶していることなどから、「かたちを変えた独立の主張に他ならない」と一蹴し、亡命側代表団との会談は形式的なものに終始した。(13)

一九九四年以降、中国のチベット政策は再び強硬路線へと転じ、対話の機運は完全に消失する。中国政府は「チベット問題(すなわちチベットの主権をめぐる問題)などというものはそもそも初めから存在しない」と公言し、中国領チベットでは反ダライ・ラマ・キャンペーンが猛烈な勢いで展開されるようになった。このキャンペーンはチベットの全僧院を対象に展開され、高僧にダライ・ラマを否定する言動を行わせるとともに、一つの僧院に所属できる僧侶の数や、僧院間の移動の自由を制限した。また、愛国主義再教育プログラムによって僧侶には政治学習が課せられ、ダライ・ラマを批判する署名にサインするように強要された。さらにこうした流れの一環として、二〇〇七年には「活仏転生管理法規」(14)が施行され、今後チベット地域に生まれ変わるすべての高位

「化身ラマ」は、その認定にあたって地域の宗教局での審査と批准を必要とするようになった。これはダライ・ラマ一四世死去後の転生認定問題を睨んだ中国政府の政治戦略と考えられる。

こうした国家によるチベット仏教への強い締めつけが、二〇〇八年三月に突如として本土チベット全域で噴出した抗議活動への布石となったことは疑いない。だが、各地で鎮圧部隊との衝突を招いたこの全面的な民族運動は、先に提示した二つのチュゥ区分という見地からすれば、アイデンティティの表徴としての排他的な要素を残した「チュゥA」が民族主義運動と結合して表出した純然たる「チベット仏教ナショナリズム」であり、先述したダライ・ラマの提唱する「チュゥB」の見地からの非暴力の徹底は、実際の現場においては容易ではなかった、と解釈することができる。都市部の街頭や農村地域の政府庁舎、さらには僧院や学校で決起した本土チベット人たちは一様に「ダライ・ラマの早期帰還」と「民族的主権の確立」を二大スローガンに掲げて行進し、現場では軍と武装警察の介入によって数多くの死傷者が出た。

この事件は、従来ラサ地域での限定された民族蜂起に終始してきた本土チベットの民族運動が、このとき初めて全チベット圏へと広がり、いまや本土チベットの人々自身が「チベット問題」の帰趨を左右する主体として正式に名乗りを上げたことを明確に示した。そして、現場レベルの民族運動の実践において「非暴力堅持」がいかに困難な課題であるのかも同時に知らしめたことによって、ダライ・ラマの中道路線に深刻な危機をもたらすものだった。以下では本節をふまえて、中国における辺境民族統治の概略に触れることで、本土チベット社会の内側から汎チベット民族主義が立ち上がってくるメカニズムを検討したい。

三-三　本土チベットにおける仏教ナショナリズムの形成と興隆

チベット高原は、天山南路南側の祁連山脈からヒマラヤ山脈のあいだに広がる、平均標高四五〇〇メートル、面積二五〇万平方キロメートルの高地であり、希少な鉱物・動植物資源の宝庫であるとともに、制約された生態システムのなかで限定的な半農半牧、もしくは純粋牧畜による生産活動を営む、多様な社会集団を内側に抱え込んだ地域である。今日、中国領内に居住する「チベット族(Chi: *Zangzu*)」と認定された人々は五四二万人を数える。このうち二六三万人が、かつてのダライ・ラマの統治領に相当する「チベット自治区」に居住しており、残りの二七九万人が、四川・雲南省、および青海・甘粛省内に設けられたチベット族自治州・自治県・自治郷などの民族自治を行う行政単位に編成されている。

一九五一年のチベット進駐以来、中国共産党政府は、独自の「歴史認識」および「チベット解放」の言説によって、自身のチベット領有が正当な権利であることを内外に訴えてきた。中国の公式見解では、チベットに成立した氏族教団を中核とする仏教政権が、元朝のフビライ・ハーンに帰順し、皇帝による冊封を介して中国の主権を受け入れて以来、チベットはその秩序構成のなかに一貫して組み込まれてきた「不可分の領土」である。つまり、ダライ・ラマが「チュウスィ・スンデル」の歴史的表現形態、と受け止めるモンゴル王侯とチベット教主の「チュゥユン」関係は、中国側から見れば「朝貢・冊封」という宗主権の問題として把握される。また、一九五一年の「チベット解放」は、階級構造の打破によって暗黒の封建農奴制に終止符を打ち、帝国主義による植民地化の魔の手からチベットを救い出した中国共産党の偉大な功績と位置づけられる。

以上の経緯から、北京政府は今日、亡命チベット人に主権を行使するチベット亡命政府の存在自体を認めていない。中国の政府高官や官営メディアは、ダライ・ラマを「暗黒の旧社会の復活を望む奴隷主」とか「袈裟をまとったオオカミ、人面獣心の悪魔」(15)などといった時代がかった形容で誹謗中傷し、チベット人全体の神経を逆なでしている。その矛先はインドやネパールなど南アジア諸国にも及び、親中国のネパール共産党毛沢東主義派が政権の一翼を担う昨今のネパールでは亡命チベット人への弾圧が強まっており(cf. 本書第一八章・山本達也「政治的締めつけと文化的創造力」)、インドにおいても親中国的な学者や政治家を使って亡命チベット人をかくまうことの危険性を喧伝している。

他方、こうした主権レベルの問題では一切妥協を許さない中国は、文化政治のレベルでは国内の少数民族に一定の柔軟な姿勢を示してきた。以下では、特に少数民族に対する「宗教信仰」と「民族文化」の規定について短くふまえておきたい。

中国政治研究者の毛里和子が端的に述べているように、現在の中国には「信教の自由」はあっても、「宗教の自由」は存在しない。国民生活に対して国家政治の管轄範囲が極端に広く、「出産や文化娯楽などの個の生活までコントロールしている」中国では、制度・組織としての「宗教」それ自体が自由なのではなく、あくまでも個人の内面における「信仰の自由」が認められているのみである(毛里 一九九八：一六四—一六五頁)。

また、本書第一章・櫻井義秀「東アジアの政教関係と福祉」や第四章・長谷千代子「現代中国の宗教文化と社会主義」で触れられているように、中国では「仏教、イスラーム、プロテスタント、カトリック、道教」の五つが「公認宗教」としてこれに対する信仰の自由が保障されている。その一方で、「宗教」のカテゴリーからこぼれ落ちるもの、すなわち「封建迷信」や「後進的な習俗」は排除されるか、黙殺される。これは、特に非漢民族が主体となる辺境地域の文脈においては、個人の内面を超えて社会的に表出する「宗教」が、言説レベルでは「民族文化」として実践される必要があると同時に、刑事法による管轄の範囲に重なっていることを意味している。このような中国政府による政教規定は、チベットやウイグルにおける「宗教」の信じられ方と、「不可分の領土」の一体性とが密接に関わっていることに起因する。この文脈においては、「国家分裂主義者」であるダライ・ラマ関連の物事は、個人のレベルを超えて社会に表出することは許されないのである。ダライ・ラマの肖像写真を例に取れば、それが一般家庭の仏壇に控えめに飾られているのであれば「個人の信仰」の範囲に収まり、問題にはならないが、全く同じ写真が公共の場へ持ち込まれ、衆人環視の状況になった瞬間、それは「秩序の問題」として官憲の介入対象となるのである。現在のチベットにおける宗教信仰とは、このような主権の問題に抵触しない限りで、チベット民族の文化的属性の範囲において許容されるものである。

さらに、こうした宗教規定の実践主体となる「民族」の枠組みをめぐっては、一九五〇年代初頭から半ばにかけて、民族学者を総動員した大がかりな「民族識別工作」によって集中的な認定作業が展開された。これは、中国領内の非漢民族諸集団を、それぞれの文化的・言語的・慣習的属性に基づいて「少数民族」として分類し、これらの人々に地域的な優遇措置を適用する行政手続きである。この識別工作により、法的には五五の少数民族が中国に存在することが確認され、すべての非漢民族集団は五五種類の民族のいずれかに帰属し、その居住地域において民族教育・文字言語の使用・一定の資源管理権などの自治権を行使できると定められた(「民族区域自治法」、一九八四年)。このとき認定された「チベット族」は、同一の宗教と文字言語を有し、チベット高原の環境に適応した諸慣習を保持しているとして、ウ・ツァン、カム、アムドの三大地方区分に準拠したそれぞれの「区域自治単位」を割り振られることになった。このようなプロセスは、国家があえて彼らに一体的な「チベット民族意識」の雛形を用意するものであり、民族の承認によって国民統合への積極的な参画を促す、という当初の共産党の方針は、チベット統治の当面の便宜のためとはいえ、その後の広範なチベット民族主義の目覚めという今日の帰結を考えれば、内と外に分けられた二つのチベット社会が結びつく端緒を作るものだったということができる。

では、実際に本土チベット社会と亡命社会のあいだでいかにして今日の一体的な汎チベット民族主義が形成されるに至ったのであろうか。これについては、本土チベットの外側で形成された外的要因と、内部からの主体的変容との二通りの説明が可能である。外的要因としては「チベット問題の国際化」に関する議論[16]が参照枠となる。ここでは、中国の領土主権をめぐって西側諸国が人権や民主化、さらには環境保全といった近代世界において普遍的価値とされる指標を持ち出し、中国政府がこれに応じざるをえない形勢がかたち作られるなかで、ダライ・ラマが西側の価値を代弁する代表的アイコンとして華々しい活躍を示すようになったことが挙げられる。この国際社会におけるダライ・ラマのプレゼンス向上は、亡命社会と本土チベット社会の双方に、伝えられ方の形式の相違はあれ（前者はダライ・ラマを「チベットの苦難と希望のメッセンジャー」として、後者は同じ人物を「国家分裂主義の頭目」として）、根本的には「チベット」が広い世界のなかに認知されているという広範な実感を呼び起こしたはずである。またさらに近年では、携帯電話をはじめとする情報媒体やブロードバンドの通信網が本土チベット人の生活圏にも普及してきたことで、亡命チベット人と本土チベット人がダライ・ラマを焦点とした国際情勢の情報をリアルタイムで共有することがより容易になり、このことも内外チベットの一体的な紐帯の確立に役立っている。

他方で、中国の主流社会に包摂されていく本土チベット人の伝統的生活基盤の急速な変容とそこから立ち上がる内発的な抵抗の契機にも注意を払う必要がある。先に述べた一九九四年の方針転換以降、中国はチベット仏教への政治的締めつけを徹底させてきたとともに、莫大なチベット向け開発資本を投下し、開発主導によるチベットの経済統合を進めてきた。特に、「東側沿海部と西側辺境部の経済格差を是正するため」として二〇〇〇年にスタートした西部大開発以来、本土チベットでは学校教育の漢語化や寄宿舎制度の導入、牧畜民の定住化政策など、漢民族への同化傾向の強い政策が次々と施行されている。さらに、開発ラッシュに沸く都市部には漢民族地区からの移民や出稼ぎ者が入り込むことで、チベット人が自らの土地で文化的素養を社会的に発揮できる余地は急速に狭まっている。このことは、主流社会との格差の広がりを意識させるとともに、「経済的な豊かさ」を至上目標とする現行の社会構造に無力感と閉塞感を募らせる原因ともなっている。中国政府は憲法で保障される「信教の自由」や「民族区域自治」があることを盾に少数民族への同化圧力を否定するが、実際に主体的な活躍の場を奪われていく少数者の側に身を置いてみない限り、主流社会からの圧倒的で一方的な変化の圧力がもたらす喪失感や無力感に気づくことは難しい。

以上の背景が、チベット全体を包摂しようとする国民形成の臨界点として民衆デモによる抗議活動が各地で頻発する内部的な要因である。それはまず何よりも生活社会の微細なレベルで感知される「文化喪失の痛み」に起因している。さらに、開発と宗教統制の二軸によって進められる、表向きは「遅れた辺境への経済支援」として喧伝される国民統合運動への、ローカルな生活社会を基盤とした反発の力である。

このようなチベット社会内部で増幅された被抑圧者としての意識と、チベット全体の精神を束ねる「観音菩薩の化身」としてのダライ・ラマに秩序回復への望みを託そうとする強い欲求が国際化・情報化のチャンネルを通して外部のチベット社会と相補的に結合したことが、二〇〇八年のオリンピック・イヤーを契機として汎チベット民族主義が全面的に表出した論理であり、今日本土チベット人自身が「チベット問題」の解決主体としての意識を内面化して保持するようになったことの重要な背景である。

四　おわりに――民族のための真理か、人間性のための真理か

最後に本論では、二〇〇八年三月以降の展開について、特にダライ・ラマの「チュゥB」が、加々美のいう「普遍＝特殊融合型ナショナリズム」、すなわち「チュゥA」と近代民族概念との結びつきを、本土チベット人をもそのなかに巻き込むかたちで再び整序していこうとする状況を捉えることで、動揺する中道派を主軸とした亡命社会の政教関係の今後に目を向けておきたい。

事件後の二〇〇八年一一月に行われた中国政府と亡命政府特使との会談では、今以上の自治拡大は「独立」につながるとして警戒する中国側との溝は埋まらず、何ら進展が見られなかったばかりか、中国政府はチベット問題の存在自体を否定する強硬な態度を貫いてダライ・ラマ特使の権威を台無しにした。これを受けたダライ・ラマも率直に「中道路線の失敗」を認め、中国との交渉が手詰まりとなっている現実に徒労感をあらわにした。亡命社会内部で中道路線を批判する声が高まるなか、路線の再規定を迫られた亡命政府は、「中道のアプローチ」継続の是非を、三月事件を経て民族運動の主体に躍り出たとみなされる本土チベット人を含むチベット人全体に対して問うため、初めて本土チベットに向けたアンケート調査を電話とインターネットを使って秘密裏に実施した。[17] アンケートの回答形式は①完全独立、②中道堅持、③法王の決定に従う、の三択から一つを選ぶというものであり、有効回答は一万六四〇五人分集まった。その結果、「本土では完全独立を望む人の増加(①五二〇九人＝三二％)が目立つものの、現在でも全体で七割近い人びと(②二九五〇人＋③八二四六人＝六八％)がダライ・ラマの方針を支持している」と判断できる、とする分析結果を公表した。亡命政府は同年一一月に「亡命チベット人組織代表者会議(特別会議)」を緊急招集し、このアンケート結果をふまえた全体討議を経て、「中道路線の継続」を再確認した。

先述の独立派のイデオローグであり、アメリカから会議に参加したジャムヤン・ノルブは、この特別会議が表向き「民主的な装い」を施しつつも、その内実は「ダライ・ラマ法王への服従を満場一致で可決できるよう」組織的に仕組まれたものだった、として容赦ない批判を浴びせている[18]。その論旨は、この会議がはじめから「中道論者」が有利に議論を展開できるよう、参加者と聴衆に事前工作を行ったものであり、独立論者が対等な位置から発言できる可能性を周到に排除したものであったとしている。そしてジャムヤン・ノルブ自身は、この会議に参加する前後に執筆した複数の論説で、今後取るべき方針として以下のような持論を提示している[19]。

①中道路線の欠陥について：アヒンサーの元祖・ガーンディーはあくまでも「(イギリスからの)独立」をゴールに闘ったのであり、「(イギリス支配下の)自治」といった、中途半端な目標を掲げたのではなかった。

②独立の大義について：「独立」を掲げられることを一番嫌がるのは中国だ。侵略したからだ。独立は単に〃領土奪還〃ということなのではない。それはもはや〃真理〃をめぐる争いである。

③今後の方針について：〃非暴力〃に基づく現行の運動体制をそのまま維持しながら、最終目標のみを独立へとシフトすべきだ。それによって〃平和的なチベット人〃イメージがダメージを受け、国際社会の支持を失う、と考えるのは間違っている。現状でも、そもそもチベットの立場を明確に支持してくれている国家など一つもないからだ。

亡命チベット社会に通底する焦燥感と閉塞感を共有し、オリンピック・イヤーを一つの機運として始められた本土チベットにおける正面からの抗議活動は、領土保全のためならばオリンピックを犠牲にすることをもいとわない中国政府の果断な武断統治と、国際社会の最終的な無関心によって頓挫した。その結果をふまえるならば、ここでジャムヤン・ノルブが提起している「真理」は正しい。だが、ダライ・ラマがけん引する「非暴力主義」、すなわち「容易に暴力による事態進展への欲求に与しない人々」としてのチベット人イメージの保持は、より長期的に見たときには、チベット人と世界全体にとってよりよい可能性を生む、もう一つの「真理」なのかもしれない。

このように、現在の亡命社会には「民族と領土」という不可分の価値のセットと、これを「非暴力」によって寸断しようとする「チュゥB」の普遍主義とがせめぎ合っている状態である。前者に関連する事情として、二〇〇八年三月を境に、汎チベット民族主義の伸張が全チベットを超えて広範な領域にグローバル化する一方で、国内の苛烈な武断統治の現状は一向に収まる気配を見せず、漢民族地区から押し寄せる開発資本の波及効果によって、本土チベットのみならずネパールの亡命社会など、片隅に追いやられるチベット人たちの苦境が目に見えて強まっており、根本的な解決は中国からの分離しかない、との認識が追い風として高まっていることがある。他方で後者の支えとなっているのは、先のアンケートにも見たように、やはり依然としてダライラマの仏教者としての主導性を強く慕う本土チベット人たちの賛同である。このことは、「民主制の確立」という今日の亡命社会の大前提がある以上（「法王の決定に従う」という項目を盛り込んだ先のアンケートが真に民主的性質に属するのか否かはここでは措くとして）、チベット人全体の総意として容易には覆すことができない。このことが、中道路線の粘り強い継続によって国際社会の支援を待ち、中国との共存を模索するしかない、という中道派の新内閣を中心とした主張に正当性を付与している。

そうしたなか、本土チベットを中心に、新たな抗議活動として「焼身抗議」の波が広がっている。(20) 仏教者の社会参加が、半世紀前のベトナム反戦運動における僧侶の焼身抗議から大きく注目を浴びたことを考えれば、現代中国を一つの核心とした世界の権力構造に対して今日のチベット社会が示そうとしている、名に付し難い清冽な意志を感じ取ることが可能であろう。焼身抗議者の遺書中に、「六〇〇万同胞のために捧げる慈悲の灯明」と表現されるこの激烈な抗議方法は、その文化の外にいる人間の目には、世界大に広がった汎チベット民族主義の意識と、それでもなおかつ、自己とその文化に危害を加えてくる他者に徹底して非暴力で相対することを説くダライ・ラマへの忠誠の板挟みに苦しんだ挙句の選択と映る。

本論では、以上のような流れにより、「非暴力・不殺生」を運動の指針として、社会に参与する現代チベット仏教の可能性と課題を検討してきた。「仏教の社会参加」が、伝統仏教にあらかじめ備わる要素を現実の社会・政治情勢に沿うかたちで適用していくことで進展すると見るならば、いずれも「固有の領土」という呪縛にとらわれた「国民国家という未完のシステム」と「汎チベット仏教ナショナリズム」の双方を拒絶するダライ・ラマの信念と行動は、民族主義運動の暴力性を内側から低減する作用を持ち、そうした暴力性の逆を突く過程に、チベット仏教が社会に参画していく際の重要な契機を捉えることができる。問題は、このダライ・ラマの抑止力が永遠ではないことであり、中国政府が中道路線を根底から受けつけない限り、チベット内部の鬱屈した情勢は急速な開発独裁の進展と、現行の習近平体制が特徴とする国民化路線の強力な推進の下で深刻さの度合いをますます深めてゆく、ということである。

（注）

（1）　カーラチャクラとは、「チベット仏教の最終奥義」と喧伝される、一三世紀にチベットに伝わった最後のタントラ経典である「カーラチャクラ・タントラ」をもとにして執り行われる大規模な集合的灌頂儀式である。欧米でのカーラチャクラはこれまで一〇回開催されている。ティーチングとは、ダライラマを主役として、仏教を主題とした独演会や討論会を催すもので、ヨーロッパの主要国、および北米地域を舞台として毎年開催されている。

（2）　ラサに首府を置いた中央チベットの旧ダライ・ラマ政権を指す名称。仏教の須弥山宇宙観に登場する「兜率宮殿」を意味する。

（3）　なお中国ではこれを「活仏転世制度」と名づけているが、「活仏」という訳語は語義的にもともとのチベット語の意味を正しく反映しないため、本論ではこの語を用いない。

（４）本論のチベット語表記にはワイリー転写方式の斜体字を用いるが、既に日本語として普及している用語についてはワイリー表記を省略してカタカナで直接表記する。

（５）一九世紀後半、東部チベットのデルゲ地方を中心に興った非ゲルク派系教団による教学復興運動。ゲルク派を含むチベット仏教各派の教学を横断的に学ぶ気風を生んだ。

（６）亡命発生以前のチベットには、仏教徒のほかにも、仏教以前からチベットに土着化していた宗教である「ボン教」の信徒が各地に宗教的マイノリティとして分布していたほか、ラサをはじめとする都市近隣地域には「カチェ」と呼ばれるイスラーム教徒がおり、このほか少数のキリスト教徒も存在していた。これら非仏教徒のグループもまた、ダライ・ラマの亡命に伴ってインド側へ脱出している。

（７）なお、後述するダライ・ラマの政界引退後は、ダライ・ラマ自身の推挙になる三名の議席は削減され、現在は四三名体制となっている。

（８）この点について、たとえば政治学者の榎木美樹は次のように述べている。「宗教的価値観が牽引する社会規範を尊重する人々にとって、政治という意思決定の場面ではアクターが持つ政治倫理が重要となる。（中略）宗教的レベルの高い者の方が将来や物事の本質を観ずる力を持つため、政治に限らずあらゆる意思決定をより適切になすことができると考えられている」（榎木 二〇〇八：二七頁）。

（９）原文は以下のダライラマ法王日本代表部のホームページ記事を参照されたい[http://www.tibethouse.jp/cta/5point_peace_plan.html]（二〇一一年一月二八日閲覧）。

（10）政府外五団体とは、①ＴＹＣ：Tibetan Youth Congress（チベット青年会議）、②9-10-3：Gu-Chu-Sum Association（9-10-3元政治犯の会）、③ＮＤＰＴ：National Democratic Party of Tibet（チベット国民民主党）、④ＳＦＴ：Students for a Free Tibet（自由チベット学生会）、⑤ＴＷＡ：Tibetan Woman's Association（チベット女性協会）の五つである。

（11）中国民族学の草分けである費孝通（一九一〇―二〇〇五）によって提起された「中華民族多元一体格局」論では、①中国に居住する諸民族は「文化的多元性」を保持しつつ、「中華」という土台においては構造的に一体である、②帝国主義列強の外圧によって、多元的かつ構造的な統合体である「中華民族」が誕生した、という二つの基本認識が語られている。これは後に、費自身の本来の意図とは関係なく、中国政府の多民族主義に関する以下のような公式見解として政治利用されることになる。

①中華世界は、もともと近代的な国民国家の枠組みのなかには入りきらない、多民族・多文化共存の伝統を有してきた。②このため、歴史上中国に現れた王朝の主体が「漢民族」であれ「異民族」であれ、「中華」という全体のなかの互いに不可分な構成要素であることには変わりはない。なお、費と「中華民族多元一体格局」については、本書第四章・長谷千代子「現代中国の宗教文化と社会主義」も参照。

(12)　この共苦という言葉は辻村によって〝Compassion〟の訳語に当てられている(辻村 二〇〇九：四六頁)。

(13)　国家民族事務委員会の見解(Dai *et al.*, eds., 1988)ほか、『チャイナネット』二〇〇八年四月二四日の記事「所謂『大チベット地区』は従来から存在しない」も参照［http://japanese.china.org.cn/politics/txt/2008-04/24/content_15006878.htm］(二〇一〇年二月二五日閲覧)。

(14)　国家宗教事務局令第五号「蔵伝仏教活仏転生管理方法」(二〇〇七年七月、国家宗教事務局局務会議通過)。

(15)　二〇〇八年三月事件に際してのチベット自治区党書記・張慶黎の発言。

(16)　チベット問題の国際化をめぐる背景については、毛里(一九九八)および村田(二〇〇〇)を参照。

(17)　実施期間は二〇〇八年九月—一一月。アンケート回答者の内訳は次の通り。都市民・農牧民一万七六一人、僧侶四二九九人、尼僧五一四人、政府職員四六五人、無職四一四人、学生三八六人、総計一万六八三九人(出典：「チベット内地の意見調査の結果」(亡命政府内閣調べ)、ダラムサラでの亡命チベット人組織代表者会議(特別会議)にて配布された資料より。会期：二〇〇八年一一月一七—二四日)。

(18)　http://www.jamyangnorbu.com/blog/2009/02/04/a-not-so-special-meeting (二〇一三年三月一一日閲覧). この他、同氏の一連の論説として Jamyang Norbu (2008)がある。

(19)　主に次のブログ記事を参照した［http://www.jamyangnorbu.com/blog/2008/11/13/middle-way-metamorphosis］(二〇一三年三月一一日閲覧)。

(20)　焼身抗議は、チベット人が居住している広大な範囲で互いに呼応するように連鎖的・断続的に現在も起こり続けている。二〇一三年七月二三日現在、亡命チベット人を含め一二四人が焼身を行い、うち一〇五人が死亡している。内訳は僧侶三五名、尼僧六名、元僧侶一五名、農牧民六二名、中学生三名、その他八名。男女比では男性一〇五名に対し女性一九名となっている(中原、二〇一三)。

参考文献

榎木美樹、二〇〇八、「亡命チベット人の宗教と政治の現状」渡邊直樹責任編集『宗教と現代がわかる本　二〇〇八』平凡社、一〇〇—一〇三頁。

岡野潔、二〇〇〇、『ダライラマ研究——ダライラマ一四世の平和思想』庭野平和財団研究助成報告書。

加々美光行、二〇〇八、『中国の民族問題——危機の本質』岩波書店。

久保田滋子、二〇一二、「チベット仏教の現代的展開に関する一考察——ドイツとスイスを事例として」慶應義塾大学三田哲学会『哲学』一二八集、四〇三—四四五頁。

月原敏博、二〇〇八、「チベット文化の核とアイデンティティー」京都大学ブータン友好プログラム『ヒマラヤ学誌』九号、一七—四一頁。

辻村優英、二〇〇九、「ダライ・ラマ一四世における『宗政和合』(chos srid zung 'brel) について」宗教と倫理学会『宗教と倫理』九号、三三—四八頁。

中原一博、二〇一三『太陽を取り戻すために——チベットの焼身抗議』(八月六日発行) [http://livedoor.blogimg.jp/rftibet/imgs/c/e/ce7dc9b6.jpg] (二〇一三年一二月一日閲覧)。

ムコパディヤーヤ、ランジャナ、二〇〇八、「慈悲と智慧のネットワーク——グローバル化における『社会参加仏教』」「宗教と社会」学会第一六回学術大会テーマ・セッション「宗教の社会貢献活動——基礎論構築をめざして」(六月一五日、南山大学) 発表原稿。

村田雄二郎、二〇〇〇、「国民統合における宗教と情報化」中牧弘允・ＮＩＲＡ共編『現代世界と宗教』国際書院。

毛里和子、一九九八、『周縁からの中国』東京大学出版会。

Cabezón, José Ignacio, 1996, "Buddhist Principles in the Tibetan Liberation Movement", in Christopher S. Queen and Sallie B. King, eds., *Engaged Buddhism: Buddhist Liberation Movements in Asia*, State University of New York Press, pp. 295-320.

Dai Yannian, *et al.*, eds., 1988, *Tibet, Myth vs. Reality: Beijing Review*, China International Book Trading Corporation.

Jamyang Norbu, 2008, "Rangzen: The Case for Independent Tibet (2008 edition)" [http://www.jamyangnorbu.com/blog/2008/11/12/rangzen-the-case-for-independent-tibet-2008-edition]（二〇一三年三月一一日閲覧）.

Puri, Bharati. 2006, *Engaged Buddhism: The Dalai Lama's Worldview*, Oxford University Press.

第六章　戦後台湾の社会参加仏教

――佛光山を事例に――

五十嵐真子

一　はじめに

台湾においては、一九六〇年代以降それまでの仏教とは一線を画した新しい仏教の動きが見られるようになり、一九八〇年代に入るとさらに規模を大きくしていった。その代表的な団体として、仏教思想の布教に重点を置く佛光山、仏学研究とその普及に重点を置く法鼓山(1)、禅修に重点を置く中台禅寺(2)、慈善活動を通して仏教思想の実践に重点を置く慈済功徳会(3)などがある。それらは近年世界的にも注目されるようになってきている「社会参加仏教」の台湾における一つの展開であると考えられるのではないだろうか。

そこで本研究では、佛光山を事例に戦後台湾における仏教の役割とその背景について、「社会参加仏教」の概念を参照しながら考察を進めることとする。

社会参加仏教は〝Engaged Buddhism〟の訳語である。社会の問題に積極的に関わっていこうとする傾向を持った仏教を指す。語源はベトナム戦争下で戦争終結活動を行った僧侶ティク・ナット・ハンの言葉による。この考えは当時の東南アジア・南アジアの仏教において広く見られたもので、これがアメリカの仏教徒に拡大し平和活動や環境維持活動を生み出したとされる（阿満 二〇〇三：一七―一九頁）。

そもそも平和の希求や人々の救済は宗教者本来の役割であるし、社会から隔絶した宗教が存続しうるとは考えにくい。そこで次のような定義がランジャナ・ムコパディヤーヤによってなされている。すなわち「仏教者が布教・教化などいわゆる宗教活動にとどまらず、様々な社会活動も行い、それを仏教教義の実践化と見なし、その活動の影響が仏教界に限らず、一般社会にも及ぶという仏教の対社会的姿勢を示す用語である」とされる（ムコパディヤーヤ 二〇〇五：二八頁）。要するに、仏教教義を現実社会で実践することを目指し、多様な活動を行うことで社会の広い範囲に影響を与えることを目的としている仏教ということになる。ムコパディヤーヤによれば、この概念がティク・ナット・ハンらによって提唱された背景にあるのは、仏教が「非社会参加」宗教であるという西洋側の偏見に対抗しようとする意識であり、現世界に働きかけることは仏教の本質・真髄であると主張することであったという（ムコパディヤーヤ 二〇〇五：一〇頁）。

この定義によれば、台湾の場合はたとえば慈済功徳会の災害救援活動や佛光山の文化活動、国際交流活動などがこれに当たるだろう。現在の台湾の仏教界においては、こうした社会貢献活動は一般的な傾向となっているが、その端緒は一九六〇年代おいてである。それはティク・ナット・ハンらによって社会参加仏教が提唱された時期と重なるが、その背景には異なる事情がある。一つはまずこうした台湾の仏教団体の活動の理念となっているのは「人間（じんかん）仏教」という、二〇世紀初めの中国仏教界に生まれた改革思想の実践ということである。そしてもう一つは戦後台湾の社会状況によるところが多いということである。この二つの点を考察したうえで、本論文では佛光山を例に、社会参加仏教という概念との関連を探ってみたい。

郵 便 は が き

料金受取人払郵便

札幌中央局
承 認

845

差出有効期間
H28年7月31日
まで

060-8788

札幌市北区北九条西八丁目
北海道大学構内

北海道大学出版会 行

ご 氏 名 (ふりがな)		年齢 歳	男・女
ご 住 所	〒		
ご 職 業	①会社員 ②公務員 ③教職員 ④農林漁業 ⑤自営業 ⑥自由業 ⑦学生 ⑧主婦 ⑨無職 ⑩学校・団体・図書館施設 ⑪その他 ( )		
お買上書店名	市・町 書店		
ご購読 新聞・雑誌名			

書　名

本書についてのご感想・ご意見

今後の企画についてのご意見

ご購入の動機

1書店でみて　　2新刊案内をみて　　3友人知人の紹介

4書評を読んで　　5新聞広告をみて　　6DMをみて

7ホームページをみて　　8その他（　　　　　　）

値段・装幀について

A　値　段（安　い　　普　通　　高　い）

B　装　幀（良　い　　普　通　　良くない）

HPを開いております。ご利用下さい。http://www.hup.gr.jp

二　台湾仏教と佛光山

二-一　佛光山とは

台湾南部・高雄県大樹郷にある佛光山は一九六七年に建立された。現在の佛光山は二千名収容可能な大雄宝殿をはじめとする多くの建築物で構成された仏教施設群となっている。二〇一四年現在では本山のほかに別院・道場を台湾内に七四カ所、海外に一一三カ所を有する国際的な団体となっている。さらに信徒の組織・国際佛光会、出版社、衛星放送局、新聞社といったメディア事業、美術館・ギャラリー・文化教室などの文化・芸術活動、中学・高校・大学の経営など、「一大仏教企業体」とでも呼べるような組織に発展している。

佛光山の開祖である星雲法師は、一九二七年中国江蘇省で生まれた。生家は農家で、経済的にはそれほど恵まれていなかったようである。父親を幼少期になくし、一二歳のときに南京の臨済宗棲霞山寺にて出家した。その後中国国民党軍の僧侶救護隊に参加し、一九四九年に台湾に渡った。来台当初は同じように大陸より渡ってきた僧侶が多くあったため、受け入れてくれる仏寺がなかなか決まらない時期が続いたが、一九五三年より東部の地方都市・宜蘭にて念仏会を主宰するなどして当地を拠点とした活動を開始した。

星雲が拠点としたのは市内にあった雷音寺という仏寺で、ここで念仏会を週一回行うようになったのがその始まりである。当時の宜蘭には仏寺があっても僧侶が常駐していない状況であったため、これを改善したいと願っていた地元の有志が中国仏教会に僧侶派遣を要請した。このとき来台後まだ落ち着き先が定まっていなかった星雲が赴くこととなったようである。当時の台湾は終戦や中国国民党統治開始時の混乱からそれほど経過していない時期にあたり、そうした時期に大陸出身のいわゆる「外省人」[4]である星雲は地方都市にて活動を開始したこととなる。そのことから星雲や佛光山に対して批判的な台湾の人々からは、「中国国民党の手先である」、あるいは「政治和尚」といった発言を聞くこともあった。確かにその当時、中国国民党（以下、国民党）との何らかのパイプがなければ目立った活動をすることはおそらく不可能に近かったであろうことは想像に難くないが、しかし構造

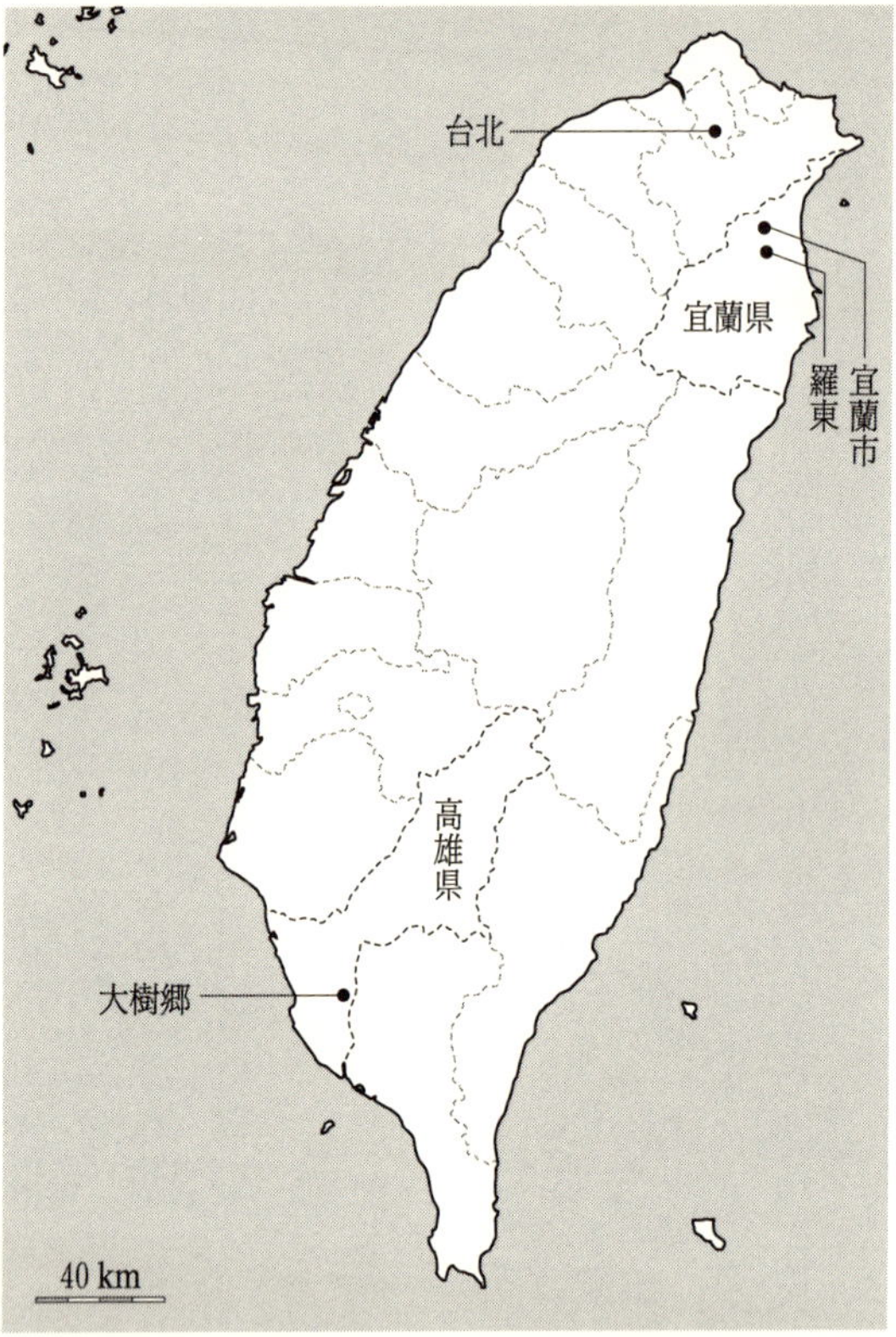

図6-1　台湾地図（星雲法師ゆかりの県・地名）

（出典）　d-maps.com の地図をもとに作成

はそれほど単純なものであったのだろうか。そう筆者が考えるのは、以下に述べるような事柄が聞き取り調査によって得られたからである。

星雲の宜蘭時代の状況をよく知る信者に聞き取り調査を行ったところ、当初星雲は宜蘭に定住していたわけではなく、台北から通っていた時期もあったそうである。また、隣町の羅東の媽祖廟でも説法していたようである。そうした活動を継続しながら、活動の基盤を徐々に宜蘭に定着させていくようになる。「我々宜蘭の人々が大師（星雲）を迎え、何もないところから一緒に佛光山をつくったのだ」「大師は確かに大陸から来たけれど、佛光山は台湾で生まれた。それを育てたのは宜蘭の人々だ」と語る宜蘭の信徒もある。宜蘭の信徒たちは、「自分たちがこの地で佛光山の基礎をつくったのだ」というプライドを保持している。これは外省人対本省人という二項対立や戒厳令下[5]における国民党の圧力への抵抗もしくは従属という構図では容易に読み解くことができない事柄である。そこでまず台湾の仏教の特徴とその歴史について概観し、そのなかで佛光山がどのような位置を占めるのかを分析し、さらに佛光山が実践しようとする「人間仏教」を台湾版の社会参加仏教と解釈したとき、どのような特徴を見いだしうるのかについて考察したい。

二-二　台湾仏教概史

台湾の伝統的な信仰形態としては、いわゆる民間信仰が人々の宗教活動の中心を占めており、仏教はそのなかに取り込まれるかたちで信仰されることが一般的であった。出家者の常駐する仏寺は実社会とは距離を置き、また出家者そのものの資質も高くはなかったとされている。一方で人々に浸透していたのは、在家仏教として言及されることの多い斎教である。斎教は清朝末期に台湾に伝わった信仰形態で、在家のまま菜食や念仏による修行を行うものである(王 一九九六)。斎教が仏教として認識されるようになったのは日本統治時代に入ってからで、一九一〇年代より日本仏教界と密接な関係が持たれるようになった。さらに、一九三〇年代中頃より行われるようになった寺廟整理運動が、両者の関係に大きな影響を与えた。寺廟整理運動は台湾総督府が台湾の伝統宗教を「迷信陋習」であるとし、これを「改善・打破」することによって、台湾人に対して神社を中心とする敬神尊皇精神を涵養し、かつ寺廟の祭祀費用での膨大な浪費を倹約させようという目的であったとされる(蔡 一九九五：二三〇—二三三頁)。これによって斎教の施設である斎堂の多くはこの時期に日本仏教の各宗派に帰属することとなるが、これは表面的な関係でしかなく、「迷信」「邪教」として扱われ、整理対象となることを避けたい斎堂側と台湾布教への地歩を固めたい日本仏教側との思惑によるものであった(cf. 胎中 二〇〇〇)。

星雲が最初に拠点とした宜蘭の雷音寺ももとはこうした斎堂の一つで、一九四一年の段階では浄土宗の布教所と記録されているが、僧侶がいたわけではなく、時折り日本の僧侶がやってきて説法をすることがあった程度のようである。この事例からもうかがうことができるように、日本仏教の傘下に入ったといっても、仏寺としての実質を備えていたわけではないようである。結局のところ日本仏教は在台日本人の枠を越えて活動を拡大することがままならない状態のなかで、日本統治時代の終了とともに撤退することとなった。日本仏教の各宗派に属し、仏学教育を受けた台湾出身の僧侶もあり人材育成については成果も生まれてはいたが、一般の在家信者を獲得するまでには至らなかった。

一方において改革的な活動を行う台湾人出家者も出現していた。代表的なものとして「月眉山派」「凌雲寺派」「法雲寺派」「大崗山派」がある。これらの中核的な僧侶は当初は斎教と関わっていたが、後に福建に渡って正式に受戒し、一九一〇—二〇年に禅修を中心とした布教活動を始めている(江 一九九六：一二七—一五四頁)。

戦後の台湾仏教は、大陸からの僧侶の来台により「中国仏教」の下に組織化されていくことになる。一九四五年一二月三一日に台北龍山寺において台湾人僧侶によって台湾省仏教組織準備会が成立し、その後も組織化に向けて四回の会議が行われるが、しかし既に中国大陸側で全国的な中国仏教会が成立しており、その動きとは全く無関係に台湾独自の組織をつくり出したことになってしまった。結局台湾省仏教会は一九四七年一月一一日には中国仏教会台湾省分会に改組されることになった（闞 二〇〇四：三四―三八頁）。ここからわかるように、台湾と中国大陸との仏教界は当初大きな断絶があり、その後多くの僧侶が大陸より来台するに伴って台湾仏教は来台僧侶が中核となっている全国的な組織のなかに組み込まれていくことになる。

そしてその後の戒厳令下においては仏教界も大きな影響を受ける。具体的には一九五一年六月一日に十数名の僧侶が中国共産党のスパイ容疑で逮捕され、また後に詳述する「人間仏教」提唱者として著名な僧侶・印順の著作『仏法概論』が共産主義思想の影響を指摘されるという事件などが起こった。これらの一連の事件の影響から危険視されるのを避けるために、台湾仏教界は反共のスローガンの下で団結し、政府との協力関係を築いていったとされる（闞 二〇〇四：四四―四五頁）。

戦後出版された仏教出版物を中心に台湾仏教史の分析を行った闞正宗はこの時期を台湾仏教の停滞期としている。闞はその背景として人材の問題を挙げている。日本統治時代に既に改革的な活動をしていた出家者が相次いで夭逝したことが大きな原因で、それまでの蓄積が継承されなくなってしまった。台湾仏教が隆盛を見せるのは、大陸から渡ってきた僧侶やその影響を受けた台湾の出家者が新しい展開を生み出すまで待たなければならなかったとしている（闞 二〇〇四：四一―四四頁）。それ以外にも言語による断絶があったことを、江燦騰は指摘している。江によれば日本統治時代の台湾仏教界において育っていた人材は日本語による仏学教育を受けており、中国語が公用語となった戦後社会においてはその知識を十分に生かすことができず、大陸出身者が新しい勢力を伸ばすことにつながった（江 一九九六：四七一頁）。

とはいえすぐに大きな変化が起こったわけではないようだ。大陸出身僧侶が主導権を握ったとはいえ、国民党とのパイプを持つ一部の僧侶が中央で中国仏教会を統括するものの台湾仏教全体に影響力を与えることもなく、それ以外の若年の僧侶たちは所属する場所を得るのに困難な状況に置かれるといった状態であった。法鼓山開祖の聖厳法師が一九六七年に記した『今日的台湾仏教及其面臨的問題(今日の台湾仏教とその直面する問題)』という一文において、当時の台湾の仏教界が人材、財源、教育制度、布教活動のすべてにおいて問題を抱えており、このままでは当時信者を増やしていたキリスト教勢力に対抗できずに衰退してしまう危険性があることを指摘している(釈聖 一九七九)。

中国仏教会としての動きが目立つ事柄は、一九五〇年代以降の「中国仏教」の代表権をめぐる大陸側と台湾側の競り合いにおいてである。文化大革命期の大陸側の衰退期を除き、どちらが正当な代表なのか、どのような肩書きにおいて国際社会に参加するのか、という事柄をめぐる争いが続いていくことになり、「中国仏教」の正当性の主張というもっぱら政治的な立場表明に終始することになる(闞 二〇〇四：一七一―一九八頁)。

このような戦後仏教の状況を経て星雲の活動が定着し、やがて全島的な展開を見せていくことになる。こうした佛光山の展開をどのように捉えることができるのか、次に考察してみたい。

三　「人間仏教」の実践としての佛光山の活動

三-一　佛光山の活動内容

佛光山が世界各地に設置している二〇〇近い別院等において定期的に行われている法会は概ね全員での読経、念仏、座禅などで構成され、最後に僧侶からの法話や信徒との意見交換などを行う。一時間半から二時間程度が通常である。これらに加えて清明節や中元節などの年中行事に合わせた比較的規模も大きく、長時間の法会も行われている。このほか仏学の解説書や星雲の著作などを用いた読書会や写経教室、座禅教室もあり、年間を通じてほぼ毎週末は仏教に関する何らかの行事が行われている。さらに別院によっては、手芸や舞踏といった直接仏教とは関連しない分野の教室が開かれていることもある。

個々の別院はそれぞれの住持の裁量によって運営されている。そのため上記の活動も別院ごとに特徴もあり、住持の交代により変更となることもある。また、別院間の交流イベントもあり、僧侶と信徒のグループが親睦旅行を兼ねて訪問し合うことも多く、宿泊施設を備えているところもある。

このように佛光山では信仰心を高めたり、仏教知識を教授したりするだけでなく、信者の親睦や趣味・娯楽の享受の場の提供も行っている。本山や台北道場のような規模の大きい施設では、菜食のレストランやカフェ、書店、記念品や仏具などを扱う商店、仏教美術のギャラリーなども備えており、仏教をベースとした文化・娯楽施設という性質もあわせ持っている。

以上のような現在の佛光山の活動内容を見ていくと、単純に仏教の布教を行っているだけではなく、仏教を現代の消費文化に対応させるべくアレンジし、幅広い層の人々にアピールしようとする傾向が見られる。コンサートホールやスタジアムを利用した仏教音楽イベントや演劇の上演といった活動は現代的な仏教芸術・娯楽の創出を試みているともいえよう。それは仏教の宗教性というより、「文化」や「生活」「消費」の資源としての仏教の活用と見ることもできるだろう。

そして仏教を世俗社会へより積極的に展開させるために、慈善活動にも力が注がれている。佛光山の慈善活動は災害援助と社会的弱者への援助の二つのカテゴリーに分かれる。開始は一九五四年という佛光山建立以前の宜蘭時代より始まっており、当初は監獄布教という受刑者の社会復帰への援助であった。一九六〇年代になると貧困層への医療援助を始め、佛光山建立後は台湾内外の自然災害時の援助活動に拡大している。たとえば二〇一四年現在では、前年のフィリピンの大型台風による被害への援助が行われており、また東日本大震災復興支援のためのチャリティイベントの実施も継続されている。こうした慈善事業は一九八九年に設立された佛光山慈善社会福利基金会が中核となり、信者のボランティアを組織して実行されている。筆者がインタビューした僧侶のなかには、実社会の課題の関わっていこうとする佛光山のこうした姿勢に共感したことが出家のきっかけの一つであった、と語る者もあった。慈善活動を行うことはすなわち仏教の思想の社会における実践であると位置づけられており、佛光山の提唱する「人間仏教」を表現しているといえるだろう。

このように現在の佛光山の活動は多岐にわたっており、人々の注目を集めるものとなっている。次節では、佛光山が「一大仏教企業体」へと至る発展過程とその背景について見ておきたい。

三-二　佛光山の発展過程と背景

佛光山の活動の特徴をまとめると、①メディアを利用した布教活動、②教育活動、③社会貢献活動、④国際交流の四つであろう。これらは④を除いて、既に宜蘭時代より試みられていた。たとえば①に関しても星雲は雷音寺において読書会、当時では珍しかったスライド上映を用いた仏学講義、合唱サークル活動、補習教室などを開催して宜蘭の若者たちを集め、出家者と信徒の組織化や人材の育成を行った。仏寺に人を集め、そこで様々な活動をしながら仏教にも触れる機会を確保しようとしたのである。先にも触れたように、当時の様子について、「何もないところから自分たちと大師が協力してつくり上げたのだ」と語る信徒もあった。この言葉からも地元の人々を巻き込み、地盤を築いていった過程が推測される。星雲が活動し始めた当時の雷音寺はかなり荒廃した様子であったという記述は、星雲の回顧録などにはよく見られる（符　一九九五、林　二〇〇二）。雷音寺はもともと斎堂としての歴史を持ち、現在は同じ敷地に地上一七階地下一階の蘭陽別院が建造されているように、建物としても決して小さなものではなかったが、出家者が主導して運営する仏寺ではなかった。ただ日本統治時代に日本仏教の教育を受けた尼僧が宜蘭には三名ほどあり、戦後もその尼僧たちが念仏会なども行っていたが、それほど活発なものではなかったようである。星雲が宜蘭にやってくるようになると雷音寺や念仏会などの活動の運営は星雲が中心となった。ただ外省人である星雲は当初は台湾語が堪能ではなかったので、法会での通訳は彼女たち尼僧が担っていたとされる。

星雲はとにかく寺院に人々を集め、仏教に関心を持ってもらうように工夫を凝らした。特に力を入れたのは子供や若者たちの関心を引くことであった。後の佛光山において中心的な出家者となった人々――心平、慈恵、慈容、慈荘など――はこの時期から集まってきた人々であった。「佛光山が宜蘭の人々によって築かれた」という言葉はこうしたことも指しており、まさに宜蘭が活動の出発点でありここで基礎が形づくられたといえる。同時に星雲は台北においても布教活動を行っている。

宜蘭・台北での活動と並行しながら一九五〇年代後半から南部への拡大が試みられる。まず一九五七年に準備拠点としての高雄仏教堂が建立され、一九六四年には僧侶育成機関である壽山仏学院が成立する。この時期から拠点は南部に移り、一九六七年に現在の本山の土地を取得して佛光山と命名し、ここを本山と定め仏学院も「東方仏教学院」と改名して佛光山へ移転した。国際交流が始まるのはこの時期からで、佛光山の僧侶の海外留学が一九六九年から始まる。当初は日本の仏教界との交流が多かったが、一九七〇年代になると韓国やアメリカ、インドといった国々へと拡大していく。そして一九八七年の戒厳令解除による規制緩和のなかで、佛光山独自の組織や団体を申請することが可能となった。具体的には一九九一年に中華佛光協会、一九九二年には信徒の組織である国際佛光会、一九九六年には佛光青年団といった組織が次々と誕生した。メディアについては日刊紙『人間福報』が一九九〇年から刊行され、衛星テレビ局「人間衛視」が一九九七年から放送を開始している。このように宜蘭から台湾全島へ、そして国際交流へと活動の範囲をステップアップさせていったことがわかる。

佛光山の活動の場で常に強調されるのは、仏教の正しい知識と信仰心を身につけることと、それらの実生活・実社会への活用である。神仏を拝むことや念仏を唱えることで現世利益を求めようとするのではなく、正しい知識と信仰を学ぶことで迷いや悩み、ストレスなどが解消され、よりよい生活や人生を実現しうることが繰り返し説かれる。佛光山の活動が発展を始める一九六〇年代後半以降、台湾は急速な経済発展とそれに伴う都市化・高学歴化が進んでいった。そうした社会変化に対応するかたちで、現世利益中心からより洗練された教義の実践へと仏教のイメージをシフトさせることで人々の関心を得ることに成功したといえる。こうした傾向は佛光山に限らず、慈済功徳会をはじめとした他の改革派の仏教団体や仏教系新興宗教団体の霊仙真佛宗[(6)]などにも見られる。変化する社会に対応した、まさに仏教の現代化と呼ぶことができるかもしれない。

星雲などの仏教者の一部の人々が、これまでになかった方法論を用いて仏教の変革に挑んだ背景には、次のようないくつかの事情が挙げられる。一つには仏教存続への危機意識である。佛光山の出家者によると、中国大陸が共産主義政権下にある以上はこのままでは「中国仏教」が断絶してしまうのではないか、という恐れが来台した中国仏教界の、特に若年の僧侶たちにはあったようだ、という。中国仏教は台湾においてその命脈を維持しなければならないという使命感が根底にあったとされる。ただ中国大陸において仏教が途絶えてしまったとはいいきれない状況であることを鑑みれば、そこには前節で述べたような両岸における正当性をめぐる闘争という背景を視野に入れて解釈されるべきである。つまり、「中国仏教」を台湾に根づかせ、それを発展・活性化させることによって、大陸側との差異化を図り自らの正当性を国際的にも主張しうるものとしたいという思惑である。そのためには仏教の活性化は急務であり、星雲もそうした危機感を強く感じていたのだろう。とにかく人々の関心を引くこと、特に次世代を担う若年層を取り込むことに着目し、そのためにわかりやすく親しみやすいかたちで布教方法を工夫することに取り組んだといえる。

これには仏教の存続という大きな課題だけではなく、さらに別の次元での切迫した次のような背景があった。台湾において人脈も持たない若年の僧侶が保身のためにも自らの活動の拠点を確保する必要があったということである。実際のところ、先に述べた僧侶に対するスパイ疑惑事件の折、星雲も逮捕・拘禁された者の一人であった。所属する仏寺の明確でない大陸出身僧侶に対する監視は厳しく、またそうした僧侶を受け入れる仏寺も少なく、星雲のような僧侶たちは来台以降安住できる場所を探し続ける時期が続いていた。どこかに地盤を築き、協力者を得ることは戒厳令下の時代において保身のためにも必須であったのであろう。

さらに他の宗教との関係も背景として影響を及ぼしている。台湾においてキリスト教徒は決して多数派ではないが、カトリック・プロテスタントともに一九五〇年代から一九六〇年代半ばにかけて信者数を大きく増加させている(瞿 一九八一、一九八二)。また、一貫道を代表とする大陸起源の民衆教団も全土で拡大していた時期でもある。[(7)] こうした他宗教との競合状況のなかで仏教をより魅力的なもの、現代的なものとして人々に提示し関心を集める必要にも駆られていたのである。

以上のような背景から行われた佛光山の仏教変革は「人間仏教」という、二〇世紀初頭に生まれた中国仏教の改革思想に強い影響を受け、それを実践したものである。そこで次に、この人間仏教について取り上げ、佛光山による実践を台湾社会においてどのように位置づけることができるのか考察してみたい。

三-三　佛光山と「人間仏教」

「人間(じんかん)仏教」とは一九世紀末より二〇世紀当初に中国仏教の改革のなかで生まれた思想で、「人と人との間にある仏教」、いい換えると人々の日常生活に寄り添い、実社会に生きる仏教の提唱である。中国語の「人間」という言葉は本来日本語でいうところの人間という意味ではなく、むしろ人々が存在する空間を指す言葉であり、「世間」や「社会」と訳した方が意味は近くなる。つまり「人間仏教」とは「社会にある仏教」と翻訳すべきで、それはまさに中国仏教界における社会参加仏教の思想であるといえるだろう。

「人間仏教」は印順・太虚の二名によって提唱された思想であり、特に太虚は「人間仏教」を「仏教の道理をもって社会を改良し、人類を進歩せしめ、世界を改善するもの」と述べている。この思想が提唱された背景には清末から中華民国時代に至る一貫した宗教政策、すなわち迷信打破運動と廟産興学運動による伝統宗教への抑圧政策があり、それへの対抗として仏教を改革する必要があったのである(足羽 二〇〇三、江 一九九八)。

中国仏教は明代よりその勢力は衰退傾向にあり、清代に入るとその凋落は一層進んでいった。さらにそれに追い打ちをかけたのが、清末の社会改革のなかから生まれた迷信打破を目的とした伝統宗教排斥運動である。仏教や道教といった伝統宗教は民心を惑わせ、人民を迷信の世界に閉じ込めており、それが中国社会の近代化への妨げとなっているという批判にさらされていた。それらを排除して合理的な考え方を広めるために寺廟の施設や財産を利用して公教育機関としようしたのが廟産興学運動である（江　一九九八：四〇一―四〇八頁）。この傾向は中華民国時代になっても続き、特に一九二八年から一九二九年にかけて当時の南京政府の支配地域であった江蘇・浙江省などで寺廟の破壊などが盛んに行われる事態となった（三谷　一九七八）。こうした政策傾向のなかで、いかに仏教が社会に対して有用であるかをアピールし、それを社会で実践していくための組織や人材の育成が急務となった。太虚は仏教思想、僧団組織、寺院経済の三大革命を提唱し、仏教の改善運動を試みた（魏　二〇一〇：八三―八四頁、cf. 本書第四章・長谷千代子「現代中国の宗教文化と社会主義」）。太虚の思想的な背景を分析した大平浩史によれば、太虚は社会主義活動やアナキズムなどの新しい思想にも接し、仏教による社会救済を目指すために、僧侶の育成やそれを支える寺院財産の管理の改革を目指した（大平　二〇〇〇：五八―六〇頁）。一方、印順は太虚の思想を継承し、仏教を社会の変容に適応させることを重視している（魏　二〇一〇：八五―八九頁）。

太虚は仏学院の創設や国外の仏教との交流を行い、改革を進めようとするも当時の仏教界の主流となることはなく、一九四六年に上海にて死去する。印順は一九四九年に香港経由で台湾に渡り、台湾を拠点とすることになるがその活動も順風満帆とはいい難く、第二節で指摘したように著作『仏法概論』が共産主義思想の要素を隠し持っていると非難される事件が起こり、「人間仏教」は台湾に移った中国仏教界においても浸透していくのは容易ではなかった。結局「人間仏教」の実践を担ったのは、当時仏教界の中核にいた僧侶たちではなく、若年の、かつ中央から離れたところで独自に活動をしなければならなかった僧侶たちであった。その代表的な例が佛光山と慈済功徳会といえるだろう。

佛光山も慈済功徳会も今でこそ全国規模で活動する団体としての地位を確立しているが、当初はどちらかといえば周辺にあたる地域に生まれたのであり、かつ僧侶だけではなく在家の地域住民が積極的に関与するかたちで発展を遂げていったのである。それが結果的に「反共」をスローガンとしての仏教振興を進めようとする仏教界中央の思惑、ひいては国民党政府の対共産党政策と合致するものであり、また経済発展や都市化、高学歴化といった戦後の台湾社会の変化に呼応して拡大したのである。そして在家の人々を中心とした草の根的な運動がその拡大の大きな原動力となったことにも注目すべきである。それは中国大陸にて生まれた「人間仏教」が戦後の台湾社会に根づき、台湾仏教の独自性を形成していったと解釈できるのではないだろうか。そしてさらに一九八〇年代後半からの戒厳令解除に伴う民主化の流れのなかでメディアを効果的に利用することが可能となり、台湾を代表する国際的な仏教団体へと成長していったのである。

そして現代の台湾をめぐる状況においてはこの国際性が台湾の独自性を内外にアピールするものとなっている。現在の台湾人社会は東南アジア、欧米、オセアニア、アフリカに移住者のコミュニティを形成している。それらの地域の多くには佛光山の施設が設けられ、そこが海外在住の人々のサロンとなっている。そして同時に各地域のこうした施設を通して、国際援助や国際交流が行われている。世界宗教である「仏教」という看板を掲げることによって、逆説的ではあるが政治色を希薄化し、文化交流や人道的支援という側面を強調することで、国際的には孤立している台湾の非公式な国際アピールとなっているという側面も否めないのではないだろうか(cf. 松金二〇〇二)。「人道」「慈善」を仏教世界の実現という側面で強調することにより、「共産中国」とは違う「もう一つの中国」あるいは「台湾」の存在を示しているといえる。

四　おわりに

台湾の仏教は伝統的には在家信者が中心で、民間信仰と密接に絡み合ったものであった。この状況は日本統治時代を通しても根本的には変化することはなかった。しかし、戦後にもたらされた「人間仏教」はこうした台湾仏教を僧侶主体に信者とともに組織的な活動を行う形態へと変化させ、経済発展と民主化という社会変化に対応した新しい仏教へと脱皮させることになった。これは大陸に生まれた仏教改革思想が台湾独自の展開を遂げ、仏教の現代化につながったと言えよう。佛光山を例として述べるのであれば、仏教の文化資源化と社会貢献実践がその特徴であり、背景には中国大陸の仏教界との差異化やキリスト教などの他の宗教勢力とのせめぎ合いがあった。

佛光山の活動は、より積極的に俗世と関わることから仏教の活路を開こうとした「人間仏教」思想の実践といえるだろう。それが結果として台湾仏教の独自性となり、台湾社会のグローバル化とともに国際社会において「もう一つの中国＝台湾」をアピールすることとなっている。そしてその特徴は仏教教義の実践を通して実社会の変化やニーズに対応し、かつ政治的なプレゼンスや文化的なアイデンティティの構築へと寄与する仏教のあり方として見ることができるのではないだろうか。

謝辞：本拙稿は「宗教と社会」学会テーマセッション「社会参加を志向する宗教の比較研究」（本書あとがき参照）と二〇一四年一月二六日に行われた台湾史研究会例会での報告をもとに作成したものである。それぞれの報告にて貴重なコメントをいただき、大変参考とすることができた。筆者の力量不足から十分に反映できているとはいい難いが、それらのコメントのおかげで完成することができた。心から感謝申し上げたい。

また、長年にわたり筆者の調査にご協力いただいた佛光山の僧侶や信者の方々には多大なご支援をいただいた。ここに謝辞を述べさせていただきたい。

（注）

（1）　法鼓山は聖厳法師によって一九八九年に台北県金山郷に仏学研究や禅の普及を目的に建立された。聖厳法師は一九三〇年に江蘇省に生まれ、一三歳で出家し、一九四九年に来台した。聖厳は僧侶の教育、仏学研究の向上、仏教の普及に重点を置いて活動をしている。

（2）　中台禅寺は惟覚法師によって一九八七年に南投県埔里鎮に禅修の普及を目的に建立された。惟覚法師は一九二九年に四川省に生まれ、一九六三年に台湾の基隆にて出家した。一九七〇年代より台北県萬里郷にて信者たちと禅修を目的とした共同生活を送っていたが、信者の増加により南投県に移転した。

（3）　慈済功徳会は證厳法師によって一九六〇年代中頃の花蓮に始まった慈善団体である。證厳法師は一九三七年に台中県に生まれ、父親の死をきっかけに仏門に入ることを決意し、一九六二年より自ら剃髪し、その後地域の女性たちとともに慈善活動を始めた。

（4）　外省人とは一九四五年の日本からの独立以降に中国大陸の各地から台湾に渡ってきた人々（台湾省以外の人々）を指す。それ以前より台湾に暮らしていた「本省人」とは戦後当初は言語や習慣、歴史認識などの違いが大きく、そのため両者のあいだには長らく軋轢が生じていた。

（5）　中国国民党政府の台湾移転のための秩序形成を目的に一九四九年五月二〇日に施行され、一九八七年七月一五日までの三八年間続いた。この間は集会・結社・言論活動などの自由が制限され、厳しい監視と政治的な抑圧が常態化した。

（6）　霊仙真佛宗は戦後台湾を代表する新興宗教団体で、佛光山と同様に現在では台湾内外に多くの支部・信者を有している。霊仙真佛宗の活動は一九六〇年代末から開始され、一九七〇―八〇年代を通して拡大し、一九八二年からはアメリカ合衆国シアトルに拠点を移している。その教義内容は台湾中部出身の教祖・盧勝彦が自らの神秘体験をもとに、仏教、特に密教をベースとして編み出したものである。「現代のトレンドに合わせた、わかりやすい密教」がその特徴で、日常生活のなかで修行を実践することにより、功徳を得ることができることを強調している（五十嵐 二〇〇六：一三五―一四〇頁）。

（7）　民衆教団とは特定の人物が創始者とされ、その人物の教えに帰依する人々によって組織された団体を指し、その代表的な団体に一貫道が挙げられる。一貫道は、その創始について諸説あるが、一般的には一九二〇年代に中国・山東出身の張天然によって現在のかたちに整備されたとされている。その教義は「三期末劫思想」という終末論的世界観と、「五教帰一思想」という儒教・仏教・道教およびキリスト教・イスラームも統合しようとする宗教混淆的な思想が特徴である。台湾には戦後になってから伝わり、当初は外省人の信者が多かったが、本省人の信者も多く獲得している（五十嵐 二〇〇六：一五三―一五五頁）。

参考文献

足羽與志子、二〇〇三、「モダニティと『宗教』の創出」、池上良正他編『岩波講座・宗教1　宗教とは何か』岩波書店、八五―一一五頁。

阿満利麿、二〇〇三、『社会をつくる仏教――エンゲイジド・ブッディズム』人文書院。

五十嵐真子、二〇〇六、『現代台湾宗教の諸相』人文書院。

稲場圭信・櫻井義秀編、二〇〇九、『社会貢献する宗教』世界思想社。

大平浩史、二〇〇〇、「中国仏教の近代化を探る――太虚の初期仏教改革活動」立命館東洋史學會『立命館東洋史学』二三号、四九―九二頁。

魏道儒、二〇一〇、「中国仏教と現代社会――太虚・印順を中心として紹介」東洋哲学研究所『東洋学術研究』四九巻一号、八一―九三頁。

蔡錦堂、一九九五、『日本帝国主義下台湾の宗教政策』同成社。

釈満義、二〇〇七、『星雲大師の人間仏教』山喜房。

胎中千鶴、二〇〇〇、「日本統治期台湾の斎教に関する一視点」立教大学史学会『史苑』六〇巻二号、五〇―七二頁。

田中智岳、二〇〇九、「台湾人間仏教」密教研究会『密教文化』二二三号、四九―六三頁。

松金公正、二〇〇一、「台湾仏教団体の国際展開と台湾アイデンティティ」『アジア遊学』二四号、四七―六〇頁。

三谷孝、一九七八、「南京政権と『迷信打破運動』（一九二八―一九二九）」歴史学研究会『歴史学研究』四五五号、一―一四頁。

ムコパディヤーヤ、ランジャナ、二〇〇五、『日本の社会参加仏教――法音寺と立正佼成会の社会活動と社会倫理』東信堂。

吉水岳彦、二〇一二、「東日本大震災被災地支援における仏教者の活動について」国際宗教研究所編『現代宗教　二〇一二：特集・大災害と文明の転換』、一二二―一四二頁。

■中国語文献（ピンイン順）

符芝瑛、一九九五、『伝燈　星雲大師伝』天下文化出版。

闞正宗、二〇〇四、『重読台湾仏教　戦後台湾仏教（正編）』大千出版社。

林清玄、二〇〇一、『浩瀚星雲』圓神出版社。

瞿海源、一九八一、「台湾地区天主教発展趨勢之研究」『中央研究院民族学研究所集刊』第五一期、一二九―一五三頁。

瞿海源、一九八二、「台湾地区基督教発展趨勢之初歩検討」『中国社会学』六、一五―二八頁。

釈聖厳、一九七九（初出一九六七）、「今日的台湾仏教及其面臨的問題」張曼涛編『現代仏教学術叢書八七　台湾仏教篇』、一五一―一七六頁。

江燦騰、一九九六、『台湾仏教百年史之研究』南天書局。

江燦騰、一九九八、『中国近代仏教思想的諍辯與発展』南天書局。

王見川、一九九六、『台湾的斎教與鸞堂』南天書局。

第七章　韓国の政教関係と社会参加仏教の展開

李賢京

一　韓国の宗教概況――「宗教人口統計」を中心に

『二〇一一年度韓国の宗教現況』(1)によると、韓国の宗教人口は無宗教人口よりやや多く、総人口の五三・一%を占める。その宗教人口のほとんどを仏教徒とキリスト教徒が占めている。仏教とキリスト教を除く他の宗教は、信者数が一%にも満たない。(2)宗教別に見ると、プロテスタント(韓国では主に「改新教(ケシンギョ)」「基督教(キドッキョ)」と呼ばれている)とカトリック(韓国では主に「天主教(チョンジュギョ)」と呼ばれている)を合わせた場合、キリスト教人口が最多となるが、韓国ではプロテスタントとカトリックを異なる宗教とみなす傾向があるため、仏教人口が最も多いことになる。(3)総人口に対する割合は、仏教二二・八%、プロテスタント一八・三%、カトリック一〇・九%で、宗教人口に対する割合は、仏教四三%、プロテスタント三四・五%、カトリック二〇・六%である。仏教、プロテスタント、カトリックの三つの宗教を、韓国では「三大宗教」と称している。

二〇一四年現在、カトリックは朝鮮半島で受容されて二三〇周年、プロテスタントは一三〇周年を迎えた。プ

表 7-1　韓国の宗教別人口分布

項目		信者数(人)	総人口対比割合	宗教人口対比割合
総人口		47,041,434	100.0%	—
宗教人口		24,970,766	53.1%	100.0%
仏教		10,726,463	22.8%	43.0%
キリスト教	プロテスタント	8,616,438	18.3%	34.5%
	カトリック	5,146,147	10.9%	20.6%
円仏教		129,907	0.3%	0.5%
儒教		104,575	0.2%	0.4%
天道教		45,835	0.1%	0.1%
甑山教		34,550	0.1%	0.1%
大倧教		3,766	0.0%	0.0%
その他		163,085	0.4%	0.7%
不明		205,508	0.5%	0.1%
無宗教人口		21,865,160	46.5%	—

(出典)　2005年度「人口住宅総調査」より筆者が再構成して作成。韓国統計庁 KOSIS (Korean Statisitical Information Service) ホームページ［http://kosis.kr］。

ロテスタントは受容から一三〇年しか経っていないにもかかわらず、今日、仏教に次ぐ韓国の代表的な宗教となっている。韓国でプロテスタントが比較的短期間で教勢を拡大することができた背景には、多くの韓国人が「キリスト教化は近代化への道」と考えていたからである。韓国における近代化とは、欧米化、より厳密にいえば「アメリカ化」であった。アメリカは日本統治から韓国人を「解放してくれた国」であり、北朝鮮や旧ソ連などの共産主義諸国から「守ってくれた国」でもあった。さらに、朝鮮戦争後には援助物資を通して経済的に「助けてくれた国」であり、米軍基地は共産主義の脅威を「防いでくれる垣」であった。したがって、アメリカのようになることが韓国社会の目指す「成功モデル」であり、キリスト教化は「アメリカ」へ向かう最良の通路であったのである。その結果、韓国社会において「クリスチャン」になるということは「欧米化」と同義であり、多くの人々がキリスト教に改宗した。これだけではなく、高度経済成長期の韓国の都市部では、キリスト教会が都市生活者に安定した人間関係を提供しながら、彼らの「共同体」への帰属欲求に対応し、その教勢を拡大させていったのである。その結果、韓国では地域別に主流宗教の人口分布がやや異なり、都市部ではキリスト教が、農村部では仏教が優勢である「都基農仏」という状況が生まれた。しかしながら、このような近代化過程における韓国でのクリスチャンの増加の理由は、急激な社会変動のなかで、欧米への憧れや失った共同体への帰属欲求から生まれた市民レベルでの自発的な改宗ばかりではなく、時代ごとの政治と宗教の関係からも見ていく必要がある。

二　韓国の社会変動と宗教政策の変化

朝鮮半島においては、「三国時代（高句麗・百済・新羅）」（四―七世紀）から「統一新羅時代」（六七五―九三五）を経て「高麗時代」（九一八―一三九二）までは「仏教」が「公認宗教」であった。この長い歴史を通して、仏教は朝鮮文化と国を守る「護国仏教」として位置づけられてきた。しかし、「朝鮮時代」（一三九二―一八九七）に入ってからは儒学を国家理念の主軸に据えていたため、「儒教」が「国教」となり、仏教は排斥されるという「崇儒抑仏」政策が実施された。その後、「大韓帝国」（一八九七―一九一〇）を経て、「日本統治時代」（一九一〇―四五）が始まってからは「神道、仏教、キリスト教」が「公認宗教」と定められたが、朝鮮半島を植民地化した日本は一九一五年に布教規則（総督府令第八三号）を施行し、宗教をも行政的に管理・統制する植民地政策を徹底的に行ったため、自由な布教活動は不可能であった。また、神道、仏教、キリスト教の三つの宗教以外は、すべて「類似宗教」として分類され弾圧を受けることになる一方、この三つの宗教も事前に朝鮮総督府に許可を得た集会のみ開催が可能であった(4)。その後、朝鮮半島は日本統治時代からの「解放」（一九四五年八月一五日）を迎えると同時に「米軍政期」

が始まるが、以下では、解放以降、韓国においてどのような宗教政策が実施されてきたのかについて、政権別に概観する。

二‐一　李承晩（イ・スンマン）政権の宗教政策

朝鮮半島では日本統治からの解放を迎えると同時に、米軍による統治が始まる。その後、大韓民国政府が樹立する約一カ月前の一九四八年七月一七日に、憲法第一号が制定・施行され、その第一二条で「一　すべての国民は信仰と良心の自由を有する。二　国教は存在せず、宗教は政治から分離される」と規定された(5)。だが、この解放から「米軍政期」（一九四五―四八）を経て初代大統領である李承晩の長期政権（一九四八―六〇）が崩壊するまでの一五年のあいだ、米軍政権とそれを引き継いだ韓国政府がキリスト教優先の宗教政策を進めたため、朝鮮半島の南部においてはキリスト教が優位に立った（カン・ドング　一九九三、二〇〇七）。李承晩自身も、監理教会（メソジスト）の長老で、副大統領・李起鵬（イ・ギブン）も同教会の執事であった。また、当時の官僚の多くがクリスチャンであり、当時のキリスト教の社会的影響力は大きかったとされる。そのため、当時のキリスト教人口は宗教人口の二％にも及ばなかったにもかかわらず、「クリスマス」が法定祝日に指定され、現在に至っている（カン・ドング　二〇〇七：一四五頁）。また、米軍統治下でスタートした李承晩政権はアメリカの反共主義をそのまま引き継ぎ、キリスト教も「反共」を標榜することになった。当時の韓国のキリスト教は北朝鮮を「サタン」と規定するなど、そこにはキリスト教のモットーである「平和主義」は見受けられなかった（イ・ジング　二〇一〇：五八―六一頁）。

一方、仏教界においては、一九五四年に「比丘」と「妻帯」とのあいだで対立が発生した（カン・ドング　二〇〇七：一四六頁)。この対立が発生した背景にはいくつかの要因が挙げられるが、直接的なきっかけとなったのは、李承晩政権下で発表された「妻帯僧侶は寺院から去るべきだ」という内容の「浄化諭示」であった(カン・ドング二〇〇七：一四六頁)。この国家レベルでの仏教浄化運動の発端となった「浄化諭示」は、解放後「日帝残滓」「倭色」「親日遺産」の清算を通して国家再建を達成したというロジックを確立するためのものであった。つまり、当時の仏教浄化運動は、日本統治時代に導入された妻帯制度に対して、韓国の仏教界の「僧侶は出家と同時に『妻帯』『肉食』をしてはいけない」という伝統を根拠に、「韓国仏教の伝統的精神に反するものであるため、日帝の残滓として清算すべきだ」と主張するものであった。この「浄化諭示」以降、「比丘」と「妻帯」との紛争が始まり、これは今日韓国の代表的な仏教教団である「曹渓宗(チョゲジョン)」と「太古宗(テゴジョン)」の紛争につながっている。結果的には「浄化諭示」を機に、比丘側である「曹渓宗」が韓国仏教界を率いるようになったが、「妻帯」をめぐる「親日仏教」論争は現在でも続いている(キム・バンリョン二〇〇一)。このように、当時の大統領による宗教への関与が可能だったのは、朝鮮王朝末期から韓国政府樹立に至るまで、仏教の財産管理権および住持(日本の「住職」に該当)任命権が政府に属していたからである。しかし、こうした政府の仏教界への関与があったものの、軍事政権下の一九六九年に、大法院(日本の「最高裁判所」に相当)の「違憲」判決によって、仏教寺院の住持任命権などは仏教界に戻った。

二-二　軍事政権の宗教政策

一九六一年の「五・一六軍事クーデター」によって登場した軍事政権は、政権獲得の正当性が脆弱であることから、宗教界を積極的に利用することで政権の正当性を確保しようとする傾向が強かった。とりわけ、朴正煕

（パク・チョンヒ）政権（一九六三―七九）は、米軍政と李承晩政権においてキリスト教、とりわけプロテスタントに与えた経済的・法的・政治的・教育的・文化的特権を、仏教へも同様に広げた。それ以前はキリスト教だけに許可していた軍宗制度への参入や刑務所での布教活動を許可し、また「釈迦誕辰日」（旧暦の四月八日）を法定祝日に承認したことなどが、その代表例である。さらに、朴政権は、主要寺院の文化財観覧料の徴収を許可することで仏教界に莫大な経済的特権を与えた。この過程で、仏教信者数は増加し、仏教界は朴政権の支持勢力となり、朴正煕長期政権のあいだ、継続して支持を公にした（ノ・ギルミョン 二〇〇二：一六頁、金光植 二〇一一：二三七頁）。とはいえ、朴政権では従来のキリスト教に対する特権を撤回したのではなく、「大統領朝餐祈祷会」(6)の導入や「全軍信者化運動」(7)の実施、「ヨイド広場での超大型伝道集会」(8)の許可・支援など、前例のない特権をキリスト教側にも提供した。

しかし、以上のような宗教界への特権だけでは、武力で政治権力を獲得した軍事政権の道徳的基盤は弱かったため、宗教に対する「統制」を通した道徳的正当性の獲得が試みられた（パク・スホ 二〇〇九：一八〇頁）。たとえば、朴正煕政権下で制定された「仏教財産管理法」（一九六二年）と「郷校財産法」（一九六二年）、全斗煥（チョン・ドゥファン）政権（一九八〇―八八）当時に制定された「伝統寺刹保存法」（一九八七年）などは、仏教と儒教を統制する手段として利用された。「仏教財産管理法」は、全国の仏教寺院を国の管理下に置こうとしたもので、基本的に朝鮮総督府の「寺刹令」(9)に基づいていた。また同じく、「郷校財産法」も、儒学の教育と儒教による祭祀儀式が行われる全国の郷校を政権の監督下に置いて管理しようとしたものであった。また、全政権は、一九八〇年一〇月に「仏教界浄化」という名目で韓国仏教界最大の勢力である「大韓仏教曹渓宗」の僧侶および関係者の一五三人を強制連行・捜査し、軍・警察合同で全国の寺院などを家宅捜査（いわゆる「一〇・二七法難」）するなど、仏教を政権の管理下に置こうとした。この全政権における一連の仏教浄化運動は、後の一九八七年に施行される

「伝統寺刹保存法」につながった。この法律は、二〇〇九年に「伝統寺刹の保存および支援に関する法律」に改正され、かつてに比べて仏教界の自律性は伸張したものの、三大宗教のなかで仏教だけが依然として特別な法規制下に置かれている（カン・インチョル 二〇一二：七三頁）。

以上のような国家による統制下において、たとえば朴正熙政権で「反独裁」「反体制」を掲げてカトリック界が民主化運動を展開し、後に仏教とプロテスタント界もこれに加わったように、宗教界全体で民主化運動が高まっていった。これによって、宗教界と政権間に葛藤が生じ、この民主化運動に参加した宗教界と政権側との相互対立が一時的に先鋭化した。

二-三　民主化以降の宗教政策

一九八七年の民主化以降、平和的な政権交代が行われてからは、一見宗教に対する偏った政策や差別、統制などはなくなったかのように見えた。そもそも多宗教国家である韓国において、国家元首である大統領を選出する際、大統領候補者の信仰はあまり重要視されてこなかった。政教分離の原則が憲法に制定されて以来、韓国人は宗教とは関係なく大統領を選んできた。むしろ「地域主義」つまり大統領の出身地域が大統領選に最も影響を及ぼしてきたといえる。仏教信者であった盧泰愚（ノ・テウ）政権（一九八八―九三）では、無認可教会の増加といった教会の乱立や激化する教会間競争・分裂による信者の争奪戦などを規制するために、商業ビルの賃貸教会への取り締まりや教会の屋上に設置された赤いネオンの十字架の規制を行ったことはあるものの、それは宗教間対立や宗教差別といった露骨な統制にまではつながらなかった。しかし、「長老大統領」と呼ばれた金泳三（キム・ヨンサム）政権（一九九三―九八）や李明博（イ・ミョンバク）政権（二〇〇八―一三）においては、プロテスタントを優位とする宗教的偏向や差別が生じ、大統領の信仰・宗教観が宗教政策や公的領域にまで介入することとなった（パク・スホ　二〇〇九：一八六頁）。

とりわけ、金泳三政権は、大統領就任後の青瓦台（大統領府）への礼拝室の設置をはじめ、宗教放送局の設立認可、クリスチャンの受験者が日曜礼拝に出席できるように国家公務員試験を平日に実施するなど、プロテスタントに偏った政策を実施したことで知られている。一方、李明博前大統領は、ソウル市長に在任当時、「首都ソウルを神に捧げる」という発言で、宗教的中立な態度をとらなかったことで批判された。また、大統領に就任してからも公的領域でプロテスタントを優遇する態度をとったり、公の場において自らの宗教観に関する発言をしたり、政府高官に自身の所属教会のメンバーを任命したり、公共機関が提供する電子地図システムから仏教寺院の情報を抜いたりするなど、プロテスタント優遇政策をとった（カン・インチョル　二〇一二：四五一―五〇一頁）。これにより、仏教およびカトリック界と政権とのあいだで深刻な対立関係が生じた。これに対し、金大中（キム・デジュン）（一九九八―二〇〇三）や盧武鉉（ノ・ムヒョン）（二〇〇三―〇八）元大統領はカトリック信者で知られているが、在任期間中に大統領の自らの信仰や宗教観を公的領域に介入させることはあまりなかった。

以上のように、韓国社会では近代化の過程で政教分離の原則が規定されたが、政治権力の性質によって、宗教に対する統制や偏向的優遇などが生じていた。これは、政策に一貫性がなく、宗教的中立性も欠いていたことの証左である。李承晩政権においては、アメリカとの緊密な連携のなかで、キリスト教偏向的な宗教政策が実施され、仏教などは政治的統制のなかで国家に帰属される結果となった。その後、軍事政権下では軍部の正当性の土台と権威主義的性格が、それぞれの宗教集団との関係のなかで重要な要因として作用した。そして、民主化以降の政権では、大統領の信仰が宗教政策にしばしば影響を及ぼしている。

三　韓国社会と社会参加仏教の展開——「メンター」の台頭と仏教の対応

これまで韓国の仏教界は、キリスト教に比べて不公平な待遇を受けてきたと主張しているが、三大宗教以外の宗教に比べれば政府から「特別の待遇」を受けてきたのも事実である。実際、仏教をはじめとする韓国の三大宗教は、政府からの様々な特権（経済・法・教育・文化など）を受けながら布教・伝道活動を行い、教勢を拡大していくことができたのである。また、国家が主管する葬式は、仏教式かキリスト教式かで実施されており[10]、「釈迦誕辰日」（一九七五年指定）と「クリスマス」（一九四五年指定）だけが宗教関連の法定祝日に指定されている。また、仏教とキリスト教だけが軍隊・警察・刑務所のなかでの布教が許されている。逆にいえば、仏教とキリスト教の三大宗教を除く宗教は、宗教政策から排除されてきたといえる。日本統治期以前まで国教であった儒教や、解放前後に教勢を拡大していた天道教（チョンドギョ）[11]などが、現在まで国家の宗教政策から徹底的に排除されてきた好例である。もちろん、仏教が国家による統制的介入を受けてきたという歴史はある。李承晩政権での浄化諭示や、金泳三、李明博政権での宗教差別などがそれである。これに対して仏教界は、たとえば、金泳三政権のキリスト教偏向的宗教政策に対し、「宗教偏向対策委員会」を結成し政権への不満を表出したり、李明博政権でのキリスト教に偏った宗教政策の実施に伴い仏教の社会参加の機会が縮小されたことに対し、「汎仏教徒大会」を開催することで、政治側に積極的な態度表明を行っている。「汎仏教徒大会」は、二〇〇八年に宗教差別を行う李明博政権を糾弾するために、約千人の僧侶や数万人の仏教信徒が参加し、ソウル市庁広場で開催された集会である。この大会では、李明博政権において政教分離の原則が無視されているとし、政治権力と国家、地方自治団体などの公共領域での仏教差別に対し、宗教差別に対する謝罪や再発防止の約束、宗教差別を行った公職者の処罰、公職者の宗教差別を禁ずる法律の制定を強く求めた（パク・スホ　二〇〇九：一八九頁）。

しかしながら、以上のような仏教界の一連の動きは、これまで積極的に社会参加をしてきたキリスト教に比べては消極的であったといえる。このような韓国の仏教の消極的な伝統を指し、「隠遁の宗教」という批判は続いている（ユ・スンム　二〇〇九）。ここでいう「隠遁」とは、公的領域には足を踏み入れないことを意味する。そもそも日本とは違い、韓国のほとんどの仏教寺院は山中に位置するため、社会参加に消極的にならざるをえないという事情がある。しかし、消極性の最大の原因は、個人の「解脱」を何より重視するために社会参加にはあまり関心を持たないという韓国仏教の特徴によるだろう。そうしたなかでも、一九七〇―八〇年代にかけて起こった「民衆仏教運動」や一九九〇年代以降の「参与仏教運動」は、従来の韓国仏教の隠遁的性格から離れた新たな社会参加のかたちといえる。民衆仏教運動は、軍事独裁政権に対抗して起きた仏教界の民主化運動である。参与仏教運動は、一九九〇年代以降に「解脱の社会化運動」から始まった社会福祉事業や北朝鮮への援助活動などが拡大し、自己省察に基づいた日常生活上での修行を通して様々な社会領域での活動を目指すものである（パク・スホ　二〇一〇：一二〇頁）。この活動の一環として、仏教人権委員会（一九九〇年）、経済正義実践仏教市民連合（一九九一年）、公害追放仏教人会合（一九九二年）などが設けられ、公明選挙運動や外国人労働者の人権問題、環境問題、北朝鮮住民への食料支援、脱北者支援事業、南北統一など、市民運動と呼ばれる新しい社会運動が活性化した。

他方、一九九〇年代に入ってからの「参与仏教運動」と同時に、在家信徒を中心とした「作福仏教運動」も注目されるようになった。作福とは、「自ら福をつくる」ことを意味し、幸福になるためには、福が与えられるよう祈るばかりではなく、自ら福をつくる努力をすべきであるとする運動である。この作福仏教運動は、個人の積極的な信仰生活を掲げている点で、日常生活上での修行を通して仏教的価値を実現しようとする「参与仏教運動」とも重なるところがある。このような日常生活において仏教的価値を実現しようとする作福仏教運動は、近年の「ヒーリング・メンター（Healing Mentor）」として有名となった僧侶たちの登場とも無関係ではない[12]。メンターとは、近年韓国では、「聡明で信頼できる相談相手、指導者、先生」といった意味として広く使われている。彼らメンターは、一般的な修行者のイメージから離れ、ＳＮＳを基盤に若者とつながり、若者に向けて心身両面において慰めや感動を与えている。頑張りすぎずに、内面の傷を克服し、真の幸福に至る方法を紹介し、一般人でも簡単に実践できる「心の勉強」に重点を置いている場合が多い。これに多くの若者が魅了され、宗教とは関係なく、「テンプル・ステイ」や「短期出家」「トーク・コンサート」「幸福旅行」「ヒーリング法会」などに参加することで、自分自身を省察し、自らの人生を変えていくきっかけとしている。

もちろん、一九九〇年代以降のヒーリングや癒やしブームは、韓国社会の個人主義化傾向とも関係していると思われる。この個人主義化傾向は、宗教界にも広がった。たとえば、家族的なコミュニティを形成しながら熱狂的な礼拝を行い、社会奉仕活動を積極的に行ってきた韓国のプロテスタント信者数の減少に対して、形式的なミサを行い、信者間の交流はプロテスタントに比べて希薄で、個人の信仰に没頭する傾向があるカトリックの信者数の増加がそれである。しかし、韓国社会での個人主義化の加速は、そもそも社会やその構成員に対する不信感に起因するところがある。その不信感は、裏を返せば癒やしや慰めへのニーズの増加につながっているともいえよう。つまり、一九九七年末のアジア通貨危機以降、いわゆる「ＩＭＦ時代[13]」を迎えた韓国では、企業の倒産・失業者の増大・中流崩壊などによる社会的格差が拡大していった。とりわけ若年層の非正規雇用の拡大にワーキングプアなどといった問題を抱え、不安定な生活を強いられている若い世代は将来に希望が持てず、社会的不信感や不安が拡散されていった。一九九〇年代以降、ヒーリングや癒やしを目的とした仏教の受容が、特に若い世代において広がっている状況は、不安な時代を生きる彼らの日常生活や精神面で韓国の仏教が「拠り所」となっていることを意味している。不安が蔓延する社会で、人々とりわけ若い世代が心の癒やしを求めたのが他ならぬ仏教であったことは、注目すべきことである。

以上のように、韓国における仏教の社会参加は、一九七〇―八〇年代の軍事独裁政権に対抗して展開された民主化運動である「民衆仏教運動」を経て、一九九〇年代以降は新しい社会運動的性格を持つ「参与仏教運動」が様々な社会領域で展開され、社会的な影響力を持つようになった。しかし、これと同時に展開された「作福仏教運動」に見られるように、個人の省察を通して生き方の転換に重点を置く従来の隠遁の宗教としての性格も依然として保持しているといえる。いずれにせよ、韓国社会における仏教の社会参加を問うには、以上の両面をもって検討する必要があるだろう。

（注）

（1）　このデータは韓国の統計庁の「人口住宅総調査」（二〇〇五年度）の集計データに基づいている。「人口住宅総調査」とは、日本の「国勢調査」にあたり、その際に宗教人口も調査されている（文化体育観光部　二〇一二）。

（2）　これら宗教を教勢の順に並べると、円仏教（ウォンブルギョ）、儒教、天道教（チョンドギョ）、甑山教（ズンサンギョ）、大倧教（テジョンギョ）などが挙げられる。この五つの宗教は、韓国で「新宗教」あるいは「民族宗教」と呼ばれる宗教である。一時期は教勢を拡大したものもあるが、現在の信者数はごくわずかである。

（3）　なお、プロテスタントの教会は「教会（キョフェ）」、カトリックの教会は「聖堂（ソンダン）」と区別して呼ぶ。

（4）　布教規則（総督府令第八三号、一九一五年）第一条には「本令ニ於テ宗教ト称スルハ神道、仏道及基督教ヲ謂フ」と、公認宗教が神道（いわゆる教派神道）、仏教（「内地仏教」と「朝鮮仏教」）、キリスト教と定められている。その一方、公認されない宗教団体は「宗教類似ノ団体」（布教規則第一五条、いわゆる「類似宗教」）とされた（青野　二〇一〇：七九頁）。

（5）　現在は、大韓民国憲法第一〇号第二〇条（一九八七年一〇月二九日）「一　すべての国民は宗教の自由を有する。二　国教は認めず、宗教と政治は分離される」に改正されている。

（6）一九六五年、クリスチャンの国会議員による「国会朝餐祈祷会」が組織され、国会議事堂内で開催された。翌年の一九六六年からは彼らの主導によって「大統領朝餐祈祷会」が開催されたが、当時大統領の朴正熙が参加しなかったため、公式的な第一回大統領朝餐祈祷会は、彼が参加した一九六八年からスタートしているといえる。その後、一九七五年を除き毎年開催され、一九七六年の第八回から、現在の「国家朝餐祈祷会」に改名している。当初の第一回大統領朝餐祈祷会に大統領をはじめとする政府要人が公式に参加したことで、以降それが慣例となり、現在も続く国家朝餐祈祷会への参加は公務の一つとみなされている（ハン・ギュム 二〇〇四：二八頁）。

（7）すべての軍人が、階級（軍事組織における上下関係）を問わず、三大宗教（プロテスタント・カトリック・仏教）のなかから一つを選び、信者になるよう促す「一人一教」運動を指す。しかし、実際は、プロテスタントの合同洗礼式が大々的に行われ、以降、信者数が急激に増加するなど、軍内部におけるプロテスタントの基盤を固めることとなった（キム・ギテ 二〇一〇：四九―五三頁）。

（8）「ヨイド広場での超大型伝道集会」は、一九七三年五月、アメリカの保守プロテスタント教団のビリー・グレイアム牧師が大規模の復興会を開催するために韓国を訪問した際に、「ヨイド広場」を会場として提供し、軍を動因し復興会の準備をサポートしただけではなく、大会期間中に夜間通行禁止（一九四五年から一九八七年まで、北朝鮮と接する地域や一部の海岸地域を除いて全国で実施された午後十時から午前四時まで一般市民の通行を制限した法令）を解除するなど、政府レベルで積極的に支援を行った。このような大規模の伝道集会への支援は、軍事政権に対抗する宗教人を抑圧するという批判から免れるための措置であったといえる。

（9）寺刹令第三条「寺刹の本末関係、僧規、法式その他必要なる寺法は各本寺においてこれを定め朝鮮総督の認可を受くべし」。

（10）もともと仏教・プロテスタント・カトリックの三大宗教のみ許可されていたが、李明博政権でようやく円仏教も加わり、「四重宗教儀礼」が導入された（カン・インチョル 二〇一三：四一頁）。なお、円仏教は、朴重彬（パク・ジュンビン）を教祖とし、一九一六年に新しい仏教運動を目指して全羅南道で創始された仏教系新宗教である。

（11）天道教は、崔済愚（チェ・ジェウ）が一八六〇年に創始した「東学」教団の伝統を継承した教団である。一九〇五年に、第三代教主である孫秉熙（ソン・ビョンヒ）が東学から天道教に名前を改称した。東学は、西学と対立する意味として、当時の支配層の農民に対する搾取によって破綻した農村経済と、欧米列強による資本主義の上陸という危機的状況から生まれた。東学は、救世のための新たな思想が求められるなか、人本主義をもとに人間平等と社会改革を主張した。天道教は韓国の新宗教のなかでは歴史が最も古く、その教義や教団組織においても韓国の新宗教の代表的な存在となっている。天道教は一時三〇〇万人を上回る信者を有し、韓国の東学運動や三・一独立運動をリードした(林・李 二〇一一：一四九―一五〇頁)。

(12)　近年、韓国で人気のベストセラー本のなかには、これらの僧侶の書いた書籍が必ず名を連ねている。たとえば、恵敏(ヘミン)の『立ち止まれば、見えてくるもの』(Sam & Parkers、二〇一二年)や法輪(ポップニュン)の『人生の授業』(ヒュー、二〇一三年)などが代表的である。恵敏の本は、日本語版も出版されている(新井満訳『立ち止まれば、見えてくるもの』日本文芸社、二〇一二年)。

(13)　韓国では、通貨危機を経験し、国際通貨基金(ＩＭＦ)からの資金支援の覚書を締結したことから、これをＩＭＦ事態と呼び、資金返済までの期間をＩＭＦ時代と呼んでいる。

参考文献

青野正明、二〇一〇、「植民地期朝鮮における『類似宗教』概念」桃山学院大学『国際文化論集』四三号、七一―一〇九頁。

林泰弘・李賢京、二〇一一、「韓国新宗教の日本布教」李元範・櫻井義秀編『越境する日韓宗教文化――韓国の日系新宗教　日本の韓流キリスト教』北海道大学出版会、一四三―一五七頁。

■韓国語文献

イ・ジング、二〇一〇、「韓国基督教の根本主義と宗教権力」大韓基督教書会『基督教思想』通巻六二〇号、五五―六五頁。

カン・インチョル、二〇一二、『民主化と宗教――相衝する諸傾向』ハンシン大学校出版部。

カン・インチョル、二〇一三、『韓国の宗教、政治、国家――一九四五―二〇一二』ハンシン大学校出版部。

カン・ドング、一九九三、「米軍政の宗教政策」ソウル大学校宗教学研究所『宗教学研究』第一二号、一五―四二頁。

カン・ドング、二〇〇七、「韓国の宗教政策と宗教教育」韓国宗教学会『宗教研究』第四八輯、一三九―一六二頁。

キム・ギテ、二〇一〇、「韓国戦争と軍宣教」長老会神学大学校世界宣教研究院『宣教と神学』第二六輯、四一―六九頁。

金光植、二〇一一、「一九四五―一九八〇年の間における仏教と国家権力」東国大学校仏教文化研究所『佛教學報』第五八輯、二〇九―二四三頁。

キム・バンリョン、二〇〇一、「解放後、韓国仏教の分裂と新生宗団の成立過程」ハンシン人文学研究所『宗教文化研究』第三号、二八七―三一五頁。

ノ・ギルミョン、二〇〇二、「光復以降の韓国宗教と政治間の関係――解放空間から維新時期までを中心に」韓国宗教学会『宗教研究』第二七輯、一―二三頁。

パク・スホ、二〇〇九、「宗教政策を通してみる国家・宗教間の関係――韓国の仏教を中心に」啓明大学校韓国学研究所『韓国学論集』第三九号、一六五―一九九頁。

パク・スホ、二〇一〇、「仏教社会運動の教理的根拠と歴史的展開」ノ・ギルミョンほか『韓国の宗教と社会運動』イハクサ、九九―一三五頁。

ハン・ギュム、二〇〇四、「『国家朝餐祈祷会』、何を残したか」大韓基督教書会『基督教思想』通巻五四一号、二六―三五頁。

文化体育観光部、二〇一二、『二〇一一年度韓国の宗教現況』。

ユ・スンム、二〇〇九、「参与仏教の観点からみた葛藤時代における韓国仏教の社会参与」仏教学研究会『仏教学研究』第二四号、一四七―一七六頁。

第II部　東南アジア

第八章　東南アジアの政教関係
――その制度化の諸相――

矢野秀武

一　東南アジア諸国の概況

東南アジア一一カ国は、地理的にインド亜大陸と中国大陸のあいだに位置する北部の「大陸部」と、インド洋と太平洋のあいだに位置する南部の「島嶼部」に区分できる。前者には、ミャンマー・タイ・ラオス・カンボジア・ベトナムの五カ国、後者には、シンガポール・マレーシア・インドネシア・ブルネイ・フィリピン・東ティモールの六カ国が該当する。それぞれ文化的にも歴史的にも多様性を帯びた国々である。

宗教の分布という点からは、大陸部では仏教、島嶼部ではイスラームとキリスト教が多数派を占めており、また各地で精霊信仰なども実践されている。大陸部のうちミャンマー・タイ・ラオス・カンボジアにはスリランカ経由の上座仏教が広まり、ベトナムには中国系の大乗仏教が広まった。島嶼部のうちマレーシア・インドネシア・ブルネイにはイスラームが広まり、フィリピンと東ティモールではカトリック信徒が多い。ただし、宗教や民族の分布は国境線をまたいでモザイク状に広がっており、宗教的多数派と少数派の関係は国境近辺ないしは国境を越えると逆転することもある。

二　政教関係の留意点

東南アジア地域における政教関係ならびにそれと関わる宗教の社会参加を捉えるためには、いくつか重要な点がある。第一に、宗教団体の組織化・制度化のあり方が、宗教と社会との関係に影響する。とりわけその地域で大きな影響力を持ってきた伝統宗教は村落レベルにまで力を及ぼし、その国や地域最大の構成員を抱える集団となりうる可能性を秘めていた。たとえばミャンマーのように軍人よりも出家者の方が人数の多いといわれる国もある(土佐 二〇一二：五頁)。そこでこのような多数派伝統宗教の管理は、近代国家の治安上およびナショナルな国民統合上の重要な目的となる。しかしそのような伝統宗教は、近代以前には必ずしも組織や制度が整っていたわけではない。そこで近代化の一環として国家が主体となり、全国規模の伝統宗教組織を形成し、制度を構築し、施設・人員規模を把握し情報伝達経路を構築するといった現象が多くの国で生じた。たとえば、タイや南北統一後のベトナムなどでは、多数派宗教集団の制度化はこの種の国家介入によってなされてきた(cf. 本書第九章・矢野秀武「タイにおける国家介入的な政教関係と仏教の社会参加」、第一二章・北澤直宏「ベトナムの政教関係」)。またそのように構築された伝統集団の組織は、行政資源を補完する役割を果たし、様々なかたちで公共の領域へ関わることにもなる。たとえば、出家者を厳しく管理することで徴兵逃れを抑止したり(石井 一九七五：一七八頁)、教育や福祉の資源(人材や施設)の不足を宗教集団の活動で補ったりすることとなる(cf. 本書第九章)。

また国家を超えたグローバルなネットワークも重要である。伝統的にはカトリックのネットワークやイスラーム世界のネットワークがある。特にムスリム社会では、伝統的な寄宿塾や近代的なマドラサ（イスラーム神学校）などの教育の場を通じ、他国につながるネットワークの形成がなされてきた点が重要であろう。さらに近年見られる多宗派連携型のネットワークや宗教系の国際ＮＧＯなどもある。いずれも国家から独立した影響力を行使する集団となり、国家の意向に対峙ないしはこれを支援する活動を展開する。そしてこれらのグローバルな集団が地元の宗教集団と協働し社会実践を行う場合がある。その実践が、現地の伝統的価値観を復興し国家と協働する場合もあれば、欧米社会の市民社会的理念を取り込む回路となる場合もあるだろう。なお上座仏教も大陸部の国境域において国をまたいだ人的交流が行われているが、日常で使用される言語が国や地域によって大きく異なるため、国を超えた大規模な連帯をつくるには至っていない（聖典はパーリ語による同じものをどの地域・国でも重視する。しかしパーリ語は一般には、日常会話の言語としては使用されていない）。

第二に宗教的多数派と少数派の関係が挙げられる。東南アジアでは、憲法上の宗教規定や公教育などにおいて、多数派宗教への配慮を重視し国家形成をしてきた国が多い。しかし他方で、多数派と少数派のバランスは治安問題に直結する。隣国との地政学的な条件次第では分離独立運動へつながる可能性もあるため、デリケートな対応が必要とされてきた。こういった状況下では、宗教的（もしくは宗教民族的）少数派が、自身の権利や生活様式を保持するために、多数派重視社会へ配慮を求めるといったケースがある。ミャンマーにおける仏教国教化政策に反対した非仏教徒少数民族の運動などはその例といえよう（小島　二〇〇九：七五頁、cf. 本書第一一章・藏本龍介「ミャンマーの社会参加仏教」）。また仏教徒が多数派を占めるタイにおいて、ムスリムの多い南部タイのみシャリーア（イスラーム法）の一部が取り入れられている点などもそのような配慮の事例といえよう（石井　一九七五）。なおこの点に関して注意が必要なのは、宗教分類や多数派・少数派の区分線が自然な産物ではなく、宗教帰属明記の政策や各種統計情報によるカテゴリーの実体化を経た、近代国家形成における政治的構築物だという点である。

第三に、植民地政府や抑圧的な政府への異議申し立てといった事象も、宗教と政治・社会との関係において重要な点である。宗教的理念を掲げ宗教的ネットワークを用いた宗教ナショナリズム運動が、宗主国からの独立運動へとつながるケースは少なくない。ミャンマーでは、植民地化により王権が消失し、サンガ(僧団)支援が途絶えたが、代わりに在家者の諸集団が結成されサンガを支援し仏教を復興させていった。そしてその諸活動のなかから独立運動が生まれてきた(藏本 二〇一一：一八二―一九二頁)。また、政治的異議申し立てを行うようになったベトナム共和国(南ベトナム)の仏教徒の運動は、カトリック重視の政策に反発したものであった(cf. 本書第一二章・北澤直宏「ベトナムの政教関係」)。こういった宗教的理念を掲げた政治的異議申し立てのなかに、民主化へ向かう市民社会形成の萌芽が見られるかもしれない。ベトナムの僧侶ティク・ナット・ハンの社会参加仏教(Engaged Buddhism)は、当時の東西両陣営の政治的な党派性には与せず、非暴力によって仏教者が社会に積極的に関わることを提唱していた点で(cf. 本書第一二章)、国家とは別次元の社会性をつくる可能性を持っていたといえよう。しかし他方で宗教集団による政治的異議申し立ての運動が、宗教政党、政治介入を行う宗教者、もしくは宗教的過激派や宗教民族紛争といったかたちに展開することもある。前記の南ベトナムにおける「政治僧」、東南アジアではないがスリランカの仏教ナショナリズムなどがその事例といえよう(スリランカにおける宗教の負の側面に関して、本書第一五章・田中雅一「スリランカの民族紛争と宗教」を参照)。また、ミャンマーのように、宗教的政治運動による治安悪化を押しとどめるために、逆に軍事独裁体制が出現するという場合もある。

そして第四に考慮すべきは、社会主義政権を経験した地域と伝統的な王制を継承する地域との相違である。現在のラオス・ベトナム、一時期のカンボジア・ミャンマーなどは社会主義政権の下で、時期によっては強度に管理的な宗教政策をとることがあった。とりわけ階級社会をイメージさせる王権やそれを支える伝統宗教に対しては、手厳しい対応をとることが多い。一方、タイ・マレーシア・ブルネイそして現在のカンボジアなどでは、王制と多数派伝統宗教の相補的関係を持った国家形成を行っている。冷戦時代には、タイなどのように王制を存続させている国が隣国の社会主義国からの影響を阻止するため、王制と宗教を護持する運動が展開されることもあった。

ただし、社会主義政権が常に伝統宗教を抑圧しその勢力を弱めようとするとは限らない。たとえば、政権安定後のラオスやベトナムのように、組織管理としての宗教集団の統治にとどまらず、行政資源として宗教集団を活用しようとする場合もある(吉田 二〇〇九：七八五頁、cf. 本書第一二章)。とりわけ近年その傾向は強まっている。その背景には、グローバルな社会主義体制の衰退と、各国の社会主義政権のグローバル化への対応といった、体制レベルの変動があるといえよう。ラオスやベトナムでは、一部の宗教施設や儀礼は国家に貢献する観光資源と位置づけられ、これにより国家による管理と宗教の活性化、つまり社会主義政権の体制維持とグローバル化のバランスがとられている。

以上のように、本書が取り上げている仏教やその他の宗教による社会参加実践は、それぞれの宗教的理念だけでなく、このような政教関係の特質が複雑に組み合わさり、多様な世俗的な公的理念も掲げつつ活動を展開している。ただしそのすべてが公私の未分化な領域における市民社会的な活動として展開するとは限らない。むしろそうならないケースの方が多いだろう。しかし数多くの小さなイノベーションが絡み合って、予期せぬ新たな状況を生む可能性も見据えておきたい。アジア社会の社会参加型仏教の展開は、広い視野から理解する必要がある。

以下、本書で詳しく論じられている国を中心に、国別の政教関係の概略を紹介する。なお各国の総人口や宗教人口比ならびに上座仏教圏の出家者数については表8-1、8-2を、地政学的な条件を把握するためには地図(図8-1)を参照していただきたい。

表 8-1　東南アジア各国の総人口と宗教人口比(網かけ部分が各国の最多の人口比)

	総人口(概算)	仏教	(多数派の仏教)	イスラーム	キリスト教	ヒンドゥー教	その他の宗教	無宗教	備考
ミャンマー連邦共和国	4,796 万人	80.1%	上座仏教	4.0%	7.8%	1.7%	5.8%	――	(＊)
タイ王国	6,407 万人	94.6%	上座仏教	4.6%	0.7%	――	――	――	
ラオス人民民主共和国	620 万人	66.8%	上座仏教	――	1.5%	――	30.7%	――	民間信仰(30.7%)
カンボジア王国	1,414 万人	96.9%	上座仏教	2.0%	――	――	――	――	
ベトナム社会主義共和国	8,585 万人	7.9%	大乗仏教	＜ 0.1%	7.5%	＜ 0.1%	2.7%	80.7%	カトリック(6.6%)，プロテスタント(0.8%)，ホアハオ(1.6%)，カオダイ(0.9%)
シンガポール共和国	377 万人	33.3%	大乗仏教	14.7%	18.3%	5.1%	11.6%	17.0%	道教(10.9%)
マレーシア	2,830 万人	19.8%	大乗仏教	61.3%	9.2%	6.3%	1.7%	0.7%	
インドネシア共和国	2 億 3,764 万人	0.7%	――	87.2%	7.0%	1.7%	0.1%	＜ 0.1%	カトリック(2.9%)
ブルネイ・ダルサラーム国	40 万人	8.6%	大乗仏教	75.1%	9.4%	――	6.2%	――	民間信仰(6.2%)
フィリピン共和国	9,234 万人	――	――	5.6%	89.6%	――	――	＜ 0.1%	カトリック(80.1%)
東ティモール民主共和国	106 万人	――	――	0.3%	99.1%	――	0.5%	――	カトリック(96.9%)

(＊)民間信仰(5.8%)。1983 年の政府センサスでは仏教徒が 89%。2014 年に約 30 年ぶりのセンサスを実施。暫定発表では，総人口 5,141 万人，その他は未発表

(注)・ベトナムは 2009 年の統計，タイは 2011 年の統計。それ以外の国は 2010 年の統計
・実際の信仰心のあり方ではなく，宗教に関する公的な所属の数値を示している場合も多い
・政治的判断により無国籍者と見なされたかなりの人口が，国内集計から排除されているケースもある

(出典)
ミャンマー，ラオス，カンボジア，ブルネイ：Pew Research Center, “Table: Religious Composition by Country, in Percentages”, Pew Research Center’s Religion & Public Life Project ［http://www.pewforum.org/2012/12/18/table-religious-composition-by-country-in-percentages/♯］
タイ：Samnakgan Sathiti haeng Chat, Krasuwang Teknoloyisansontet lae Kansusan, 2555, *Sarupphon thi Samkhan Kansamruwatsaphawa thang Sangkhom lae Watthanatham Pho. So. 2554*(情報通信技術省・国家統計事務局『仏暦 2554 年(西暦 2011 年)社会および文

化に関する調査の要点報告』，仏暦 2555 年(西暦 2012 年))
ベトナム：Ban Chỉ Đạo Tổng Điều Tra Dân Số và Nhà Ở Trung Ương, 2010, *Kết Quả Toàn Bộ: Tổng Điều Tra Dân Số và Nhà Ở Việt Nam năm 2009*, Nhà Xuất Bản Thống Kê [Central Population and Housing Census Steering Committee, 2010, *Completed Results: The 2009 Vietnam Population and Housing Census*, Statistical Publishing House]
シンガポール：Department of Statistics, Ministry of Trade & Industry, Republic of Singapore, 2011, *Census of Population 2010, Statistical Release 1: Demographic Characteristics, Education, Language and Religion*
マレーシア：Department of Statistics Malaysia, *Population Distribution and Basic Demographic Characteristic Report 2010* [http://www.statistics.gov.my/portal/index.php?option=com_content&id=1215]
フィリピン：Republic of the Philippines, National Statistics Office, No Date, *The Philippines in Figures 2014*
東ティモール：National Statistics Directorate, 2011, *Population and Housing Census of Timor-Leste, 2010*

表 8-2　上座仏教の出家者数

	比丘・沙弥の総数(概算)	女性出家者(推計)
ミャンマー	54.0 万人(2009)	4.0 万人
タイ	34.0 万人(2009)	1.5〜2.0 万人
ラオス	2.4 万人(2011)	478 人
カンボジア	5.5 万人(2009)	1 万人

(注) ごく少数ではあるが女性の正式出家者である比丘尼・沙弥尼となった者もいる
(出典)
世界宗教百科事典編集委員会編(編集委員長：井上順孝)，2012，『世界宗教百科事典』丸善出版，558，560，562，564 頁
高橋美和，2011，「女性と仏教寺院」奈良康明・下田正弘編『新アジア仏教史 4　スリランカ・東南アジア――静と動の仏教』佼成出版社，429-431 頁
Vientian Mai 9 March 2011 p. 6

ブータン
インド
中国
ラオス人民民主共和国
ミャンマー連邦共和国
台湾
太平洋
香港
バングラデシュ
ルソン島
フィリピン海
南シナ海
フィリピン共和国
タイ王国
ベトナム社会主義共和国
ベンガル湾
マレー半島
ブルネイ・ダルサラーム国
ミンダナオ島
カンボジア王国
マレーシア
パプアニューギニア
セレベス海
シンガポール
ボルネオ島
(カリマンタン島)
スマトラ島
インド洋
インドネシア共和国
東ティモール民主共和国
スラウェシ島
ジャワ島
オーストラリア

図 8-1　東南アジア諸国

三　東南アジア大陸部の国々と上座仏教・大乗仏教

三-一　ミャンマー

東南アジア大陸部の西端に位置するミャンマーは、東の国境をタイ・ラオス、西をインド・バングラデシュ、北を中国と接している。またベンガル湾においてインドやスリランカなどと面している。上座仏教徒が多数派を占めるが、西部ヤカイン州にはムスリムが集住している。ミャンマーはイギリスの植民地統治を経て一九四八年に独立した。一九六二年の軍事クーデター以後、国軍による事実上の統治が継続している。二〇一〇年に国名を「ミャンマー連邦共和国」に変更、二〇一一年に国軍の影響力を残しつつ民政移管し、大統領制による新政治体制が発足した。

現行憲法（二〇〇八年制定）では、仏教を国民の大多数が信仰する特別に名誉のある宗教として承認し、またキリスト教、イスラーム、ヒンドゥー教、ナッ信仰も承認している。また、諸宗教・宗派間の争いを招くような行為が禁じられている。聖職者には選挙権や国会議員となる被選挙権はない。ただし少数ではあるが、政治運動などを行う政治僧もいる。一九八〇年には、政府支援の下「ミャンマー上座部全宗派合同会議」が開催され九宗派が公認された。さらに公法ではない団体規則として一九九〇年に「サンガ組織基本規則」が採択され、ミャンマー内のサンガが統一された。独立以降、時期によっては国家によるサンガの支援がなされないこともあったが、軍事政権時代の一九九〇年代からは、国家によるサンガ支援(布施や補助金支出)が増加してきた。サンガは一般信徒にとって功徳を得るための対象であり世俗から離れた修行生活が重視される。ただし少数派ながら、在家者への瞑想指導、占いなどによる現世利益の提供、僧院学校・仏教大学での貧困世帯の子弟向けの世俗教育など、社会への関わりを重視する僧侶・寺院も存在する。なお、一般(在家者)国民向けの公教育では、宗教教育はなされていない。しかし、国の機関である宗教省の支援によって僧侶が国民への布教活動を行っている(小島 二〇〇九、藏本 二〇一一、cf. 本書第一一章・藏本龍介「ミャンマーの社会参加仏教」)。

三-二　タ　イ

タイは東をラオス・カンボジア、西をミャンマー、南をマレーシアと接した立憲君主制国家である。上座仏教徒が多数派を占めるが、マレーシアと国境を接する南部にムスリム人口の八〇%が集住しており、南部四県ではムスリム人口が多数派を占めている。植民地化を免れ、また王制を中心に近代化や仏教界の改革を行ってきた経緯があり、王室に近いタンマユット派という上座仏教宗派が一九世紀に形成されている。他に在来派のマハーニカーイ派がある。

初の憲法(一九三二年制定)以来、国王は仏教徒であり諸宗教の擁護者であるといった規定があり、他方これとは別に国民の信教の自由を認める規定もある。また「民族、宗教、国王、および国王を元首とする民主主義政体の保護・維持」が国是となっている。二〇一四年五月の軍事クーデターによって憲法が停止され、同年七月に暫定憲法が公布された。暫定憲法では国王に関する規定については変更なしとされているものの、宗教に関する規定などは記されておらず、未記載事項は慣習に従うとされている。前憲法(二〇〇七年制定の第一八憲法)においては、教育の整備に宗教団体も参加できること、比丘や沙弥や修道者・出家者などは選挙権を行使できないことなども記されていた。仏教の僧侶組織であるサンガについては、一九〇二年から世俗法のサンガ統治法が公布され（現行法は一九六二年サンガ統治法を一九九二年に改訂したもの）、これにより国内の統一サンガが形成された。これはサンガの側の自律性によるものではなく、国家の側の介入によって組織が形成されたということである。そのためサンガは教育その他の政策に協力することはあっても、逆にサンガの自律的な対応として政治に意見を述べるということは少ない。イスラームに対しても同様に、全国組織を形成する法律が制定されている。また世俗者向けの公教育において宗教（もしくは道徳）の科目が必修となっており、多くの場合、仏教かイスラームを選んで学ぶことになる。出家者向けの寺院学校もある（矢野 二〇〇八）。

なお宗教的多数派のサンガの管理に関しては国家仏教庁、その他の公認された宗教や一部の仏教関連活動については文化省宗教局が監督省庁となっており、これら公認された宗教団体へ補助金を支出している。また一九五〇年代末から、宗教局や国立（元王立）の仏教大学（出家者を主たる学生としている大学）などにより、在家者への教育支援や地域開発活動などが展開されてきた。一九七〇年代からはこれら国家主導の仏教的開発に影響されつつも、村の自助活動の形成を支援するような独自の活動を展開する僧侶が現れ、開発僧と呼ばれるようになった（cf. 本書第一〇章・櫻井義秀「タイの『開発僧』と社会参加仏教」）。

三-三　ラオス

ラオスは東をベトナム、西をタイ、南をカンボジア、北を中国と接している。フランス統治とその後の内戦を経て、一九七五年に人民革命党の指導による人民民主共和制（社会主義）国家を設立した。上座仏教徒が多数派を占めるが、非仏教徒の少数民族も多い。

憲法(一九九一年制定、二〇〇三年改正)では、特定の宗教を重視する文言はないが、国家や人民に有益な活動へと宗教が参加すること、または動員されることを奨励している。国章には仏舎利塔タート・ルアンが記されている。首相令としてサンガ統治法(一九九八年制定、二〇〇五年改訂)が公布され、党政府による仏教や僧侶・沙弥の保護・育成といった点も記されている。世俗者向けの公教育では宗教教育はなされていないが、出家者向けの寺院学校は、社会主義政権になって以降、世俗教育も導入し全国的な制度化がなされ、貧困層や地方出身者への教育支援機能を果たしている。サンガ統治法は、教育・医療・社会福祉活動などの実践を通じて、サンガが俗人信徒の生活向上に関わることを義務として記している(吉田 二〇〇九、小林・吉田 二〇一二)。

三-四　カンボジア

カンボジアは、東をベトナム、西をタイ、北をラオスと接しており、上座仏教徒が多数派を占める国である。フランス統治からの独立後、長引く内戦に突入した。ポルポト体制期(一九七五—七九)には、僧侶の強制還俗など仏教への強固な弾圧があり、出家者の伝統が一時的に途絶えた。また一九七九年からの人民革命党政権時代には、国の公認で得度式を行い、出家可能な年齢を制限するなど、政府による仏教の管理体制が敷かれていた。その後国連暫定統治を経て一九九三年に新憲法を公布し、王制を復活し立憲君主制国家となった。

現行憲法では、信教の自由とともに、「仏教は国教」と記されている。また「民族、宗教、国王」を国是とするとの規定があり、王位継承評議会には上座仏教在来派のマハーニカーイ派と、タイのタンマユット派が伝わってつくられたトアンマユット派それぞれの大管長が委員に含まれている。またサンガの活動には国から補助金が支出されている。サンガ法に相当する法規はフランス植民地時代の一九一九年と一九四三年に王令として公布されている。出家者向けの寺院学校は、フランス植民地時代より一般の公立学校とともに公教育の一環として制度化され、現在は宗教省が管理し教育上の大きな役割を果たしている（笹川 二〇〇六：一一一―一一九頁、小林・吉田 二〇一一）。

三-五　ベトナム

ベトナムは、陸地では西をカンボジア・ラオス、北を中国と接し、海を挟んでフィリピン、ブルネイ、マレーシアなどと面している。フランス統治からの独立後、内戦を経て一九七六年より社会主義共和国として統一国家をなしている。特定の宗教団体に所属する者が少ないため、統計上の宗教人口は他国と比べて少ないが、統計に現れない慣習的な宗教実践を行っている者は多い。大乗仏教系六派、上座仏教系二派、大乗・上座仏教を融合した乞士派一派は、統一組織「ベトナム仏教協会」を形成している。またフランス植民地時代に生まれた新宗教として、道教とシャーマニズムを土台に儒仏道の三教同源を説くカオダイ教、在家仏教運動のホアハオ教といった団体もあり、この両教団はベトナム民族主義運動を展開した経緯がある（cf. 本書第一二章・北澤直宏「ベトナムの政教関係」）。

現行憲法（二〇一三年制定）では、ベトナム祖国戦線は、各階級や階層、民族、宗教などを代表する政治連合組織であると規定され、また信教の自由とともに、信じない自由も記されている。ベトナムでは国家による強い宗教管理体制がとられており、国家が公認した「宗教」を政府宗教委員会が監督し、教えや組織が未整備の「信仰」を文化・スポーツ・観光省が監督している。ただし公認化は祭礼や社会活動の実施が許可されるだけではなく、政府からの監視も行われ、宗教施設や儀礼の観光資源化など政府事業への協力を促すといった側面をも持っている。なお一九八六年の改革開放政策(ドイモイ)以降、公認化される団体が増えている(cf. 本書第一二章)。

四　東南アジア島嶼部の国々とイスラーム・キリスト教

四-一　シンガポール

シンガポールは、マレー半島の先端部に位置する小さな島を国土とする都市国家である。周囲は海を挟んでマレーシアやインドネシアなどに面している。一九六五年にマレーシアから分離独立し立憲共和制の国家となる。華人人口が七割以上を占め、華人系の大乗仏教徒が割合としては最も多いが、華人の宗教には習合的要素も強い。近年はキリスト教徒の増加が顕著で、またマレー人のムスリムも一定数を占める。信教の自由はあるが、宗教・宗派間の敵意を煽るような行為は禁じられている。一九八〇年代には公立学校での宗教知識教育が試みられたが、現在は行われていない(Fox 2008: 214-215)。

四-二　マレーシア

マレーシアは、大陸部先端のマレー半島とボルネオ島北部のサバ・サラワクからなる。陸地で接している国としては、マレー半島北部にタイ、ボルネオ島の南部にインドネシア、同北東部にブルネイがある。海上の国境では、インドネシア・シンガポール・ブルネイ・フィリピンなどと接している。イギリス統治や日本軍の占領等を経て一九五七年にマラヤ連邦として独立、一九六三年にサバ・サラワク・シンガポール(一九六五年に離脱)を加えたマレーシアを結成した。立憲君主制で、国王は半島部九州のスルタン(イスラーム世界における君主)の互選により五年任期で交替する。ムスリム人口が多数派を占めており、現行憲法ではイスラームが連邦の宗教と定められている。州レベルで、ムスリムのみに適用される法も存在する。マレー人、華人、インド人などのエスニック集団が、それぞれの文化・宗教を持つという面が大きい。マレー人優遇政策をとり、「マレー人」の法的定義には、ムスリムであることが含まれる。一般の公教育ではムスリム向けの宗教教育と他宗教徒向けの道徳教育が必修となっている(杉本 二〇〇三、Fox 2008: 198-199)。

四-三 インドネシア

インドネシアは、スマトラ島、カリマンタン島(ボルネオ島)南部、ジャワ島、スラウェシ島、パプア(ニューギニア島西部)などの大きな島と、その他一万三千以上の島々からなる島嶼国家である。陸の国境では、マレーシア、東ティモール、パプアニューギニアと接しており、海を挟んで一〇カ国と面している。オランダ統治と日本軍による占領を経て、一九四五年に独立を宣言し一九四九年にオランダから主権を委譲された。共和制の国であるが、スカルノの「指導された民主主義」期、スハルト政権期と、長期の独裁的な体制を経て、一九九八年に民主化された。ムスリム人口が多数派を占めており、一国単位では世界最大のムスリム人口を抱えている。

イスラームには法的に特別な地位を与えていないが、一九四五年制定の憲法前文に記される建国五原則「パンチャシラ」に「唯一神への信仰」を掲げ、憲法条文にも、「国家は唯一神への信仰に基づく」ことが信教の自由の保障とともに記されている。イスラーム、プロテスタント、カトリック、ヒンドゥー教、仏教、儒教の六つが宗教として現在公認されており、国民は実質的にこれらの宗教のいずれかへの帰属を求められる。公教育でも宗教別の宗教教育が必修となっている。宗教省が置かれ、イスラームに関わる宗教裁判所が全国規模で制度化されており、二〇〇一年にはアチェ州にのみ宗教裁判所よりも広い権限を持つシャリーア（イスラーム法）裁判所が設置された。また普通教育（国民教育省が管轄）とともに、イスラーム系学校における宗教教育（宗教省が管轄）も公的に制度化されている。

独立以来、よりイスラーム的な国家を目指す政治勢力・政党の運動が存在したが、スハルト政権は、イスラームの非政治化を図りつつ、インドネシア統合の象徴としてのパンチャシラを公定の国家イデオロギーとして定位していった。しかし一九九七年のアジア通貨危機をきっかけとする翌年のスハルト体制崩壊以降、この状況に変化が見られた。イスラーム系の政党や組織の設立や活動の自由が認められ、またスハルト時代の一九八〇年代から広まり始めていた世界的なイスラーム復興の影響などもあり、イスラームの存在感が増している。さらに、抑圧されていた華人系の仏教や儒教なども息を吹き返し始めた（西野　二〇〇三、蓮池　二〇一三、cf. 本書第一三章・蓮池隆広「インドネシアの政教関係と仏教の展開」）。

四-四　ブルネイ

ブルネイは、南をマレーシアのサラワク州と陸で接し、北は海を挟んでマレーシアやフィリピン、ベトナムなどと面している。一九八四年にイギリスから独立し、スルタン（イスラーム世界における君主）を国家元首とする立憲君主制国家となった。人口は約四〇万人(二〇一二年)。ムスリムが多数派を占めており、現行憲法(一九五九年制定、一九八四年改訂)ではイスラームが国教と定められ、シャリーア(イスラーム法)を重視した国である。公教育や私立学校でイスラームのみが宗教教育として必修とされている。キリスト教などの布教は禁じられており、イスラームから他宗教への改宗は宗教省の許可を要する。ただし他宗教批判は違法とされている(Fox 2008: 194-195)。

四-五　フィリピン

フィリピンは、北部のルソン島・中部のヴィサヤス諸島・南部のミンダナオ島などの大きな島と、その他七千以上の島々からなる多島海国家である。周囲をフィリピン海、南シナ海、セレベス海に囲まれ、海を挟んで多くの国と国境を接している。スペイン統治、アメリカ統治、日本統治を経て、一九四六年に立憲共和制国家として独立した。カトリック人口が全体の多数派を占めるが、南部ミンダナオ島のなかにはムスリムが多数派を占める地域がある。

現行憲法(一九八七年制定)はアメリカの影響が強く、政教分離を重視し、宗教団体による政党設立が禁じられている。ただし憲法制定過程へのカトリック教会の関与の結果、公立学校においても有志学生に宗教教育を行ってよいことになっている。また離婚は禁止されている。なお、ミンダナオ島西部やスールー諸島などを活動拠点とするモロ民族解放戦線(Moro National Liberation Front：MNLF)やそこから分派したモロ・イスラーム解放戦線(Moro Islamic Liberation Front：MILF)は、特に一九七〇年代以降、ムスリムの独立や自治を要求する武装勢力としてフィリピン政府と対立し、一九九六年の政府とMNLFとの和平協定も機能不全に陥った。二〇一二年一〇月には、日本政府による仲介もあり、フィリピン政府とMILFとのあいだでミンダナオ和平に関する枠組み合意に達し、二〇一四年三月に包括和平合意書に調印、新たなバンサモロ自治政府を創設することで一致した(市川 二〇〇三、Fox 2008: 211-212、今泉 二〇一二)。

四-六　東ティモール

東ティモールは、小スンダ列島内のティモール島の東側と、周辺の島々からなる。ティモール島の西側はインドネシア領である。ポルトガル統治後のインドネシアによる併合から独立し、東ティモール共和国となった(二〇〇二年)。キリスト教のカトリック信徒が大半を占めるが、これは、宗教帰属を明確にするといったインドネシア統治時代の政策が強く影響している。憲法(二〇〇二年制定)では、信教の自由を認めるとともに、国民の福祉に貢献する諸宗教団体と国家の協力を促進することも謳われている。

参考文献

石井米雄、一九七五、『上座部仏教の政治社会学――国教の構造』創文社。

市川誠、二〇〇三、「フィリピンの公立学校における宗教教育」江原武一編『世界の公教育と宗教』東信堂、二一七―二三六頁。

今泉慎也、二〇一二、「東南アジアのイスラーム裁判制度」床呂郁哉・西井凉子・福島康博編『東南アジアのイスラーム』東京外国語大学出版会、二三三―二五六頁。

藏本龍介、二〇一一、「ミャンマーにおける仏教の展開」奈良康明・下田正弘編(林行夫編集協力)『新アジア仏教史4　スリランカ・東南アジア――静と動の仏教』佼成出版社、一六五―二〇五頁。

小島敬裕、二〇〇九、「現代ミャンマーにおける仏教の制度化と〈境域〉の実践」林行夫編『〈境域〉の実践宗教――大陸部東南アジア地域と宗教のトポロジー』京都大学学術出版会、六七―一三〇頁。

小林知・吉田香世子、二〇一一、「カンボジアとラオスの仏教」奈良康明・下田正弘編（林行夫編集協力）『新アジア仏教史4　スリランカ・東南アジア——静と動の仏教』佼成出版社、二六五—三二二頁。

笹川秀夫、二〇〇六、『アンコール近代——植民地カンボジアにおける文化と政治』中央公論新社。

杉本均、二〇〇三、「マレーシアにおける宗教教育とナショナリズム」江原武一編『世界の公教育と宗教』東信堂、三一六—三三九頁。

土佐桂子、二〇一二、「日本記者クラブ研究会『ミャンマー』③——ミャンマーにおける宗教政策」日本記者クラブ、一—二〇頁。

西野節男、二〇〇三、「インドネシアの公教育と宗教」江原武一編『世界の公教育と宗教』東信堂、二九五—三一五頁。

蓮池隆広、二〇一三、「第一部　概論編　第二章　東南アジア島嶼部」文化庁文化部宗務課『在留外国人の宗教事情に関する資料集——東南アジア・南アジア編』、六—一一頁。

矢野秀武、二〇〇八、「タイの仏教科教科書と宗教教育制度」『世界の宗教教科書』大正大学出版会、一—一三頁。

吉田香世子、二〇〇九、「付録1　『ラオス・サンガ統治法』および宗教関連資料」林行夫編『〈境域〉の実践宗教——大陸部東南アジア地域と宗教のトポロジー』京都大学学術出版会、七八三—八一二頁。

Fox, Jonathan, 2008, *A World Survey of Religion and the State*, Cambridge University Press.

第九章　タイにおける国家介入的な政教関係と仏教の社会参加

矢野秀武

一　本稿の目的と概要

本稿は、タイの政教関係について国家行政の視点から整理し、他の地域の事例の議論とも接点を持てるような枠組みを築き、さらにその枠組みとの関連においてタイ仏教の社会参加を位置づけるものである。そのためまずは、タイの政教関係の制度面の大枠を捉え、次いで、タイの地域研究にとどまる方向にではなく、そこで得られた知見をある程度汎用性のある概念やテーマに練り上げてみたい。そこでは、世俗化や私事化あるいは市民社会の価値をベースとした脱私事化・公共宗教の議論といった、これまでの宗教社会学の諸議論では十分に捉えられてこなかった側面、つまり国家介入的な政教関係をもとにした近代の宗教のあり方を捉える方向へと進む。また国家介入的な政教関係を、単に宗教的なナショナリズムの発現として位置づけるにとどまらず(国家主導の活動領域であれば何らかのかたちでナショナリズムにつながるのはある意味当然なので)、欧米先進国以外の国々には比較的多く見られる、国家も宗教実践者の一部であるような国々の、近現代の政教関係の問題性と可能性を考察する。

大まかな論の流れとしては、まず、タイの政教関係の制度化の土台である国家体制理念のラック・タイに触れ、さらに憲法における政教関係を基本情報として簡単に確認する。次いで、行政組織レベルで各省庁における宗教関連行政を概観する。さらにそこからタイの宗教行政の特質について考察を進める。まずは、国家仏教、公認教制、ジョナサン・フォックス(Jonathan Fox)による協同的(Cooperative)政教関係という概念の問題性を指摘し、これに代わって、三つのタイプの公定宗教(公設型、公認型、公営型)、制度のハード面(組織・ネットワーク)、制度のソフト面(活動)といった見方を、タイのケースに即しながら提示する。最後にタイにおける国家介入的な政教関係と市民社会志向の宗教運動による社会参加との関係について、若干の議論を行う。

なお本稿で述べる仏教の社会参加とは、仏教的理念に基づく社会活動一般と、極めて広い意味を持たせている。また「国家介入的な政教関係」とは、国家が宗教団体に対し支援や統制を行い、また国家が行政事業の一環として宗教的思想や象徴や儀礼や実践を活用するなど、国家の主導性の高い政教関係を意味する。ただし国家介入的な政教関係は国により介入度に違いがあり、一つの明確な型として提示することは実際には難しい。加えて政教分離制も実際には各国・地域で許容される最小範囲内での国家の介入(支援や統制)があり、多様なかたちでの政教関係が制度化されている。したがって、国家介入的な政教関係というものは、あくまで政教分離制(厳格な政教分離制と公認教制)との比較において、相対的に介入度の強い状況を示すものでしかない。しかしながら、欧米的な政教分離国の理念に基づいた理論・概念では十分に捉えることのできない政教関係が、近現代のタイには存在しているという点を強調し、その点に注目するために「国家介入的」という用語を使用してみたい。

二　タイの政教研究の概要

タイの政教関係の研究の土台となったものとして、歴史学者の石井米雄による『上座部仏教の政治社会学』がある（石井 一九七五）。そこでは、国王と仏教サンガ（僧団）と正法の相互補完関係という議論、サンガと国王の関係を模したイスラーム統治のあり方などが取り上げられていた（石井 一九七七）。ほぼ同時期に人類学者のスタンレー・タンバイアが展開した議論も重要である（Tambiah 1976）。タンバイアは、タイの行政組織とサンガ組織のパラレルな関係、その両者を取り持つ宗教局の役割、僧侶の学習拠点であり社会との接点ともなる仏教大学について論じた。

また、タイの国定イデオロギーともいえるラック・タイ（タイ的原理）も注目され、様々な議論がなされてきた。たとえば赤木攻は、サガー・カーンチャナーカパン著『ラック・タイ』の内容紹介とその時代背景を論じている（赤木 一九八九）。さらに村嶋英治は、ラック・タイの構成要素の一つであるチャート（民族的政治共同体）という用語や概念の形成過程を中心に、仏教的王制との関連を論じている（村嶋 一九八九）。

加えてタイの宗教社会学者ソンブーン・スクサームランによる研究も重要である。彼は、一九七〇年代に活発に活動を展開した右派・左派の政治僧侶についての研究を行った（Somboon Suksamran 1982, 1993）。

これらとは別に、行政制度の側から宗教を位置づける研究としては、タイにおける公認教制度を論じた拙稿（矢野 二〇〇三、二〇〇九ａ）、さらにそのような制度の法規内容およびその各現場への影響を論じた林行夫や西本陽一の議論（林 二〇〇五、林編 二〇〇九、西本 二〇〇九）がある。また教育行政において宗教活動が展開している点に着目した研究もある(矢野 二〇〇七a、二〇〇九b、二〇一〇a、二〇一〇b、二〇一一、二〇一二、二〇一三a、二〇一三b)。

本稿では、これらの議論を引き継ぎながらも、行政の側から政教関係を捉える視点を保持し、包括的な考察を行ってみたい。なぜなら、政教関係の主導権はタイの場合、国家の側が握ってきたからである。

三　国家体制理念におけるタイの政教関係

近現代タイの政教関係を考えるには、憲法やその他の法規定の確認ならびにその制度化された行政組織とその活動などを捉えることも必要であるが、それ以前に、公式の国家体制理念として存在するラック・タイ(タイ的原理)を押さえておく必要がある。これは、民族(民族的政治共同体)・宗教(仏教)・国王といった三つの要素を国の基盤的な制度(サターバン)とするというタイの国家理念、タイという国柄を示す、いわばタイの国体ともいえる理念である。これは国旗・学校・メディア等のいたるところで目にすることができる。国王によって独立を維持し、宗教とりわけ仏教によって社会秩序や道徳性を支え、タイ民族の共同作業によって構築されてきた国というわけである(赤木 一九八九：八五―八九頁)。

これはタイの伝統的な仏教的王制理念を基盤に、民族的政治共同体(チャート)といった近代に生じた概念を組み込んだ、公定ナショナリズムの理念といえよう。タイの隣国ミャンマー(ビルマ)とインドシナの国々が、イギリスやフランスに植民地化される一八八〇年代の政治状況において生まれてきた体制イデオロギーである(村嶋 一九八九：一一八―一二五頁)。その後、この理念は一九二九年に刊行され王立学士院銀賞に選ばれた、サガー・

カーンチャナーカパン著『ラック・タイ』によって歴史記述のかたちをとり、内容がより明確なものとなっていった。

宗教について補足しておくと、当初、仏教的王制において意味される「宗教（サーサナー）」とは、当然のことながら仏教を意味していた。しかしサガーの著作においては、他宗教も含む用語として使用されている(1)。ただしその記述の大半は仏教史となっている。なお現在では、ラック・タイの「宗教」は、仏教重視の傾向を示しつつも、他の宗教をも含んだ意味合いを持つようになっている。特に宗教的少数者は、ラック・タイの「宗教」は仏教に限定されない点を強調する。伝統国家から近代国家へ、絶対王制から立憲君主制へ、勅令から憲法へ、タイ族中心の国民からマレー系ムスリムも統合した国民へと移行する過程において、「宗教（サーサナー）」の意味合いが変化してきたといえよう(2)。

ただしこのような国家体制理念の制度化が、アジア諸国において、独自に内発的に展開されてきたのかどうかについては、今後さらなる研究が必要であろう。たとえば、憲法におけるタイ国王と宗教の関係は、イギリスの規定と似た表現をとっている。加えて近代初頭のタイは、欧米諸国だけでなく日本の近代化をもモデルとして意識していた。実際タイでは一九一〇年に、日本の教育勅語をモデルとしたタイ版の教育勅語を作成しようと試みている（ただし法制化されずに廃案となった）（村田 二〇〇七：一二三頁）。一方、その日本（明治政府）は、西洋の後発近代国家であったドイツ帝国の諸制度等をモデルとしていた。

四　タイ国憲法における宗教関連条項

こういった国家体制の理念は、憲法において（あるいは憲法化される過程で変質しながら）具体的なかたちで現れる。タイでは一九三二年の立憲革命によって、絶対王制から立憲君主制（タイの憲法規定に即して表現すれば、「国王を元首とする民主主義政体」）に移行した。そのときに制定された一九三二年の暫定憲法を含め、現在まで数多くの憲法が制定されてきた。現在の憲法は軍事クーデター（二〇一四年五月）後の七月に公布された暫定憲法（第一九番目の憲法）である。この憲法は、クーデター前の第一八憲法と比して国王条項に変更はなく（国王に関する条項は一九三二年の憲法から現在に至るまでほぼ同じ文面が維持されている）、また宗教に関する条項などは特に記されていない。逆にクーデター前の諸憲法においては、宗教関連の条項は記されているが、時代によって部分的に変化している点もある。したがって、以下事例としては、第一八番目の憲法（二〇〇七年公布）における宗教関連条項のみを抜粋し記しておく（加藤訳 二〇〇八、をもとに一部筆者が修正）。

第一章　総則　第五条

タイ国民は、出生、性または宗教の如何を問わず、本憲法の保護を平等に享受する。

第二章　国王　第九条

国王は仏教徒であり、かつ宗教の擁護者である。

第三章　タイ国民の権利と自由　第二節　第三〇条

人は法の下に平等であり、法の保護を等しく享受する。男女は対等な権利を有する。

出生、民族、言語、性、年齢、障害、身体または健康の状態、個人の身分、経済的又は社会的地位、宗教上の信仰、教育若しくは憲法の規定に違反しない政治思想の違いを理由に、人を不公正に差別してはならない。

人が他者と同様に権利および自由を行使できるように、その障害を除去し、促進するために国が定める措置は、前段落の不公正な差別とはみなされない。

第三章　タイ国民の権利と自由　第二節　第三七条

国民の義務の不履行とならず、国民の秩序または良俗に反しない限り、人は宗教、宗派または諸信仰(3)を信ずる完全な自由を有し、教義、宗教上の規定に基づく行為または自己の信仰に基づく儀式を行う自由を有する。

第一段落の自由の行使において、人は、信仰する宗教、宗派、宗教上の教義または説法に基づく行為、戒律、若しくは信仰に基づく儀式が他者と異なることを理由に、国から権利を制限されたり、若しくは正当な利益を損なわれたりすることがないように保護を受ける。

第四章　国民の義務　第七〇条

人は本憲法に基づき民族、宗教、国王および国王を元首とする民主主義政体を保護し維持する義務を負う。

第五章　国の基本政策方針　第四節　宗教、社会、公衆衛生、教育および文化の政策方針　第七九条

大多数のタイ国民が長きにわたり信仰してきた宗教である仏教およびその他の宗教を、国は擁護し庇護しなければならない。また、すべての宗教の宗派間の理解と調和を図るとともに、道徳を涵養し生活の質

の向上を図るため、宗教の基盤となる教えを活用することを促進しなければならない。
第五章　国の基本政策方針　第四節　宗教、社会、公衆衛生、教育および文化の政策方針　第八〇条
国は次の通り社会、公衆衛生、教育および文化の政策方針に従い遂行しなければならない。
（一）（略）
（二）（略）
（三）（略）
（四）地方行政機関、共同体、宗教的な団体および民間が、国の基本政策方針に従って、等しく教育の質的水準を向上させるため教育の整備および参加ができるように、権力の分散を促進し、支援する。
（五）（略）
（六）（略）
第六章　国会　第二節　下院　第一〇〇条
選挙日に次に該当する者は選挙権を行使することはできない。
（一）比丘、沙弥、修道者または出家者である。
（二）（略）
（三）（略）
（四）（略）

五　行政組織と宗教行政事業

こういった国家体制理念や憲法規定は、法律化され行政組織や行政事業の基盤となり、より具体化されていく。たとえばタイでは、サンガや仏教諸団体だけでなく、イスラーム団体、キリスト教団体、バラモン・ヒンドゥー教団体、シク教団体を公認し、これらの諸集団に行政からの補助金や公教育へ関わる機会を提供し、布教の便宜（ビザ発給）などをはかっている。なお宗教行政に関わる細かな法的規定について紙幅の都合上触れない(4)。

以下、宗教関連の行政事業を行っている官庁を取り上げ、タイの宗教行政の概要を紹介する。

宗教行政の中心を担ってきた官庁は度重なる組織改変が行われてきた。もともとサンガ支援・統制、その他の宗教支援と統制、ならびに教育行政を担う「文教庁」として一八八九年に始まり、何度かの組織改変を伴い一九二六年に「文教省」、そして一九四一年に教育省内の「宗教局」として、仏教サンガと他宗教の支援・統制の事業を行うようになった。その後組織改変が数度行われ、現行制度としては二〇〇二年にサンガ支援・統制の部局だけが独立し「国家仏教庁」となり、「宗教局」は新設の文化省内に位置づけられ、仏教ならびに仏教以外の宗教への支援・統制を行い、それぞれ多様なプロジェクトを遂行している（林編　二〇〇九：二四四頁）。なお王室儀礼に携わる部局もあり、これもある意味宗教行政の中心的部局とみなすことができよう。

さらにこれら宗教行政の中心部局とは別に、宗教行政の周辺的部局が、宗教関連の行政プロジェクトを行ってきた。たとえば、教育省や内務省である。そのほかにも、福祉行政、観光行政が部分的に宗教関連活動を行っている。教育省では、公立学校での宗教科目の学習指導要領や教科書の作成などを行っている。さらにグローバル化への対応、地方文化の尊重、学習者の多様性と自習性を重視するといった、近年の教育目標の転換に伴い、一元的な知識教育・情操教育とは異なるタイプの宗教教育の実践も展開している（後述の仏教式学校プロジェクトや善徳プロジェクト）。内務省は、モスクの登録などを管轄し（林 二〇〇五：七六頁）、また華人廟など公式の「宗教（サーサナー）」に組み込まれていない「信仰・信条（ラッティ）」をも管理対象としている（Kataoka 2012: 465-469）[5]。

六　国家仏教・公認宗教論と協同的（Cooperative）政教関係

このような多様な政教関係の制度のあり方を、これまでの研究で筆者は国家仏教や公認宗教制（公認教制）という用語を用いて説明してきたが、現在は、これらの言葉では当該事象を十分に把捉しえないと考えている。たとえば国家仏教を国家が公式に支援する仏教という意味とするならば、その範囲は前近代から近代以降まで含む幅広いものとなり、加えて現代タイならば、国家仏教と国家イスラームも同居しているといってもいい状況となってしまう。

その点公認教制の方が、使いやすい用語である。これは特定の宗教集団を国家が法的に公認し、支援・統制を行うものである。しかし実際には、戦前の日本のように非公認宗教を弾圧対象とする介入度の強いケースとなる場合もあれば（洗 一九八五：二四一–二五頁）[6]、現代ドイツのように、一定の規定（世俗的規定）を満たせば原理的にはどのような宗教も公認されるといった宗教への国家の介入度が低いケースもある（実際上は問題もあるようだが）。また、タイのように公認された宗教集団への支援・統制だけでなく、教育行政などを通じて国家主導の仏教教育やイスラーム教育なども行われるなど、一面で介入度は高いが、非公認の場合でも比較的自由に宗教活動ができるというケースもある。(7) 加えてタイの場合には、国家体制理念としては、宗教特に仏教と国王の関係を重視した体制となっており、憲法や法律レベル以外の理念も考慮しなくてはならない。

こういった点を考慮すると公認教制のなかの質的な差異に注目する必要があるように思える。特に、宗教団体の自律性の強いドイツにおける公認宗教制(公認宗教団体を公法人化し国家のパートナーと位置づける)と、タイのサンガのように国家主導で組織化され自律性が弱く、国家が支援と管理の対象とするような宗教団体を前提とした公認宗教制とを分けて考察することは、事象に即した適切な考察につながるだろう。

この点は、ジョナサン・フォックスによる「Official GIR(国家における宗教の公式の役割)」の分類にも、当てはまる。フォックスの分類では、タイもドイツも「協同」型(Cooperative、国家によって特定の宗教のみに支援が行われるとまではいかないが、いくつかの宗教が他の宗教よりも国家からの支援を得ている)に分類されている。

確かにタイの憲法では、仏教を含め特定の宗教を国の宗教とするなどの記載はない。しかし、「国王を元首とする民主主義政体」と「国王は仏教徒であり、諸宗教の擁護者」という規定をあわせて考えれば、仏教が特別な地位にあるようにも読み取れるし、実質的にはサンガ法などの世俗法によって、サンガへの支援・統制を行っている(ただしその他の公認された宗教にも援助額は小さいが支援が行われている)。また、一九九七年以降の憲法には、「大多数のタイ国民が長きにわたり信仰してきた宗教である仏教およびその他の宗教を、国は擁護し保護しなければならない」(第七九条)と明記されている(ただしフォックスの議論では、この憲法規定については触れられていない)。(8) いずれにしてもこれらの点を考慮すれば、タイは「市民宗教」型(Civil Religion、国家が特定の宗教に公式の役割を与えることはないが、ある一つの宗教が非公式的に国家の市民宗教としての役割を担う)

や「多重公定宗教」型(Multiple Official Religion)に区分されてもおかしくない[9]。

もちろんフォックスの研究は、Official GIR の項目だけではなく、宗教法制など多面的な調査項目を用意しているので、タイが特定の宗教への支援を行っていることは宗教法制の項目でぬかりなく取り上げられている。加えてそもそも国家介入の全体的な特徴をあぶり出すことが、フォックスの研究の主目的とされており、逆にいえば、国家介入の歴史的経緯や動機などは扱わず、調査項目自体の持つ現地での意味合いや、ある法的規定を通じて実際には何が行われているのかといった点については、フォックスは研究上の禁欲をもって議論していない。したがって我々は、どういった点を質的研究によって補っていくべきかを考えなくてはいけない。数量的な調査結果だけでなく、質的な分析をふまえることにより、その国における具体的な問題点の把握や、その乗り越えの模索につながるし、似たような傾向の国との比較も実りあるものとなるだろう。

たとえば、Official GIR を端的に示す指標として憲法があるが、それにどのような意味合いがあるのか、といった点は、質的に考察をする必要があるだろう。確かに特定宗教を国の宗教などとして憲法で明記することは政教関係の提示において重要な事柄であり、無視はできない。実際に、タイの僧侶の一部には憲法における仏教の国教明記を求めてきた者もいるし(矢野 二〇〇七b)、スリランカやミャンマーでは仏教の国教化の明記を引き金に宗教・民族紛争が発生し、内戦やクーデターにまで拡大した。しかしタイは、このセンシティブな点を明文化せずに曖昧に保ち、個別の法律を通じて対応してきたし、ラック・タイという国家体制理念を通じて提示してきた。そうなると国教に関する憲法規定の有無は実質的作用を持つというよりも、極めてシンボリックな重要性を持つものなのかもしれない。近代憲法における宗教の位置づけとは、いかなる意味を持つものなのかは、そういった点からも掘り下げられなくてはいけないだろう。

七　公定宗教と三つの型――公設型・公認型・公営型

以上の目的に即し、国家仏教や公認宗教や協同的(Cooperative)といった用語ではなく、タイの現場の状況を抽象化した言葉から論を組み立ててみたい。

ここでは試みに、公定宗教という用語を使ってみる。これは国家介入的な政教関係によって制度化されてきた宗教集団や宗教活動と、大雑把に考えておきたい。さらにタイの公定宗教を、公設型、公認型、公営型の三つに分けて整理してみたい(10)。ただしこれは、タイの事例のみを使用し、さらに筆者の観点から行った抽象化にすぎない。他国においては、そして他の研究者の視点からは、これとは異なる形式で抽象化された型の公定宗教もありうるだろう。たとえば政党との関わりが重視されるケースなどが考えられる(逆にいえば、少なくともタイでは、国家介入の政教関係がこの三つのやり方で実体化されていると、筆者が考えているということである)。

七−一　公　設　型

まず公設型から取り上げる。これは、国家が自国領土内で既存の宗教集団を何らかのかたちに区分・統合し、共通ルールを策定して制度化し、そして支援や統制を行うタイプの公定宗教である(11)。国家コーポラティズム様式の政教関係といってもよいであろう。タイ国サンガがその典型的な例である。近代タイ国家形成以前には、統治範囲のすべての寺院と僧侶を束ねるような集団は存在していなかった。それが法的に整備され始めたのは、一九〇二年のサンガ統治法からである(後に、一九四四年、一九六二年に新たなサンガ法が制定された)。しかもタイ領土内のサンガ統一は、僧侶たちによる宗教的自律性を求める運動に起因するのではなく、あくまでも国家行政の視点からタイ全土に行き渡る教育インフラ(学校としての寺院、教員としての僧侶)を整備することが主目的であった。つまり、タイのサンガという枠組みとその実体化は、国家行政の思惑で形成されてきたものであった。

ただし僧侶の諸活動の多くは、この公設組織とは別に、地域社会における諸関係、師弟関係の系譜、出身地別の人脈、僧院学校でのつながりなど、多様なインフォーマルグループを通じてなされている。とはいえ、公式上はタイ国サンガといったフォーマルな組織が、国家と関わる際の受け皿となる。つまり公設型の公定宗教とは、組織面、もしくは配電盤といったハード面からなされた、公定宗教の制度化である。ちょうどそれは、江戸時代に日本の寺院が本末関係に整備されたこと、あるいは明治時代の神仏分離で神社と寺院のあいだに制度的な区分が明確化されたことに似ている。ただタイの公設型の場合には、(少なくとも王室に近いタンマユット派以外の)在来派で多数派のマハーニカーイ派は、実際の人的つながりなどは考慮されずに全国規模で組織化された。そういった点からすれば、公設型の公定宗教は、少なくともその設立当初は集団的な一体性に欠けており、この集団自体が自律性をもって国家に対抗したり、(個々の成員は別として)信教の自由を掲げて国と対峙したりするということを想定しにくい宗教集団なのである。[12]

タイ国サンガの場合、それは単に全国組織として制度化されただけではなく、国家が教育政策や同化政策あるいは福祉政策などにこの組織を活用するという面も見られた(この点は後に述べる公営型の公定宗教の特質である)。その意味で、サンガと国策といった点での政教関係は密なものがある。他方でサンガや僧侶が議員選出の選挙活動に関わったり、特定の政党を支持したりすること、さらには政治的デモに参加するといった政治活動については、僧侶がこれに関わることを禁止されている(Somboon Suksamran 1982: 101-102)。理由はそのような政治活動は、出家者の清浄性を損ない、サンガに党派的な分裂をもたらす恐れがあるからという面が強いのだが、他方で公設のサンガは公務員組織のような体制内組織だと考えればわかりやすいであろう。

また同種の制度化は、タイのイスラームに対しても行われた。一九四五年に制定された「イスラームの擁護に関する勅令」は、イスラームに対するタイ国王の擁護を実施する国王代理者としてのチュラーラーチャモントリー（宗主）というイスラームの代表者を選定し、その下に、内務省の行政局・教育省の宗教局諮問機関としてのタイ国イスラーム中央委員会を設置し、さらにその下に各県イスラーム委員会、さらにその下に各スラウ・イスラーム委員会（各モスクの委員会）と階層状の組織をつくり、個々のムスリムは特定のモスクに所属を登録するという制度である（石井 一九七七：三五八―三六一頁）。その後チュラーラーチャモントリーは、国王代表から教育省の諮問に応じる顧問職となり、勅令も一九九七年には「イスラーム統制法」として改訂されたが（林 二〇〇五：七五頁）、基本的な統治様式に変化はない。ただし、実際のムスリムたちは、複数のモスクに関わるケースもあれば、行きつけのモスクを変えていくケースもある。先のタイ国サンガと同様、内部のインフォーマルグループが活動の主体となっている。

一方、タイのキリスト教に関しては、公設型と解釈できる面もあるが、おそらく教会側の組織形成の自律性が強いと思われるので、以下の公認型に含めておく。

七-二　公　認　型

次に、公認型について述べるが、これは既存の宗教集団をそのまま国家が認可して、支援や統制を行うタイプの公定宗教である。もちろん先述の公設型の公定宗教は、公認された状態にもあるが、ここで公認型として区別しているのは、既存の自律的な集団の存在が前提となっているケースである。

たとえば、タイでは在家の仏教団体やイスラームやヒンドゥー教の諸団体がそのまま公認対象として認可されている場合などがある。これらは「種々の宗教に関する宗教局規則」（一九六九年）において、規模と目的により「宗教的な大団体」「宗教的な小団体」「宗教的な特別団体」と区分され公認される（西本 二〇〇九：五一四―五一五頁）。

またキリスト教に関しては、タイ国カトリック教会とプロテスタント四派（タイ国キリスト教会、タイ国クリスチャン連合、南部バプテスト教会、タイ国セブンスデーアドベンティスト教会）を合わせた五大教会組織が制定されている（西本 二〇〇九：五三三頁）。この場合には、カトリック教会やセブンスデーアドベンティスト教会など一宗派単位での公認化と、個々の宗派や教会が、連合組織に加入することで公認されている場合がある。後者の連合組織については、国家主導の組織枠組みであるならば公設と分類してよいだろうが、（十分な確証を得ないが）むしろ教会側の主導で自律的に形成された組織であり、国家がそれを公認したと理解した方がよいと思われる。

なお実際には、五大教会組織に属さずに活動する教会や宗教者も少なくない（林 二〇〇五：七七頁）。またタイの政教関係と比べドイツの政教関係では、公認型の宗教団体の社会的影響力が強く、公立学校等での宗教教育の主導権をも有している。

七‐三　公　営　型

以上述べてきた公設型と公認型は、何らかの実体的な宗教集団の制度化が前提となっていたが、次に述べる公営型の公定宗教は、そのような集団的実体性はなく、行政事業(プロジェクト)として展開される公定宗教、多様な行政目的の遂行と宗教的な教化活動や儀礼活動が一体になった(あるいは宗教を行政資源として活用した)公定宗教を意味する(なお筆者はこれまでこの公営型の公定宗教となっている仏教を「行政仏教」や「官製仏教」と呼んできた)(13)。

公設型と公認型の基本が、組織や制度といったハード面・インフラ面の形成に重きを置いていたとすれば、公営型は、ハード面のうえに流れるソフト面に重きを置いた、あるいは配電盤のうえを流れる電流(情報)のような、公定宗教である。ただし、ソフト面が展開するハードの領域は、公設型・公認型の公定宗教の組織にとどまらない。行政事業なので、各省庁とその地方出先機関や地方行政機関からなる行政ネットワークを通じて展開する場合もある。

公営型の公定宗教は、タイの場合特に国家による教育事業や福祉事業と連動して行われている。戦前の日本の事例でいえば、文部省による修身教育や、国家総動員法(一九三八年)以降に見られる特高警察による皇道宣布のための取締活動(小島 二〇一〇：八九―九一頁)なども、同種のものと捉えることができよう。

この公営型の公定宗教における仏教(行政仏教)、特に教育行政と連動した国家の教育・宗教事業は、画一的な宗教的知識・情操を教育(布教)するという側面がある。タイの場合、宗教科の授業が週に二時間行われており、学習指導要領に該当する「ビジュアルマップ」は、教育省主導下において僧侶を含む関連分野の専門家が策定している(矢野 二〇〇八)。また近年では、この授業を専門に担当する教員として僧侶を派遣するといった政府プロジェクトも行われるようになった(それまでは、在家者である一般教員が行うことが多かった。今でも僧侶教師の派遣を得られない場合には、一般教員が宗教教育を担当している)(矢野 二〇一一)。つまり、組織としては教育省管轄下の国公立学校と教員、および国家仏教庁や文化省宗教局と関わるサンガという、制度のハード面を利用し、道徳教育という行政事業の一環として宗教教育が展開されているというわけである。

なおタイの国公立学校における宗教教育では、人口の約九五％を占める仏教徒と、約四・五％のイスラーム教徒向けに、それぞれ異なった教科書を使用し、異なる教育内容が定められている。それ以外の宗教の信徒や無信仰者に対してはケース・バイ・ケースの対応をとっているが、仏教の授業へ参加することも多い。

他方、一元的な宗教教育とは異なった多元的・ホリスティックな教育が、行政外部で生まれ行政プロジェクトに取り込まれるといった事例も近年見られる。教育省の仏教式学校プロジェクト（私立の仏教系私立幼稚園の活動内容・ノウハウ・人材などを、政府が取り込んで形成された行政事業）や（矢野 二〇〇九b）、政府からの資金援助を得ながら外部団体の事業として行われている善徳プロジェクト（一部の僧侶や教育者・有識者が中心になって運営している活動）などである（矢野 二〇一三b）。

これらの活動は、仏教を画一的に教えることを主眼とする教育ではなく、仏教（あるいは他宗教者であれば、その信仰）や、さらには国王による道徳的教えを行動理念に据えながら、身の回りの具体的な問題を発見し、問題解決を実践していくような、現場の多様な実践に開かれた活動である。その問題発見と解決は、仏教を含め学校等で学んでいることを幅広く活用するだけでなく、地域の大人社会とのつながりを形成し、その助力を得ながら遂行されていく。それは仏教的（宗教的・道徳的）な意味づけを伴った問題解決を実践しながら、家庭・地域社会のつながりを再構築していく営みともなっている。なかには、仏教・イスラームの双方の教えを行動理念に据えながら、南部のテロや宗教的紛争の犠牲者への様々な支援を行うといった活動等も展開している（矢野 二〇一三b）。

これらの公営型の公定宗教といった事象については、教育学からのアプローチを除き、タイの宗教研究ではあまり注目されてこなかった。おそらくその理由は、宗教実践を、宗教者や宗教団体が行うものとして狭く位置づけてきたため、国家が宗教的理念を持ち、宗教実践（行政事業）のアクターとなることは、視野の外に置かれてきたか、近代社会にあるべきではない不適切な事象して脇に置かれてきたからではないかと考えられる。

八　まとめと展望

ここまでの論点をまとめると、タイでは、国家体制理念として民族（民族的政治共同体）・宗教（仏教）・国王を掲げるラック・タイ（タイ的原理）なるものがある。それに影響された（もしくは相互に影響を与えた）憲法の宗教関連規定があり、宗教は、信教の自由の権利に裏打ちされた私的な事象にとどまらず、国家や行政も関わりかつ国民全般に関わる公的な側面を帯びた事象であることが記されている。そのため多くの官庁において、法律の規定に基づく宗教関連の行政事業が見られる。このような政教関係を国家仏教や公認宗教や協同的（Cooperative）な政教関係と表現することもできるが、いずれも国家介入的な政教関係の実情を十分に捉えきれない。これに代わり、国家行政の側から政教関係を整理し、公定宗教とその三つの型（公設型、公認型、公営型）という概念を提案した。

以上の議論をふまえ、今後の展望もふまえ、国家介入的な政教関係における、形成要因と変容可能性（および社会参加との関わり）といった二つの点について、簡単に補足を加えておきたい。

八−一　なぜ国家が宗教の統制に介入するのか

まず、なぜ、国家介入的な政教関係が形成されたのかという点について、三つほど要因を指摘する。[14]

第一の要因としては、市民社会形成以前に、国家主導で近代化が進んでいくという状況が考えられる（玉田 二〇〇二）。自由な個人による社会契約という市民社会的な社会秩序や道徳観念をもとにした、世俗主義のナショナリズム形成と産業化へと向かう選択ができない場合、[15]それとは異なる社会秩序・道徳観念のモデルを用いて、国民国家化・産業化を進めなくてはならない。そこで持ち出されるものの一つが、伝統的な統治原理、宗教・道徳的な社会秩序、包括的な哲学思想などを基盤とした社会的秩序の観念であろう。

「秩序のイデオロギー」（ユルゲンスマイヤー 一九九五）、「市民宗教」「公共善の諸伝統」（ベラー 一九七三、ベラーほか 一九九一）、「道徳秩序」についての「社会的想像」（テイラー 二〇一一）といった概念は、それぞれ違った含みを持っているが、こういった近代国家の背後にある社会秩序のイメージやイデオロギーを捉えようとしたものと考えることもできるだろう。

これらの社会秩序モデルを、単に国民統合のために機能する宗教的なナショナリズムの発現と位置づけるだけでは不十分である。そのモデルは、言語の共通性や歴史といった（社会構築的ではあれ）既にあるものの共有によるナショナルな一体観の形成とは異なり、現在から未来において目指され実現されるべき秩序であり、まだ見ぬ社会の実現を信じ、そのなかに各人を位置づけ、人々に社会的行為の目的やそれらに関する物語を提供する。

それは、宗教的・道徳的要素を帯びた一つの理念や思想であり、いわゆる「宗教」的領域に接点を持ち、そこに介入する。その介入は「宗教」と規定されるものがいかなるものであるかを示し、体制理念の規定から外れたものを「迷信・邪教・民間信仰」などとして位置づけようとする面も持つ(長谷 二〇一三)。たとえばタイの場合では、公式の「宗教(サーサナー)」と非公式の「信仰・信条(ラッティ)」とに主要な宗教的領域が制度的に分離されるかたちとなっている(16)。

第二の要因として挙げられるのは、行政資源の不足という点である。タイの場合は、教育資源の不足に対応するため、宗教集団への大規模な国家主導の統制や介入が展開され、サンガ組織が構築されていった。近年の英米などでも、福祉行政資源の不足を補うことを前提とした宗教活動の法制化が行われている(ただし、極力、政教分離に抵触しないように慎重な対応をしているが)。

そして第三の要因として、治安維持の問題がある。たとえば、宗教集団間の紛争、宗教集団の関与する国家権力への政治的圧力への対処といった、危機管理対応という点も、国家介入的な政教関係が展開しやすい背景として考える必要があるだろう。しかしそれ以前に多数派の宗教集団自体が潜在的な治安上の脅威と感じられる場合もある。たとえば、ミャンマーの場合には軍人よりも僧侶が多いといわれ(土佐 二〇一二:五頁)、タイの場合には、サンガは国内最大級の集団であり、かつ末端の村レベルでの影響力を持っている(Somboon Suksamran 1982: 25, Somboon Suksamran 1993: 3)。このような集団が存在するということは、潜在的とはいえ為政者にとって脅威であろう。

この点からも、タイ国サンガは、政治的な意見を持った独立集団とならないよう、体制内化された組織として構築されてきた。しかし個々の僧侶の政治的活動自体は、時折り見られるものである。とりわけ一九七〇年代初頭には、農村の自律・反米帝国主義と親共産主義・親社会主義を掲げる陣営に与した政治僧と、これに対抗して王室とタイの伝統維持を掲げた政治僧の集団が形成され、双方が暴力を容認する点もあり大きな社会問題となった(Somboon Suksamran 1982: 100–103, 164–165)。政治僧のこれらの活動に対して、一方でサンガ長老会議からは禁止措置が出され、他方で一般信徒もサンガへの信頼を失い政治僧に距離をとる者が多くなった。今日では憲法への国教明記運動などの政治的な活動を展開する僧侶集団はあるが、体制批判的な政治僧集団の運動、特定政党を支持する僧侶の活動、暴力容認的な発言などはほとんど見られない。

八-二　国家介入的な政教関係の変革可能性と社会参加

最後に、こういったタイにおける国家介入的な政教関係が変革される可能性について、国家の外からの社会参加、国家の内からの社会参加、体制理念の再解釈といった、三つの点から展望を述べておきたい。

第一に、国家の外側から、つまり市民社会的な活動の展開から、国家介入的な政教関係が変革される可能性を取り上げる。タイの開発僧の一部や(cf. 本書第一〇章・櫻井義秀「タイの『開発僧』と社会参加仏教」)、国際的な社会参加仏教(Engaged Buddhism)の実践者・組織者として知られるスラク・シワラクの活動などがその事例といえよう。ただし、これらの活動以前に、先述の一九七〇年代初頭の政治僧の活動があり、それが停滞していったという経緯、および当時、大学生などを中心とした民主化運動が展開されたが、軍事政権によって弾圧されたという経緯をふまえておくことは必要だろう。

スラックの活動やその思想的影響を受けた一部の開発僧は、非暴力という立場を選択しこれらの運動を深化させつつ、仏教実践と接続している面がある(Ito 2012: 211-215)。その活動は公定宗教とは異なる人脈や方法をもって、一九八〇年代以降のグローバル化の進展における村落社会の社会問題に対処を試みてきた。また地方村落の問題を解決する活動に携わる僧侶たちのネットワークなども創設した(泉 二〇〇三：一〇二―一〇三頁)。

ただし忘れてはいけないのは、国家の方もこの問題に関わる様々な行政プロジェクトを展開してきたという点である。仏教大学卒業後の僧侶たちを、地方村落や少数民族の村等へ派遣する初歩的な地域開発プロジェクトは既に一九六〇年代中頃から試みられていた。いわゆる開発僧と呼ばれる僧侶のなかには、このような行政主導の仏教活動に触発された者もいた（泉 二〇〇三：一〇〇頁、櫻井 二〇〇八：一八五頁）。

古来よりタイの僧侶たちは地域社会のご意見番や教育・福祉支援、芸術や医療知識の伝授など多様な役割を持っていたが、特に開発僧といった名称で呼ばれていたわけではない。一方、開発僧といった用語が使われ始めるのは一九八〇年代初頭からである（泉 二〇〇三：九七頁）。開発僧という用語の出現前と後で僧侶の活動の連続性は強いのだが、他方でこの時期に何がしかの断絶も見られる。その断絶を生み出したものは、一九八〇年代以降のグローバル化の進展による村落社会の変容や解体といった事象が指摘できよう。換言すれば、それは国家や住民が対応すべき、未分化な問題領域の急速な拡大といった社会状況である。そしてこの状況に対応する僧侶といった認識が形成された点も断絶の一面であろう。そのような状況と認識の変化が、一方で国家全体の経済成長を目指す人々、他方でグローバルな資本主義経済から距離をとった地域の自律性を重視する人々、これら双方の目標において、それぞれ仏教の社会参加というかたちを結晶化させてきたのである。

したがって地域の自律性を重視する開発僧の出現によって、国家介入的な政教関係が不要になるといった事態が生まれたわけではない。逆に、行政による仏教関連プロジェクトといった公営型の公定宗教と、市民社会的なつながりを持つ開発僧の活動は[17]、相互に影響を与え合い、また互いに補完的な役割を担うといった状況になっている。むしろ、国家、市民社会の運動家、村の僧侶や住民は、それぞれ異なる思惑や社会秩序観を持ちながら、同じ場所で協同作業をしているのかもしれない。

たとえば、筆者が二〇一〇年九月に取材を行ったローイエット県のポーティカラーム寺院では、開発僧とも称される住職が、国外ＮＧＯだけではなく、行政プロジェクトとも連携をとり、それぞれから補助金等を得て、村人用のコンピューター利用施設・教室、一般人向けの学校外教育センター、住民銀行、住民出資のよろず屋、外国NGOに提供するための人形作成施設などを、寺院敷地内に所狭しと設置していた。寺院境内はさながらミニチュアの町の様相を呈しており、寺院を中心とした地域開発のモデルケースとして、この寺の活動を視察にくる者も多いと聞いている。仏教は公的な側面を持つ宗教であり、国家にも市民社会にもつながりうる領域だと認識されている点が、このようなあり方を可能にしたといえよう。

次に第二点として、国家の内からの社会参加、つまり内破的な制度変容の可能性も指摘しておきたい。これは宗教的な行政プロジェクト自体が、既存の政教関係の変化を引き起こすというものである。組織面(ハード面)での宗教の行政資源化(公設型の公定宗教)は変化に乏しいが、行政プロジェクト(公営型の公定宗教、行政資源化された宗教の活動内容・ソフト面)は変化に富み試行錯誤が繰り返されてきた。ここに変革が生み出される可能性を指摘できるのではないか。タイ国サンガという組織はいささか硬直化し社会の問題に十分対応できないとの批判がなされることは多いが、その代わり個々の寺院や僧侶は比較的自由に活動できる面もある。そのような活動のなかには、サンガという情報・人脈の配電盤や行政組織といった回路を、いわば制度的箱物として利用し、その中身を独自の活動で充塡していくといった流用を試みる者たちもいる(矢野 二〇一三d)。

たとえば本稿でも触れた、仏教式学校プロジェクトや善徳プロジェクトが挙げられる。これらのプロジェクトは、公定宗教の制度が、国家外部の活動や要望、一部の有力な学僧のアイデアとその人脈などを取り込んだものであったが、このプロジェクトで行われていることは、これまで国家が提供してきたような固定的な教えや実践の教育ではなく、プロジェクト従事者たちがイニシアチブをとり、各現場での創意工夫を凝らした、地域社会の再生や市民社会の形成をもたらす可能性を秘めた運動となっている。たとえば現在、村落地域の社会関係が大きく変節しており、寺院までもが衰退して、村の中心としての社会的役割を果たせなくなるようなケースが見られる。その際、このプロジェクトでは、安定した制度基盤を維持している学校という行政組織を中心に、村落・寺院・家庭の社会関係を再構築しようと試みている。

このようなケースは、公定宗教を使いこなす行為者が多元化していく可能性にもつながるだろう。一元的な公設型の公定宗教に、多元化した公営型の公定宗教が導入されていくものである。それが市民社会に似た秩序のイメージをつくるのかどうかは定かではないが、多元化を内包する国家介入的な政教関係といったものが生まれる可能性はあるかもしれない。

第三に、体制理念を読み替えて、オルターナティブな社会秩序理念を提示するといった変化のあり方も考えられる。たとえば、タイの仏教徒知識人による政治・社会論、「ダルマの政治」といった用語を用いた発言などは、その方向性を目指しているように思える。先のスラク・シワラクも強い影響を受けた、タイの傑出した仏教思想家であるプッタタート比丘の思想などは、その典型的な事例といえよう。

その他には、国家を取り巻く世界情勢や社会情勢が様変わりしたとき(急速なグローバル化の展開や少子高齢化の進展、移民の急増、地方の分離独立など)や、体制の根幹が揺らいだとき(王制の揺らぎなど)、体制理念の再解釈が始まる可能性もあるだろう。

以上のように、タイなどアジア諸国のなかには、必ずしも欧米先進国型の政教分離体制にならず、近代的でありながら国家の介入度の強い政教関係というものが生じるケースもある。またそういった国には、国家や市民社会など複数の行為者が宗教の社会参加を通じて影響し合い、新たな政教関係へと変化していく可能性が秘められているといえよう。

（注）

（1）それ以前にラーマ四世王は、宗教比較の視点から、仏教を位置づける文書を記している（矢野 二〇一三c）。

（2）このようにラック・タイの意味内容は時代によって微妙に変化している。また、一九三二年の立憲革命以降、国王の政治力がそぎ落とされていた時代にサガーは、民族・宗教・国王というラック・タイの中身に憲法を付け加えた、四つの基盤を持つと改訂している（一九三五年版）。しかし、国王の政治力が増してきた時代になると、たとえば一九七六年版『ラック・タイ』では、付加された「憲法」の記述が削除されている（赤木 一九八九：九〇―九四頁）。

（3）「諸信仰」は、宗教（サーサナー）という用語ではなく、「ラッティニヨム・ナイ・サーサナー」という語が使用されている。これは教えが確立して広く知られている伝統宗教以外の諸信仰といった意味を持つ言葉である。

（4）布教活動の規定や、寺院などへの不敬行為は処罰されるという法規定もある。もっとも不敬行為については、現代日本の法律にも該当するものがある。たとえば、刑法第二編「罪」第二四章「礼拝所及び墳墓に関する罪」第一八八条「礼拝所不敬及び説教等妨害」。

（5）その他、南部マレー・ムスリム集住地域における、紛争解決・復興事業に関わる組織もある。

（6）ただし小島が論じているように、明治維新から終戦までの日本の政教関係は、時代によりそのあり方を度々変化させてきた点には注意を払わなくてはいけない（小島 二〇一〇）。

（7）なお、ベトナムの場合は、近年、政治的状況の変化から、公認される宗教団体が急激に増えている。

（8）ちなみに、タイのこの規定は一九三二年の最初の憲法には見当たらない、一九六八年憲法でも見られない。一九九七年憲法と二〇〇七年憲法には記されている。一九七二年から一九九一年の間の七つの憲法（暫定憲法を含む）においてどのように記載されているのかについては、筆者の今後の課題である。

（9）フォックスがこの研究において使用したデータは、The Religion and State Project のサイト上で公開されている［http://www.religionandstate.org/］（二〇一四年八月一日閲覧）。

（10）これらの用語の英語訳はまだ試みの段階であるが、以下のようなものを想定している。公定宗教（official religion）、公設型（publicly funded type）、公認型（officially recognized type）、公営型（publicly managed type）。

（11）これは一九六九年の「種々の宗教に関する宗教局規則」に基づく、独自の教義を持ち五千人以上の信徒を持ち、タイの法律に反せず、政治的目的を隠し持たない「宗教団体」(西本 二〇〇九：五一四頁)に該当すると思われる。しかし「宗教団体」の具体的事例が明らかではなく、サンガ法やイスラーム統治法といった個別法規があることからすれば、サンガなどは「種々の宗教に関する宗教局規則」に基づく「宗教団体」とは別種の集団である可能性もある。

(12) 集団的アイデンティティが醸成され、また利権関係が固定化していくことで、そのような自律性が生じる可能性はある。

(13) タイ仏教の活動主体という点から分類すれば、公設型のタイ国サンガの仏教(僧侶組織、管理運営は僧侶が主導するが、国家との密接な連携をとる実践)、民衆仏教(村落や特定流派の寺院を中心とした僧侶と信徒の織りなす日常的な宗教実践)、公営型の行政仏教(公立学校での仏教教育、仏教ベースの福祉事業など)の三種類の仏教に分けることができる。しかし、本稿ではあくまでも、国家介入的な政教関係の分析や整理という視点を維持し、公設型・公認型・公営型の公定宗教という三種類の区分けを取り上げた。

(14) タイの近代国家がサンガ統治に介入する三つの要因については、既にソンブーン・スクサームランが同様の視点(サンガ浄化支援による社会統合、行政資源となるタイ国サンガ、国内最大組織の一つとしてのタイ国サンガに対する治安対策)で指摘している(Somboon Suksamran 1982: 3, 25, Somboon Suksamran 1993: 125)。本稿では、ソンブーンによる研究をふまえつつ、独自の見解も加味して論じてる。

(15) 植民地化や産業化については、他国との競争や闘争(ゼロサムゲーム)という状況があるため、似たようなやり方で早急に対応しなくていけないというインセンティブが働く。しかし他方で、市民社会化は他国との競争・ゼロサムゲームではないので、競争状況とは違うテンポで展開しうるし、異なるインセンティブで人々を動員しなくてはならない。また、市民社会がなくても、その機能的代替があれば、統治技術の近代化や産業化は可能であろう。

(16) このような「体制理念」「宗教」「残余の宗教的な事象」からなる三層構造については、既に小原による議論がある(小原 二〇一〇：一七九頁)。小原は「秩序・宗教(概念)・反秩序」の「サンドイッチ構造」が、古代ローマや、ヒンドゥー・ナショナリズム、現代中国、戦前の日本にも見られると指摘している。ただこれは単に、政治権力が、「宗教」なるものを定義しているという問題にとどまらない。実際には、三層それぞれが相関しつつ、それぞれに宗教的なものを配分し定義づけているという状況とも考えられるだろう。

(17) ただし地域密着型の僧侶の活動が、西洋近代的な意味での市民性と完全に重なるのかどうかは、さらなる吟味が必要だろう。彼らの活動が伝統的な村社会の社会秩序と価値観をもとにしているのならば、個を基盤とする市民社会的な秩序とは異なる可能性もありうる。

参考文献

赤木攻、一九八九、『タイの政治文化──剛と柔』勁草書房。

洗建、一九八五、『曹洞宗ブックレット・宗教と差別2　明治以降の宗教統制』曹洞宗宗務庁。

石井米雄、一九七五、『上座部仏教の政治社会学──国教の構造』創文社。

石井米雄、一九七七、「タイ国における《イスラームの擁護》についての覚え書」京都大学東南アジア研究所『東南アジア研究』一五巻三号、三四七―三六一頁。

泉経武、二〇〇三、「『開発』の中の仏教僧侶と社会活動──タイ・スリン県の『開発僧』ナーン比丘の事例研究」駒沢宗教学研究会『宗教学論集』二二輯、九三―一一〇頁。

加藤和英訳、二〇〇八、「仏暦二五五〇年(二〇〇七年)タイ王国憲法」日本タイ協会『タイ国情報』四一巻別冊四号。

小島伸之、二〇一〇、「自由権・民主制と特別高等警察──『特高教本』を題材として」『宗教法』二九号、七一―九八頁。

小原克博、二〇一〇、『宗教のポリティクス──日本社会と一神教世界の邂逅』晃洋書房。

櫻井義秀、二〇〇八、『東北タイの開発僧──宗教と社会貢献』梓出版社。

スラック・シワラック、二〇一一、辻信一・宇野真介訳『しあわせの開発学──エンゲージド・ブディズム入門』ゆっくり堂。

玉田芳史、二〇〇一、「タイの近代国家形成」池端雪浦ほか編『岩波講座・東南アジア史5　東南アジア世界の再編』岩波書店、二一三―二三五頁。

テイラー、チャールズ、二〇一一、上野成利訳『近代──想像された社会の系譜』岩波書店。

土佐桂子、二〇一二、「日本記者クラブ研究会『ミャンマー』③──ミャンマーにおける宗教政策」日本記者クラブ、一―二〇頁。

長谷千代子、二〇一三、「『宗教文化』と現代中国──雲南省徳宏州における少数民族文化の観光資源化」川口幸太・瀬川昌久編『現代中国の宗教──信仰と社会をめぐる民族誌』昭和堂、二一〇―四五頁。

西本陽一、二〇〇九、「仏教国家タイと非仏教系山地民──キリスト教徒ラフおよび伝統派ラフの事例」林行夫編『〈境域〉の実践宗教――大陸部東南アジア地域と宗教のトポロジー』京都大学学術出版会、五〇九―五三八頁。

林行夫、二〇〇五、「第二章　東南アジア大陸部　第二節　タイ」文化庁『海外の宗教事情に関する調査報告書』五三―九三頁。

林行夫編、二〇〇九、『〈境域〉の実践宗教――大陸部東南アジア地域と宗教のトポロジー』京都大学学術出版会。

ベラー、ロバート・N、一九七三、河合秀和訳『社会変革と宗教倫理』未來社。

ベラー、ロバート・Nほか、一九九一（原著一九八五）、島薗進・中村圭志訳『心の習慣――アメリカ個人主義のゆくえ』みすず書房。

村嶋英治、一九八九、「現代タイにおける公的国家イデオロギーの形成――民族的政治共同体（チャート）と仏教的王制」日本国際政治学会『国際政治』八四号、一一八―一三五頁。

村田翼夫、二〇〇七、『タイにおける教育発展――国民統合・文化・教育協力』東信堂。

矢野秀武、二〇〇三、「仏教信仰と精霊信仰の新たな姿――公認宗教制度と王室への崇敬」綾部恒雄・林行夫編『タイを知るための六〇章』明石書店、一八六―一八九頁。

矢野秀武、二〇〇七a、「タイにおける宗教教育――宗教の公共性をめぐる多様な試み」国際宗教研究所編『現代宗教　二〇〇七：特集・宗教教育の地平』、一六四―一八九頁。

矢野秀武、二〇〇七b、「タイにおける仏教の国教明記運動」国際宗教研究所『国際宗教研究所ニュースレター』五六号、八―一三頁。

矢野秀武、二〇〇八、「タイの仏教科教科書と宗教教育制度」『世界の宗教教科書』大正大学出版会、一―一三頁。

矢野秀武、二〇〇九a、「タイ人が学校で学ぶ仏教――仏教の教科書とその読み方」日本タイ協会『タイ国情報』四三巻一号、三四―四五頁。

矢野秀武、二〇〇九b、「タイにおける国家行政の仏教活動――仏教式学校プロジェクトの事例から」駒澤大学総合教育研究部文化学部門『文化』二七号、一―三三頁。

矢野秀武、二〇一〇a、「国家仏教と宗教行政――タイの政教関係を再考する」駒沢宗教学研究会『宗教学論集』二九号、九一―一一三頁。

矢野秀武、二〇一〇b、「タイの宗教行政に関する基礎資料――国家仏教庁および文化省宗教局の事業と予算配分」駒澤大学総合教育研究部文化学部門『文化』二八号、一―四五頁。

矢野秀武、二〇一一、「官製の宗教運動――タイ上座仏教と教育改革」国際宗教研究所編『現代宗教　二〇一一：特集・現代文化の中の宗教伝統』、一〇六―一二九頁。

矢野秀武、二〇一二、「現代タイ国家行政機関における宗教関連行政　中間報告」駒澤大学総合教育研究部文化学部門『文化』三〇号、一―二四頁。

矢野秀武、二〇一三a、「近代における政教関係の開発途上国モデル――タイの政教関係に見る国家介入と公定化を事例に」駒澤大学総合教育研究部文化学部門『文化』三一号、一―三〇頁。

矢野秀武、二〇一三b、「仏教・国王・学生と絆づくりのイノベーション――学校がつなぐ寺院と地域」櫻井義秀編『タイ上座仏教と社会的包摂――ソーシャル・キャピタルとしての宗教』明石書店、二五六―二八七頁。

矢野秀武、二〇一三c、「タイを流れる欧米宗教学の微風――サーサナー(宗教)とReligionをめぐるタイ宗教学の模索」東京大学宗教学研究室『東京大学・宗教学年報』三〇号(特別号)、五一―七〇頁。

矢野秀武、二〇一三d、「宗教活動の革新を生む土壌――タイにおける開かれた僧院組織」中央学術研究所『ＣＡＮＤＡＮＡ』二五四号、二―四頁。

ユルゲンスマイヤー、マーク、一九九五(原著一九九三)、阿部美哉訳『ナショナリズムの世俗性と宗教性』玉川大学出版部。

Fox, Jonathan, 2008, *A World Survey of Religion and the State*, Cambridge University Press.

Ito, Tomomi, 2012, *Modern Thai Buddhism and Buddhadāsa Bhikkhu: A Social History*, NUS Press.

Kataoka, Tatsuki, 2012, "Religion as Non Religion: The Place of Chinese Temples in Phuket Southern Thailand", *Southeast Asian Studies* 1-3: 461-485.

Somboon Suksamran, 1982, *Buddhism and Politics in Thailand: A Study of Socio-Political Change and Political Activism of the Thai Sangha*, Institute of Southeast Asian Studies.

Somboon Suksamran, 1993, *Buddhism and Political Legitimacy*, Chulalongkorn University Printing House.

Sulak Sivaraksa, 2004, *Trans Thai Buddhism: Sprritually, Politically and Socially*, Suksit Siam.

Tambiah, Stanly J., 1976, *World Conqueror and World Renouncer: A Study of Buddhism and Polity against a Historical Background*, Cambridge University Press.

第一〇章　タイの「開発僧」と社会参加仏教

櫻井義秀

一　経済発展から民主的ガバナンスの時代へ

タイでは地域開発に従事する僧侶が、開発僧（プラ・ナック・パッタナー）と呼ばれ、日本を含めた世界各国の仏教者や仏教研究者に知られている。僧侶自身が開発僧を自称として用いることは少ないものの、政府やサンガ（僧団）の開発政策を内面化した僧侶や、地域の貧困問題に取り組んだ村人出身の僧侶たちが、行政や地域開発NGOと協働しながら地域開発に取り組んできたので、研究者やNGO活動家からそのように呼ばれることが多い。

私自身、開発僧の研究に一〇年近く従事した経験があり、一書をまとめた後（櫻井 二〇〇八）、「開発僧」とは何か、タイにおいて上座仏教は社会倫理の構築にどのように力があるのかという課題に関してソーシャル・キャピタル論から考察してきた（櫻井編 二〇一三）。

ソーシャル・キャピタル（社会関係資本）とは、集団内の互酬性規範、一般社会への信頼、個人がリソースとして活用可能なネットワークを包括する概念である。近年では市民社会や民主制との関連を考察したロバート・

パットナムの議論(Putnam 2000＝二〇〇六)やアメリカの教会組織による福祉活動との関連を扱う研究(Smidt 2003)があり、そうした議論に影響を受けて日本でも宗教とソーシャル・キャピタルとの関連にようやく光が当てられてきている(稲場 二〇一一)。筆者自身がその推進役でもあるが(櫻井・濱田編 二〇一二)、それでも、タイの「開発僧」を社会参加仏教の脈絡だけで語ることに躊躇を感じることがある。

その理由は、今まさに典型的な開発僧が活躍した時代は終わってしまったからである。それならば、社会開発に従事する僧侶のあり方、僧侶の社会参加は一過性の社会的流行とでもいうべきものだったのか。確かに、タイにおいて開発(パッタナー)という言葉は、経済開発はもとより政治、教育、衛生等公共的世界における秩序と進歩を指し示す。民族・宗教・国王がタイの柱であると説いたサリット・タナラット(在任一九五九―六三)は、王室プロジェクト、僧侶による布教や開発教育、行政主導の開発を積極的に推し進め、同時に東北地方で勢力を温存していたタイ共産党やラーオ民族主義者の懐柔も図った。すなわち、開発は政策だったのである。その後の一九七〇年代以降、国連が説く人間開発や地域開発NGOが主張する草の根型の地域開発も推進され、開発は官民ともに、タイ国民が遂行するべき社会目標となった。

現在、中進国タイでは開発が政策課題であった段階は終わり、均衡ある社会発展や法治・民主的ガバナンスの実現が目下の課題となっている(櫻井・道信編 二〇一〇)。しかしながら、政治に積極的に参与しようという僧侶や仏教運動はタイに現れていない。その理由を考えるために、少しタイの政治情勢を振り返ってみよう。

二〇〇六年にクーデターで政権を追われたタックシン・チンナワット後のタイ政治は迷走を続け、タイでは非公式的な権力と街頭デモが政治に影響力を行使した。タックシンの支持母体であるタイ愛国党は選挙違反という理由で裁判所に解党を命じられ、総選挙後に受け皿となった人民の力党にも反タックシンの民主市民連合(黄色シャツ)と憲法裁判所が圧力をかけてサマック・スントラウェート(任期八カ月)、ソムチャーイ・ウォンサワット

（任期二カ月半）を首相辞任に追い込み、アピシット・ウェーチャチーワ（任期二年八カ月）による民主党に政権が移った。民主党は反独裁民主戦線（赤シャツ）等の親タックシン派の市民デモにより批判を受けるものの、総選挙の実施を先延ばしにして政権延命を図ったが、二〇一一年の総選挙でタイ貢献党に敗れた。その党首がタックシンの妹であるインラック・チンナワット（任期二年九カ月）であり、二〇一三年末から数カ月にわたり反タックシン勢力による街頭の政治にさらされた（デモのリーダーは民主党で副首相を務めたステープ・トゥアクスパンであり、インラック政権下において前首相のアピシットとともに赤シャツ隊デモ鎮圧に実弾発砲を命じた容疑で起訴されていた）。インラックは総選挙で国民の判断を仰ぐとして、二〇一四年二月に下院総選挙を実施し、民主党のボイコットもあってタイ貢献党が圧勝したが、憲法裁判所は選挙無効の判断を下して政治的混乱が続き、五月七日には憲法裁判所が首相の閣僚人事介入を憲法違反としてインラックを失職に追い込んだ。軍はタックシン勢力と反タックシン勢力の妥協点を見いだせない抗争に業を煮やして、二〇一四年五月二〇日に戒厳令を発令し、タイの民主政治は宙づり状態にある。

二　公共圏へ参与する仏教と距離を置く仏教

タイの僧侶が社会参加仏教を広めたのであれば、このような事態にどう対応するのだろうか。ミャンマーでは二〇〇七年に僧侶が軍の圧政に対抗して十万人規模で波状的な抗議デモを行ったが、タイではこの種の抵抗運動が起きていない。タイの上座仏教は国家の制度の枠内にあり、しかも旧い制度なのである。時代はその先をいっている。

タックシンの政治手法であったポピュリズムは、従来中央政治の蚊帳の外に置かれていた地方人や中下層の人々に一票を行使できる権利を自覚化させ、街頭で不満を示し、圧力行動によって自分たちの利害を主張する政治参加に道を開いた。タックシン自身は一代で巨万の財を築き、政治でもトップダウンを旨とする企業ＣＥＯらしく、独断でタイ政治の方向性を決めていったが、経済発展以上の明確な国家目標を提示することはなかった。

タックシン自身は携帯電話事業のコンセッションにより情報産業で巨万の財をなした実業家であり、電子部品や自動車の生産に加えて産業のグローバル化・情報化によって一九九七年のアジア金融危機で頓挫した経済成長をなお維持しようとした。おそらくタックシンの政策がなくとも、約三〇年にわたる日系企業や国内外の企業による産業の集積や生活様式の都市化によって急速に拡大した内需があるので、タイの経済は年率五―七％台のＧＤＰ成長率を達成したであろう。むしろ、タックシン後の政変や二〇一一年の大洪水によってタイの経済はダメージを受け、成長の乱高下が見られるようになった。

タックシン後、タイの政治が利害集団間の抗争となって妥協点を探れなかった理由として、コンセンサスを生み出す公共的価値が失われたことが大きいのではないかと思われる。「開発」「成長」という時代的価値が国民をまとめる時代は終わった。それは象徴的なレベルで社会的目標にならないし、実質的にも経済成長のトリクルダウンが中下層に及ぶ段階を過ぎ、中央と地方、階層間で格差が増大し、情報化社会が差異に対する不満を高めた可能性はある。テレビに映る耐久消費財（家と車を含めて）や都市の消費生活（コーヒー店やワインショップが流行る）を満喫できる層が限定されていることも明らかだった。

このような国民の地域的・階層的分断やら人々の不満・憤懣を一世代昔の国民統合のシンボルであった民族・宗教・国王の制度でまとめ上げることは不可能だった。正確には、ラーマ九世（プミポンアドゥンラヤデート国王）が調停に乗り出さず、軍がタイの国家を守るべく出動したので、国家という価値は頑健であるかもしれない。

しかし、軍と憲法裁判所だけで国家の運営ができるはずもなく、いずれ総選挙で国民の代表を選び、議会と内閣によって行政を動かす時期がくる。タイ社会は議会制民主主義と国民の人権が公共的価値として基礎づけられるべき段階に至っているのだが、遺制に固執する特定の階層と街頭の政治（行動主義）に慣れた国民に誰がどのように時代の転換を告げ、説得していくのかが問題である。

残念ながら、タイ上座仏教は新しい時代の政治に参加することは難しい。その教学はラーマ四世により改革が行われ、サンガはサンガ統治法によって官僚制的統治機構に制度化されたものであるために（一九六二年の仏暦二五〇五年サンガ統治法では、大僧正の下に長老会議を置き、実務はその下の行政機構が担う、すなわち内務省の機構のように区―郡―県―地区の順でピラミッド型の統治が行われることが規定された）、国家に組み込まれた制度宗教だからである。

開発僧はタイの経済発展とともにその役割を終えて本来の宗教的な領域に戻り、大勢の僧侶は元来の修行と福田としての寺院にこもっている。福田とは、在家の者が善行の種子を蒔いて功徳の収穫を得る田の意であり、具体的には布施供養の対象となる出家者と僧院を指す。その意味で、タイの人々には、僧侶としての役割以上に、僧侶に寺院の外へ出て世間的な活動をしてもらおうという期待は一般的になかった。タイの僧侶は政治参加せずとも、二〇一一年に発生した大水害の折には、人々に避難場所を提供し、緊急物資の支援においても政府以上の働きを寺院ごとに行った（スチャリクル・ジュタティップ／櫻井 二〇一三）。開発僧への期待が終わった現在でも、僧侶と寺院は社会サービス的活動を十分行っているが、政治からは距離を置くのがタイ上座仏教の基本的あり方といってよい。

この点は、明治以降、宗門改革運動、法華系政治結社の形成、在家主義仏教運動を擁して日本の政治に大いに関わってきた日本の近代仏教、とりわけ法華系教団と比べれば、その違いが明確になる（西山編 二〇一四）。本書

第一章「東アジアの政教関係と福祉制度・宗教の社会活動」で述べたように、日本は伊勢神道と国学を包摂するかたちで皇室祭祀と〈天皇制＝国体〉崇拝を中身とする「国家神道」イデオロギーを構築し、このイデオロギーに抵触しない限りでの信教の自由を認め、諸宗教の活動を管理してきた。その結果、明治から大正にかけて宗教が政治に翼賛化するタイプの皇道仏教、皇道キリスト教、皇道新宗教が生まれ（神社神道には皇道を冠せずともよいだろう）、戦後は皇道から民主主義・平和主義を冠した社会運動を行う諸宗教へ転換してきたのである。政教関係でいえば、政治や社会情勢の影響を大きく受けるのが日本宗教の特徴であり、良くも悪くも社会参加しているのである。それがために、政治的党派と教団の関係が密になり、どの宗教、宗派・教派の教説も特定の政治理念や社会層の利害と関わるものとならざるをえない。このために伝統宗教であれ、新宗教であれ、日本社会の公共性と関わる意味での社会倫理を形成する主体になりえていない。

それに対して、タイ上座仏教は体制内仏教であるために政治的見解を示すことなく、サンガと僧侶は世俗から距離を置くことで、仏教徒のタイ人にとって等しく接することができるものとなっている。宗派はマハーニカーイとタンマユットの二つのみで教学・実践共にさしたる違いはないし、福田としての寺に集積された社会的財は学校・病院など社会施設の建築・維持費用や地域社会で必要とされる事業により在家社会に還流されるという意味で、タイの寺院はタイ社会全体と関わる価値やソーシャル・キャピタルの土壌となりえている。宗派ごとに細分化され、なお僧侶主導の宗門と在家主義の仏教系新宗教が覇を競うような仏教界を有する日本とは、大きく状況が異なる。また、戦前まで公的扶助が発達していなかった日本では、キリスト教、仏教、神道を問わず宗教による社会事業が盛んであったが、戦後は福祉が社会化・制度化されて宗教団体による社会的サービスは後景に退いた。タイの場合、地域開発や社会福祉の充実が遅れたために僧侶や寺院の社会活動が依然として前面に出ている印象が強い。

歴史的に見れば、近代の国民国家形成期に体制に取り込まれ、近現代の市民社会的空間において自らの存在意義をアピールし、信徒獲得の必要もなかったタイ上座仏教は、ある意味で政治と宗教文化の地平において安定的な基盤を確保し、僧院の仏教たりえたのである。戒律の墨守と個人の瞑想行が僧侶の主たる関心事であり、世俗外に身を置くことで福田となりえた。それに対して、日本の近代仏教運動は体制外で権力への翼賛か対抗かを迫られ、なお民衆の支持を得るために公共空間へ自ら進み出たともいえる。他宗教との比較でいえば、タイ上座仏教はカトリックや正教に近い政教関係と宗教のあり方を維持しているように見え、日本の近現代仏教運動はプロテスタンティズムの動きに似ている。こうした点については、今後考察を深める必要があるが、この小論では論点の提示にとどめたい。

以下では、開発僧の先行研究を紹介し、一九八〇–九〇年代に研究者やNGOの実践家が構想した社会参加と実際の開発僧が行った社会参加のズレとその意味について言及することにしたい。

三　開発僧はどこから来てどこへ行くのか

開発僧の研究はタイと日本で進められてきたが、開発僧の論じ方としてはおおよそ二つの類型があった。一つは、経済開発ではなく人間開発、行政による開発ではなく草の根型の開発、外部資源を導入しない内発型発展といったオルターナティブな開発論であり(Phittaya Wongkul 1989、鈴木・浦崎 一九九八、浦崎 二〇〇二、西川・野田編 二〇〇一)、実際にその点を意識化しながら独自の地域開発を行う僧侶もいる(泉 二〇〇二、二〇一二)。もう一つは、開発僧の活動時期と内容から開発僧の変遷を描き出そうという研究である(Somboon Suksamran 1987, Phinit Laphathanan 1986)。後者の方を詳しく見ていこう。

ピニット・ラーパターナーノンは、開発僧の活動と社会状況を五つの時代に区分した。①一九六一年以前に僧侶が指導した開発の先進事例があった。②一九六二―七〇年頃の政府の開発政策の影響を受けたサンガによる開発事例もあり、サリット・タナラットが主導した一連の開発政策に呼応したものである。サンガの仏法の使節(タンマ・トゥート)計画等の影響を受けた地方在住の僧侶によるものが多い。仏法の使節とはバンコクの仏教大学から卒業した僧など志願者が地方へ布教、開発援助の名目で派遣された宗教局策定の計画であった。③一九七一―八〇年頃の住民の自助組織形成を支援した開発事例であり、水牛銀行・米銀行、貯蓄組合、共同店舗等を村落に設立することで商品経済の流入による急激な農民層の階層分解を防ごうとしたものと考えられる。④一九八一―九〇年頃までのNGOとの共同開発の事例であり、その頃は開発僧の存在が広く知られて、地域開発のキーパーソンとして僧侶との協働プロジェクトを企画したものである。⑤一九九一年から現在までの環境破壊や消費文化・薬物に依存する生活の克服を目指した開発事例であり、僧侶と地域住民、行政やNGOとの関係の変化があった。日本や海外に開発僧の事例が知られ、スタディーツアーが組まれた時期でもある(ピニット・ラーパターナーノン 二〇〇九)。

筆者は、④の時期にタイの開発NGOと協働する日本のNGO(タイの中学生に奨学金を送るNGO)に関わり始め、⑤の時期にタイの家族・農村調査、出稼ぎ農民の労働調査、地域開発NGOの調査を実施し、同時にタイの高等学校に日本語教師の派遣を行うNPOの事業も行っていた。この時期のタイは家族生活や地域コミュニティが大きく変化していた時期であり、東北タイにある調査対象地域の小学校を卒業したばかりの子供がバンコクで児童労働を強いられるような状況があった。奨学金や通学に必要な中古自転車を送る活動が素朴に役立っていた時代だった。しかし、一九九〇年代の終わり頃にはタイの急速な経済成長によって農民は農業よりも出稼ぎによる仕送りで家の新築、子供の学費が工面でき、高校まで進学するのがあたりまえになり、農業を継ぐ子供がいない、親もまた継がせない時代に入っていった。二〇〇〇年代に日本語教師を高等学校が欲していた時期は、日系企業(大半は工場労働)への就職が子供たちにとって魅力的な時代であり、また、日本でも学生や社会人たちが海外においてボランティアベースで社会貢献活動を志していた時代だった。しかし、数年後にはタイの地方都市もそれなりに裕福になり、ボランティア教師に頼らず通常の給与で日本語教師を雇用できる時代になり、日本語教師派遣事業は幕を閉じ、NPOも解散したのである。この二〇年間あまりのタイの変化は非常に大きなものがあり、開発の時代から消費社会の時代へ急激な変化を遂げた。他方で、地域間・階層間格差が拡大し、地域や家族の互助・扶養能力が落ちてストリート・チルドレンの問題など新しいタイプの貧困や社会的排除が出現した時代でもある。

さて、筆者は一九九四年から九八年にかけて、僧侶、寺院、村落社会が築いてきたソーシャル・キャピタル(社会関係資本)を生かした地域開発を、一〇〇名を超える開発に従事した僧侶たちの実践例から分析した(櫻井二〇〇八)。そこでは、僧侶が開発を行う場合に、①文化的資源(僧侶の信用・宗教的守護力)の利用があること、②歴史・政治的正当性(社会開発という国家の政策に応じながらも節制や徳という心の開発を説くという僧侶の主体性を維持し、時に行政に批判的な開発実践も志向、特に森林行政をめぐる政府と先住権を主張する農民との葛藤に身を投じるプラチャック僧の事例)があること(田坂　一九九二)、③社会関係資本(東北タイの僧侶たちは頭陀行によりタイ全国を行脚し、村人たちにとって情報の伝達者・媒介者となっており、僧の師弟関係や寺院のネットワークを通じて便宜を図るルートを保持)の利用があることを述べた。そして、④一九九〇年代中盤においては、NGOと協働する開発が一段落し、僧侶個人のカリスマ(森林でなした苦行・瞑想実践により悟りの高みに到達し、それゆえの霊験を獲得して呪術的占いや治癒能力を保持すると信じられることなど)が広く人々の帰依を集め、地域社会を超えた積徳行のコミュニティが形成され、喜捨された浄財が寺院を通して社会的に還元される事例が増えていることを示した。多くの例は、バンコクに移住した人々が故郷の僧侶や寺院のパトロンとなることであるが、政治家や企業家として成功した人々が寺院建築を請け負ったりして自身の権力や財力を徳や名声に転換する例も見られた。

つまり、開発僧と自称・他称される僧侶の活動には様々な側面があり、政策との協調、霊能やタイ方医療の利用、NPOとの協働など多様な類型が見られたのである。僧侶たちの開発には、国策やサンガの方針に取り込まれる一方や、オルターナティブ論一方だけではないしたたかな戦略がある。村人に対するリーダーシップや行政との交渉力、情報収集力やイノベーション的な構想力なしには、当面地域で必要とされている事業を遂行することはできない。調査で聞き取りをしながら、僧侶の人間性や洞察力には感心させられることがしばしばだった。

二〇〇〇年代に入ると開発僧と目された僧侶たちによる地域開発活動はほとんど終息する。僧侶がリーダーシップをとって地域開発を推進する時代ではなくなった。また、その他のオルターナティブな開発や国王の新理論（足るを知る経済や複合農業）に基づく農村開発論もそれほど論じられなくなった。タイの農村は主として出稼ぎ者の仕送りによって農業や農村を維持しており、農本主義的な自律的村落の形成は現実的な地域振興策ではなくなったのである。地域で活動を継続する僧侶たちは、海外のNGOの受け皿になったり（岡部 二〇一三）、急激な社会変化にストレスや生きづらさを感じる人たちの精神修養の場となったり（浦崎 二〇一三）、エイズホスピスの運営（佐々木・櫻井 二〇一三）にターゲットを絞った活動を展開していった。

この十数年で農民たちは家電・自家用車といった耐久消費財を入手し、家を新築し、子供たちに教育投資をする余裕を手にした。もちろん農民層にも極度の貧困層があるのは事実であるが、底上げがなされた。そういう時期にタックシン・チンナワットが登場したのである。農民たちの欲求は経済的充足に次いで政治的な社会参加に移っていった。タックシンのシンパである赤シャツが東北・北タイで伸びていった現象、あるいは南部農村において反タックシン、民主党や黄色シャツの支持者が増え、それぞれに首都でのデモに動員され、また自弁で参加する人々が現れてきたのは、周辺に置かれた人たちがタイ社会の一員としての承認を求めたからではないかと推察できる。

二〇一四年一月一〇日から一四日までバンコクに滞在した折、ステープ・トゥアクスパン率いるデモ隊によるバンコック・シャットダウンに遭遇した。パトゥムワンの交差点を占拠するデモ隊のおじさんやおばさんに聞き取ったところでは南部の村から自動車に乗り合いで来た人々だった。デモ行進する人々の顔は晴れやかであり、首都において政治の表舞台に立っている自信に溢れていた。バンコク都民も祝祭ムードで参加している人々も少なくなかった。タイの政治、公共空間が社会各層に解放された空間だった。

しかしながら、そうした解放区の存在は長引く占拠による資金不足と折からの夏季入りの猛暑により尻すぼみとなり、最終的に戒厳令下で撤去させられた。タイ社会が今後どのような方向へ進んでいくのか予断を許さない。そこにタイ上座仏教が関与するのかしないのか、関わるとしたらどのような領域なのか。

本章で確認したタイ上座仏教による社会参加の特徴は次の通りである。体制内宗教であるがゆえにタイの国家・国王を支える道徳的基盤を提供するが、体制を外部から批判する政治参加はサンガの許容するところではない。社会問題を深刻化する政治の不備を指摘する政治批判をなす僧侶はいるが、政治家の資質や政策の欠陥を指摘するにとどまる。そして、タイの国民に分け隔てなく社会的サービスを提供することが国民にも期待され、僧侶もそのことに意義を感じている。国を二分するような政権の選択や政策論争に介入することはないだろう。このようなタイ上座仏教に、公共世界に政治的にアンガージュしないという意味で社会参加仏教の限界を見るか、タイの歴史・文化そのものである宗教制度の厚みと知恵を感じるか、タイ国民であってもそれぞれなのではないだろうか。

参考文献

泉経武、二〇〇二、「村落仏教と開発の担い手の形成過程――タイ東北地方『開発僧』の事例研究」東京外国語大学外国語学部東南アジア課程研究室『東京外大・東南アジア学』七巻、五五―七二頁。

泉経武、二〇一二、「『開発』のなかの仏教僧侶と社会活動――タイ東北地方スリン県の『開発僧』ナーン比丘の事例研究」櫻井義秀・濱田陽編『アジアの宗教とソーシャル・キャピタル』明石書店、二五九―二八四頁。

稲場圭信、二〇一一、『利他主義と宗教』弘文堂。

浦崎雅代、二〇〇二、「多様化する開発僧の行方――HIV／エイズ・ケアに関わる開発僧の出現を事例として」「宗教と社会」学会『宗教と社会』八号、七九―九二頁。

浦崎雅代、二〇一三、「瞑想と生きる実践――生きにくさに寄り添う」櫻井義秀編『タイ上座仏教と社会的包摂――ソーシャル・キャピタルとしての宗教』明石書店、一八六―二二五頁。

岡部真由美、二〇一三、「国際NGOによる上座仏教のソーシャル・キャピタル化」櫻井義秀編『タイ上座仏教と社会的包摂――ソーシャル・キャピタルとしての宗教』明石書店、一五二―一八三頁。

櫻井義秀、二〇〇五、『東北タイの開発と文化再編』北海道大学図書刊行会。

櫻井義秀、二〇〇八、『東北タイの開発僧――宗教と社会貢献』梓出版社。

櫻井義秀編、二〇一三、『タイ上座仏教と社会的包摂――ソーシャル・キャピタルとしての宗教』明石書店。

櫻井義秀・濱田陽編、二〇一二、『宗教とソーシャル・キャピタル1　アジアの宗教とソーシャル・キャピタル』明石書店（稲場圭信と共同責任編集で明石書店から刊行の『叢書ソーシャル・キャピタルと宗教』（全四巻）のなかの一巻目）。

櫻井義秀・道信良子編、二〇一〇、『現代タイの社会的排除――教育、医療、社会参加の機会を求めて』梓出版。

佐々木香澄・櫻井義秀、二〇一三、「タイ上座仏教寺院とHIV／エイズを生きる人々」櫻井義秀編『タイ上座仏教と社会的包摂――ソーシャル・キャピタルとしての宗教』明石書店、一一二―一四九頁。

鈴木規之・浦崎雅代、一九九八、「タイ農村におけるオルターナティブな開発・発展に果たす仏教の役割——開発僧と在家者との関わりを中心にして」日本タイ学会大会報告。

スチャリクル・ジュタティップ／櫻井義秀、二〇一三、「タイにおける洪水問題と寺院の社会活動」櫻井義秀編『タイ上座仏教と社会的包摂——ソーシャル・キャピタルとしての宗教』明石書店、二二九—二五二頁。

田坂俊雄、一九九二、『ユーカリ・ビジネス——タイ森林破壊と日本』新日本出版社。

野津幸治、一九九二、「仏教僧侶による地域開発——タイ国における開発僧侶の活動をめぐって」天理南方文化研究会『南方文化』一九輯、一一七—一二八頁。

西川潤・野田真里編、二〇〇一、『仏教・開発(かいほつ)・NGO』新評論。

西山茂編、二〇一四、『近現代の法華運動と在家教団』宝蔵館。

ピニット・ラーパターナーノン、二〇〇九、加藤真理子・林行夫訳「『開発僧』と社会変容——東北タイの事例研究」林行夫編『〈境域〉の実践宗教——大陸部東南アジア地域と宗教のトポロジー』京都大学学術出版会、三〇九—三五八頁。

Phinit Laphathanan, 1986, botbaat phrasog nai kaan phathana chonabot, sathaban wichai sangkhom mahaawithayalaai chulalongkon(ピニット・ラーパターナーノン『地域開発における僧侶の役割』チュラロンコン大学社会科学研究所).

Phittaya Wongkul, 1989, Luang Por Nan, Sangsan Publishing Co., Ltd. ＝ ピッタヤー・ウォンクーン、一九九三、野中耕一訳『村の衆には借りがある——報徳の開発僧』燦燦社。

Putnam, Robert, 2000, *Bowing Alone: The Collapse and Revival of American Community*, Simon & Schuster＝ロバート・パットナム、二〇〇六、柴内康文訳『孤独なボウリング——米国コミュニティの崩壊と再生』柏書房。

Smidt, Corwin, 2003, *Religion as Social Capital: Producing the Common Good*, Baylor University Press.

Somboon Suksamran, 1987, kaanphathanaa taam neo phuthasaasanaa: karanii sukusaaa phrasog nak phathanaa(ソンブーン・スクサームラン『仏教に沿った開発——開発僧の事例』「四章　開発の概念・原則・経験」「六章　開発過程に果たす僧侶の役割」).

第一一章　ミャンマーの社会参加仏教

——出家者の活動に注目して——

藏本龍介

一　はじめに

人口(約五千万人、二〇一四年)の約八〇―九〇%が上座仏教徒であるミャンマー(ビルマ)は、出家者の存在感が強い社会である。たとえば出家者数(約五五万人)・僧院数(約六万)は主要上座仏教国のなかで最大となっており、出家者数は人口増加率を上回るペースで増えている(二〇〇九年時点)。それでは出家者たちはどのように社会と関わっているのか。この点について本章ではまず、出家者の社会参加活動の諸相を紹介する。そのうえで、それとは対照的な、つまり社会に参加しない出家者の社会的役割についても考察を加える。それによってミャンマーにおける社会参加仏教の特徴と限界を浮き彫りにしたい。なお、一口にミャンマーの出家者といっても、そのあり方は地域や民族によって大きく異なる。しかしここではこうした差異を描く余裕はない。その背後に整理しきれないような多様性があることを断ったうえで、本章では一般的・規範的な側面に焦点を当てる。

二　出家者の社会参加活動①——出家者の政治的活動

他の上座仏教徒社会と同じく、ミャンマーにおいても出家者は村落部を中心として、年中儀礼や人生儀礼への関与、教育・医療の機会の提供など、村落生活の結節点としての役割を果たしてきた。一方、都市部においては、近代化と総称される社会変動のなかで、出家者の社会参加活動は異なる様相を示してきた。

第一に、出家者の政治的活動の活性化が挙げられる。在家者（一般信徒）と草の根レベルでつながっている出家者は、潜在的に在家者を動員する政治力を持っている。こうした政治力は二〇世紀以降、イギリスによる植民地支配に抵抗する「政治僧」というかたちで具現化し、仏教を基礎とした初期のナショナリズム運動を牽引することとなった(Smith 1965)。インドのM・K・ガーンディーの影響を受け、「全サンガ団体総評議会(General Council of Sangha Sammeggi：GCSS)」を組織して反英闘争を指導したオウッタマ師（一八七九—一九三九）や、一六三日間に及ぶハンストの末に獄中死したウィザラ師（一八八八—一九二九）の活動が有名である。

こうした「政治僧」の活動は、一九四八年の独立以降も持続する。つまり独立後に成立したウー・ヌ政権（一九四八—一九六二、一時中断あり）が、仏教復興事業を積極的に推進するなかで、一部の出家者たちは仏教国教化などを求める圧力団体として、国政に強い影響力を及ぼした。そのためウー・ヌ政権は、非仏教徒を含む国民国家建設という課題に対処できなくなり、結果として一九六二年の国軍司令官ウー・ネーウィンによるクーデターを招くこととなった。

以降、かたちを変えながら二〇一一年まで続いた軍事政権は、出家者を管理し、その政治的影響力を封じ込めることに腐心してきた。一九八〇年に成立した中央集権的な国家サンガ組織（サンガは出家者集団、僧団の意味）は、その一つの成果である（小島 二〇〇九）。その結果、全国の出家者たちは、軍政と密接な関係を持つ国家サンガ大長老委員会の管轄下に入ることになる。しかしその後も出家者による政治力の発揮はいたるところで見られる。一九九〇年以降、頻発している出家者を中心とする反政府的なデモ活動は、その一例である。たとえば一九九〇年と二〇〇七年には、民主化運動の弾圧や経済的困窮などで大きな不満を抱える民衆の声を代弁するかたちで、大規模なデモが生じた。そしてこれに軍が暴力的に対応したことからデモに参加した出家者は全国で数万人規模にまで拡大し、「覆鉢」と呼ばれる宗教的なボイコットにまで発展した。これは軍政関係者からの布施を拒否すること、つまり「軍政不支持」を表明することであり、軍政の支配の正統性を大きく揺るがすものとなった（守屋編訳 二〇一〇）。

一方、二〇一一年に民政移管が実現し、長年にわたる軍政が終わりを告げたことで、出家者の政治的活動は新たな展開を見せている。つまりミャンマーでは二〇一二年以降、仏教徒による反ムスリム運動が激化しているが、この運動を煽動しているのは一部の出家者たちである。たとえばその中心人物の一人であるウィラトゥー師（一九六八―）は、説法によってムスリム商店での不買運動を呼びかけたり、仏教徒とムスリムの結婚を制限する法案の制定を求めたりするなど、積極的に宗教対立を煽っている。このように排他的な仏教ナショナリズムを強く志向する出家者たちの存在は、ミャンマーにおける民主化・市民社会の行方を考えるうえで重要な問題であるといえよう。

三　出家者の社会参加活動②――出家者による在家者向けサービス

第二に、一九九〇年代以降に急速な市場経済化が進んでいるミャンマーでは、都市部を中心として、出家者による新たな在家者向けサービスが活性化している。ここでは便宜的に、世俗的サービスと仏教的サービスに分けて紹介してみたい。

三-一　世俗的サービス

出家者による世俗的サービスとして指摘できるのが、①現世利益的サービスと②社会福祉的サービスである。まず①現世利益的サービスについて見てみよう。ミャンマーでは伝統的に、出家者は「仏教的な知識（ロウコッタラ・ピンニャー）」とならび、「世俗的な知識（ローキー・ピンニャー）」の伝承・行使に関わってきた。世俗的な知識の行使とは具体的には、⑴予言、前兆、夢などの解釈、⑵お守りの術、⑶占星術、⑷錬金術、⑸民間医療といった民俗的な諸術を施すことを意味する（土佐 二〇〇〇）。こうしたサービスは、急激な市場経済化が進んでいる都市部において、多くの都市住民に求められているという側面がある。そのため「世俗的な知識」の行使、特に各種の占いに長けた出家者の下には、宗教の枠を超えて熱狂的な信者たちが集まっている。こうした信者には事業を営む裕福な都市住民が多く、出家者の助言によって事業がうまくいった際には、莫大な額の返礼を行うことも珍しくない。したがって「最も裕福なのは占いをやっている僧院だ」などといわれる。

次に出家者による②社会福祉的サービスについて見てみよう。急速な都市化・市場経済化の進展は、様々な社会問題をもたらしている。その一方でミャンマーでは、行政による福祉サービスは不十分である場合が多く、また行政セクターに代わってこれらの活動を担いうる市民セクターも未成熟である。さらに軍政下では海外のNGO・NPOの活動も大幅に制限されてきた。したがって社会福祉的なニーズは膨大に存在している。そこで都市部においては、こうしたニーズに対応しようとする動きも見られる。ミャンマーにおいては、社会福祉活動を行う僧院は一般に「社会福祉僧院（パラヒタ・チャウン）」と呼ばれており、特に教育分野での「僧院学校（ポンドージーティン・ピンニャーイェー・チャウン）」の活動が目立つ。ミャンマーの僧院は通常、出家者に対する仏典の教育に特化しており、世俗科目は教えない。それに対し僧院学校とは世俗教育を行う特殊な僧院のことで、一九九二年以降、正式な学位授与校として認定されるようになったことで増加傾向にある（二〇〇六年時点で全国に一三一三校、約一九万人の学生）。伝統的な寺子屋との違いは、⑴英語・数学・地理・歴史といった世俗科目を教える、⑵女子や非仏教徒も通える、⑶教師は在家者もいる、といった諸点にある。こうした僧院学校は都市部・村落部を問わずに見られるが、特に都市部においては、⑴貧しくて公立学校に通えない都市部貧困地域の子供たちに教育機会を提供するという機能、⑵全国から集まってくる孤児や貧しい子供たちの生活の面倒を見るという機能、⑶外国語やパソコンを教えるカルチャーセンター的な機能を有するものとなっている。さらに二〇一二年以降は、仏教徒とムスリムの宗教対立激化を背景として、一般信徒の青少年を対象として毎週日曜日に仏教教育を行う「仏法学校（ダンマ・スクール）」が登場し、急速に数を増やしつつある（二〇一四年時点の推計で、学校数二千、学生数五万人以上）。そこではムスリムの存在を意識するかたちで、仏教の価値を重視・強調するような教育がなされている。

三-二　仏教的サービス

次に、出家者による仏教的サービスとして指摘できるのが、①瞑想指導と②教義解説というサービスである。まず①瞑想指導とは、仏教の瞑想方法、具体的には「ヴィパッサナー(観察)瞑想」——心と体のありのままの姿を観察することによって、無常・苦・無我といった真理を体験的に理解するという瞑想——を指導することを指す。出家者がこうしたサービスを行うに至った背景には、「瞑想センター(イェイッター)」という新しい宗教組織の登場がある。瞑想センターとは、出家者・在家者問わず、希望者がより気軽に瞑想を体験できる機会を提供することを目的とした組織である。

こうした瞑想センターの原型は、植民地期から見られる。しかしそれが広範に普及するようになったのは、独立後、ウー・ヌ政権による国家的な仏教振興プロジェクトの一環として、一九四九年にミャンマー初の瞑想センターであるマハースィー瞑想センターが設立されてからのことである。その後、都市部を中心に数多くの瞑想センターが登場しており、ヴィパッサナー瞑想を基本としながら、独自の方法で瞑想指導を行っている。なかでも二大勢力であるマハースィー瞑想センターとモーゴウッ瞑想センターは、それぞれ国内に四九四カ所、四八二カ所の分院を構えている。もちろん、瞑想指導者は出家者だけではなく、在家者も存在している。しかし指導者となるためには仏典用語であるパーリ語を含む教義的な知識も必要となってくる。このような事情があるため、瞑想指導者の圧倒的多数は、在家者ではなく出家者となっている。

次に②教義解説とは、瞑想方法を含む仏教教義をわかりやすく解説するというサービスである。もちろん、出家者が在家者に教義を説明するというのは新しいことではない。しかし伝統的な「説法(タヤーホー)」が僧院や在家者の家で行われていたのに対し、新しい説法は、様々なメディアを駆使してより大規模に行われる点に特徴がある。たとえば二〇〇〇年代以降、大衆向けの「説法会(タヤーブエ)」が都市部でブームとなっており、一部の説法僧はまさにアイドル的な人気を博している。

さらにこうした説法は、単に説法会だけでなく、各種の仏教メディアの発展に伴い、より広範に展開している。たとえば説法会の様子は録音・録画され、テープ・CD・VCD・DVDなどのかたちで大量に複製され、極めて安価(VCD一枚一五〇チャット＝一五円程度)に出回っている。二〇〇〇年代後半からは、国営テレビで毎日録画放映されるようにもなった。また出版物というメディアを通じて教義解説を行う出家者も増加している。たとえば二〇〇〇年代以降、平易なミャンマー語で教義やヴィパッサナー瞑想について解説するような数十ページ程度の説法本の出版も増加している。こうした説法本もまた安価であり(数百チャット＝数十円程度)、ベストセラーの上位を独占している。さらに近年は在家仏教徒組織や宗教省が主催する在家者向けの仏典講座や子供向けの仏教文化講座も増加しており、こうした講座において講師を務める出家者も増えている。

四　社会に参加しない出家者たち

以上、出家者の社会参加活動について概観した。そのうえで指摘しておくべきなのは、こうした活動に積極的に従事している出家者は、全体から見るとごく少数であるということである。つまり大多数の出家者たちは、「出家」という名前の通り、社会との関わりを制限し、出家者としての修行(仏典学習や瞑想など)を中心とした生活を送っている。この点においてミャンマーの出家者たちは、たとえば大乗仏教が上座仏教を「小乗」と批判したように、自己の救いにのみ専心した利己的な存在であるようにも見える。その一方で、こうした出家生活は決して自己完結的なものではない。なぜなら出家者が修行に励むことが、在家者にとっても求められているという側面があるからである。

よく知られているように、上座仏教の出家者には、在家者が功徳を積むための機会を提供するという役割がある。上座仏教の究極的な理想は輪廻転生からの解脱(涅槃)にある。しかし現実には、善行によって功徳を積み、輪廻転生のなかでよい生まれ変わりを果たすことも重要な目標となっている。そこで在家者にとって、最も一般的な善行が布施、つまり自分の持っているヒト(労力)・モノ・カネを、他者に提供するという行為である。布施の対象は、誰であってもよい。ただし布施によって得られる功徳の大きさは、布施の受け手の清浄性によって異なるとされる。この点において、世俗から離れ清浄な生活を送る出家者は、在家者に功徳をもたらす装置、つまり「福田」として、布施の最上の受け手であるとされる。在家者が出家者に対して惜しみない布施を行う理由はここにある(石井 一九七五など)。

そこで重要なのは、こうした「福田」としての出家者の機能は、近代化の過程において、より重視される傾向にあるということである。つまり前述したような各種の仏教メディアを通じて仏教について学び、そして機会に応じて瞑想修行に打ち込むことによって仏教への関心を増大させている都市住民は、修行に専念するような「出家者らしい出家者」を求めるようになっている。一九九〇年代以降、都市部を中心として勃興している、「森の僧」をめぐる崇拝現象――世俗社会から離れ、瞑想修行に専念する「森の僧」が体現しているとされる聖なるパワーが巡礼などを通じて求められる現象――もまた、こうした文脈で捉えることができるだろう(土佐 二〇〇〇)。

このように上座仏教においては、出家者が社会から離れることそれ自体が社会貢献になるという論理が存在しており、それが現代ミャンマーでも強く観察される。それゆえに前述したような出家者の社会参加活動――特に政治的活動と世俗的サービス――には、ジレンマがつきまとう。なぜならこうした活動は、出家者が本来的に持っている機能を掘り崩すという危険性を常に孕んでいるからである。二〇一一年に民政移管したミャンマーでは、急激な社会変動を経験しつつある。このような変化のなかで、出家者の抱えるジレンマは、さらに先鋭化していくだろう。

それでは出家者は、こうしたジレンマをどのように克服しうるのか。その一つの可能性は、在家者との協働にある。たとえば一九九八年に、ミャンマー第二の都市マンダレーのワーキンコン僧院内に設立されたビャンマソー協会は、出家者が関与しながらも、実際の活動は在家者が行うという分業体制によって、貧しい人のための葬式援助(費用の工面や遺体運搬など)を中心とした活動を行っている。そして同様の協会は最大都市ヤンゴンにも二〇〇一年に設立されたほか、全国に広がりつつある(土佐 二〇一二)。もっとも、出家者と在家者の協働には克服すべき問題も多い。たとえば組織運営に際し、在家者は経済的合理性を重視するのに対し、出家者は教義的合理性にこだわる傾向がある。そのバランスをどのように調整しうるかが、活動の成否を左右することになる。その意味で、ミャンマーの社会参加仏教の行方は未だ不透明である。

参考文献

石井米雄、一九七五、『上座部仏教の政治社会学』創文社。

小島敬裕、二〇〇九、「現代ミャンマーにおける仏教の制度化と〈境域〉の実践」林行夫編『〈境域〉の実践宗教――大陸部東南アジア地域と宗教のトポロジー』京都大学学術出版会、六七―一三〇頁。

土佐桂子、二〇〇〇、『ビルマのウェイザー信仰』勁草書房。

土佐桂子、二〇一二、「ミャンマー軍政下の宗教――サンガ政策と新しい仏教の動き」工藤年博編『ミャンマー政治の実像――

軍政二三年の功罪と新政権のゆくえ』アジア経済研究所、二〇一―二三三頁。

守屋友江編訳、二〇一〇、『ビルマ仏教徒――民主化蜂起の背景と弾圧の記録』明石書店。

Smith, Donald E., 1965, *Religion and Politics in Burma*, Princeton University Press.

第一二章　ベトナムの政教関係
――戦争と社会主義の下で――

北澤直宏

一　はじめに

東南アジア大陸部に位置するベトナム社会主義共和国は、その国名が示す通り、共産党の一党独裁が続く社会主義国である。とはいえ宗教活動が禁止されているわけではなく、憲法により信教の自由、各宗教の平等が保障された多宗教国家でもある。一九七〇―八〇年代にかけては社会主義の実現が重視されていたものの、一九八六年に改革開放政策であるドイモイが採択された後は、宗教に対する規制は緩和の傾向にある。依然として政府により無神論が強調されがちな側面は否めないものの、観光資源や社会活動の担い手として、宗教はその活動を拡大・活性化させているといえるだろう。

しかし、このような側面が認められつつも、国外の研究者や人権団体からは、宗教に対するベトナム政府の敵対的な姿勢や、介入の激しさが指摘され続けてきた(中野 二〇〇九、Malarney 2003)。この背景に何があるのか。簡単ながらベトナムの政教関係について述べていきたい。

二　南北統一以前——社会参加仏教誕生の背景

一九七五年まで続いたベトナム戦争は、社会主義を掲げるベトナム民主共和国(北ベトナム)と、米国の後押しを受け資本主義を掲げるベトナム共和国(南ベトナム)とのあいだに勃発した、冷戦期最大にして最長の局地戦である。この戦争による混乱、そして南北の政治体制の差異は、両国における宗教のあり方にも違いを生み出した。「北」の宗教が労働党(共産党の前身)の下で大きく活動を制限されていたのに対し、「南」の宗教は一定の自律性を有し、政治・社会運動に従事する傾向が強かったのである。

なかでも「南」の仏教は一九六三年以降、共和国政府を脅かし続けた存在として特筆に値する。それまで九年にわたり政権を維持してきたゴ・ディン・ジェム(Ngô Đình Diệm)大統領は、自らが信じるカトリックを優遇し他宗教を弾圧した。都市部の仏僧たちがこれに反発、信教の自由・平等を求め対決姿勢を見せたのである。一九六三年五月に始まったこの政教間の対立は国際世論をも巻き込み、ジェム政権は同年一一月のクーデターにより崩壊する。伝統的に組織力に乏しかったベトナムの仏教界であったが、この運動を契機に団結を始め、一九六四年一月には全国組織である統一ベトナム仏教教会が設立されることになった(福永 一九九三：一八七頁、Wirmark 1974: 11)。

社会参加仏教(Engaged Buddhism)も、ベトナム仏教およびベトナム戦争を背景に誕生している。この言葉が最初に用いられたのは、南ベトナムの仏僧ティク・ナット・ハン(Thích Nhất Hạnh＝釈一行)の著書 *Viet*

Nam: Lotus in a Sea of Fire であり、彼は統一ベトナム仏教教会に所属する教育者・運動家であった。英語で書かれたこの本は、長引く戦争を批判し、その平和的解決のために人々・各宗教が何をすべきかを国際社会に問うものであった。当時の南ベトナムでは、「平和」を唱えるだけでも共産主義に与していると判断され投獄される危険があったため、彼は東西両陣営への非協力・非暴力を掲げ、〝行動すること〟による平和・反戦運動を主張したのである。この思想は、積極的に文化・経済・政治・社会福祉と関わることで社会改革を目指すものであり（Thich Nhat Hanh 1967: 47）、従来ベトナム仏教界で強調されてきた禅とは大きく性質を異としていた。

しかし、このような動きは欧米では評価されたものの、南ベトナム国内では政府の警戒を招くものでしかなかった。一九六〇年代半ば以降、ますます政治力・動員力を増していく統一ベトナム仏教教会は、次第に政治への参画を唱えるなど要求を拡大させ、行政側はその懐柔に苦心し続ける（Moyar 2004: 757, Wirmark 1974: 20）。際限なくデモを繰り広げる彼らは、やがて政治僧（Political Monk）とまで呼ばれるほど活発な反政府団体として、政府ですら手が出せない存在と化していった。(1)

しかし戦争が「北」の勝利に終わり南北ベトナムが統一された後、「南」の宗教事情は一変する。新政権が国内全土の社会主義化を図るうえで多様な宗教の統制は不可欠であり（今井 一九九九：一八七頁）、その文脈においては敵対的であった宗教（後述のカオダイ教やホアハオ教等）のみならず、平和活動に尽力した宗教までが警戒の対象となったのである。

三　南北統一後の社会主義政権――公認宗教制度の展開

南北の統一を果たした社会主義政府は、信教に関連する分野を「宗教」と「信仰」に分け管理している。この区分における「宗教」とは、組織・儀礼・教理を持ち、政府の公認を受けた団体を意味する。世界宗教や新宗教が該当し、これらは内務省傘下の宗教委員会の管理下に置かれる。一方の「信仰」とは、祖先崇拝や土地神信仰をはじめとする民俗宗教を指す。明確な組織を有してはいないものの、ベトナム国内の各地には道教の神々や地母神を祀った廟が存在しており、これらは「信仰」に関する施設として市町村行政の管理下に置かれている。この二つの他に「迷信異端」という区分が存在しているが、これは忌むべき腐俗として禁止されている。もっとも、かつては「迷信」とされていた儀礼が今日では「伝統文化」という名目で許可されているなど、その境界は曖昧で流動性が高い。

以下で述べる公認宗教制度は、古くから「宗教」を管理するために南北ベトナムで別個に存在していたが、社会主義政府により一九八〇年代初頭にあらためて整備され、一九九〇年代半ばに拡充された。その拡大は社会主義政権の影響力が弱かった南部の宗教対策と連動しているため、以下ではその制度的拡大を軸に、ベトナムの政教関係を大きく三つの年代に分けて述べていく。

三-一　一九八〇年代

一九八〇年代前半までのベトナム政府は、国民が自発的に宗教を放棄するよう圧力をかけ、宗教活動を私的領域に制限した。社会主義の実現が絶対視された結果、禁止こそはされなかったものの、あらゆる宗教活動は無益な浪費として批判・規制されている。「南」の宗教の多くで、資産が公益のために没収され、聖職者が教育のために投獄されたのもこの時期であり、亡命した関係者も少なくない。

これは戦時中に平和を掲げ、南ベトナム政府への敵対姿勢をあらわにしていた仏教団体であっても例外ではない。その社会活動は全面的に禁止され、教団が運営していた大学や孤児院は閉鎖を余儀なくされた。加えて、これに抗議する僧侶たちが投獄されたことで両者の関係は急速に悪化する。表面上は社会主義と仏法の一致を唱え協力関係を演出していた政府と仏教団体であったが、実際には双方の認識に差が生じていたのである。このような混乱の解消を目的に、政府支援の下、一九八一年に国内唯一の仏教団体としてベトナム仏教教会が設立される。これは大乗仏教だけでなく、上座仏教を含めた南北九つの仏教団体を統一したものであり、共和国時代に成立した先述の統一ベトナム仏教教会もそのなかに組み込まれることになった(Nguyễn Thanh Xuân, chủ biên, 2006: 67–70)。以後、ベトナム仏教教会は政府との関係を深め、一九九〇年代には政教関係を好転させる最初の宗教団体となっていく。

しかし、この組織化は新たな問題を生み出した。統一ベトナム仏教教会のなかでも最大勢力かつ急進的なアンクアン派が、一連の合併が国家主導により強引に行われたことに反発を示したのである(今井 一九九九：一九一頁)。平和の実現に貢献してきたことを自負する彼らは、仏教界の自治や信教の自由を求めるも、過度の要求はかえって政府の警戒を招き、その活動を大幅に縮小させた。その後、一九八〇―九〇年代にかけて末寺の多くはベトナム仏教教会に接収され、転向しない僧侶は逮捕・拘留されている。今日も彼らに対する監視は続いており、対外的な活動は一切許可されていない(中野 二〇〇九：二〇一―二一二頁)。

三-二　一九九〇年代

一九九〇年代に入ってからは、「南」に拠点を置く諸宗教が公認宗教制度の対象となる。その代表格ともいえるのが、カオダイ教とホアハオ教という二つの宗教団体である。カオダイ教は、玉皇上帝への信仰を中心とした道教系の宗教であるが、三教(儒仏道)だけでなく、東西諸宗教の融合を唱えることを特徴とする。神託を絶対視し、これを重要事項の決定や聖職者叙任に用いてきたが、教団設立直後から内部分裂を繰り返し多くの派閥を生んだ。一方のホアハオ教は、仏法に基づく理想郷の建設を目指して設立された在家仏教集団である。教祖のカリスマ性に依拠する側面が大きいため、寺院・組織・儀礼などを必要としないことを特徴としている。

両宗教とも二〇世紀前半、フランス植民地期のベトナム南部で誕生した新宗教であり、信者の大半は南部に集中している。第二次世界大戦後は、それぞれ私兵を有する半自治国家を形成し、一九五〇年代後半からは南ベトナム政府に従う反共勢力として社会主義勢力に敵対し続けてきた。それゆえに戦後は報復の対象となり、ホアハオ教は一九七五年、カオダイ教は一九七九年、教団組織の解体を余儀なくされる(Nguyễn Thanh Xuân, chủ biên, 2006: 314)。その後は一九八〇年代を通して大幅に活動を縮小させるものの、長期にわたる徹底的な規制は、政府にとって予期せぬ問題を生じさせた。組織や指導者を失った信者たちが反発した結果、かえって地方独自での活動が隆盛したのである。以後、地方行政が未発達なベトナム政府は、組織を持たない彼らの動向把握と懐柔に手を焼き続けることになる。

この状況を打開するため、政府が一九九二年に打ち出したのが両宗教の再組織化と公認化であった。この背景には、一九九一年のソ連崩壊に代表される社会主義陣営の縮小がある。共産党による独裁体制の維持に危機感を覚えた政府は、宗教と敵対するのではなく、懐柔することで自らの支配体制の堅持を画策したのである。その後は、宗教を取り込む作業の手始めとして、多くの分派が存在するカオダイ教のなかでも親体制の一派に対し、実験的な公認化が行われた。この結果に満足した政府は一九九〇年代後半から、残るカオダイ教の諸派、そしてホアハオ教に対する公認化政策を推し進めていく。

三-三　二〇〇〇年代

宗教の懐柔という方針は今日まで続いており、特に二〇〇〇年以降は、信者数が極めて少ない外来宗教や新宗教までが公認化の対象となっている。また公認宗教制度の拡大は、公認された団体の数だけでなく(2)、関連法規にも見て取れる。宗教組織の管理に主眼を置き二〇〇四年に制定された「信仰・宗教法令」は、その後二度にわたる改定のなかで定義や建前が減り、実務に関する条項が増加している。加えて現行の二〇一二年度版では、廟などの「信仰」に属する施設を対象とする管理体制が整備される一方、宗教に関する規定には大きな変化が見られない。これは宗教政策の方針が定まっただけでなく、実際の管理体制が盤石なものと化したことを示唆している。

このような動きとともに、宗教や信仰に関する建築物が観光資源として注目され、国内外からの観光客を集めるようになってきた。この傾向は二〇〇一年に制定された「文化遺産法」(二〇〇九年に一部改定)にも表れており、これにより文化および歴史的な面で重要な寺院や教会が「遺跡」に指定されることになった。また、かつては浪費として非難されるばかりであった宗教儀礼が「無形文化」の対象となるなど、ベトナム文化の多様性を示すものとして宗教の再評価は著しい。しかし外枠の華やかさとは対照的に、実際の宗教活動は政府の指導の下で行われているため、その対象や規模が厳しく管理されているのも事実である。たとえば祭礼行事は、政教間の友好関係や信教の自由をアピールする絶好の場となる反面、多くの人間が集まることから警備のために公安が配置される。また、宗教会議が開催される前には行政から指導が入るため、その内容には政府の意図が色濃く反映される。宗教団体による社会活動が解禁され始めたのもこの時期からであるが、これも同様に行政の管理下に置かれており、折につけ政府からの依頼というかたちで資金の提供が強制される。彼らの活動が社会的弱者の救済に貢献している点は事実としても、かつてのように主体的な活動が行われているわけではない。あくまでも、政府にとって都合のよいかたちでのみ、社会参加が許されているのが現実である。

宗教活動が復興したといえども、それは表面的なものである。上記のような緩和は宗教の多様性を見せる点においては貢献しているが、実際の組織管理には依然として厳しい枠が存在しているといえるだろう。

四　公認宗教制度による軋轢

加えて、公認された宗教団体は旧来のものと性質を異としていることに留意が必要である。たとえばカオダイ教では、それまで用いられていた神託の廃止に伴い新しい叙任制度として選挙が導入されたものの、実際には政府の承認を得た者しか聖職に就くことはできない。カオダイ教に限らず、全聖職者の叙任権は国のみが有しており、中央政府あるいは地方政府の許可を得た者しか活動が許されない。この承認の際には個人の思想や、親族を含めた経歴が検査されるため、高位の聖職者ほど必然的に政府に協力的な人物が選出されることになる。また、一元的な管理を行うために教団組織も改編された。本来は組織を必要としないホアハオ教に対しても全国組織の設立が求められ、トップダウン式の管理体制が構築されることになった。当然、これらは宗教団体側から提案したのではなく、政府の都合に沿った変更である。したがって政府にとって必要のない布教機関や宗教学校などの再建に関しては、規定があるにもかかわらず許可されない場合が多い。

このような上からの公認化が、新たな問題を引き起こしている点も事実であろう。大幅な活動制限を受けていた時期は団結を見せていた各宗教であったが、公認化に伴う部分的な再興・再編を受け入れるかの是非は、同一の宗教・宗派内に軋轢を生じさせた。政府の意図に沿い改編された公認教団を認めない信者たちも多く、「正しい」宗教をめぐる対立は、その舞台を海外やインターネット上にまで広げている。しかしベトナム政府は表向き、この問題には干渉しない。反対を表明する者は公認教団から破門された後、政府により治安を乱したとの理由で逮捕される。すなわち、宗教問題とは切り離したかたちで処罰されるのである。

五　おわりに

以上で述べたように、今日のベトナムでは宗教への国家介入が常態化している。そこで大きな役割を果たした公認宗教制度は、各宗教からカリスマや神託のような不確実性を孕む要素を排除し、人事や活動への統制を徹底することにより、各宗教団体を共産党の翼賛団体と化すものであった。

政府主導による強引な組織化と変革は、信者にとっての「正しい」教理に触れる問題であり、それぞれの宗教内に公認された教団に帰順する者、しない者という対立を生じさせた。しかし、積極的に介入することで都合のよい「宗教」をつくり上げてきた政府にとって、この状況は深刻なものとはいい難い。政教分離や信教の自由を盾に、公認された宗教団体を通して間接的な対策を講じることで、一連の混乱を国―宗教間のものではなく、宗教内部の問題として処理することが可能となるからである。国際社会からの批判に敏感な一党独裁国家にとって、宗教指導者をコントロールできる意義は大きい。

もっとも、これが宗教指導者側にメリットを与えている点も否めない。規制が緩和され活動の幅が広がるという実利面だけでなく、教団は常日頃から称賛され、聖職者は祖国戦線(3)のメンバーに選出される。このような名誉欲を刺激した宗教の懐柔は、長らく活動を制限され批判され続けてきた各宗教団体にとって、救いのある妥協点といえるだろう。すなわちベトナムの政教関係とは、国に公認された宗教が宗教を管理する、自発的かつ間接的な支配により成り立っているのである。

（注）

(1)　そもそもティク・ナット・ハンの著書には、ベトナム史における仏教の優位性を主張すると同時に、南ベトナム政府を批判する意味合いもが多分に含まれている(Thich Nhat Hanh 1967: 13-14, 26, 55-56)。

(2)　二〇一一年までに公認された宗教団体の数は、三二にのぼる。そのうち、一九九〇年代に公認されたのは九団体、二〇〇〇年以降に公認されたのは二〇団体となっている。

(3)　政治・経済などを含めた国内諸団体の連合体であり、形式上は共産党もその一構成員にすぎないが、実際には党が指導的立場に立っている。宗教の場合、その役職に応じて自動的に代表に選出される。

参考文献

今井昭夫、一九九九、「社会主義ベトナムにおける宗教と政治——国家公認宗教団体を通して」東京外国語大学海外事情研究所『Quadrante』一号、一八四—二〇六頁。

福永安祥、一九九三、『中国と東南アジアの社会学』勁草書房。

中野亜里，二〇〇九，『ベトナムの人権――多元的民主化の可能性』福村出版。

Malarney, Shaun Kingsley, 2003, "Return to the Past?: The Dynamics of Contemporary Religious and Ritual Transformation", Hy V. Luong, ed., *Postwar Vietnam: Dynamics of a Transforming Society*, Rowman & Littlefield Publishers, 225-256.

Moyar, Mark, 2004, "Political Monks: The Militant Buddhist Movement during the Vietnam War", *Modern Asian Studies* 38-4: 749-784.

Nguyễn Thanh Xuân, chủ biên, 2006, *Tôn Giáo và Chính Sách Tôn Giáo ở Việt Nam*, Nhà Xuất Bản Tôn Giáo（グエン・タイン・スアン編『ベトナムにおける宗教と宗教政策』宗教出版社）.

Thich Nhat Hanh, 1967, *Viet Nam: Lotus in a Sea of Fire*, The Colonial Press.

Wirmark, Bo, 1974, *The Buddhists in Vietnam: An Alternative View of The War*, WRI Publication.

第一三章　インドネシアの政教関係と仏教の展開

蓮池隆広

一　はじめに

人口二億五千万人の八割以上をイスラーム教徒が占めるインドネシアにおいて、仏教は人口の一％程度の少数派宗教であるが、イスラーム、プロテスタント、カトリック、ヒンドゥー教とともに、公認宗教の一つと位置づけられてきた。仏教徒の多くは華人であり、宗教と民族の問題が絡み合いながら、国家の宗教政策、華人政策の影響を大きく受けてきた。

インドネシアは、ジャワやスマトラを中心に、インド由来の古代ヒンドゥー・仏教文化が栄えた歴史を持つが、その後のイスラーム化とオランダ植民地化のなかで、生きた宗教としての仏教は一旦廃れ、現代の仏教は、主に二〇世紀になって新たな担い手によって復興されたものである。ここでは、その仏教復興の歩みを略述し、インドネシアの政教関係、とりわけ一九六〇年代半ばからおよそ三〇年にわたって続いたスハルト政権期の政教関係と華人を取り巻く状況が、どのように仏教の展開に作用していったかを見ていきたい。

二　インドネシアの仏教復興の歩み

インドネシアの仏教復興の先駆をなしたのは、神智学協会の活動であった。ヘレナ・P・ブラヴァツキーとヘンリー・S・オルコットによって一八七五年にニューヨークで設立された神智学協会は、その後インドに本部を移し、スリランカの仏教復興に大きな影響を与えたが、インドネシアにおいても、オランダ植民地時代の一九世紀末から二〇世紀の初頭にかけて、各地に神智学協会のロッジがつくられた。やがて中部ジャワのスマランやスラカルタのロッジが重要な拠点となって、ヨーロッパ人、華人、ジャワの貴族層を含むインドネシア人のあいだでメンバーを広げ、この時期に神智学協会と関わりを持ったりその影響を受けたりした人たちが、その後の仏教運動に重要な役割を果たしていくことになる。

植民地下の仏教運動は、一九三〇年代に最初の盛り上がりを見せる。ボロブドゥール寺院では神智学協会主催のワイサク祭(ウェーサク。ブッダの誕生、成道、入滅を祝う祭)が執り行われ、ジャワ仏教会(Java Buddhist Association)が、英領ビルマのタトンに本部を置く国際仏教宣教協会(International Buddhist Mission)の支部として、ヨーロッパ人を中心とした仏教運動を担った。

プラナカンと呼ばれる現地生まれの華人の初期仏教復興運動で中心的役割を果たしたのは、郭徳懐(Kwee Tek Hoay、一八八六—一九五二)である。一九三二年発刊のマレー語の月刊誌『ムスティカ・ダルマ(*Moestika Dharma*)』で東洋思想を中心に世界の宗教や哲学を紹介し、一〇巻からなる『ゴータマ・ブッダの生涯と教え』を著すなど、旺盛な執筆活動を展開した。

こうしたなかで、近代インドネシア仏教復興の画期として記憶されているのが、一九三四年に実現した、スリランカのナーラダ長老(Narada Thera)のジャワ来訪である。ナーラダ長老は、二〇日にわたってジャワ各地を回って、ヨーロッパ人の上座仏教組織や中国寺院を訪れ、ボロブドゥールでは菩提樹の植樹を行い、この訪問を機に、華人仏教徒、ジャワ仏教会のヨーロッパ人仏教徒、神智学協会という当時の主要な仏教の担い手の協力関係が生まれた。

同じ一九三四年には、郭徳懐による「三教會(Sam Kauw Hwee)」が発足する。仏教、儒教、道教の三教を自覚的に捉え直そうとした三教會は、後にトリダルマと名称を変えて現在も仏教界に属する一団体として続くが、初期の仏教復興に果たした影響は大きい。三教會は、同じく郭徳懐の率いるバタヴィア仏教会(Batavia Buddhist Association)とも連携しつつ、機関誌『三教月報』を通して、近代的な思想・宗教として仏教および華人宗教の刷新・振興を目指した。

第二次世界大戦中の日本軍政期、それに続くオランダとの独立戦争期を経て、一九五〇年代に入ると、仏教は、独立を達成した新生インドネシア国家の下で、新たな歩みを始めることになる。その中心となったのが、アシン・ジナラッキタ(Ashin Jinarakkhita、一九二三―二〇〇二)である。プラナカン華人として生まれた彼は、神智学協会の会員として仏教に接し、オランダ留学を経て、一九五二年の三教會の再編となるインドネシア三教連合(Gabungan Sam Kauw Indonesia)の結成に関わり、ジャカルタの廣化寺で沙弥になった後、一九五四年、ビルマへ渡ってインドネシアで最初の上座比丘となった。一九五六年に、ボロブドゥールでワイサク祭を行い、インドネシア優婆塞・優婆夷同朋会(Persaudaraan Upasaka Upasika Indonesia)を結成、プルブディ(Perbuddhi: Perhimpunan Buddhis Indonesia＝インドネシア仏教徒連合)を組織する。一九五九年には、スリランカ、ビルマ、タイ、カンボジア、日本から一四名の比丘を招き、ボロブドゥールでワイサクの式典を行うと同時に、インドネシアの地で初めての比丘の授具足戒式が行われた。

三　インドネシアの宗教政策と仏教

アシン・ジナラッキタと彼の率いるプルブディは、華人社会の習合的宗教のあり方から民間信仰的要素を除いて、仏教を仏教として確立すべく力を傾けていった。華人の文化伝統と普遍的宗教としての仏教、すなわち「華人性」と「宗教」のあいだのどこに軸足を置くのかという問題は、既に植民地時代の仏教復興においても見られたのだが、一九六五年の九月三〇日事件を経てスハルト体制が確立していくなかで、政治的に極めて重要な意味を持つようになっていった。

インドネシアでは、法制度上、イスラームに特別な地位を与えていないが、「パンチャシラ」と呼ばれる建国五原則の一つとして「唯一神への信仰」を掲げ、宗教省が置かれて、公教育における宗教教育が行われるなど、宗教が公的領域に大きく関与している。「唯一神への信仰」原則と、宗教省の設置は、独立準備の過程でのイスラーム勢力と世俗ナショナリストとのあいだでの議論と妥協によるものだったが、その後も、イスラーム勢力の一部は、イスラームを国家の基礎と位置づけることを目指して運動を展開したのに対し、特にスハルト時代のインドネシア政府は、そうした政治的動きを封じ、パンチャシラを不可侵のシンボルへと高めつつ、宗教統制を図っていった。そうしたなかで、仏教やヒンドゥー教といった少数派宗教は、パンチャシラの「唯一神への信仰」原則と、一神教をモデルとしたインドネシアの公的「宗教(agama)」概念へ自らを適合させ、その立場を模索していく必要があった。

アシン・ジナラッキタは、「ブッダヤーナ」という名で、上座仏教でも大乗仏教でもなく、それらを包摂する「インドネシア独自の仏教」を唱え、「サンヒャン・アディ・ブッダ(Sang Hyang Adi Buddha＝本初仏)」という概念を古いジャワ文献から引き出し、これが「唯一神」に相当するものであるという解釈を打ち出していく。バリのヒンドゥー教が、やはりインドネシアの「宗教」として認められるために、それまで一般に知られることのなかった「サンヒャン・ウィディ」という神格を「唯一神」として、教義・儀礼体系を再構築していったように、本来イスラームやキリスト教のような一神教とは性格を異にする少数派宗教が、公的に宗教として認められるためには、インドネシアの宗教概念に沿った教義や儀礼の再構築を通しての「インドネシア化」が必要とされたのである。

宗教行政を司る宗教省は、一九四六年の発足時には、イスラーム、プロテスタント、カトリックの部局しかなかったが、一九六〇年にバリ・ヒンドゥーの担当課(Bagian Urusan Hindu Bali)が設けられ、一九六〇年代に何度かの改組を経て、ヒンドゥー教と仏教を合わせて管轄するかたちながら、他の宗教と同様の総局として、ヒンドゥー教・仏教社会育成総局(Direktorat Jenderal Bimbingan Masyarakat Hindu dan Buddha)が設置され、仏教は公認宗教としての地位を得ていった(1)。

四　華人の伝統と公認宗教のはざまで

仏教とヒンドゥー教は、同じようにインドネシアにおいて少数派宗教ではあるものの、信徒の大半が華人である仏教の場合、バリ人主体のヒンドゥー教とは異なる難しさを抱えることになる。一九六五年の九月三〇日事件を発端とする共産党・共産党支持者に対する大規模な粛正と弾圧を経て成立したスハルト政権は、徹底した反共政策をとり、外交においては、スカルノ政権末期に密接な関係を持っていた中国と断交、国内の華人に対しては、中国語の出版物や学校を禁止し、インドネシア社会への同化政策を進めていった。一九六七年の大統領令では、「中国に中心を置く華人の宗教・信仰・慣習」について、その祭礼等を公共の場で行うことを制限した。

そもそも華人社会の伝統においては、仏教、儒教、道教や民間信仰が混淆した信仰のあり方がむしろ一般的なもので、伝統的な寺廟には、土地神である大伯公、媽祖、関帝、観音など、様々な崇拝対象が所狭しと祀られており、これら寺廟は地域の華人共同体の結節点としての役割も果たしてきた。こうした習合的な「華人の信仰」と「宗教としての仏教」を区別することが政治的に要請されるようになったわけである。

ここで儒教についても見ておく必要がある。仏教運動が生まれてきた二〇世紀初頭には、一九〇〇年に中華會館が、一九二〇年前後から各地に孔教會、その連合組織としての孔教総會が設立され、儒教の自覚的な捉え直しが始まっていた。この時期の儒教と仏教の再興は連動している面も多い。中部ジャワのスラカルタでの最初の孔教會設立には神智学協会の影響があり、郭徳懐の三教會も、その名の通り、仏教だけでなく、儒教、道教を合わせた三教を華人の宗教として再興しようとした。

独立後のインドネシアでは、一九五五年に、儒教の連合組織としての孔教會連合が立ち上げられた。スカルノ政権末期の一九六五年に出された大統領決定の説明には、「インドネシア国民の信仰する宗教」として、イスラーム、プロテスタント、カトリック、ヒンドゥー教、仏教、儒教の六つが挙げられており、儒教は公認宗教の一角を占めるものとの見解が示されていた。その後まもなく成立したスハルト政権は、政権初期の数年間に、中国文化を抑制し、同化を進めていく政策を次々と打ち出すが、儒教自体は引き続き宗教として新政府からも承認されていた。一九六七年に行われた孔教會連合の大会では、組織名を、中国語の「孔教(Khong Kauw)」から、インドネシア語の「儒教(Agama Khonghucu)」を使ったインドネシア儒教評議会(Majelis Tinggi Agama Khonghucu Indonesia: Matakin)へと改め、インドネシアの「宗教(agama)」としてのかたちを整えていく。唯一神の位置に「天」、預言者に孔子、聖典として四書五経をと、一神教の宗教概念に当てはめた儒教解釈は、既に二〇世紀前半にも語られていたのだが、スハルト政権期の華人社会を取り巻く政治状況のなかでは、そうした解釈が、より体系的な教義や組織の再構築を伴って必要とされたのである。

ところが、一九七八―七九年に、政府は、儒教を除く五宗教のみを公認宗教とする見解を示し、その後スハルト政権期を通じて、儒教は、「宗教」ではない華人の信仰・文化の側に位置づけられ、公的表出を制限される存在となった。一方の仏教は、公立学校の宗教教育においても選択可能で、国民に携帯が義務づけられる身分証の宗教欄にも記載可能な「宗教」の一つとして位置づけられたのである。一部の自覚的な仏教寺院を除けば、中国寺院・廟(クレンテン)と仏教寺院(ヴィハーラ)が必ずしも明確に分けられるわけではないなかで、「クレンテンは中国文化に属するもの」、「ヴィハーラは、世界宗教でありインドネシアで公的に認められた宗教である仏教の施設」と区別し、時に寺院の看板の架け替えが行われるといった事態も生じた。

しかしながら、限定された公認宗教のいずれかへの帰属が求められるインドネシアにおいて、「仏教徒」というカテゴリーは、時に曖昧な存在でもある。身分証に他の宗教を記していながら実際には仏教徒であるというケースもあれば、仏教徒と名乗りながらも、むしろ中国文化への帰属意識が強いケースもある。自覚的な仏教徒として仏教の中核を担う人たちがいる一方で、その裾野には、華人の宗教伝統に連なるような人々が緩やかに含まれてきたのである。

五　仏教の組織化とスハルト後の展開

アシン・ジナラッキタの形成したブッダヤーナ、アディ・ブッダ概念など、インドネシア独自の仏教の展開には、必ずしも仏教界全体のコンセンサスがあったわけではなく、批判もあった。一九七二年にサンガ(僧団)が二つに分裂し、これは一九七四年にサンガ・アグン・インドネシア(Sangha Agung Indonesia)として再度統一がなされるものの、一九七六年には、そこから分かれるかたちで、上座仏教サンガ(Sangha Theravada)が、一九七八年には大乗仏教サンガ(Sangha Mahayana)がつくられ、三つのサンガが併存することになった。こうしたなかで、宗派を横断する会議として、一九七九年二月にジャカルタでワークショップが、同年五月にジョグジャカルタで仏教徒会議(Kongres Umat Buddha Indonesia)が開かれ、すべての宗派が「唯一神を信仰する」こと、それは本質において一つだがその呼称が宗派によって異なること、政府の推進する「パンチャシラ理解と実践のための指針」に基づくことなどを含む共通見解を示し、諸宗派の融和・共存のための倫理基準を採択した。そして、上座仏教、大乗仏教、ブッダヤーナの三つのサンガとそれぞれの在家団体、およびトリダルマ、カソガタン、マイトレーヤ、日蓮正宗の各信徒団体からなるインドネシア仏教界をつなぐ連合組織としてワルビ(WALUBI: Perwalian Umat Buddha Indonesia)が設立された。(2) 一九八三年には、ワイサクが国民の休日になる。一九七〇年代後半から一九八〇年代前半にかけては、スハルト政権のパンチャシラと宗教をめぐる制度が確立されようとしていた時期であり、その政治的なうねりのなかで、宗派による違いを抱えつつも、仏教界としての対応が必要とされたのであった。

スハルト体制崩壊後の一九九八年、アシン・ジナラッキタら、上座仏教、大乗仏教、ブッダヤーナの三つのサンガは、ワルビから分かれてＫＡＳＩ(Konferensi Agung Sangha Indonesia)を結成し、これに対して、一三の信徒団体・財団が新生ワルビ(Perwakilan Umat Buddha Indonesia)を結成し、女性実業家のシティ・ハルタティ・ムルダヤ(Siti Hartati Murdaya)が執行部を率いた。ボロブドゥールでのワイサクの式典も二つの組織が交互に主催したが、アシン・ジナラッキタは二〇〇二年に世を去り、現在では主にワルビがボロブドゥールでの式典を主催し、諸宗派と宗教省とをつなぐ代表組織として活動している。スハルト体制崩壊後、中国語・中国文化への制限は取り去られ、儒教は再び宗教として認められるようになった。統計的な数字としては、儒教への帰属は未だ極めて少ないが、旧正月が盛大に祝われるなど華人文化は急速に復興しており、数値化や線引きのしにくい曖昧な領域を含め、制度と政治状況の変化が様々な文化変容、宗教のあり方の変容をもたらしている。

(注)

(1)　二〇〇六年にヒンドゥー教と仏教それぞれの単独の総局が設置された。

(2)　カソガタン(Kasogatan)の語は、ブッダの称号の一つ「スガタ(善逝)」に由来し、古代ジャワのマジャパイト王国の時代に仏教信仰を指すものとして使われたという。カソガタンの名の下にインドネシアの地の仏教の復興を目指してつくられたこの組織は、一九八〇年代末に、台湾の真佛宗のインドネシアにおける組織と統合され、現在、印尼真佛宗密教總協會(Majelis Agama Buddha Tantrayana Zhenfo Zong Kasogatan Indonesia)として活動している。

参考文献

相沢伸広、二〇一〇、『華人と国家――インドネシアの「チナ問題」』書籍工房早山。

石井米雄、一九八〇、「インドネシア上座部仏教史研究ノート」京都大学東南アジア研究所『東南アジア研究』一八巻二号、二五七―二七〇頁。

北村由美、二〇一四、『インドネシア　創られゆく華人文化――民主化以降の表象をめぐって』明石書店。

木村文輝、二〇一〇、「インドネシア――五百年の眠りから覚めた仏教」木村文輝編『挑戦する仏教――アジア各国の歴史といま』法蔵館、五一―一九頁。

津田浩司、二〇一一、『「華人性」の民族誌――体制転換期インドネシアの地方都市のフィールドから』世界思想社。

Brown, Iem, 1987, "Contemporary Indonesian Buddhism and Monotheism", *Journal of Southeast Asian Studies* 18-1: 108-117.
Brown, Iem, 2004, "The Revival of Buddhism in Modern Indonesia", in Martin Ramstedt, ed., *Hinduism in Modern Indonesia: A Minority Religion between Local, National, and Global Interests*, RoutledgeCurzon, 45-55.
Sidharta, Myra, ed., 1989, *100 Tahun Kwee Tek Hoay: Dari Penjaja Tekstil sampai ke Pendekar Pena*, Pustaka Sinar Harapan.
Suryadinata, Leo, 2005, "Buddhism and Confucianism in Contemporary Indonesia: Recent Developments", in Tim Lindsey and Helen Pausacker, eds., *Chinese Indonesians: Remembering, Distorting, Forgetting*, Institute of Southeast Asian Studies, 77-94.

第Ⅲ部　南アジア

第一四章　南アジアの政教関係
――宗教とセキュラリズムの相克――

外川昌彦

一　南アジアの政教関係の概況

南アジア世界は、東南アジアと中東世界に挟まれたインド亜大陸を中心とした地域を指し、地理的にはインド洋とベンガル湾に囲まれた南アジアの諸国から構成される。一般に南アジア諸国は、インド、パキスタン、バングラデシュ、スリランカ、ネパール、ブータン、モルディブを指すが、一九八五年に発足した南アジア諸国の地域協力機構である南アジア地域協力連合(South Asian Association for Regional Cooperation：SAARC)では、二〇〇七年に新たにアフガニスタンが加盟している。

南アジア地域では、古来より多様な宗教伝統が実践されてきたが、とりわけ一三億人の規模を持つインド人の約八割はヒンドゥー教徒なので、一般に南アジアの宗教としては、ヒンドゥー教のイメージが強い。インドの民族的な宗教として知られるヒンドゥー教は、今日では信者数は一〇億人に及び、世界各地に展開するインド系移民の活躍やヨガや菜食主義などのグローバルな生活文化を生み出すことで、現在では世界宗教の一つとみなされている。もともと、インド亜大陸の土着的な宗教慣行に由来する多様な民族宗教が、植民地期の近代に入り、インド固有の宗教の総称として、英語を介してヒンドゥー教（Hinduism）と呼ばれるようになったものである。

ヒンドゥー教徒に次いで大きな規模を擁するのはムスリム（イスラーム教徒）であるが、インド国内だけでも、約一億六千万人（人口の約一三・四％、Census of India, 2001, 2011からの推計値）のムスリムが居住しており、これはインドネシア（約二億一千万人）やパキスタン（約一億八千万人）に次いで、インドが世界でも有数のムスリム大国であることを示している（cf. 本書第八章・矢野秀武「東南アジアの政教関係」）。

また、インドの周辺諸国を見ると、パキスタンやバングラデシュ、モルディブなど、イスラームを国教とする国々が取り囲んでいる。南アジア全体で見ると、ムスリム人口は全体で五億人に迫り、世界最大のムスリム人口地域となっている。たとえば、インドを代表する世界遺産であるタージマハルが、ムガル帝国期の代表的なイスラーム建築であるように、イスラームは千年以上の歳月を通して南アジアの土着の文化と共存し、また相互に影響を与え合ってきた。

その他にも、仏教、ジャイナ教、シク教など、南アジア世界は、歴史的にも世界各地に様々な影響を与えた固有の宗教を生み出した。また、少数民族の多様な宗教伝統に加えて、六世紀頃のシリア・キリスト教やペルシア起源のゾロアスター教（パールシー）、一二世紀頃から本格化するイスラームの伝播など、多様な宗教文化を受け入れてきた。その結果、民族や言語の多様性と相まって、多様な宗教文化から構成される南アジア世界は、複合的な文化の共生とその融合という、独特の多様性社会の文化的基盤を発達させてきた。

近代に入り、イギリスによる本格的な植民地経営が始まった一九世紀以降は、キリスト教のカトリックやプロテスタント諸派による様々な伝道も行われたが、イギリス植民地政府による宗教政策は、基本的には現地の宗教

中国
アフガニスタン
ネパール連邦
民主共和国
イラン
パキスタン・
イスラム共和国
ブータン王国
インド共和国
ミャンマー
バングラデシュ
人民共和国
ラオス
タイ
ベンガル湾
スリランカ民主
社会主義共和国
モルディブ
共和国
マレーシア
インドネシア
インド洋

図 14-1　南アジア諸国

への不干渉の立場をとった。よく知られているのは、初代ベンガル総督ウォレン・ヘースティング（一七三二―一八一八）の司法制度改革（一七七二年）であり、「相続、結婚、カースト、その他の宗教的慣習に関わる訴訟においては、イスラーム教徒に対しては、『クルアーン』の法を、ヒンドゥー教徒に対しては、ヒンドゥー聖典（シャーストラ）の法」を適用するとされた。これは、軍事力を背景として徴税機構を整備しつつあった当時の東インド会社が、それ以外の現地の社会慣行や宗教には不干渉の態度をとることで、植民地経営の安定を図ろうとしたことによる。結果的に、イスラームとキリスト教を除いた南アジアの多様な宗教慣行が、バラモン司祭が保持するサンスクリットの聖典（シャーストラ）を規範とする一つの「ヒンドゥー教」として、一元的に理解される傾向を導くことになった。

興味深いことに、植民地支配に対抗する民族運動の高まりとともに、それはやがて、インド人による宗教復興運動においても、理念的な「ヒンドゥー教」の姿として受け入れられてゆくことになる。近代における伝統宗教の再定義の運動として、たとえば、ヴェーダの至上性を唱えたダヤーナンダ・サラスヴァティー（一八二四―八三）は、アーリヤ・サマージと呼ばれる改革運動団体を創設してヒンドゥー教の復興運動を推進した。また、ラーマクリシュナ・ミッションを創設したヴィヴェーカーナンダ（一八六三―一九〇二）は、シカゴで開かれた世界宗教会議（一八九三年）で、ヒンドゥー教の優越性を広く世界に紹介した。

やがて、植民地支配からの独立の機運の高まりとともに顕在化する、ナショナリズムと結びついた宗教運動の高まりや、植民地政府による宗教やカーストを利用した分割統治策によって、インドの政治運動における宗教の位置づけは、大きな争点となってゆく。M・K・ガーンディーが指導するインド国民会議では、そのためインドの独立の基本理念としてセキュラリズム（政教分離主義、あるいは宗教的多元主義）を掲げてゆくが、多数派のヒンドゥー教徒を脅威とし、それに対抗するパキスタン運動を指導したムハンマド・アリ・ジンナーや、ヒンドゥー教徒の上位カーストの優越に対して、仏教徒への改宗を通して不可触民の解放運動を目指したB・R・アンベードカルなど、宗教と政治の関係性をめぐり、様々な政治運動が展開した(cf. 本書第一六章・舟橋健太「近現代インドの仏教に見る『社会性』」)。

結果として、英領インドは、一九四七年には、イスラームの理念を掲げるパキスタンとセキュラリズムを国是とするインドが分離独立を選択し、さらに一九七一年にはパキスタンから、ベンガル人ナショナリズムの理念を掲げるバングラデシュが独立する。こうして、植民地統治を通して顕在化した宗教と政治の問題は、独立後の南アジア諸国の社会にも、様々な影響を与え続けている。

二　南アジア諸国の宗教別人口の特徴

表14-1は、南アジア各国の最近の国勢調査などの資料に基づき、宗教別人口比率をまとめたものである。ちなみに、二〇一一年度のインド国勢調査の宗教別比率はまだ公表されず、バングラデシュについては、政府統計局の二〇一三年の推計値となっているなど、国別の比較の指標については、大よその目安となっている。

この表からも明らかなように、ヒンドゥー教徒が約八割を占めるインドは、南アジアの大国として大きな人口規模を占めているが、同時に、インド内部のマイノリティ宗教を見ても、たとえばムスリム人口は、既に述べたように、約一億六千万人を数え、バングラデシュの総人口を超えて、パキスタンに迫る規模を持つ。インド亜大陸のムスリム人口は、この表の推計でも四億七千万人を上回り、これは約一六億人と推計される世界のムスリム人口の約三割を占めている。

表 14-1　南アジア各国の総人口と宗教別人口比(網かけ部分が各国の最多の人口比)

国	総人口	ヒンドゥー教徒	ムスリム	キリスト教徒	仏教徒	その他
インド	12億人	80.5%	13.4%	2.3%	0.8%	3%
パキスタン	1億8千万人	1.5%	97%	1.3%	——	0.2%
バングラデシュ	1億5千万人	9.19%	89.7%	0.29%	0.68%	0.14%
ネパール	2,649万人	81.3%	4.4%	1.4%	9.0%	3.9%
スリランカ	2,026万人	12.6%	9.7%	7.45%	70.2%	0.05%
ブータン	72万5千人	25%	——	——	75%	——
モルディブ	39万6千人	100%	——	——	——	——

(出典)
インド：総人口はCensus of India (2011)／宗教別比率はCensus of India (2001)
パキスタン：2012年経済白書
バングラデシュ：総人口は，2013年政府統計局推計値／宗教人口比率は，2001年国勢調査の集計，および，本書第17章・外川昌彦「バングラデシュの政教関係とマイノリティ仏教徒」
スリランカ：2011年の国勢調査，および，本書第15章・田中雅一「スリランカの民族紛争と宗教」
ネパール：2011年人口調査
ブータン：*International Religious Freedom Report for 2013* (Bureau of Democracy, Human Rights and Labor, Department State, USA)
モルディブ：2010年政府統計

これに加えて、南アジア諸国の宗教別人口比率は、植民地統治の歴史を背景とした、入れ子状の構成に一つの特徴が見られる。たとえば、インド国内ではマイノリティ宗教であるイスラームは、パキスタンやバングラデシュではマジョリティ宗教としてヒンドゥー教などのマイノリティ宗教と対比される。また、ヒンドゥー社会の内部も、地域的な出自集団であるカーストや民族集団、宗派的な系統などの多様な構成を持ち、かつての不可触民カーストが留保制度やダリト運動を通して大きな政治運動を展開するなど、多元的に構成されている。留保制度とは、ダリト(元「不可触民」)や少数民族に教育や政治参加の優先的な機会を与える制度であり、ダリト運動は、元「不可触民」などの社会的後進諸集団が連帯して地位の向上を求めてゆく政治運動を指す(cf. 本書第一六章・舟橋健太「近現代インドの仏教に見る『社会性』」)。仏教徒に関して見れば、スリランカではシンハラ人による仏教ナショナリズムや長期の内戦状態の下で、宗教的マイノリティであるヒンドゥー教徒は抑圧されてきた（cf. 本書第一五章・田中雅一「スリランカの民族紛争と宗教」）。

このように、地域社会の文脈に応じて、多元的な宗教文化や帰属集団が重層的に構成されていることは、地域言語や民族文化の多様性とあわせて、多様性社会としての南アジア世界の、一つの特徴となっている。同時に、今日の南アジア諸国の国境線は、このような地域的な多様性や文化的な重層性を持つ南アジア世界を、人為的に区画することで生み出されたものであり、今日の多様な地域的課題も、イギリスの植民地統治やそれに対する民衆運動などの、複雑な政治過程の結果として、もたらされていることがわかるだろう。

三　インドの概況

表14-1でも見たように、インドの最近の国勢調査に基づく宗教別人口を見ると、ヒンドゥー教徒は約八〇・五％で多数派を占めるが、イスラーム教徒は一三・四％（一億六千万人、Census of India (2011) からの推計値）を占めている。また、キリスト教徒（二・三％）、シク教徒（一・九％）、仏教徒（〇・八％）、ジャイナ教徒（〇・四％）など、インドでは多様な宗教が実践されている。

一九四七年に独立したインドは、独立運動の過程での宗派間の凄惨な暴動（コミュナリズムに基づく暴動）やパキスタンの英領インドからの分離独立などの歴史的経緯を背景として、独立以来、多様性の中の統一とセキュラリズムの理念を国是に掲げてきた（cf. 本書第一六章・舟橋健太「近現代インドの仏教に見る『社会性』」）。そのため、一九四九年に制定されたインド憲法には、セキュラリズムの原則とともに、信教の自由（第二五―二八条）や宗教的差別の禁止（第一五、一六、二九、三〇条）が明記されている。しかし、インドにおけるセキュラリズムは、厳密な意味での非宗教主義ではなく、多様な宗教的実践を尊重する宗教的多元主義に近いかたちをとっている。実際、今日では一三億人を数える人口を擁し、歴史的にも多様な宗教や民族的背景を持つ国民を統合するために、たとえば、インドは連邦制の下で、地域言語を基盤に編成される二九の州と七つの連邦直轄領から構成され、文化的な多様性を尊重する政策が実践されている。

一つの事例として、インド政府が制定する公休日を見ると、すべての州で休日とされる国民の祝日は、共和国記念日（一月二六日）、独立記念日（八月一五日）、ガーンディー生誕記念日（一〇月二日）の三つだけである。いずれも、宗教とは関係のない公休日であるが、しかし、国民の主要な宗教であるヒンドゥー教、イスラーム、キリスト教、仏教などには固有の祭日があり、政府や公的機関にとっても、人々の生活慣行に根ざす重要な行事とみなされている。

そのため、インドでは各州政府が、それぞれの地域で各宗教に関連する重要な祭日をリストに挙げ、国民の祝日とあわせて、公的な祝日とする。具体的には、デリーの中央政府が定める祝日のリストを見ると、ヒンドゥー教の祭日が六日で最多となるが、イスラームに関する祭日が三日、キリスト教が二日、仏教、ジャイナ教、シク教がそれぞれに一日となり、多様な宗教を尊重した祭日が設定されている。西ベンガル州政府の祝日を見ると、これにインドを代表するベンガルの文学者タゴールの生誕祭やベンガル地方の最大のヒンドゥー儀礼であるドゥルガ女神祭祀など、地方的な偉人や祭礼が付加されることで、全インド的な統一性を保持しながら、文化的・地域的な多様性が尊重された暦がつくられている。

四　パキスタンの概況

パキスタンの総人口は約一億八千万人(二〇一二年経済白書)であり、そのうち、ムスリムが約九七％を占め、残りの三％のうち、ヒンドゥー教徒が一・五％、キリスト教徒が一・三％、その他が〇・二％となる。

パキスタン憲法は、一九四九年の憲法目標決議(Objectives Resolution)に基づき、一九五六年に制定された第一次憲法以来、イスラームの理念を国家原則に掲げ、イスラームを通した国民統合が強調されてきた。この憲法目標決議は、主権をアッラーに帰属するものとし、政府の機能は神から与えられた権限を人民から委任されて代行するものとした。具体的には、『クルアーン』(第一二章四〇節)などを典拠とし、「全宇宙の主権は全能の神アッラーにのみ属し、アッラーによって定められた範囲において、パキスタン国家に付託され国民によって行使される権能は、神聖な信託である」と規定する。

同時に憲法では、国家原則におけるイスラームの特別な地位を前提としつつ、公的領域での宗教的差別の禁止や個人の信教の自由、マイノリティ宗教への保護の規定などを通して、国民の信教や言論の自由を保障する(第一九－二二、二六、二七条など)。

具体例として、パキスタンの公休日を見ると、国民の祝日としては、三月二三日のパキスタン決議(一九四〇年の建国決議)を記念するパキスタン・デーと八月一四日の独立記念日の二つである。その他、領土の保全を訴える二月五日のカシミール・デー、五月一日のメー・デー、建国詩人であるイクバールの生誕祭である一一月九日、建国の父ムハンマド・アリ・ジンナーの生誕祭である一二月二五日など、国の独立に関わる六つの公休日が設けられている。

これらの公休日に加えて、預言者ムハンマドの生誕祭、ラマダーン月の断食明けのイードゥル・フィトゥル、巡礼月の犠牲祭であるイードゥル・アズハーの二つのイード、そして預言者の孫息子フセインの命日であるムハッラムという、イスラームに関わる四つの祝日が設けられている。唯一、キリスト教に関する祝日として、一二月二五日のクリスマスが設けられている。

五　バングラデシュの概況

バングラデシュの総人口は、一億五二五〇万人（二〇一三年）であり、そのうちイスラーム教徒は八九・七％（二〇〇一年国勢調査）を占め、ヒンドゥー教徒は九・一九％（一三七万人）、その他の仏教徒は〇・六八％、キリスト教徒は〇・二九％を占め、これらを合わせた宗教的マイノリティが、人口の約一割を占めている。

国民の約九割が信奉するイスラームは、そのため、国民統合の理念に不可欠の特徴を与えるものとされ、教育や社会福祉、外交政策などの広い領域に影響を与えている。同時に、一九七一年のパキスタンからの独立は、宗教的マイノリティを含むベンガル人としての独立を目指したものであり、その政治的理念としてのバングラデシュ（ベンガル）・ナショナリズムは、今日でも国民統合の基本的な枠組みを与えている。特に、国民の約一割を占める宗教的マイノリティに対する宗教政策は、独立当時に掲げられたセキュラリズム（政教分離主義）の理念への評価とともに、繰り返し政治的争点となってきた。

具体的な例として、政府の制定した国民の祝日の配分を見ると、イスラームに関連した祝日がのべ八日、一九七一年の独立運動を中心とした国民の記念日が四日、ヒンドゥー教徒の祭日が二日、仏教徒、キリスト教徒、労働者の祝日がそれぞれ一日となっている。このことから、国教であるイスラームに最多の祝日が割り振られているものの、同時に国内の主要な宗教である、ヒンドゥー教、仏教、キリスト教への、人口比に応じた配分が見られる。しかし、実際には、公的休日はイスラームの祭礼を中心に実施されるなど、結果的には、多数派に迎合した宗教的ナショナリズムの色彩が強まっている。

このような南アジアにおける政治と宗教の関係性の具体例については、バングラデシュの宗教政策の変遷を検証した本書第一七章・外川昌彦「バングラデシュの政教関係とマイノリティ仏教徒」を参照されたい。

六　周辺諸国の概況――スリランカ・ブータン・ネパール・モルディブ

スリランカ(セイロン)の総人口は二〇二八万人であり、このうちシンハラ語を母語とするシンハラ人が七四・九%(一五一八万人)を占め、タミル語を母語とするタミル人は、二四・六%(四九八万人)を占める(cf. 本書第一五章・田中雅一「スリランカの民族紛争と宗教」)。宗教別人口では、仏教徒が一四二二万(七〇・二%)、ヒンドゥー教徒が二五五万人(一二・六%)、ムーア人と呼ばれるイスラーム教徒が一九七万人(九・七%)、キリスト教徒が一五一万人(七・五%)となっている。

スリランカでは、仏教は準国教の地位が与えられ、多数派のシンハラ人が主導するナショナリズムが強調されてきた。それに対して、少数派のタミル人の不満が高まり、二六年に及ぶ内戦状態が続いていたが、武装集団であったタミル・イーラム解放の虎(Liberation Tigers of Tamil Elam：LTTE)が二〇〇九年に制圧されることで、内戦の終結が宣言された。

ネパールの総人口は、約二六四九万人(二〇一一年人口調査)であり、ヒンドゥー教徒が約八一％、仏教徒が約九％、ムスリムが約四・四％、キリスト教が約一・四六％、その他約三・九％となっている。立憲君主制の下で長らくヒンドゥー教を国教に掲げていたが、二〇〇八年に王制が廃止され、ヒンドゥー教は国教ではなくなっている。連邦制への移行を目指した制憲議会も招集されたが、政治的混乱が続き、未だに新憲法は制定されていない。

ブータンの総人口は約七〇万人(二〇〇八年)であり、ネパールから移民した一部のヒンドゥー教徒を除くと、チベット仏教徒で占められ、チベット仏教を国教に掲げている。立憲君主制をとるが、僧侶会議は国民会議や王室顧問会議に代表を送ることで、政治的な影響力を保持している。

モルディブは、総人口が約四〇万人で、住民はほぼムスリムで占められており、イスラームを国教に掲げている。一八八七年にイギリスの保護国となり、一九六五年に独立し、一九六八年にはスルタン(イスラーム世界における君主)制度を廃止することで、大統領を元首に抱く共和国となっている。

参考文献

田中雅一・田辺明生編、二〇一〇、『南アジア社会を学ぶ人のために』世界思想社。

田辺明生・杉原薫・脇村孝平編、二〇一五、『シリーズ現代インド・第一巻　多様性社会の挑戦』東京大学出版会。

外川昌彦、二〇〇七、『聖者たちの国へ――ベンガルの宗教文化誌』ＮＨＫ出版。

Dasgupta, Abhijit, Togawa, Masahiko, and Barkat, Abul, eds., 2011, *Minorities and the State: Changing Social and Political Landscape of Bengal*, SAGE Publications.

第一五章　スリランカの民族紛争と宗教

——ソーシャル・キャピタル論の視点から——

田中雅一

一　はじめに

本章の目的は、ナショナリズムの興隆や民族紛争における宗教の役割について考察することである。具体的には、スリランカにおいて最近顕著に認められる排外的な仏教僧やその集団の政治活動を、「ソーシャル・キャピタルとしての宗教」という視点から検討する。

国境で区切られた領土内の人々を国民として統治する近代国家において、地縁、血縁、言語、宗教、文化などの「原初的紐帯」に基づく中間集団（その典型は民族であろう）を弱体化あるいは否定して、国民を創出することが何よりも重大な課題となる。ナショナリズムとは、領土の内側においては「国民化」の運動と考えることができる。しかし、国民は全くの無から新たに創出されるわけではない。国民化とは、結局のところ一部の多数民族の言語や宗教、文化を「国民文化」として採用し、それ以外の少数民族の言語や文化を排除し、新たに創出される国民文化への同化を強いることを意味する。この同化政策が「民族浄化」となる場合もあろう。また、民族的なアイデンティティが保証され、露骨な同化や差別的な不利益がなければ、暴力的な対立や緊張関係が時に生じても少数民族は分離独立に向かうことはない。この場合、「多民族国家」あるいは「多文化国家」の一員として既存の国家枠にとどまることになる。しかし、多数民族による差別が露骨であったり、近隣諸国に住む同民族の支援があったりすると、独立を目指す分離運動が生まれる。スリランカの少数民族タミルの場合もこれに当てはまる。スリランカでは、国民ならびに市民の創出とそれに伴う市民社会の形成が不十分なまま、エスニシティや宗教が人々を切断するという状況が長年続いてきたのである。

宗教は国家統合にとって重要である。しかし、それは同時に国家を分断することになる。もちろん、民族紛争は、「宗教戦争」とは限らない。原因は全く別なところにあり、葛藤の過程で宗教対立の様相が顕在化するというのが一般的である。とはいえ、その場合でも宗教が自他の境界を確定・固定することに貢献しているのは明らかである。

さて、一九九〇年代から様々な領域においてソーシャル・キャピタル（社会関係資本）という概念が注目されている。以下では、ソーシャル・キャピタルについての議論をレビューし、本稿の視点を明らかにしたい。

二　ソーシャル・キャピタルとしての宗教再考

ソーシャル・キャピタルは、物的資本や人的資本とならぶ第三の資本で、「個人間のつながり、すなわち社会的ネットワーク、およびそこから生じる互酬性と信頼性の規範」を指し示している（パットナム 二〇〇六：一四頁）。

ソーシャル・キャピタルは「人々を賢く、健康で、安全、豊かにし、そして公正で安定した民主主義を可能とする」(パットナム 二〇〇六：三五五頁)。ソーシャル・キャピタルが豊かであれば、人々は健全な民主主義の下で経済的に豊かな生活を送ることができる。当然、行政の効率も上がり、犯罪率も減り、犯罪防止にかける支出も減る。ソーシャル・キャピタル論の主張は、坂本治也の「大胆な」まとめによると、「皆が仲良くつき合い、互いに信頼しあって助け合えば、世の中は万事うまくいく」ということになる(坂本 二〇一〇：一五頁)。

このソーシャル・キャピタルを生み出すのが様々な市民団体(自発的結社)である。

自発的結社への参加　⇩　ソーシャル・キャピタルの創出　⇩　豊かな社会

ソーシャル・キャピタル論が特定の専門を超えて人々を引きつけてきた理由の一つとして、坂本は社会崩壊に対する不安感の強まりを指摘する(坂本 二〇一〇)。人々の密接なつき合い関係が衰退すると、公共心が薄れ、犯罪が多発する。その結果社会が崩壊してしまう。このような不安を克服するために、社会再構築の思いが一九九〇年代以降高まってきた。ソーシャル・キャピタルが減退しているとするロバート・パットナムの主張は、人々が現代持っている漠然とした社会についての不安を的確に表しているとともに、その解決方法として提唱されたネットワークの再構築もまた、社会の動向に適合的なのである。

類似の指摘は、宗教をソーシャル・キャピタル(を生み出す社会集団)として捉える櫻井義秀や稲葉圭信らの議論にも認められる。彼らに共通する現代社会の認識は、「孤族」(櫻井 二〇一二)からなる「無縁社会」、「地縁、社縁、血縁という『つながり』『絆』が希薄になり、孤独を生きる社会」「自分さえよければよいという利己主義の風潮が強い社会」(稲葉 二〇一一：六—七頁)というものだからである。

こういう社会認識の下、櫻井らは、現代社会が直面する諸問題を克服すべく、ソーシャル・キャピタルを高めるために宗教を位置づけようとする。現代社会を特徴づける「無縁」の原因の一つは、家族などとともに宗教の衰退を挙げることができるからである。宗教の役割を見直すことが、社会関係の復活につながるという主張である。なぜなら、「宗教では、互恵性の倫理や相互の信頼の構築を究極的実在や超越的倫理を想定することによって可能にしてきた」(櫻井 二〇一一：三―頁、cf. Smidt, ed., 2003: 2, Horstmann 2014) からである。

無縁社会　⇩　宗教の見直し　⇩　ソーシャル・キャピタルの創出　⇩　豊かなコミュニティ

この考えは、特に日本においては二〇一一年三月の東日本大震災以後さらに強まったと推察できる。現代社会の趨勢としての「無縁社会化」に拍車をかけるのは、自然災害だけではない。本稿の対象となる民族紛争や戦争についても同じことがいえる。事実、紛争終結後の平和構築過程においては、ソーシャル・キャピタルの創出が繰り返し強調されている。(1)

自然災害・戦災　⇩　自発的結社の導入　⇩　ソーシャル・キャピタルの創出　⇩　復興・平和構築

ソーシャル・キャピタルには、否定的な側面も無視できない。これに関して、パットナムは、ソーシャル・キャピタルを結束型と橋渡し型の二つに分ける。前者は、内向きで、排他的で、等質な集団を強化する。後者は外向きで、開放的、多様性を積極的に引き受ける。パットナムは、結束型の事例として「民族ごとの友愛組織や、教会を基盤にした女性読者会、洒落たカントリークラブ」を、後者の事例として「公民権運動、青年組織、世界教会主義の宗教組織」を挙げている(パットナム 二〇〇六：一九頁)。そして、前者についてはその排他性に由来する弊害も多いと述べる。これは、「ソーシャル・キャピタルの暗黒面(the dark side of social capital)」とか「負のソーシャル・キャピタル(negative social capital)」と表現される。(2) 本稿との関係でいえば、既存の民族や宗教団体を強化するような結束型のソーシャル・キャピタルは、内に向かっては「社会貢献度」も高いが、ほかの民族との対立を高め、国家分裂の危機をもたらすことになる(Smidt, ed., 2003: 12-13)。

自発的結社Ａ　⇩　結束型ソーシャル・キャピタル　⇩　集団の強化　⇩　コミュニティの分裂
自発的結社Ｂ　⇩　橋渡し型ソーシャル・キャピタル　⇩　人々を包含　⇩　コミュニティの向上

本稿の関心から一言付け加えると、結束型という負のソーシャル・キャピタルが効率的に作用するためには、敵(犠牲の山羊)を必要とするということである。負のソーシャル・キャピタルが結束を強め、結果としてその外部の集団を排除するというだけではない。排除すべき敵をつくり上げて、内部の結束を強めるのである(田中 二〇〇九ａ)。

さて、ソーシャル・キャピタル論については、概念の曖昧さや方法論の問題など、多くの批判にさらされてきた。そのうちの一つが、分析の単位となる国家や地域社会などのある程度広がりのあるコミュニティ内部の差異、正確にいえば権力関係に基づく差異の分析が欠落しているという批判である。たとえば、ジェームズ・デフィリピッスは、パットナムの想定するコミュニティは均質的で、それが複雑な力関係のうえに成立していると想定していないと批判する(DeFilippis 2001)。つまりソーシャル・キャピタル論は、コミュニティの権力関係や経済格差を無視するだけでなく、隠蔽あるいは温存するというのである。

たとえば、富裕層が暮らすゲート付き地区(gated community)[3]においては積極的な社会参加がほとんど見られない。にもかかわらず、そこにコミュニティの大半の富が集中している。ゲート付き地区の住人が富裕なのは、他者とのつき合いを通じてというよりは、他者から隔絶して、ネットワークを占有しているからである。つまり、ソーシャル・キャピタルをコミュニティのメンバー全員がアクセスできる資本(キャピタル)あるいはネットワークに埋め込まれた資本とみなすのではなく、一部の人間にしかアクセス・統御できず、またそれによってその人間の社会的地位が維持され、正当化がなされるという視点が有効なのである。[4]

結びつき(connections)や「橋渡し」そのものが、どこであれ人々を裕福にしたり、貧乏にしたりするのではない。重要な問題は誰が関係や結びつき(あるいはその欠如)の条件を支配しているのかということである。(DeFilippis 2001: 790)

この「支配」を考慮するには、ソーシャル・キャピタルを経済資本との関係で理解する必要がある。その際重要なのは、ゲート付き地区の住人とその外部の貧困層とのあいだには交流がないということではなく、非対称的な相互依存関係が存在するという点である。両者は確かに、「市民」としての交流はないかもしれない。しかし、職場ではどうだろうか。これについては労使関係を想定すれば十分であろう。「世の中は万事うまくいく」ように見えるのは、「皆が仲良くつき合い、互いに信頼しあって助け合っている」からではない。効率的に一部の人間がほかの人間の労働力を搾取し、互酬性と信頼のネットワークを独占しているからだ。

同じ問題は、ソーシャル・キャピタルを創出すると期待されている様々な団体についても認められる。団体内部の階層や権力関係などを無視するべきではないのである。[5]ただし、本稿では、宗教においては必ずしも、経済資本が重要であるわけではないことも最初に断っておきたい。宗教の領域においては、経済資本よりも、超越性や神々との関係こそがソーシャル・キャピタルへのアクセスと統御に重要な役割を果たすのである。

三　スリランカの人口構成

スリランカ(セイロン)の面積はおよそ六万五五〇〇平方キロで北海道の約八割に当たる。

二〇〇九年の民族紛争終結後に行われた二〇一二年の国勢調査では、総人口はおよそ二千万人である(表1と表2参照)。シンハラ語を母語とするシンハラ人は一五一八万人(七四・九%)、タミル語を母語とするタミル人は四九八万人(二四・六%)である。宗教別では、仏教徒が一四二二万人(七〇・二%)、ヒンドゥー教徒二五五万人(一二・六%)、イスラーム教徒一九七万人(九・七%)、キリスト教徒一五一万人(七・五%)となっている。ほとんどの場合、イスラーム教徒の母語はタミル語で、キリスト教徒はシンハラとタミルの二つに分かれる。なお、スリランカでは、イスラーム教徒をタミル人から独立させているが、先述の統計においてはタミル語を母語とするイスラーム教徒をタミル人に含めてデータを処理している。しかし、民族問題の文脈では、タミル人問題にイスラーム教徒を含めないのが一般的な傾向であるため、本稿でもそれに準じる。たとえば「迫害を受けているタミル人」「難民化するタミル人」という表現でのタミル人はヒンドゥー教徒とキリスト教徒、無神論者であって、イスラーム教徒は含まれない。

一九八一年の国勢調査と比べると、シンハラ人の割合が少し増え、タミル人の割合が減っている。宗教的に見ると、ヒンドゥー教徒の割合が一五・五%から一二・六%に減少し、イスラーム教徒が七・六%から九・七%に増加

表 15-1　スリランカの民族分布(1981 年と 2011 年)

国勢調査年	シンハラ		スリランカ・タミル		インド・タミル		スリランカ・ムーア(注 1)		スリランカ・マレー(注 2)		バーガーズ・ヨーロッパ系(注 3)		その他		総人口数
	人口	%	人口	%	人口	%	人口	%	人口	%	人口	%	人口	%	
1981 年	10,979,400	73.95%	1,886,900	12.71%	818,700	5.51%	1,046,900	7.05%	47,000	0.32%	39,400	0.27%	28,400	0.19%	14,846,800
2011 年	15,173,820	74.88%	2,270,924	11.21%	842,323	4.16%	1,869,820	9.23%	40,189	0.20%	37,061	0.18%	29,586	0.14%	20,263,723

(注 1) タミル語を母語とするイスラーム教徒
(注 2) マレー語を母語とする東南アジア起源のイスラーム教徒
(注 3) 祖先がヨーロッパ人男性で，英語を母語とする

表 15-2　スリランカの宗教分布(1981 年と 2011 年)

国勢調査年	仏教徒		ヒンドゥー教徒		イスラーム教徒		キリスト教徒		その他		総人口数
	人口	%	人口	%	人口	%	人口	%	人口	%	
1981 年	10,288,300	69.30%	2,297,800	15.48%	1,121,700	7.56%	1,130,600	7.62%	8,300	0.06%	14,846,700
2011 年	14,222,844	70.19%	2,554,606	12.61%	1,967,227	9.71%	1,509,606	7.45%	9,440	0.05%	20,263,723

している。スリランカ・タミルやヒンドゥー教徒の減少は、長引く民族紛争の影響による海外への流出と関係していよう。後に見るように、イスラーム教徒の人口増加は、一部の仏教徒には脅威と映った。

タミル人(イスラーム教徒を除く)は民族紛争が激化するなか、多くが難民となってヨーロッパ、北米、オーストラリアなどに移住している。その数は五〇万を超える。また、居住地が戦場となったり、政府軍や武装集団の迫害にあったりして故郷を離れた国内避難民が多数存在する。(6)

タミル人のうちの六分の一はインド・タミルと呼ばれ、一九世紀に英国の植民地政策により南インドのタミルナードゥ州から送られ、住みついた労働者たちの子孫である。主に中央の高地部(現在の中央州にほぼ相当する)に住んでいて、紅茶やゴムのプランテーションで働く。彼らと区別するために、北部州・東部州の、イスラーム教徒を除くタミル人はスリランカ(あるいはセイロン)・タミルと呼ばれる。しかし、厳密には北部のジャフナ半島やワウニヤに住むタミル人と東部に住むタミル人とは異なる。また、ヒンドゥー教徒は多くのカースト(世襲の職業集団)からなるが、インド・タミルたちは低いカースト出身の者が大半であるため、スリランカ・タミルからは一段と低い地位にある存在とみなされている。なお、カーストはシンハラ仏教徒のあいだにも存在する。

四　シンハラ・ナショナリズムの展開

シンハラ人は、紀元前五世紀には北インドより現在のスリランカに移ってきた。そして、紀元前二世紀には北中部のアヌラーダプラに王国をつくった。インドからスリランカに仏教が伝来したのもこの頃であった。スリランカ・タミル人たちは、紀元前より断続的に北部へと移住し、一四世紀には最北部にあるジャフナ半島に王国を形成する。しかし、それ以来タミル人とシンハラ人が国内で対立していたというのではない。むしろ英国が、一八一五年に中央高地部のキャンディに王都を構えるウダ・ラタ王国を滅ぼし、スリランカ全土を掌握してから、各々の民族意識が高まっていった。言語や宗教を核とするシンハラ人意識やタミル人意識が形成されるようになったのは、一九世紀後半に宗主国の宗教であるキリスト教に対する反発から生じた仏教やヒンドゥー教の再興運動を契機としてなのである。

シンハラ・ナショナリズムの核は、シンハラ語を母語とするシンハラ人こそがランカーという島の主人であり、仏教を保護するために選ばれたという選民意識である。シンハラ人は北インドから渡来した「アーリア人種」であり、英国人と祖先を共通にするのに対し、タミル人は「ドラヴィダ人種」で、南インドを起源とし能力も劣ると認識されている。ここには、英国に対する反発と憧憬の相反する感情を認めることができよう。シンハラ・ナショナリズムは、「人種」、宗教、言語、領土が密接に結びついていて、今日もなおシンハラ民衆の心をとらえている。

一九四八年に英国の自治領として独立したセイロンでは、仏陀生誕二五〇〇年記念にあたる一九五六年の総選挙でスリランカ自由党(Sri Lanka Freedom Party)を率いるS・W・R・D・バンダーラナーヤカが政権を奪取する。かれは「シンハラ・パマナイ(シンハラ語第一主義)」を唱え、シンハラ仏教ナショナリズムを前面に掲げることで、英語によるエリート教育を受けていない仏教僧や教師などの地方の知識人、新興の商人ら、一般民衆に影響を持つ人々からの支持を得ることに成功する。なお、バンダーラナーヤカ自身はオックスフォード大学で教育を受け、法廷弁護士にまでなったエリートである。選挙で首相となって三年目の一九六〇年に、仏教徒寄りの政策を実行しなかったという理由から仏教僧に銃で撃たれ、その傷がもとで亡くなっている。

一九七二年五月に制定された新たな憲法によって、自治領セイロンはスリランカと国名を変えて完全な独立国となった。この憲法ではすべての宗教に対し信教の自由を認めつつも、「スリランカ共和国は、仏教に対して至高の地位を与える。これに基づき、仏教の保護および育成は、国の責務である」(第六条)とし、仏教を国教に準ずるものと規定している。

図 15-1　スリランカ地図(州名，および本章で登場する地名)
(出典)　d-maps.com の地図をもとに作成

五　武装闘争への道

一九七七年の総選挙で統一国民党は一六八議席のうち一四〇議席を獲得し、J・R・ジャヤワルダナが首相となる。彼は憲法を改正し、大統領制を導入し自ら大統領となった。社会主義を志向したスリランカ自由党の路線を変更し、開放経済政策を掲げた。そして、西欧自由主義諸国に急速に接近していった。

一九八三年七月二三日夜、ジャフナで一三人の政府軍兵士が独立を求めるタミル人の武装集団に射殺された。これが端緒となって、コロンボでシンハラ人によるタミル人への大虐殺が始まる。シンハラ人たちは、タミル人たちの家屋や店舗、工場を破壊し、さらには女性を襲い、無差別に、しかも残虐な方法で命を奪った。[7] コロンボで家をなくしたタミル人は一〇万人にのぼる。一説には四千人ものタミル人がシンハラ人によって「処刑」された。全国で合わせて二七万人以上のタミル人が国内避難民となった。これが「七月の暴動(July Riot)」あるいは「黒い七月(Black July)」と呼ばれる事件である。

この「七月の暴動」の後、タミル人社会のあいだに政府への不信が広がり、失業中の若者を中心とする武装集団の活動が活発になる。しかし、それより少し前、一九七〇年代の初頭にはV・プラバーカラン(一九五四―二〇〇九)によって「タミルの新しい虎」という武装集団が結成される。虎というのは南インドで一〇世紀ごろに栄えたチョーラ王国の象徴が虎であったことに由来する。その後、複数の武装集団が生まれ、一九七〇年代の終わりから、本格的な武装闘争が始まる。彼らは共通してタミル語でイーラム(elam＝国)と呼ぶ独立国家を北・東部両州に実現することを目指した。その数は多いときで四〇にのぼったが、一九八六年末には「タミルの新しい虎」を改称した「タミル・イーラム解放の虎(Liberation Tigers of Tamil Elam：LTTE)」が武力において優勢に立ち、ジャフナ半島を完全に掌握する。タミルの武装集団、とくにLTTEと政府軍(ならびにインド平和維持軍)との戦闘は、「イーラム戦争」と名づけられ、停戦期間を挟んで四つの期間に分けられている(8)。その最終段階は、二〇〇六年七月に始まる。

二〇〇六年七月、政府は二〇〇二年にLTTEと締結した停戦合意を一方的に破棄し、北部で空爆を実施する。二〇〇八年前半にはバッティカローなど東部のLTTE支配地区を次々と奪還、LTTEを北東部のムッラティーヴに追いつめていく。LTTEは民衆を盾に激しく抵抗するが、二〇〇九年五月一九日にLTTEのリーダー、プラバーカランが死亡する。これを受けてラージャパクサ大統領は、三〇年間にわたる民族紛争の終結を宣言した。この期間、犠牲となった人々は七万人を超え、二八万人が国内避難民となって、各地の難民施設で生活を強いられていた。

イーラム戦争終結間際から目立ち始めた政府軍の残虐な行為に対し、人道的視点から欧米諸国が批判を繰り返し、即時停戦を要求してきたが、ラージャパクサ大統領はこれを頑に拒否してきた。戦争終結後、あらためて政府や政府軍による残虐行為が露呈したが、大統領は強気の態度を崩していない。

紛争が終結して、スリランカに平和が戻りつつあるが、これによって、タミル人たちが平等に扱われる保証はない。様々なかたちでこれからもタミル人への差別や暴力が続くであろう。海外に住むタミル人難民にとって、故国はますます遠くに感じられる。紛争が終わっても民族問題が解決されたわけではない。このような状況でプラバーカランがどこかで生きていて、いつか再びイーラム戦争を始めるという信念はタミル人たちのあいだで根強い(9)。

六　排外的仏教

スリランカでは、仏教僧の政治参加の歴史は長い。既に指摘したように一九五六年の総選挙では、教師や伝統医とともにスリランカ自由党を勝利に導いた。その後も仏教教団は民族紛争が激化するなかLTTEとの妥協点を探る政府に対し、常に強固な反対を主張してきた。村落レベルでは村会の選挙に立候補して当選した僧もいたが、総選挙に初めて僧が立候補したのは一九七七年のことであった。ただし、彼は落選する。その後、二〇〇一年一二月の総選挙で一人の僧が国会議員に選出された。

こうした動きを背景にジャーティカ・ヘラ・ウルマヤ(Jathika Hela Urumaya：JHU＝シンハラ民族の遺産)という政党が二〇〇四年二月に、仏教僧たちによって設立された[10]。同年四月の総選挙では二〇〇人以上の候補者を擁立し、九人が当選している。さらに、二〇一〇年の総選挙では三人を国会に送り出すことができた。彼らは、仏教国家(Buddha rajya)の確立を目指すべく仏教・シンハラ至上主義のキャンペーンを行ったが、同時に当時の政権の腐敗やLTTEや非仏教徒への妥協を激しく糾弾した。

マヒンダ・ディーガルによると、僧が立候補した理由は五つあった(Deegalle 2004: 93)。それらは、①二〇〇三年一二月にサンクトペテルブルクで急逝したガンゴダウィラ・ソーマ尊師は、仏教徒のあいだで大変人気のあった説教師であり、政界とも近い存在であった。その死が、キリスト教の陰謀とみなされ、仏教徒のあいだに危機感が生まれた。②貧しい仏教徒やヒンドゥー教徒がキリスト教徒に改宗させられているという事態、③LTTEの恐怖、④民族紛争を解決できないまま政争に明け暮れる二大政党への不満、⑤仏教僧の野心、であった。総選挙後、JHUが力を注いだのが、世界各地で活発に活動している福音主義的なキリスト教団体による積極的な改宗活動を制するための「強制改宗禁止法案」の提出であった。また、イスラーム教徒と非イスラーム教徒との結婚においては、後者のイスラームへの改宗が結婚の条件となるため、改宗禁止法は、イスラームにとっては非イスラームとの結婚の禁止を意味していた。

以上は、国会での合法的な排外主義の動きであるが、今世紀に入ると、少数派の宗教、特にキリスト教とイスラームへの暴力的攻撃が目立ってきている。キリスト教徒については、既に指摘したように、直接的には長い歴史のあるカトリックへの攻撃というよりは、福音主義派による改宗の動きに反発してのことであった[11]。以下では、新たな仏教界の動きと、イスラームへの攻撃について紹介したい。

つい最近の二〇一四年六月一五日に南スリランカの町アルトゥガマでイスラーム教徒が経営しているたくさんの店舗が放火され、四人が死亡、八十数人が怪我をした。警官はこれを見ていただけで、阻止することはなかった。この事件の背景には、数日前に仏教僧とその運転手がイスラーム教徒の若者によって殴打されるという事件があり、警察が二人のイスラーム教徒を逮捕した。イスラーム教徒に対する抗議集会が、当日仏教僧のガラゴダ・アッテ・ニャーニャサーラー(Galagoda Aththe Gnanasara)率いるボドゥ・バラ・セナ(Bodu Bala Sena：BBS＝仏教の軍隊)という仏教の極右集団によって開催されていたのである。

ガラゴダ・アッテ・ニャーニャサーラーは一五日の集会で、「警察も軍隊もシンハラ人のものだ、もしムスリムやほかの異分子が仏教僧に触れたらただではおかない」と述べている。さらに、マドゥマダーワ・アラウィンダ(Madhumadhava Aravinda)という歌手で、JHUの主導者の一人がシンハラ人を鼓舞する歌を歌った。そして、およそ千人の参加者がイスラーム教徒を罵倒するスローガンを叫びながら、殴打された仏教僧が住む寺院へと向かった。これに対し、沿道のイスラーム教徒が石を投げ、集会参加者が暴徒化したというが詳細は不明だ。

ラージャパクサ大統領は、すべての集団に自制を求めているが、このようないい方は、加害者である仏教集団の行為を相対的に軽減し、被害者のイスラーム教徒住民の行為を実際よりも強調することになろう。政府は、事態の沈静化を図り、調査を約束しているが、どこまで本気か不明である。というのもこうした過激な宗教集団とラージャパクサ政権は密接に関係していて、後者が前者の活動を間接的に支援しているからである。[12] 経済的な状況の悪化を政治家の腐敗ではなく、少数民族による寡占のせいにすることで、貧困層や労働者階級に属する人々による不満や批判をかわすという責任転嫁の論理をここに認めることはたやすい。一九八三年の暴動においても類似の論理が認められ、医者や弁護士など専門職に携わる多くのタミル人(タミル語を母語とするヒンドゥー教徒やキリスト教徒)が犠牲となった。今回血祭りの相手がイスラーム教徒へと変わっただけなのである。

BBSとは、キラマ・ウィマラジョーティ(Kirama Wimalajothi)とガラゴダ・アッテ・ニャーニャサーラーがJHUを離れ、二〇一二年五月につくった組織である。BBSは、まず出稼ぎ国である中東諸国で仏教儀礼を行うことが禁止されていることに対して抗議を行っている。さらに二〇一二年一〇月には、バングラデシュで起こった仏教徒への暴動に対する抗議をバングラデシュ大使館の前で行った。

国内では、二〇一二年頃から仏教至上主義の主張を繰り返し、同年七月に開催された集会では、公立病院などでの不妊手術の禁止(シンハラ人の人口減少を抑制するため)、宗教の相違に基づく複数の法律の統合(イスラーム教徒の一夫多妻婚を認める宗教法の禁止)、仏教を学んだ学生に対する大学進学における優先措置、公立の学校での仏教僧の雇用を主張している。

特にイスラームについては、二〇一三年二月の集会ではハラル・フードの証明書を発行すること、中東諸国に女性が出稼ぎに行くこと、中東支援によるモスクを建立すること、体全体を覆うブルカをイスラームの女性が着用すること等の禁止を求めた。ハラル・フードの証明発行は、全セイロン・ジャミヤトゥル・ウラマー(All

Ceylon Jamiyathul Ulama：ＡＣＪＵ)という組織が有料で実施していたが、これがイスラームの活動資金に流用されているとして抗議運動を行っている(13)。三月にＢＢＳの要求をのみ、ＡＣＪＵは証明書の発行から手を引くことになる。

キリスト教については、改宗活動が活発になっている福音主義派の動向を警戒している。そして、二〇一二年一〇月、シンハラ仏教徒をキリスト教に改宗しようとした司祭を拉致した。

ＢＢＳもＪＨＵも単純だが力強いメッセージで人々を魅了する。すなわち、「スリランカはシンハラ仏教徒の国であり、多民族、多宗教国家ではない」「政府はシンハラ人の政府である、少数民族・宗教集団は真の国民とはいえない」といった主張を繰り返す。そして、少数派の人口増加の問題(積極的な改宗とイスラーム教徒の出生率の高さ)で危機感を煽り、文化遺産の保護、外国勢力の排除を謳う。

ただし、ＢＢＳらの動きには、少数派の宗教だけでなく、シンハラ仏教徒からも批判が出ている。ＢＢＳを糾す仏教徒たち(Buddhists Questioning BBS：ＢＱＢＢＳ)のメンバーは、二〇一三年四月にＢＢＳの本部の前で抗議集会を開いている。しかし、こうした動きにもかかわらず、ＢＢＳの活動が衰えないのはその組織的な暴力の行使と、警察の黙認、さらにラージャパクサ大統領やその弟の国防次官を含む政治家たちの支援があるためである。

次に、比較の観点からＬＴＴＥの宗教実践を簡単に紹介したい。

七　LTTEにおける新たな宗教実践

一九八〇年代に生まれた多くの武装集団と同じく、LTTEは、スリランカに将来を託すことのできない若いタミル人たちが中心になって結成された。リーダーのプラバーカランは、低カーストの漁民カースト出身であり、LTTEには類似のカースト出身者が多く集まっていた。このため、土地所有者で高カーストのヴェッラーラ中心の伝統的なタミル社会に対しても批判的であった。この批判は、ヴェッラーラのヘゲモニーを体現していたタミル統一自由戦線党（Tamil United Liberation Front：TULF）への攻撃となって現れている。

宗教的には、ヒンドゥー教徒だけでなくキリスト教徒もメンバーには含まれていて、世俗的な集団と位置づけられる。しかし、全く宗教的な実践が認められないのか、というとそうではない。以下では、戦死者の遺体の処理について紹介しておこう(14)。

従来、遺体を戦地で取り返すことができたなら、LTTEは遺体を遺族に返し、ヒンドゥー教徒は火葬され、キリスト教徒は埋葬されていた。しかし、一九九一年八月以後すべて埋葬にした。それは、タミル・イーラム（ホームランド）実現のために身を捧げた英雄、殉教者――ヒンドゥーであれ、非ヒンドゥーであれ――にふさわしい処置なのである。

死体はまず、LTTEの戦士たちに担がれて町をめぐる。その後「眠る家」という名前の墓地に埋葬される。その際、LTTEのメンバーによってこの遺体は種になることが宣言される。種は今大地に撒かれ、将来芽吹いて再生する。そして、彼らの名前が刻印された墓標が建てられる。こうした墓地が一九九〇年代には北部を中心に二一箇所あったが、戦争終結後すべて破壊された。

個別の遺体は、このように処理されるが、これが集合的に追悼対象となる日がある。毎年一一月二七日になされる「偉大な英雄の日　マーヴィーラル・ナール」という追悼祭である。

なぜ一一月二七日かというと、一九八二年のその日は、LTTEの中心的なメンバーの一人で、プラバーカランの親友であったシャンカル(本名、S・サッティヤナーダン)が死んだ日である。二〇歳であった。プラバーカランはシャンカルを、LTTEが生んだ最初の偉大な英雄と命名した。したがって、一一月二七日は、本来個人的な追悼の日である。しかしプラバーカランは、一九八九年からこの日をイーラムの独立のために戦死したり自決したりしたLTTEの戦士全員を追悼する日に決める。当時、既にLTTEの犠牲者は一万人近くに上っていた。

追悼式は一週間前の二一日から始まる。学校などの会場やこの日のために建てられた仮の記念碑の前で、午前九時にLTTEの旗(赤地に黄色の虎が描かれているタミル・イーラムの「国旗」)を掲揚する。これは戦死した英雄の母が行う。本格的な儀式は二六日の真夜中から始まる。ベルが鳴らされた後、人々は黙祷をして、参加者たちが全員英雄を追悼するためのランプを灯す。同じ頃タミル人の家々でもランプが灯される。また通りにはいたるところにシャンカルの等身大のポスターが現れる。新しい肖像画については除幕式がなされる。そして花環が写真などに掲げられる。最後に「国旗」が降ろされ、兵士たちによる誓いが唱道される。

この日、プラバーカランが本拠地で行う演説は、世界中に伝えられ、当地の追悼式で披露される。そこで彼は、兵士たちの死が歴史を前進させる力とみなす。集合的かつ公的な追悼を通じて、一般に私的な出来事であった死が地縁・血縁、宗教、カーストを超えて受け入れられ、LTTEという集団の、そしてそれが実現を目指そうとするイーラムの一員として戦死者たちが位置づけられていく。個人は匿名的な英雄となって、死を超越し未完の国家イーラムの下で「大地に撒かれた種から」再生する(Schalk 2003: 402)。

ヒンドゥー教は、LTTEのイデオロギーの中核に位置づけられてきたとはいえない。そんなことを試みるなら、同じ闘争に参加しているキリスト教徒たちを排除してしまうことになる。戦死者の遺体処理や追悼の日の式次第には、限定的ではあるが複数宗教を抱える政治集団における宗教実践をめぐる創造の可能性、可能態としての宗教のあり方が認められよう。

八　ソーシャル・キャピタルからカリスマへ

以上、スリランカの民族紛争ならびにそれ以後における排外的な仏教僧の「社会貢献」、LTTEによる兵士の死をめぐる「宗教実践」を紹介してきた。本稿のテーマであるソーシャル・キャピタルとの関係で、どのようなことが明らかになったのであろうか。

BBSについていえば、出生率の高いイスラーム教徒を仮想敵とみなし、結束型ソーシャル・キャピタルを創出することで、強固な集団を生み出した。内部的には、メンバー以外のほかの仏教徒と緩やかに結びついている。しかし、それは平等な平信徒からなる均質な集団とはいえない。その中心には政治に深く関与しているカリスマ的な仏教僧の主導者が位置する。彼らは、仏教僧(出家者)として、平信徒から超越・隔絶している。しかし、このカリスマ性は、BBSのような政治団体においては自動的に保証されているというよりは、平信徒との密接な交流を通じて生産されたソーシャル・キャピタルによって可能となったと考えるべきであろう。カリスマ性はさらにラージャパクサ大統領やその弟の国防次官のような一級の政治家たちとの交流(癒着、便宜供与)を可能にする。結束型のソーシャル・キャピタルが、本来結びつくことのない政治家との橋渡しへと利用されるのである。これは単にヨコのものをタテにするということではない。民衆たちが生み出したソーシャル・キャピタルが主導者のもとへと集中的に流れ込み、カリスマへと変貌させたと考えるべきであろう。そして、これが彼らと政治家との橋渡しに使用され、ＢＢＳの指導者たちの地位を外部から確固たるものにする。この外部の支援を背景に、さらに一般のメンバーたちを結束させ、イスラーム教徒排除の暴力へと駆り立てるのである[15]。

冒頭で示したように、平信徒との交流から生まれたソーシャル・キャピタルは、「社会関係資本家《ソーシャル・キャピタリスト》」としてのリーダーの政治・経済的な地位向上へと利用されているのである。

類似の分析は、仏教僧を国会に送り出した政党にも当てはまる。彼らは平信徒との交流を通じてソーシャル・キャピタルを蓄積し、これをカリスマへと変換し、さらに得票へと結びつけ、権力を獲得したと理解できる。ここで、仏教僧のリーダーのカリスマ性に言及するのは、唐突な印象を与えるかもしれないが、カリスマとは、ソーシャル・キャピタルと同じく日々の人々との交わりのなかで生まれるものであるということをまず強調しておきたい。それは、政治や宗教の領域で特定の個人に集中するソーシャル・キャピタルといってもいい[16]。

ではＬＴＴＥについてはどうだろうか。ＬＴＴＥが導入した、戦死者をめぐる新たな「宗教実践」は、何よりも集団内のヒンドゥー教徒とキリスト教徒との差異を解消するものであった。これは二つの宗教的伝統を橋渡しする強固な結束があって初めて可能となった変革といえよう。だがそれだけではない。そこにプラバーカランの指導力を無視することはできない。彼のカリスマ性もまた、日々の人々との交流を通じて生まれ、蓄積された。これによって、彼は戦闘集団を統率し、宗教実践を変革したのである。

次に強調しておきたいのは、考察対象となる社会の文化・社会的な状況である。アメリカ合衆国の（教会を含む）市民団体とスリランカの宗教集団は同じとはいえない。理論上、ブルデューのソーシャル・キャピタル概念の方が有効であるとはいえ(注4参照)、スリランカ社会はフランスの階級社会と同じではない。この点で、パットナムが『哲学する民主主義』(二〇一二)において行った南北イタリア社会の比較のような観点、すなわち各国(各地域)に特有の要素(権力関係)を考慮した分析が必要であると思われる。(17) 本稿の考察から明らかになったのは、スリランカのような社会では、たとえ理想であっても、自立した個人としての市民、そして彼らが自由な選択に基づいて参加する市民団体・自発的結社を想定すべきではなく、宗教的なカリスマ・リーダーを擁する共同体的な集団(ここでは疑似共同体と名づけておこう)こそが一般的であるという事実を無視できないということである。つまり、スリランカの歴史・文化的な状況がカリスマ・リーダーの率いる政治・宗教集団を生み出していて、それが創出するソーシャル・キャピタルの機能もまた、こうした集団の構造と密接に関係する。そこでは、ソーシャル・キャピタルは民主主義や市場経済の発展を促すというよりは、政治家との癒着やパトロン‐クライエント関係に基づく党派(ファクション)政治を生み出す。(18) 定義上、そのような社会を生み出す社会関係はソーシャル・キャピタルとはいうべきではないのかもしれない。しかし、ソーシャル・キャピタルをアメリカ合衆国などの一部の市民社会での議論から解き放つためには、あえてソーシャル・キャピタルという概念に固執し、これを再定義していく必要があると筆者は考える。(19)

市民(自立した個人)　⇩　自発的結社への参加　⇩　ソーシャル・キャピタルの創出　⇩　豊かな社会

市民の欠如　⇩　疑似共同体への参加　⇩　ソーシャル・キャピタリスト＝カリスマの創出　⇩　癒着／パトロン‐クライエント関係

九　おわりに

市民戦争とも内戦とも形容されるスリランカの民族紛争は、社会に多大な疲弊をもたらし、人々を政治的な無関心へと駆り立てる。しかし、一方で「災害ユートピア」（ソルニット 二〇一〇）のような、興奮状態をもたらす前線に向かう政府軍兵士たちやタミルの武装集団のメンバー、国家分裂の危機を叫び少数民族を弾圧しようとするシンハラの政治家たち。彼らの周りには日常では想定できないような結束力が生まれたことであろう。しかし、一時的な例外[20]はあっても、そこで生じたのはあくまで負のソーシャル・キャピタルでしかない。それはスリランカの国土全体、国民全員へと広がるわけではない。そういう状況で求められるのは、あらゆる暴力に反対するとか、人は皆平等であるといったイデオロギーではなく、深まる分断を橋渡しするようなネットワークの構築であり、暴力の被害者に対してもそして加害者に対しても向けられるケアの実践である。[21]そのような実践こそが、何よりもポスト民族紛争期のスリランカに求められている真の貢献なのである。

（注）

（1）　たとえば、Cox, ed. (2008)の第二部を参照。

（2）　たとえば *American Behavioral Scientist* 誌は二〇一〇年に負のソーシャル・キャピタルについての特集を組んでいる（van Deth and Zmerli 2010、cf. 佐藤 二〇〇一、Uslaner and Dekker 2001）。より一般的な評価として Schuller, Baron and Field (2000)の研究がある。

（3）　パットナムの邦訳では「ゲート付きコミュニティ」となっているが、それを一部とする地域と区別するために、本稿では「ゲート付き地区」と訳す。
（4）　これは、ピエール・ブルデューのソーシャル・キャピタル論に近いといえる。彼とパットナムとの比較については、Siisiäinen (2003)を参照。
（5）　この点については、小松（二〇一四）を参照。
（6）　スリランカ東部では、タミルの武装集団によって多くのイスラーム教徒たちが攻撃され、居住地を追放された（田中 二〇〇九）。
（7）　詳しくは、田中（二〇〇二）を参照。
（8）　それらは、①一九八三年七月—一九九〇年三月、②一九九〇年六月七日—一九九五年一月、③一九九五年四月—二〇〇二年二月、④二〇〇六年七月—二〇〇九年五月である。
（9）　政府軍が、プラバーカランの神格化を恐れ、彼の殺害後すぐに遺体を処理し、どこに埋めたのかなどの情報を公開していないことも、こうした噂が広まる原因となっている。
（10）　二〇〇〇年四月にはシハラ・ウルマヤ（Sihala Urumaya＝シンハラ人の遺産）という政党が生まれ、同年八月の総選挙で一議席を獲得している。名前からもわかるように、ＪＨＵはこの政党の後継者と位置づけられる。なお以下の文章は、Deegalle (2004, 2009)によるところが大きい。
（11）　しかし、川島（二〇一〇）によると、カトリックを含む伝統的なキリスト教教団も攻撃の対象になっている。
（12）　政府とＢＢＳとの関係については、Jayaraj (2013)が詳しい。なお、二〇一四年一一月の本稿脱稿後、二〇一五年一月の大統領選挙でラージャパクサに代わって、新たにマイトリーパーラ・シリセーナ氏が当選したため、過激な仏教団体の地位についても今後大きな変化が予想される。
（13）　この背景には、拡張するイスラームの復古主義が存在する。
（14）　この節について詳しくは、田中（二〇〇九ｂ）を参照。
（15）　異なる視点からではあるが、ソーシャル・キャピタルという概念を有効に活用するには、外部との関係を無視できない（Goodhand, Hulme and Lewer 2000, Furseth 2008）。
（16）　カリスマ・リーダーのカリスマ性が、その従事者・信奉者とのやり取りを通じて増加するという点については、川村（一九八二)が参考になった。

(17) 類似の主張は、スペインにおける二つの地域を研究したAlbacete (2010)においても認められる。

(18) 宗教的カリスマや党派の指導者は、一般民衆が生み出すソーシャル・キャピタルを搾取する社会関係資本家《ソーシャル・キャピタリスト》と位置づけることもできる。ピーター・ロイゾスのように、社会関係資本家を常に自営業のモデルで考える根拠はない(Loizos 2000)。

(19) したがって、単純な適用は避けるべきであるが、ソーシャル・キャピタル論の視点による欧米社会以外の地域(日本を含む)の研究、たとえば、金谷(二〇一〇)、櫻井編(二〇一三)、櫻井・濱田編(二〇一三)は極めて重要と思われる。他方で、負のソーシャル・キャピタルという留保はあっても、市民社会や市民概念(の理想化)そのものの批判的検討も続けていく必要がある(植村 二〇一〇：二七九—二八七頁)。

(20) 例外時とは、二〇〇四年一二月のスマトラ島沖大地震によって引き起こされた津波による被災直後の状況である。

(21) 平和構築を目指す女性団体の動きについては(Orjuela 2003, Hewamanne 2008)が参考になる。

参考文献

稲葉圭信、二〇一一、「無自覚の宗教性とソーシャル・キャピタル」「宗教と社会貢献」研究会『宗教と社会貢献』一巻一号、三一二六頁。

植村邦彦、二〇一〇、『市民社会とは何か——基本概念の系譜』平凡社。

エーレンバーグ、ジョン、二〇〇一、吉田傑俊監訳『市民社会論——歴史的・批判的考察』青木書店。

金谷信子、二〇一〇、「二つの市民社会とソーシャル・キャピタル——グローバル化時代の市民社会」広島市立大学国際学部国際社会研究会編『多文化・共生・グローバル化——普遍化と多様化のはざま』ミネルヴァ書房、一五三—一八八頁。

川島耕司、二〇一〇、「現代スリランカにおける仏教ナショナリズムとキリスト教」国士舘大学政経学部附属政治研究所『国士舘大学・政治研究』一号、二七—四八頁。

川村邦光、一九八二、「スティグマとカリスマの弁証法——教祖誕生をめぐる一試論」日本宗教学会『宗教研究』二五三号(五六巻二輯)、六七—九四頁。

小松加代子、二〇一四、「宗教は人々の絆をつくりあげるのか――ソーシャル・キャピタル論とジェンダーの視点から」『多摩大学グローバルスタディーズ学部・紀要』六号、六一―七四頁。

坂本治也、二〇一〇、「日本のソーシャル・キャピタルの現状と理論的背景」『ソーシャル・キャピタルと市民参加』（研究双書一五〇）、関西大学経済・政治研究所、一―三一頁。

櫻井義秀、二〇一一、「ソーシャル・キャピタル論の射程と宗教」「宗教と社会貢献」研究会『宗教と社会貢献』一巻一号、二七―五一頁。

櫻井義秀編、二〇一三、『タイ上座仏教と社会包摂――ソーシャル・キャピタルとしての宗教』明石書店。

櫻井義秀・濱田陽編、二〇一二、『宗教とソーシャル・キャピタル１　アジアの宗教とソーシャル・キャピタル』明石書店。

佐藤寛、二〇〇一、「社会関係資本概念の有用性と限界」佐藤寛編『援助と社会関係資本――ソーシャル・キャピタル論の可能性』アジア経済研究所、三―一〇頁。

ソルニット、レベッカ、二〇一〇、高月園子訳『災害ユートピア――なぜそのとき特別な共同体が立ち上るのか』亜紀書房。

田中雅一、二〇〇二、「スリランカの民族紛争――その背景と解釈」田中雅一『供犠世界の変貌――南アジア社会の歴史人類学』法藏館、一七―四五頁。

田中雅一、二〇〇九ａ、「エイジェントは誘惑する――社会・集団をめぐる闘争モデル批判の試み」河合香吏編『集団――人類社会の進化』京都大学学術出版会、二七五―二九二頁。

田中雅一、二〇〇九ｂ、「スリランカの民族紛争――その宗教的位相」国際宗教研究所編『現代宗教　二〇〇九：特集・変革期のアジアと宗教』、一六五―一八二頁。

パットナム、ロバート、二〇〇六、柴内康文訳『孤独なボーリング――米国コミュニティの崩壊と再生』柏書房。

パットナム、ロバート、二〇一一、河田潤一訳『哲学する民主主義――伝統と改革の市民的構造』ＮＴＴ出版。

ブルデュー、ピエール、一九八九、石井洋二郎訳『ディスタンクシオン――社会的判断力批判』（全二巻）、新評論。

Albacete, Gema M. Garcia, 2010, "The Saliency of Political Cleavages and the 'Dark Sides' of Social Capital: Evidence from Spain", *American Behavioral Scientist* 53-5: 691-716.

Cox, Michaelene, ed., 2008, *Social Capital and Peace-Building: Creating and Resolving Conflict with Trust and Social*

Networks, Routledge.

Deegalle, Mahinda, 2004, "Politics of the Jathika Hela Urumaya Monks: Buddhism and Ethnicity in Contemporary Sri Lanka", *Contemporary Buddhism* 5-2: 83-103.

Deegalle, Mahinda, 2009, "Religious Concerns in the Ethno-politics of Sri Lanka", *The Mahachulalongkorn Journal of Buddhist Studies* 2: 79-109.

DeFilippis, James, 2001, "The Myth of Social Capital in Community Development", *Housing Policy Debate* 12-4: 781-806.

Furseth, Inger, 2008, "Social Capital and Immigrant Religion", *Nordic Journal of Religion and Society* 21-2: 147-164.

Goodhand, Jonathan, Hulme, David, and Lewer, Nick, 2000, "Social Capital and the Political Economy of Violence: A Study of Sri Lanka", *Disasters* 24-4: 390-406.

Hewamanne, Sandya, 2008, "The Color of Tears is the Same Everywhere: Inter-ethnic Networking and Grassroots Organizing among Women Workers in Conflict-ridden Sri Lanka", in Michaelene Cox, ed., *Social Capital and Peace-Building: Creating and Resolving Conflict with Trust and Social Networks*, Routledge, pp. 95-106.

Horstmann, Martin, 2014, "Social Capital in German Protestant Churches: How can the Idea of Social Capital be Made Utilized for Partishes?", in Wilhelm Grab and Lars Charbonnier, eds., 2014, *The Impact of Religion on Social Cohesion, Social Capital Formation and Social Development in Different Cultural Contexts: Entering the Field in International and Interdisciplinary Perspectives*, The University of Chicago Press, pp. 21-31.

Jayaraj, D. B. S., 2013, "Defence Secretary Gotabhaya Rajapaksa Openly Supportive of 'Ethno Religious Fascist' Organization Bodhu Bala Sena" (10 March 2013, 7:45 pm) [http://dbsjeyaraj]（二〇一四年七月三一日閲覧）.

Loizos, Peter, 2000, "Are Refugees Social Capitalists?", in Stephen Baron, John Field and Tom Schuller, eds., *Social Capital: Critical Perspectives*, Oxford University Press, pp. 124-141.

Orjuela, Camilla, 2003, "Building Peace in Sri Lanka: A Role for Civil Society?", *Journal of Peace Research* 40-2: 195-212.

Schuller, Tom, Baron, Stephen, and Field, John, 2000, "Social Capital: A Review and Critique", in Stephen Baron, John Field and Tom Schuller, eds., *Social Capital: Critical Perspective*, Oxford University Press, pp. 1-38.

Schalk, Peter, 2003, "Beyond Hindu Festivals: The Celebration of Great Heroes' Day by the Liberation Tigers of Tamil

Eelam(LTTE) in Europe", in Martin Baumann, Brigitte Luchesi and Annette Wilke, eds., *Tempel und Tamilien in zweiter Heimat: Hindus aus Sri Lanka im deutschsprachigen und skandinavischen Raum*, Ergon Verlag, pp. 391-420.

Siisiäinen, Martti, 2003, "One Concept, Two Approaches: Bourdieu and Putnam on Social Capital", *International Journal of Contemporary Sociology* 40-2: 183-203.

Smidt, Corwin E., ed., 2003, *Religion as Social Capital: Producing the Common Good*, Baylor University Press.

Uslaner, Eric M., and Dekker, Paul, 2001, "The 'Social' in Social Capital", in Paul Dekker and Eric M. Uslaner, eds., *Social Capital and Participation in Everyday Life*, Routledge, pp. 176-187.

van Deth, Jan W., and Zmeril, Sonja, 2010, "Introduction: Civicness, Equality, and Democracy: A 'Dark Side' of Social Capital", *American Behavioral Scientist* 53-5: 631-639.

第一六章　近現代インドの仏教に見る「社会性」

――B・R・アンベードカルの仏教解釈から現代インドの仏教改宗運動まで――

舟橋健太

一　「世俗国家」インドと仏教改宗

その憲法前文において、「世俗国家(secular state)」を謳うインド共和国であるが、しかし一方では、「多宗教の国」や「篤信の人々の住まう国」といった、「宗教」のにおいを強く感じさせるイメージが惹起されることもまた多くある。[1]「宗教」間の争いが、メディアにのぼることも少なくない。実際、インド社会において、「宗教的なるもの」が、人々の暮らしのなかに様々なかたちをもって現れ出ていることは、確かに強く認められるところである。そこに見られる風景は、西洋近代社会にいう「宗教の私事化／脱私事化」[2]といった状況や現象、展開とは、全く異なるものであるといっていいだろう。

現代インド社会における世俗主義、すなわち宗教と政治の関わりの様相は、一つに、その根を植民地時代に求めることができる。周知の通り、インドは、一八五七年の大反乱鎮圧、翌一八五八年のイギリス直接統治の開始から、一九四七年八月一五日の独立に至るまでの約九〇年間、名実ともに大英帝国の植民地としてあった。そのイギリスの植民地統治政策のうち、現代にまで及ぶ甚大な影響をおよぼしたものの一つが、「分割統治(divide and conquer/divide and rule)」である。そして、この「分割」の基準として採用された主たるカテゴリーが、「宗教」と「カースト」であった。

「宗教分割」の結果の最たる表れともいえるものが、過酷な独立運動の末の、インドとパキスタン(インドと、西パキスタン[現パキスタン]・東パキスタン[現バングラデシュ])の分離独立であったことは言を俟たないであろう。さらにいえば、独立後から近年に及ぶまで、時に非常に過激かつ暴力的なかたちで勃発している宗教間の争い――コミュナリズムに基づく紛争――にも、その影響を見ることができる。

また視点を「カースト」に移せば、「分割」の名残は、一つに、独立後にカースト間の不平等を是正する目的で導入された留保制度(Reservation)の基準としてそれが採用されているところに表出しており、その功罪については、精査を要するものと考えられる。すなわち、「功」としての、社会的後進層の地位上昇の契機と、それに伴うエリート層の登場と台頭、たとえばダリト(元「不可触民」)[3]としての名乗りや主張に見られるような強いアイデンティティの確立についてであり、一方、「罪」としての、人々のあいだでのカースト意識の強化・内面化と、その実体化・分断化についてである。

本章においては、そうした「宗教」間の越境を試みた人々に焦点を当てて、彼らの思想と実践に見られる「社会性」に着目して、考察を行っていきたい。すなわち、具体的には、インドにおける「社会参加仏教」の代表として挙げられる、B・R・アンベードカル(Bhimrao Ramji Ambedkar、一八九一―一九五六)による仏教改宗と、彼の遺志を継いで連綿と行われているダリトによる仏教改宗運動が、検討の対象となる。

以下、まず、インドにおける社会参加仏教と社会政策(特に留保制度)について概観した後、現代インドの仏教運動の嚆矢であるアンベードカルによる仏教解釈とその特徴、とりわけ、そこに見られる「社会性」について検討する。その後、留保制度の恩恵を主たる背景に登場しているエリート・ダリトに注目して、現代インドのダリト運動、なかでも、仏教改宗運動の事例を取り上げ、特に社会との関わりという観点から検討し、最後に考察を行いたい。

二　インドにおける「社会参加仏教」、カテゴリー、留保制度

「社会参加仏教（Engaged Buddhism）」とは、本来、個人の解脱を究極目標とするとされる仏教の、社会との関わり――特に仏教の社会問題への積極的な関与――の側面に着目して、そうした社会的な諸活動を捉える視角を表す。たとえば、阿満利麿は次のように述べている。

「苦」の原因は、たんに個人の欲望や無知だけではなく、社会の仕組みや政治体制からも生まれているということになる。そうであれば、「苦」を滅ぼすことを目的とする仏教にとっても、そうした社会の仕組みや政治体制から生まれてくる「苦」に正面から向き合い、その原因を取り除くために立ち上がることが必要となってくるのではないか。（阿満　二〇一一：一八九頁）

つまり、社会参加仏教とは、仏教が本来有する「社会性」に着目するものであり、本章においても、そうした観点から、近現代インドにおける仏教運動――アンベードカルによる仏教改宗から現代インドの仏教改宗運動ま

で――について検討を行っていく。

ここで、本章において「改宗仏教徒」と表す人々について概観しておきたい。改宗仏教徒とは、「不可触民」カーストに出自を有する、ヒンドゥー教から仏教へと改宗した人々を指す。「新仏教徒（Neo-Buddhists）」[4]と呼ばれることも多い彼らは、アンベードカルに対する強い崇敬の念を抱き、カーストを否定し「平等」を唱道する仏教に強く惹かれ、アンベードカルの遺志を引き継ぐかたちで、現代インドにおいて仏教改宗運動を展開している。本章の事例の舞台となる北インドのウッタル・プラデーシュ州（以下ＵＰ州）西部においては、「チャマール(Chamar)」あるいは「ジャータヴ(Jatav)」カースト（第四節において詳述）に出自を持つ人々が、そのほとんどを占めている。

それでは、「不可触民」なるカテゴリーは、いかなる来歴を持っているのだろうか。社会政策との関係から、近代において導入・代替された、「指定カースト」カテゴリーとともに、以下、簡単にたどってみたい。そもそも、「不可触民」という賤民身分概念は、古代インドの賤民諸集団に端を発し、中世において、穢れ意識に基づく「不可触」の民というカテゴリーとして成立したとされる。そうした概念／カテゴリーが、二〇世紀のイギリス植民地下の状況において、「社会制度」として大きな変容を遂げることになった（小谷 一九九六：一七―二七頁）。

まず一九一九年のインド統治法では、不可触民とされた諸集団ならびにトライブ（先住部族民）の人たちが、「被抑圧諸階級(Depressed Classes)」として法的に範疇化されるに至った。さらに一九三五年のインド統治法において、新たに「指定カースト」というカテゴリーが導入され、翌一九三六年に、それまで不可触民として賤視されていた多くのカーストが列挙され、指定カーストのリストに名を連ねることになった（小谷 一九九六：一三七―一三八頁）。

この指定カーストのリストは、一九五〇年施行のインド共和国憲法にも引き継がれ、ここに挙げられたカースト集団を対象に、議席や就業、就学における優遇措置を定めた「留保制度」が成立するに至った。留保枠が設定されているのは、国会や州議会、地方議会などにおける議席、公的雇用における就業、高等教育における就学の三分野である。また優遇される留保枠は、概ねセンサスに基づく指定カーストの人口比に即して設定されている。ただし、指定カーストとされるのは、ヒンドゥー教徒、仏教徒[5]ならびにシク教徒であり、キリスト教やイスラームに改宗した不可触民は除外される（Nabhi's Board of Editors 2004: 8）。つまり、誰が「指定カースト」であるかという問いは、当該の人々の宗教的属性と絡み合いながら、特に独立以降、社会的・政治的問題として、常に議論の的になってきたと考えられる。

ところで、この留保枠の割合に関しては、特に一九九二年に議決（翌一九九三年に施行）された第七三次憲法改正が重要である。この憲法改正において、地方議会や村落会議（パンチャーヤト）における三分の一の議席が、指定カースト、指定トライブならびに女性に対する留保枠として設定されることになった（Kumar 2002: 3）。このことにより、指定カーストや指定トライブはいうまでもなく、特にローカルなレベルでの女性の社会進出が大きく展開することになった[6]。

こうした留保制度をめぐって、とりわけ近年においては、一部のカースト団体による「その他の後進諸階級（Other Backward Classes：ＯＢＣｓ）」認定を求める政治的ロビー活動や、彼らにおいて浮上している「クリーミー・レイヤー（Creamy Layer）[7]」と称した問題が論じられている。これは、留保制度の権益の分配が特定の家系・階層に偏っていることから、こうした階層が「クリーミー・レイヤー」、すなわち「上澄み階層」と呼ばれて、その固定化・隔絶化が問題とされているのである。そして、現制度のようなカーストを基盤とした留保枠設定の妥当性が討議の的となり、留保枠の設定に、経済的状況を加味する必要性が議論されている[8]。

それでは次に、上述の留保制度の設立と運用に尽力した、近現代インドのダリト運動、特に仏教運動の始祖とされるアンベードカルによる仏教解釈について見ていきたい。

三　アンベードカルの「仏教」解釈

三-一　指導者・アンベードカルの経歴

現在においても、不可触民をはじめ、多くの人々からの強い崇敬の的になっているアンベードカルは、「バーバーサーヘブ」、すなわち「偉大なる父祖」との尊称が付されている。その尊称の通り、アンベードカルは、政治的、社会的、そして宗教的に、現代インドにおけるダリト運動の礎をつくった人物として認められている。まずは、傑出した指導者であり政治家であったアンベードカルの略歴をなぞっておきたい（山崎 一九七九）。

ビームラーオ・ラームジー・アンベードカルは、一八九一年、西インド、マハーラーシュトラ州の「マハール」(9)という不可触民カーストの家に生まれた。比較的恵まれた家庭・環境で育ったアンベードカルであるが、やはり不可触民としての被差別・被抑圧の処遇も不可避に経験した。こうした被差別・被抑圧経験が、後年のアンベードカルをして、精力的な不可触民解放運動を指導させたことは疑いがないだろう。

自身の類い稀なる能力に加え、機会にも恵まれたアンベードカルは、アメリカのコロンビア大学ならびにイギリスのロンドン大学に留学、いずれにおいても博士号を取得するという極めて稀有な学歴を背景に、インド帰国後は不可触民解放運動に専心した。政治家・運動家として活躍し、当時、インド独立運動の中心にいたM・K・

ガーンディーと激しく対立をしながら、一九二七年にヒンドゥー教の古典とされる『マヌ法典』を公衆の面前で焼き捨て、また一九三五年には「ヒンドゥー教棄教宣言」を行った。いわく、「自分はヒンドゥー教徒として生まれたが、ヒンドゥー教徒として死ぬことはない」との宣明である。

独立後のインドにおいても、政治家・アンベードカルの重要性は減じることなく、初代となるネルー内閣の法

図16-1　インド地図（本章で登場する州・地名）

（出典）d-maps.com の地図をもとに作成

写真 16-1　UP 州 V 村のアンベードカル像と，礼拝する僧侶ならびに村人たち

相、またインド憲法起草委員会の委員長をも務めた。そして「棄教宣言」からおよそ二〇年の時を経た一九五六年一〇月一四日、マハーラーシュトラ州ナーグプルの地にて、数十万ともいわれる人々とともに、仏教への改宗を行った。しかし仏教大改宗遂行の約二カ月後となる同年一二月六日、アンベードカルは還らぬ人となった。こうして現代インドにおける仏教改宗運動は、アンベードカルの遺志を継いで、連綿と行われているのである。

三-二　独自の「仏教」解釈とヒンドゥー教の否定

それでは、現代インドの仏教運動の基軸となっているアンベードカルが唱える「仏教」とは、どのようなものなのであろうか。アンベードカルが死の直前まで執筆を行っていたとされる遺作『ブッダとそのダンマ』(以下『ダンマ』)を取り上げて検討していきたい(Ambedkar 1997)。

先述したように、アンベードカルが二〇年もの間、熟考を重ねた末に仏教を改宗先としたのは、実践的かつ哲学的理由からであるとされる。すなわちそれは、不可触民たちが、インドの文化遺産を失うことなく、ヒンドゥー社会の秩序を拒絶しうるため、とされた。そのうえで、ブッダの生涯と教えを一冊にまとめるために、また、因習的な仏教解釈を否定して、人道主義と科学に根ざした議論を展開するために、この『ダンマ』は著されたとされる。そこから、この書物は、ブッダの生涯の紹介を通した、アンベードカルの政治的声明・見解の表明であるとも考えられている(Contursi 1993: 322)。

それでは具体的に、アンベードカルの「仏教」解釈について、特に従来の仏教(上座仏教)やヒンドゥー教の教義との相違点を中心に見ていきたい。アンベードカルは、『ダンマ』の序章(Introduction)において、従来の仏教教義との相違に関して、次の四つの点を挙げている。すなわち、①ブッダの出家(Parivarjan)について、②四《し》聖諦《しょうたい》(four Aryan Truths)について、③魂(soul)、業(karma)、再生(rebirth)について、④僧侶(bhikkhu)について、の四点である。それぞれ、アンベードカルの問題提起とその回答を記していきたい(Ambedkar 1997, Tartakov 2003)。

まず、「なぜブッダは出家したのか?」である。これに関しては、従来の説明においては、「死者、病人、老人を見たから」となっている。しかしアンベードカルは、ブッダの出家が二九歳のときであることを挙げ、「それまで、ブッダはこうした人々を見たことがなかったのだろうか?」と、この説明が妥当ではなく、また納得できないことを述べる。そして、真の答えとして、ブッダは、水利権をめぐるシャカ(Sakya)族とコーリヤ(Koliya)族との争いから、戦争を回避させるために出家した、との新たな説明をなしている。これは、ブッダが属したカースト(クシャトリヤ・カースト)の義務である戦争への従事の拒否となる。アンベードカルによれば、こうした部族間の戦争というものは、より大きな階級間の争いの一部にすぎないものであり、階級間の争いは、世界のすべての悲しみと苦しみの根源であるとされる。またこれは、ゲーリー・タルタコフによれば、インド古来からの宗教的・哲学的叙事詩『バガヴァッドギーター』に見られるクリシュナの「戦争すべき宿命」への批判が含意されているものとなり、加えて、「水」というものがカースト制度を象徴する重要なものであることから、カースト制度に対する批判をも含んでいるとされる(Tartakov 2003: 211)。

次に、四聖諦についてである。アンベードカルは、この考えがブッダのオリジナルのものであるのか、あるいは後世に僧侶によって付け加えられたものであるのかと疑問を提起する。そして、生や死、再生が悲しみであるとしたら、宗教は無意味なのではないか、これは、悲観主義、厭世主義にすぎないのではないか、とする。そして、この教義が従来、個人的・心理的課題であるとされたのに対して、その「社会性」を主張し、これは社会的矛盾であり物質的解決が可能であると唱える。すなわち、アンベードカルの解釈によれば、人間《ヒト》であることの問題とは、従来の仏教でいわれているような、老、死、抑えられない欲望などの個人的なものではなく、個人として、また社会集団として、互いにどう関係するかという社会的なものであるとされる。ゆえに、こうした人間としての問題は、「社会的平等」によって解決されることになる。ここから、アンベードカルの「仏教」においては、その目標が「平等社会の実現」ということになるのである(Tartakov 2003: 212)。

次いで、魂、業、再生についてである。アンベードカルによれば、ブッダは魂の存在を否定した。しかし業と再生については、教義として肯定した。そこで、魂がないのにどうして業と再生が教義として成り立つのか、矛盾しているのではないか、ということから、ブッダは、「業(カルマ)」と「再生」という概念に関して、当時のバラモンたちと異なった意味で用いていたのではないか、と問題提起を行う。そして、次のような科学的類推に基づく解釈を行う。すなわち、身体は物質の要素で構成されており、死に際して、これらの要素は離散する。そして空間で要素の固まりとなり、この固まりが集まって新しい生となる。新しい身体は、様々な前の身体の要素からなる。ゆえに、同じ魂や感覚が、一つの生から別の生へと輪廻転生することなどない。そこには要素の再生があるのみである。つまりアンベードカルによれば、ブッダは魂の輪廻転生(transmigration)を否定したが、物質の存在と再生(regeneration)は主張したということになる(Contursi 1993: 323-324)。

ここで、「業(カルマ、以下カタカナ書きとする)」に関する、ヒンドゥー教との相違が明記されることになる。アンベードカルは、ヒンドゥー教徒の魂の信仰は、個人主義的・運命論的なカルマ解釈であり、ヒンドゥー教のカルマは、世襲的・遺伝的であり、魂に刻印されたものとなるとする。対して、仏教においては、カルマは現在の生にのみ影響するものであり、ヒンドゥー教による、過去の行為が現在の生に影響するという過去のカルマの理論は、人間の努力を排除するということから、極めて重悪な教義であるとする。そして、ブッダは過去のカルマが継承／遺伝されるということは信じていなかったと説明する。そこで再び、アンベードカルは科学的説明を試みている。遺伝物質が親から子へ渡され、子が親のすべてを受け継ぐというのであれば、魂とカルマも、同じく親から子へと継承されるべきものであろう。しかしヒンドゥー教の教えでは、カルマは、親からではなく、自分自身の過去の行為から渡されるものとなっている。ヒンドゥー教のカルマ教義では、非物質的な魂の発生源を説明できず、また、なぜ魂のカルマではなく身体が親から受け継がれるのかも、説明できない。以上の遺伝に関する科学的原理の一貫しない適用から、ヒンドゥー教のカルマは非合理的であり、ブッダの科学的見解とは異なると主張されている。このアンベードカルによる「カルマ」解釈に従えば、「不可触性（Untouchability）」とは、「個人の過去の罪の産物」ではなく「社会の現在の秩序」ゆえということになる（Contursi 1993: 324）。

最後に、僧侶についてである。アンベードカルは、ブッダが僧侶というものを設けた目的は何かと問う。そして、もし僧侶が、完全な人間を目指す者だとしたら、彼は利己的な人間となり、仏教は衰退していくだろうとされた。しかし、もし僧侶が社会的奉仕を生み出すための存在だとしたら、それは仏教の希望となるだろうとした。つまり、これは、教義の一貫性に関わる問題ではなく、仏教の将来に関わる問題であるとされた。そして、僧侶やサンガ（僧団）は、その高位性を否定されて、共同体に奉仕すべき存在であるとされたのである。

さてここで、アンベードカルが主張した「仏教」のその他の特徴についても見てみたい。まず、アンベードカルの「仏教」においては、無神論が唱えられる。つまり、ブッダの神性や神格を否定したものであり、仏教寺院や改宗仏教徒の家に見られるブッダやアンベードカルの肖像画については、ご利益を求めて掲げられたり礼拝されたりしているものではなく、単に「尊敬する人」という扱いであるとされる(Tartakov 2003: 209)。

またアンベードカルは、ブッダによるバラモン主義批判の焦点を四つ挙げている(Contursi 1993: 323-324)。まず一つ、バラモン教の聖典であるヴェーダの無謬性が挙げられる。ブッダは、あらゆるものは合理的・批判的精査に開かれているべきであるとして、その無謬性を非難した。次いで、「供犠儀礼」が取り上げられる。供犠儀礼には、神のための自己否定である真の供犠と、人の利益のために動物を殺める誤った供犠とがあるとする。そのうえで、バラモンが執行しているのは誤った供犠であり、そのことによって威信と富を得ているとの批判を行った。三つ目に挙げられるのはバラモン(司祭)・クシャトリヤ(王侯・武士)・ヴァイシャ(商人)・シュードラ(隷属民)という「四ヴァルナの秩序」である。これは、自然のものではなくバラモンがつくった秩序であると指弾され、またこの四ヴァルナの否定は次のカルマの否定と関わってくるとされる。こうして、四つ目に輪廻転生とカルマの教義を挙げ、既に紹介したような批判を行ったということになる。

さてここで、アンベードカルによるブッダとマルクスの主張の比較を、ジャネット・コーントゥルシ(Contursi 1993)に従って見てみたい。アンベードカルは、マルクス主義者による、「社会主義の必然性」と、「社会変化のための暴力の使用」は否定したものの、次の四つの諸点については、ブッダの教義との相同性を強調し、マルクスの考えを受容していたとされる。すなわち、①哲学の機能は、世界の始原を説明するためではなく世界を再構築するためにある、②階級間の利益をめぐる紛争がある、③財産の私的所有制度は特定の階級に権力をもたらし、他の階級に搾取からの悲しみをもたらす、④よき社会のために、私的所有制の廃止によって悲しみが取り除かれる必要がある、の四点である(Contursi 1993: 324-325)。ここからは、貧困をはじめとする社会的問題と宗教教義とを密接に関連づけるアンベードカルの思想傾向が確認できよう。

最後に、アンベードカルによる、宗教(religion)とダンマ(dhamma)の本質的矛盾についての説明を見てみたい。アンベードカルは宗教について、個人的なものであり、世界の始原を説明するものであり、神、魂、救済と関わるものであるとする。対して、ダンマを定義して、それは「社会的なもの」であり、世界を再構築するものであり、人間の苦しみを終わらせることと関わるものであるとする。そしてダンマとは社会変化のための道徳的行為であるとして、ブッダの教えこそがダンマそのものであると述べている(Contursi 1993: 325, Ambedkar 1997: 315–325)。

以上、仔細に記してきたアンベードカルの「仏教」解釈は、現代インドの改宗仏教徒たちにとっての「仏教」理解の基盤になっていると考えられる。それは、仏教運動組織の主導者たちが、「インドの仏教に関しては、アンベードカルの『ダンマ』を読めばすべてわかる、そこにすべて書いてある」と主張すること、そして、彼ら主導者が中心となって「仏教」の普及がなされていることから、容易に推察されるところであろう。また、本章の調査対象村落であるUP州V村において、ヒンディー語版の『ブッダとそのダンマ』を保持して熟読している改宗仏教徒がいることや、さらには、たとえば筆者の「死後はどうなるのか」といった問いに対して、「何もなくなる」という答えが返ってくることなどからも、こうしたアンベードカルの「仏教」の浸透を確認することができよう。

ここであらためて、アンベードカルによる「仏教」の特徴をまとめると、一言では「社会性」と表すことができよう。すなわち、社会を構築するための規則としてのダンマを軸に、平等社会の実現を目標とするものであると考えられる。また、僧侶やサンガの役割としても、「社会・共同体に奉仕すべき存在」として位置づけられており、かつ、在家信徒の重要性が説かれている。これは、仏教の普及・伝播に、出家僧侶に頼ることが難しい僧侶の寡少さというインドの状況を鑑みたものでもあり、ゆえに、入信儀礼をはじめとする各種仏教儀礼の執行を認めるなど、指導的在家信徒に仏教普及の役割を付与したものである。

すなわち、アンベードカルの仏教改宗運動は、そもそもの発端として、「社会的差別に対する異議申し立て」という意味合いが色濃く、つまりは自分たちの「社会的認知」の問題が主眼にあるとも考えられる。ここから、アンベードカル以降の仏教運動における、社会における「場」の確保という観点が重要になってくる。そこで、次節においては、現代インドの改宗仏教徒の事例を紹介して、そこに見られる「社会性」――特に「社会的認知」、社会における「場」の確保――という視角から、検討を行いたい。

四　現代インドの改宗仏教徒と仏教改宗運動

本章における事例の舞台となるのは、UP州西部である。当該地域において仏教運動を活発に主導している組織の一つとして、「インド仏教徒協会(The Buddhist Society of India)」を挙げることができる。この組織は、一九五五年にアンベードカル自身の手によって設立され、その目的としては宗教的活動としての仏教の普及とそれに関わる諸活動のみに設定されている。本部をムンバイー(マハーラーシュトラ州の州都)におき、同州を中心に、デリーやUP州、マディヤ・プラデーシュ州などで活発に運動を展開している。三代目となる現代表は[10]、アンベードカルの義理の娘(息子の妻)に当たるミーラタイ・アンベードカルであり、何より、創設者がアンベードカル自身であるということから、アンベードカルの系譜、そして理念を「正統に」受け継ぐ組織との主張をなしている。

UP州西部において仏教徒といえば、先にも述べたように、「チャマール」あるいは「ジャータヴ」というカーストに出自を持つ者がほとんどを占める。チャマールとは、北インドにおいて数的に大きな不可触民カーストであり、伝統的に、家畜や動物の死骸の処理、皮革業などに従事しているとされる(Briggs 1999, Cohn 2004, Khare 1984, Singh 2002)。筆者の調査村落(V村)においては、多くが、農業(小作農、零細農業)、工場労働、日雇いの肉体労働などに従事している。一方、ジャータヴであるが、一般的にチャマールのサブ・カーストと認識されるが、彼ら自身は独立したカースト(クシャトリヤの系譜)を主張している。概して、留保制度の恩恵を受けた人々が多く、都市部に居住し、比較的富裕層が多いのが特徴である(Lynch 1969, Singh 2002)。公務員職に就いている者や、大規模な皮革業で財をなしている者も少なくない。UP州西部において仏教改宗運動を主導しているのは、このジャータヴの人々が多いことが指摘できる。

ここで、チャマールとジャータヴの関係に目を向けたい。先述したように、ジャータヴは、チャマールとは別の独自のカーストを強く主張している。また一般的に、チャマールはジャータヴを、その職業の不浄性(皮革業での成功・蓄財)ゆえ、ジャータヴはチャマールを、その社会的後進性(貧困)ゆえ、互いに蔑視する傾向にあるとされ、両者のあいだに積極的な交流は見られないとされる。これは、留保制度の権益に基づいて社会・経済的上昇を果たした人々は、出自コミュニティから隔絶化していく傾向にあるという「ハリジャン・エリート」をめぐる議論と相似する状況である(Sachchidananda 1976, Mendelsohn 1986, Mallick 1997, Mendelsohn and Vicziany 2000)。

しかし一方、こうしたエリートたちが、仏教改宗運動などのダリト運動を主導・牽引しているという指摘もまたなしえよう。つまり、隔絶化して限定された枠内に閉じこもるハリジャン・エリートだけではなく、そこには、ダリト全体の社会的上昇を視野に社会運動に積極的に携わる「エリート・ダリト」という存在も認めることができるのである。たとえば、UP州西部メーラト県に住むゴータムは、ジャータヴ・カーストに出自を持つ男性であるが、インド仏教徒協会メーラト支部の中心的人物である。彼は、留保制度の恩恵もあり、高等教育を受け、政府職に就いて定年を迎えた。仏教に関して豊富な知識を有しており、また各種の仏教儀礼の執行が可能であり、メーラト県内ならびに隣接県において、仏教の積極的な布教と会合の開催を行っている。仏教改宗儀礼の執行も多く行っており、筆者の調査村落Ｖ村での入信儀礼執行の中心となった一人も、このゴータムであった。なお、Ｖ村内にジャータヴは住んでおらず、チャマール・カーストのみの居住となる。(11)

ここから、仏教運動におけるチャマールとジャータヴの関係を見た場合、ゴータムに見られたように、ジャータヴは仏教の普及、仏教儀礼の主導・執行を担っており、またチャマールは、ジャータヴの諸活動を受けて、仏教を受容・改宗し、仏教儀礼を遂行していることが指摘できる。すなわち、仏教改宗運動の展開、特に仏教儀礼の実践にあたって、両者の積極的交流が生じているのであり、仏教が異カースト間関係を媒介していると考えることができるのである。これは、カーストの否定に関する仏教をめぐる両者の語りにも認めることができる。ゴータム曰く、「仏教にカーストは存在しない。ただ、仏教徒がいるだけだ」(12)となり、あるチャマール男性曰く、「ジャータヴとチャマールのあいだには、何の違いもない。この(カーストの)違いは、バラモンによってつくられたものだ」(13)ということになる。

グローバル／ナショナル／ローカルな活動の広がり

さてここで、視角を広げて、インド仏教の「社会的活動」の事例を紹介したい。まずはグローバルな観点からである。主導者や活動範囲・内容から、グローバルな仏教運動と考えられるものとして、一つに、イギリス人僧侶サンガラクシタ(Sangharakshita)が一九七八年に設立した「三界の仏教徒大僧伽の友の会(Trailokya Buddha Mahasangha Sahayaka Gana：ＴＢＭＳＧ)」を挙げることができる。この組織は、仏教改宗、教育事業、職業訓練、人権保護活動などに従事している(Trailokya Buddha Mahasangha Sahayaka Gana)。また、一九九一年にアメリカで創設され、インドにおいては二〇〇三年に設立(登録)された「正義と平和のためのアンベードカル・センター(Ambedkar Center for Justice and Peace：ACJP)」を挙げることができる。現代表はヨーゲーシュ・ヴァルハーデー(Yogesh Varhade)であり、カースト／ダリト差別は人種差別であると認知させるべく国連への働きかけを行うほか、各種の人権保護運動に努めている。同センターHPによると、「人々を、ブッダの道、アンベードカルの導きに向かわしめる」と謳われている(Ambedkar Center for Justice and Peace)。

またほかに、マハーラーシュトラ州ナーグプル市を軸とした、日本人僧侶である佐々井秀嶺[14]の精力的な活動も挙げられよう。アンベードカルの後継を自認する佐々井は、ナーグプルを中心とした仏教改宗(復興)運動と並行して、ブッダガヤーの大菩提寺権利獲得(回復)運動、仏教遺跡発掘事業など、多彩な仏教活動に従事している(佐々井 二〇一〇)。

次いで、現代インド仏教のナショナルな「社会的活動」を見てみよう。二〇〇七年一一月、ニューデリー市内において、日本山妙法寺とデリー開発局(Delhi Development Authority)が中心になって創設した世界平和塔(Vishwa Shanti Stupa)の除幕式が行われた。このストゥーパ(仏塔)は、特にデリーおよびデリー近郊からUP州西部に居住する仏教徒はいうまでもなく、公園に併設されていることもあり、仏教徒に限らず、多くの人々に観光地として、また憩いの空間として、貴重な場を提供している。それは、仏教徒にとってより重要で意義深いことと考えられる。すなわち、物理的にも、象徴的にも、また表象的にも、当該ストゥーパは、インドの仏教を代表する建造物、ならびに「場」であり、かつ、広く仏教を――そして仏教徒を――社会的に認知させる重要性を有しているのである。

最後に、ローカルな観点から、現代インドの仏教にみられる「社会的活動」と捉えうる一例を取り上げてみたい。UP州西部に位置するV村の一人の少女ミナークシー[15]の事例である。ミナークシーは、改宗仏教徒の家族の四女であり(二〇一三年時点で二一歳)、仏教に対して非常に高い意識を持っている。「自分は、本当は、結婚などせ

写真 16-2　ニューデリーの Vishwa Shanti Stupa

写真 16-3　ストゥーパに隣接する公園でアンベードカルやブッダのポスターを売る男性

写真 16-4　ストゥーパ隣接公園で行われた改宗式

写真 16-5　ストゥーパ隣接公園でブッダを讃える歌を合唱する女性たち

ずに、バンテ・ジー（僧侶）になりたいんだ」とまでよく口にしていた。ミナークシーは、仏教およびブッダの生涯や教えに関するノートを、自筆・自作していた。あるとき、ミナークシーが通う学校の友人（ジャート・カースト）[16]との会話において、仏教の素晴らしさを強調した彼女は、自作のノートを見せ、それに興味を示した友人にノートをあげた。友人は、その後、ノートを読んだ感想として、仏教への強い関心を表明した。

これは、非常に些細な事例ではあるが、同時に、極めて重要な意味を持っていると考えられる。つまり、ミナークシーにとって、仏教徒であることは、不可触民カーストに出自を持つこと、また、そうした被差別・被抑圧の過去を喚起させるものというよりもむしろ、「良き／善きこと」として、正統的／正当的に捉えられる意識の方が強く持たれているのである。ここに、草の根から見る現代インドにおける仏教の「社会性」を認めることができるのではないだろうか。

五　「社会的認知」を求めて

本章においては、近現代インドにおける仏教に関して、アンベードカルの仏教解釈ならびに改宗仏教徒たちの社会的活動に焦点を当てて、その「社会性」について検討・考察を行ってきた。

アンベードカルによる「仏教」の特徴としては、何よりもその「社会性」を指摘することができる。つまり、「宗教」とは異なる概念としての「ダンマ」を打ち出し、ダンマとは社会を維持するための規則であり、仏教はまさにダンマそのものといえ、仏教は平等社会の実現を第一義の目標とするものであるとされた。また平等主義という仏教の理念に基づき、カーストの差異を超えた運動の可能性も見ることができた。すなわち、仏教の普及、儀礼の執行という実践を通して、異カースト間(チャマール‐ジャータヴ)に交流が生じ、仏教を媒介とした新たな関係性が生まれていた。

また現代インドの改宗仏教徒の諸活動からは、その社会に対する働きかけ――特に「社会的認知」を獲得するための活動――を見ることができた。これは、グローバル、ナショナル、ローカルの各レベルにおいて確認することができ、ここに、インドの仏教運動の展開可能性を認めることができよう。つまり、改宗仏教徒たちによる社会的「場」を求める実践＝「社会的認知」の希求が、インドにおける仏教の「社会性」の根幹をなしていると考えられるのである。

アンベードカルは、仏教の理念である「平等思想」を強調し、非常に強いカーストの否定を行った。この思潮は、現代の仏教運動においても受け継がれている。しかし同時に、現実的に拭いきれないカーストの規定性というものも、否定し難く存している。ここにおいて改宗仏教徒たちは、単純にカーストの否定を行うのではなく、むしろ、現実的な対応や社会的認知の獲得という観点から、カーストの差異の受容・交渉を行っていると考えられるのではないだろうか。これはまた、究極の目標である「平等性」の獲得に向けた、小さな、しかし確かな一歩であると考えられよう。

(注)

(1)　逆に、宗教的に多様であり、また、生活全般に関わって宗教の影響力が極めて強いからこそ、あえて憲法において言及し、「世俗国家」であることを宣明しているとも解釈しえよう。

(2)　宗教の私事化とは、宗教が私的な信仰を意味すると理解され、人々の私的領域のみに関わるものとして位置づけられることを指す。一方、宗教の脱私事化とは、宗教集団による社会との関わりの模索や宗教復興運動を介して、再び宗教が公的領域に関わるようになることを意味する。詳しくは、本書「はじめに」を参照のこと。
(3) 彼らをいかなるカテゴリー名で呼び表すかについては、非常に重要かつ困難な問題である。「カテゴリー」の名称である以上、いかなるものをとっても、そこには必ず問題が生じてくる。一般的に多く用いられる呼称として、不可触民(Untouchable)、指定カースト(Scheduled Caste)、ハリジャン(Harijan)、ダリト(Dalit)が挙げられるが、それぞれに概ね同様の人々を指しながらも、特にその来歴や語の背景を鑑みた場合(本章第二節も参照のこと)、少なからぬ異同を孕んでいる。本来であれば、厳密に区別をして用いるべき用語であるが、議論の煩雑化を避けるため、本章では、彼らの自称として登場した「ダリト」を中心に、他は文脈に応じて最も適する語を、互換的に使用していくことにする。
(4) 現在、当人たち自身が、「新仏教徒」との呼称を用いることはまずなく、むしろ忌避されている。彼らは、自分たちを表して、単に「仏教徒」という。これは、一方からの名づけであり、時に批判的にも用いられる「新」との接頭辞を嫌ってのことと解釈される。同様に「改宗仏教徒」も、通常用いられることはないが、本章においては、宗教間の越境を意味する「改宗」という決意・行為を重視する観点から、基本的に「改宗仏教徒」との語を用いていく。
(5) 仏教徒への留保制度の適用は、一九九〇年に認められた(Nabhi's Board of Editors 2004: 8)。
(6) ただし実際には、当該女性の夫や父親などの親族が実質的な議会メンバーとして機能していることも少なくないようである。それは、筆者の調査村落(UP州V村)の女性村長の事例(二〇〇五―一〇年在職)に関しても確認された。
(7) これは、指定カーストにおいては、「ハリジャン・エリート」という語で論じられてきた問題でもある。ハリジャン・エリートに関する考察は、第四節において行う。
(8) 近年、留保制度に関しては、ほかに、私的企業への就業における留保枠設定の是非に関して議論が行われている(Thorat, Aryama and Negi, eds., 2005)。
(9) 「マハール」は、西インド(特にマハーラーシュトラ州)において、不可触民のなかで人口的に多数を占めるカーストである。伝統的職業として、見張りやお触れの伝達・広報、死畜の処理など、主に村落における雑役に従事していたとされる。しかしアンベードカルは、祖父・父とも軍人を務め、自身も含めて、こうしたいわゆる伝統的職業に就いたことはない。
(10) 初代代表は、B・R・アンベードカルその人であり、二代目が、息子のヤーシュワント、そして三代目(現代表)が、義理の娘(ヤーシュワントの妻)のミーラタイとなる。
(11) V村内のカースト人口構成比であるが、最大を占めるのが「ジンワル(ディーワル、カシヤップ)」・カーストでおよそ二七・四％である。次いでチャマール（仏教徒、ヒンドゥー教徒含む）であり、約二五・三％を占めている。のち、ムスリム（約一六・九％）、ジャート（約四・二％）等となる。なお、チャマール内において、仏教徒は一八・二％、ヒンドゥー教徒は八一・八％となる。

（12）二〇〇七年二月二五日、UP州メーラト市にて。

（13）二〇〇九年三月六日、UP州V村にて。

（14）一九三五年八月三〇日に岡山県に生まれた佐々井は、一九六〇年に得度した後、タイに渡り、その後、一九六六年にインドに入った。一九八八年には、インド国籍を取得（インド名は、アーリヤ・ナーガルジュナ）、二〇〇三年からの三年間は、インド政府少数者委員会の仏教徒代表を務めた（佐々井 二〇一〇）。既にインド国籍を取得していることから、「日本人僧侶」という表現は必ずしも正確ではないが、その出自と佐々井自身の強い属性意識を鑑みて、また、グローバルに広がる（可能性を有する）仏教活動という観点から、ここでは、あえてその「日本人性」を明示するかたちをとった。

（15）少女の名は、仮名である。

（16）この友人は、UP州西部地域において有力なカーストとなる「ジャート（Jat）」に属する少女ということであった。「ジャート」は、UP州西部地域を含むインド北西部において優位なカーストであり、大土地所有や政治的権力の強大さで著名である。筆者の調査地においても、ジャートの多くは、広大な土地を保有し、かつては、チャマールをはじめとする村落内の土地非所有層を雇用・使役していたということであるが、近年では、工場労働など、村落外に就労の場が増えていることから、村落外（UP州東部地域やビハール州など）からの出稼ぎ労働者が、ジャートの土地で農作業に従事するようになってきているということであった。

参考文献

阿満利麿、二〇〇三、『社会をつくる仏教――エンゲイジド・ブッディズム』人文書院。

阿満利麿、二〇一一、『行動する仏教――法然・親鸞の教えを受けつぐ』ちくま学芸文庫。

アンベードカル、B・R、一九九四、山崎元一・吉村玲子訳『インド・解放の思想と文学5　カーストの絶滅』明石書店。

小谷汪之、一九九六、『不可触民とカースト制度の歴史』明石書店。

佐々井秀嶺、二〇一〇、『必生　闘う仏教』集英社。

ムコパディヤーヤ、ランジャナ、二〇〇五、『日本の社会参加仏教――法音寺と立正佼成会の社会活動と社会倫理』東信堂。

山崎元一、一九七九、『インド社会と新仏教――アンベードカルの人と思想〔付〕カースト制度と不可触民制』刀水書房。

Ahir, D. C., 2003, *Buddhism in India after Dr. Ambedkar (1956-2002)*, Blumoon Books.
Ambedkar, B. R., 1997, *The Buddha and His Dhamma*, The Corporate Body of the Buddha Educational Foundation ＝ B・R・アンベードカル、二〇〇四、山際素男訳『ブッダとそのダンマ』光文社。
Ambedkar, B. R., 2004, *Conversion as Emancipation*, Critical Quest.
Ambedkar Center for Justice and Peace [http://www.acjpindia.org/]（二〇一四年四月二八日閲覧）.
Briggs, G. W., 1999 [1920], *The Chamars*, Low Price Publications.
Cohn, Bernard, 2004, "The Changing Status of a Depressed Caste" [1955], "Changing Traditions of a Low Caste" [1958], "Madhopur Revisited" [1959], "Chamar Family in a North Indian Village: A Structural Contingent" [1960], in *The Bernard Cohn Omnibus*, Oxford University Press, 255-319.
Contursi, Janet A., 1993, "Political Theology: Text and Practice in a Dalit Panther Community", *The Journal of Asian Studies* 52-2: 320-339.
Khare, R. S., 1984, *The Untouchable as Himself: Ideology, Identity, and Pragmatism among the Lucknow Chamars*, Cambridge University Press.
Kumar, Anil, 2002, "Emerging Leadership among Scheduled Castes after 73rd Amendment of Panchayati Raj Institution Act: A Study of Meerut District", Ph.D Thesis, Department of Sociology, Chaudhary Charan Singh University, Meerut, India.
Lynch, Owen M., 1969, *The Politics of Untouchability: Social Mobility and Social Change in a City of India*, Columbia University Press.
Mallick, Ross, 1997, "Affirmative Action and Elite Formation: An Untouchable Family History", *Ethnohistory* 44-2: 345-

374.

Mendelsohn, Oliver, 1986, “A ‘Harijan Elite’?: The Lives of Some Untouchable Politicians”, *Economic and Political Weekly* 21-12: 501-509.

Mendelsohn, Oliver and Vicziany, Marika, 2000, *The Untouchables: Subordination, Poverty and the State in Modern India*, Cambridge University Press.

Nabhi’s Board of Editors (complied and edited), 2004, *Brochure on Reservation and Concessions for Scheduled Castes, Scheduled Tribes, Other Backward Classes, Physically Handicapped, Ex-Servicemen, Sportsmen and Compassionate Appointments*, Nabhi Publications.

Queen, Christopher S. and King, Sallie B., eds., 1996, *Engaged Buddhism: Buddhist Liberation Movements in Asia*, State University of New York Press.

Queen, Christopher, Prebish, Charles and Keown, Damien, eds., 2003, *Action Dharma: New Studies in Engaged Buddhism*, RoutledgeCurzon.

Sachchidananda, 1976, *The Harijan Elite: A Study of Their Status, Networks, Mobility and Role in Social Transformation*, Thomson Press (India) Limited.

Singh, K. S., 2002 [1993], *The Scheduled Castes*, Oxford University Press.

Tartakov, Gary, 2003, “B. R. Ambedkar and the Navayana Diksha”, in Rowena Robinson and Sathianathan Clarke, eds., *Religious Conversion in India: Modes, Motivations, and Meanings*, Oxford University Press, 192-215.

Thorat, Sukhadeo, Aryama and Negi, Prashant, eds., 2005, *Reservation and Private Sector: Quest for Equal Opportunity and Growth*, Indian Institute of Dalit Studies; Rawat Publications.

Trailokya Bauddha Mahasangha Sahayaka Gana [http://www.tbmsg.org/]（二〇一四年四月二八日閲覧）.

第一七章　バングラデシュの政教関係とマイノリティ仏教徒

外川昌彦

一　概　況

議会制民主主義の下で議員内閣制をとるバングラデシュでは、一九八八年には憲法を改正しイスラームを国教としているが、同時に憲法には法の下での平等の原則が明記されており、個人の信教の自由は保障されている。宗教コミュニティごとの法規定の違いは、主に英領期の家族法に由来する相続法や婚姻法などの民法に見られる。シャリーア（イスラーム法）に基づくイスラーム国家の樹立を綱領に掲げるイスラーム政党も見られるが、その政治的な影響力は部分的なものにとどまっている。バングラデシュは、イスラーム諸国会議の構成国ではあるが、このような意味で、イスラーム法そのものを国家統治の理念とするイスラーム主義とは一線を画している。

二〇〇一年の国勢調査は、バングラデシュ政府が公表している宗教別人口比率に関する最新の統計であるが、本書第一四章「南アジアの政教関係」の表14-1にまとめたように、人口の約九〇％がイスラーム教徒であり、ヒンドゥー教徒が九・二％、仏教徒が〇・七％というかたちで、他の宗教的マイノリティを合計すると約一〇％となる。イスラーム人口だけを取り出してみても、二〇〇一年時点で一億一一〇七万人という人口規模は、世界のイスラーム国を見てもインドネシアやパキスタン、インドに次いで、バングラデシュがムスリム大国であることを示している。

そのため、国民の九割を占めるムスリム人口が信奉するイスラームは、バングラデシュの国民統合の理念に不可欠の特徴を与えるものとして認識されている。特に、一九八八年の憲法改正は、イスラームの国教化というかたちでそのことを明示するものであった。教育や社会福祉、外交政策などの行政の広い領域にわたり、政府のイスラーム政策は重要な政策課題となっている。

それと同時に、一九七一年のパキスタンからの独立は、宗教的マイノリティを含むベンガル人としての政治的・経済的・文化的な独立を志向したものであり、その政治的理念としてのバングラデシュ(ベンガル人)・ナショナリズムは、今日でも国民統合の基本的な枠組みを与えるものである。そのため、独立時の憲法に掲げられたセキュラリズム(政教分離主義)の理念への評価や、国民の約一割を占める宗教的マイノリティに対する宗教政策は、政権交代の度に政治的争点とされてきた。

そこで以下では、このようなバングラデシュにおける宗教と政治の関係を理解する一つの手がかりとして、セキュラリズムを掲げる独立後の憲法と、その後のイスラーム化を推進する各政権、および、一九九一年の民主化を経た二大政党政治の状況までを、個々の政治過程における宗教政策の変遷を概観することで、検証する。また最後に、ムスリムが多数派を占める国家での宗教的マイノリティとしての、仏教徒のあり方とその社会参加の可能性について検討する。

二　バングラデシュにおける宗教政策の変遷

二-一　ムジブル・ラフマン政権(一九七一―七五)

一九七一年のパキスタンからのバングラデシュの独立は、一九四七年のヒンドゥー対イスラームという宗教意識に基づく印パ分離とは異なり、ベンガル文化を守るための言語運動に端を発し、西パキスタンの経済収奪への対抗や自治権拡大の要求といった、非宗教的な動機に基づいていた。最終的に、これらの運動は「ベンガル人ナショナリズム」という理念の下で、バングラデシュの独立をもたらすが、これに対して、国内の一部の保守的なイスラーム団体は、パキスタン政府の「イスラームの危機」のスローガンに呼応することで、独立の動きに反対した。特に、ジャマーアテ・イスラーミー党(Jamaat-e-Islami Bangladesh＝イスラーム協会)などのイスラーム系政治団体の活動家やその影響下にあるマドラサ(イスラーム神学校)の教師・学生たちは、バングラデシュを占拠する西パキスタン軍に協力することで、多くのヒンドゥー教徒を含む独立運動支持者への組織的な虐殺に加担した。

このような経緯から、独立後のバングラデシュ政府は、西パキスタン軍への協力者であったラジャカル(コラボレーター)の摘発を行い、独立運動と対立したイスラーム系団体の政治活動を禁止する。一九七二年に制定されたバングラデシュ憲法において、四つの国家原則として、社会主義、民主主義、ナショナリズムとともに、セキュラリズム(政教分離主義)の理念が掲げられるのは、このような背景があった。また、憲法の第一二条と第三八条には、以下のような政教分離の原則が盛り込まれていた。

第一二条　セキュラリズムと宗教の自由
セキュラリズム(政教分離)の原則が、以下の事項の除去を通して実現される。
(一)　あらゆる形態のコミュナリズム
(二)　国家によって、特定の宗教に政治的な地位を与えること
(三)　宗教の政治目的の利用
(四)　特定の宗教を実践する者への差別や迫害

第三八条　結社の自由
すべての市民は、道徳や公共の秩序にかなう法に基づく妥当な規則によって統率された結社や組合を、組織する権利を有するものである。ただし、宗教の名前であるいは宗教に基づいて、政治的な目的をその対象としあるいは実践するコミュナルな、あるいはその他の、結社や組合を組織し、成員となり、あるいはその活動に参加する権利については、何人もこれを保持しない。

国民のあいだでのインドへの対抗意識の高まりや、石油危機による中東諸国との関係改善の必要性などの内外の情勢変化につれて、やがてムジブル・ラフマン政権においては、国民の多数を占めるムスリムに迎合する政治姿勢が強くなってゆく。特に、コラボレーターへの大赦(一九七三年一一月)やパキスタンのラーホールで開かれたイスラーム諸国会議への参加(一九七四年二月)、リベラル勢力を代表するタジュッディン財務大臣の罷免(同年一〇月)、モスクへの補助金や巡礼者の保護を行うイスラーム財団の創設(一九七五年七月)などを通して、この傾向は

反政府運動が高揚する一九七三年末以降に特に顕著となった。

二‐二　ジアウル・ラフマン政権(一九七五―八一)

バングラデシュ政府が、多数派のムスリムの支持に結びつくイスラームへの政策を明確にするのは、ジアウル・ラフマン(以下、ジアとする)政権においてである。このことは、そのナショナリズム論や教育改革を通して強調されるが、特に一九七七年四月の憲法修正条項において顕著なものとなった。すなわち、国家原則の一つであったセキュラリズム条項が削除され、代わりに憲法の冒頭にイスラームの祈りの言葉である「慈悲深く慈愛あまねき神の御名において」が挿入される。また、イスラーム政党の活動再開の障害とみなされていた憲法第一二条や第三八条の後半部分が削除される。

ムジブル・ラフマンの暗殺などの政変を経て政権についたジアは、一九七八年にバングラデシュ民族主義者党(Bangladesh Nationalist Party：BNP)を結成し、軍政から選挙を経た民政への移行を行う。この過程で実施されたイスラーム政策は、最大の野党でありセキュラリズムを標榜するアワミ連盟党をけん制し、また保守的なイスラーム勢力を政権基盤に取り込もうとする政治的意図があったとされる。また、一九七三年の石油危機は深刻な外貨不足を招いたが、政権についたジアは、外貨獲得の柱としての中東の石油産出国への出稼ぎを奨励する。イスラーム諸国との関係の親密化はジアの政権の重要課題となり、政権の末期にはイスラーム諸国会議でも一定の発言力を確保するに至る。ここから、ジアのイスラーム政策は、国内のイスラーム勢力への政治的対応とイスラーム諸国との関係の改善という、二つの政治的目的に支えられていたことが指摘される。

二-三　エルシャド政権(一九八二―九一)

ジアの暗殺後、クーデターによって政権についたエルシャドは、ジアのBNP党と同様の性格を持つ政権基盤としての国民党(Jatiya Party)を創設し、軍政から民政への移行を試みた。その過程で実施された宗教政策も、政治戦略としてはジアの政策を踏襲するものであった。特にエルシャドは、イスラームを柱とした宗教政策を政権の重要課題として明言し、一般大衆への政治的なアピールとして利用した。その帰結は、一九八八年の第八次憲法修正によるイスラームの国教規定であった。

エルシャド政権における宗教政策の特徴として、具体的にはマドラサ教育の重視、イスラーム財団の改革、政治的演出としての宗教利用の三点が挙げられる。マドラサ教育については、特に補助金の増額やカリキュラムの整備を通して、マドラサ教育を活性化させた。イスラーム財団の活動については、イマーム訓練アカデミーとイスラーム・ミッションを通した活動が重要である。これらは、農村部のイスラーム勢力を自らの政権基盤に取り込む意図があったとされる。またエルシャドは、政治的演出に宗教を用いた政治家でもある。毎年のようにメッカへの巡礼を行い、イスラーム諸国との関係の親密化を演出し、国内のイスラーム宗教指導者との対話・集会を試みた。よく知られているのは、スーフィー聖者(ムスリム民衆に崇敬される宗教的導師)との関係の強調であり、一九八八年の憲法改正は、当時、民衆に人気のあったスーフィー教団の導師の助言に従ったものだと発言した。

二-四　一九九一年以降

一九九〇年代初の民主化運動以降は、建国の父の娘と元大統領の寡婦という二人の女性指導者が束ねる二大政党による政権交代の時代を迎えた。両者とも、暗殺に倒れたカリスマ的指導者の遺族であることを正統性の拠り所とする女性指導者という点で、共通している。両党は、固有の宗教政策を打ち出すというよりも、独立戦争の理念を継承するリベラルなアワミ連盟党(ムジブル・ラフマンの長女であるシェイク・ハシナが党首)のセキュラーな姿勢に対し、より保守中道的なBNP党(ジアウル・ラフマンの未亡人であるカレダ・ジアが党首)によるイスラーム重視策として対比される。しかし、民主化運動以降、両政権の宗教政策における実質的な違いは少なくなり、政権戦略としてのイスラーム勢力への政策対応でのスタンスの違いが、個々の政治局面で強調されるにとどまっている。

その意味では、この時期の重要な変化は、内政的には二大政党制の下での政権交代におけるイスラーム系政党の役割の増大、および、国際関係においては、湾岸戦争以降のアメリカとイスラーム世界との緊張の拡大とインドにおける宗教的ナショナリズムの高まりに対する、バングラデシュ国内での様々な連鎖的な反応の増大が挙げられる。

具体的には、この時期の二大政党間の大きな争点となった宗教問題として、次の三点を挙げることができる。①BNP党政権(一九九一—九六)へのジャマーアテ・イスラーミー党の閣外協力と、その党首であり国外で活動していたゴラム・アジョムの市民権回復問題を契機とした、イスラーム政党への政治的対応をめぐる問題。②農村部のイスラーム指導者による、離婚などの社会関係への宗教裁定の濫用の問題とNGO団体による選挙での反「原理主義」キャンペーンを契機とした、保守的なイスラーム勢力と人権を擁護するNGO団体との対立をめぐる政治的対応の問題。③人口の一割を占める国内の宗教的マイノリティへの暴動や人口流出の問題に対する、政治的対応の問題である。

これらの問題では、親パキスタン勢力であったイスラーム政党に容易に妥協のできないアワミ連盟党と、二〇〇一年には連立内閣を構成することになるBNP党の違いとして、また宗教的マイノリティから根強い支持を受けるアワミ連盟党と、イスラーム政党を組織票として確保しようとするBNP党の違いとして、対比することができる。

三　民主化以降の政教関係

三-一　拮抗する二大政党

一九九〇年代以降、BNP党（政権期間：一九九一―九六、二〇〇一―〇六）とアワミ連盟党（一九九六―二〇〇一、二〇〇八―一三、二〇一四―）は、交互に政権交代を行う国民政党となっている。表17-1は、二〇〇一年の国会選挙における政党別の獲得議席、得票率の分布である。BNP党とアワミ連盟党は、両党ともに四〇％強の得票率をあげており、二大政党が伯仲している状況がわかる。得票率ではわずかな差だが、しかし、獲得議席では三倍以上の違いが生まれ、このときにはBNP党に地すべり的大勝をもたらした。この選挙結果からも、小選挙区制度の下での二大政党の拮抗している構図が、指摘できるだろう。

BNP党とアワミ連盟党の両党による政権交代は、現在では宗教政策において顕著な対立があるというよりも、地方行政の末端までを組み込んだ政治的権益の受け皿としての、二大派閥の交代という色彩が強くなっている。

表17-1　2001年第8次国民議会選挙における政党別の獲得議席数，および得票率

政党名	獲得議席	得票率(%)
バングラデシュ民族主義者党(BNP)	193	40.97
アワミ連盟党	62	40.13
イスラーム国民統一戦線 (国民党エルシャド派を中心とした)	14	7.25
ジャマーアテ・イスラーミー党	17	4.28
無所属	6	4.06
バングラデシュ国民党(N-F派)	4	1.12
イスラーム統一戦線	2	0.68
農民組合人民連盟	1	0.47
国民党(モンジュ派)	1	0.44
合計	300	

(出典) *Statistical Report: 8th Jatiya Shangshad Election, October 1, 2001*, Bangladesh Election Commission.

確かに、パキスタンからの独立における歴史的な役割を強調するアワミ連盟党は、クーデター後の軍政下に組織され「バングラデシュ民族主義」を掲げるBNP党に対して、よりリベラルでセキュラーな支持層を基盤に持つという違いが指摘される。

しかし、国民に対するイスラームの重視という政治スタイルは、現在ではBNP党にしろアワミ連盟党にしろ、国民政党としての必須の要件とみなされており、かつてのような「セキュラリズム」対「イスラーム」といった対立軸は明確ではなくなっている。両党とも多くのイスラーム知識人を支持基盤に取り込んでおり、アワミ連盟党もまたBNP党とともに、イスラーム財団やマドラサ教育などの拡充を通して、イスラーム重視の姿勢を競い合っている。

このような点から、二〇〇一年の国会選挙での興味深い結果は、アワミ連盟党が政権を担った一九九六年の国会選挙と比べても、連盟党は三%近くも得票率を伸ばしていることである(前回の一九九六年は約三七・五%)。得票率では伯仲している状況にも関わらず、BNP党は獲得議席においては三倍以上の圧勝を遂げている。このことは、アワミ政

権への国民の不満が政権交代をもたらしたというよりも、イスラーム政党や国民党(Jatiya Party)との選挙協力によってアワミ連盟党を孤立化させたことが、ＢＮＰ党の勝因となったことを示している。

特に、前回は一六・四％の得票率を確保した国民党は内部分裂を繰り返し、合計しても約半分の得票率に落ち込み、その結果、少数勢力でありながら国政のキャスティング・ボードを握るイスラーム政党が、より重要な役割を果たすようになっている。

カレダ・ジア党首の率いるＢＮＰ党は、こうしてバングラデシュの国政では初めてジャマーアテ・イスラーミー党との連立政権を組み、二名の閣僚(社会福祉相と農業相[後に工業相])を迎えることになる。

三-二　イスラーム政党

英領期からの歴史を持ち、組織的統制力やイデオロギー的求心力でも他党に優越するジャマーアテ・イスラーミー党が、ＢＮＰ党との選挙協力の下でも四・二八％の投票率にとどまっていることは、バングラデシュにおける宗教政党の、一つの特徴を示している。

しばしば、議会制を否定する「原理主義」政党として批判されるこれらのイスラーム政党は、独立運動での決定的なつまずきによって歴史の表舞台に現れる機会を失い、その間に宗教の政治利用を推し進めたＢＮＰ党やエルシャドの国民党によって、既存のイスラーム勢力は、二大政党の政権基盤に取り込まれてゆく。その結果、イスラームの理念を掲げるだけでは、特定の宗教政党が国民の支持を広げることはできず、またリベラル勢力からはパキスタンへの協力者という過去の汚点を繰り返し批判されることで、議会で安定多数を確保する政府党(*sarkari-dal*)のような、多数派を形成することは難しい。

このような宗教政党のなかで、国会選挙で一定の支持を得ているイスラーム政党としては、ジャマーアテ・イスラーミー党がよく知られているが、その他にイスラーム知識人（ウラマー）の団体を母体とした、イスラーム統一戦線（Islam Oikya Jote）がある。これは、二〇〇一年の選挙でＢＮＰ党やジャマーアテ・イスラーミー党との連立戦線を構成することで、二名の国会議員を当選させている。また、ジャマーアテ・イスラーミー党と対立する勢力としてイスラーム憲法運動会などが活動している。しかし、これらの急進的なイスラーム政党は、近年、増加するイスラーム団体の名前を冠した国際的なテロ組織への警戒感も相まって、国民のあいだでの支持は非常に限定されている。

四　マイノリティ仏教徒

バングラデシュにおける仏教徒は、東部平原のチッタゴン地方を中心としたボルアと呼ばれるベンガル人仏教徒と、チッタゴン丘陵地帯に散在する先住民族の一部である、チャクマ人やマルマ人などの非ベンガル人仏教徒に大別される。全体でも人口の約〇・七％、百万人ほどの規模であり、マイノリティのなかのマイノリティともいうべき存在となっている。

たとえば、人口比率でも約一割を占める宗教的マイノリティのヒンドゥー教徒は、二大政党が拮抗しているなかで、時に政権交代のキャスティング・ボードを握るなど、政治的発言力を保つ余地があるが、そのような意味での政治参加の可能性は、仏教徒には限られている。

しかし、マイノリティであることは、必ずしもその存在が見過ごされているわけではなく、国民の祝日には仏教徒の祭礼も加えられているなど、政府の宗教政策の中立性を占う意味では象徴的な意味を担っている。イスラーム財団に対応する機関として、政府はヒンドゥー教徒福祉基金(Hindu Welfare Trust)とならんで、仏教徒福祉基金(Buddhist Welfare Trust)も設けており、各地の寺院の補修や施設の整備、祭祀振興のための補助金を交付している。

ムスリムが多数派を占め、また政治や社会におけるイスラーム化の進展に伴い、その要望を政府に働きかけるための宗教的マイノリティの圧力団体として、「ヒンドゥー教徒・仏教徒・キリスト教徒統一協議会(Bangladesh Hindu Buddhist Christian Unity Council)」も組織されているが、実質的にはアワミ連盟党の支持団体とみなされており、政治的な力量は限られている。

仏教徒コミュニティは、むしろ日本を含めたアジア諸国の仏教団体からの様々な支援を受けるなど、国際社会での独自のネットワークを築いており、特に上座仏教社会として、タイやスリランカとの結びつきが強い。しかし、イスラーム急進派勢力による宗派暴動が発生すると、平原のボルア仏教徒はヒンドゥー教徒とあわせてマイノリティ宗教とみなされ、その暴力の標的とされることも多い。

インド亜大陸に居住していた仏教徒の末裔と考えられているボルア仏教徒は、歴史的にはヒンドゥー社会との習合を進めていたが、一九世紀後半にはミャンマーから上座仏教僧を招くなど、仏教復興運動に取り組んだ。一九四七年のインド・パキスタンの分離独立や、一九七一年の独立戦争で、インドに移住した仏教徒も多いが、各地の仏教寺院を拠点として、ボルア仏教徒としてのアイデンティティを保持している。

近年、インドでは、マハーラーシュトラ州などで、不可触民による仏教徒への改宗運動が進んでいるが、上座仏教の教義や儀礼に精通したベンガル人のボルア仏教僧はインドの改宗仏教徒のあいだでも尊重されており、請われて寺院の僧侶に雇われるケースが増えている。

図 17-1　バングラデシュ地図（首都ダッカと第 4 節で登場する地名）

（出典）　d-maps.com の地図をもとに作成

それに対して、国内唯一の山岳地帯であるチッタゴン丘陵地帯には、一二のエスニック・グループに大別される先住民が居住し、非ベンガル人の少数民族を意味するジュマと総称されている。ジュマの人々は、仏教徒のチャクマ人やマルマ人、ヒンドゥー教徒のトリプラ人など、その文化的、宗教的な背景は多様であるが、バングラデシュのエスニック・マイノリティとして欧米の人権団体から支援を受けるなど、非ベンガル人の少数民族として連携して活動することが多い。丘陵地帯の少数民族は、独立や自治権をめぐり長年にわたって政府との抗争を続けており、一九九七年には和平協定が調印され、包括的合意の枠組みもつくられたが、ベンガル人の入植者が協定を順守しないことなどで、現在も問題は解決していない。

バングラデシュの仏教文化として特筆すべき事例は、バゲルハートのイスラーム建築と合わせて、一九八五年にユネスコの世界遺産にも登録された、パハルプルの仏教僧院（ソーマプラマハー・ビハーラ）の遺跡である。

これは、インドにおける最後の仏教王権として知られるパーラ王朝が、当時の仏教研究の拠点として、現在のバングラデシュのボグラ県にあたるパハルプルに建立したものである。その僧院の外壁は一辺が二八〇メートルあり、四周の外壁に沿って一七七カ所の僧坊が区画されている。今日では、そのピラミッド型の基壇のみが残されているが、ダルマ・パーラ王（在位七七〇—八一五）からデーヴァ・パーラ王の治世（八一五—八五〇）には、インドのヴィクラマシラー僧院やジャワのボロブドゥール（七八〇—八三三建立、一辺は約一二〇メートル）と並ぶ、壮大な僧院建築となっていた。

インド北部を統一したパーラ王朝は、ヒンドゥー王権のセーナ王朝に代わるまでの約四〇〇年にわたり、インド亜大陸における仏教文化の拠点となっていた。バングラデシュに残されたパハルプル僧院は、その仏教文化の盛時をしのばせる、貴重なモニュメントとなっている。

バングラデシュ国内には、このような仏教時代の遺跡がまだ数多く眠っていると考えられており、バングラデシュ政府にとっては、それは国際的にも評価されるベンガル人の歴史遺産として、また、近年では海外からの観光ツアーが組まれるなど、数少ない観光資源としても、重視されている。

ユネスコの世界遺産が、このようなバングラデシュを代表するイスラーム建築と仏教遺跡であることは、ベンガル人の民族文化の多様性と歴史的重層性を象徴するといえるだろう。それは政府のイスラーム化政策とも矛盾することなく、また宗教的マイノリティの権利や保護という政治的文脈とも異なるかたちで、仏教徒の社会参加を可能とする文化的・社会的基盤として、今後、大きな可能性を持つものと考えられるだろう。

参考文献

大橋正明・村山真弓編、二〇〇三、『バングラデシュを知るための六〇章』明石書店。
佐藤宏編、一九九〇、『バングラデシュ――低開発の政治構造』アジア経済研究所。
外川昌彦、二〇〇八、『聖者たちの国へ――ベンガルの宗教文化誌』ＮＨＫ出版。

第一八章　政治的締めつけと文化的創造力

――ネパール在住チベット難民ポップ歌手と仏教――

山本達也

一　社会的存在としてのチベタン・ポップ歌手

私の心のなかの宝珠、根本ラマ、望みをかなえる宝珠（＝ダライ・ラマ）。
それは彼です。帰依します。

これは、二〇一二年にデビューし、現在ネパールやインドで人気を集めているチベタン・ポップ歌手のケルサン・ケース（図18-1）のデビュー曲「心のなかの宝珠」の歌詞からの引用である。ここで取り上げたものはあくまで一例でしかないが、ダライ・ラマやパンチェン・ラマなど、高僧への帰依を歌う楽曲は、チベタン・ポップ歌手の作品のなかでは極めてありふれたものである。チベタン・ポップと呼ばれるポピュラー音楽は、高僧への帰依、恋愛、父母への愛、そして政治などを扱ったバラエティ豊かな歌詞と、欧米のポピュラー音楽やインドやネ

図 18-1　ケルサン・ケースのデビュー作「Nyingtop(勇気)」

パール、中国のポピュラー音楽に影響を受けた音楽を組み合わせたものである。こうしたチベタン・ポップに載せられる歌詞は、歌手たちの個人的な心情を伝えるものであるとともに、社会的文化的要因や背景を多分に含み込んだものである。そして、それらの歌詞を聴く聴衆たちのあいだに共感をはじめとした何らかの感情を惹起させる点で、チベタン・ポップやそこで歌われる歌詞とは、社会的な実践である。このような社会実践としてのチベタン・ポップは、現在のチベット難民社会における重要なメディアの一つとなっている。

今日、インドやネパールでチベタン・ポップ歌手として活動するチベット難民たちが拠点とし、また生活を営む場所は、ネパールの首都、カトマンドゥである。現在、ネパールには公称では一万三千人ほどのチベット人が難民として暮らしている。彼らにとって、難民社会でつくられるチベタン・ポップは娯楽の一つである。彼らの持っている携帯電話やパソコンにはチベタン・ポップがぎっしりと詰まっており、思い思いに再生されている。

チベタン・ポップにとって、カトマンドゥという町が持つ意味は極めて大きい。なかでも、仏教の聖地であり、世界遺産にもなっているボーダナートの仏塔周辺には彼らがレコーディングを行うスタジオや、彼らの作品を商うCD屋があり、チベタン・ポップ界のハブのような場所となっている。こうした環境と連動するように、多くの歌手が仏塔周辺に暮らし、足しげく近くの茶店に通い、お茶を飲みながらお互いの仕事の進捗状況などについて語り合っている。

歌手として難民社会で着目される有名歌手は華やかな地位を築いている。彼らが町を行けば一般人に向けられるのとは異なったまなざしが向けられる。とはいえ、いくら有名になろうとも、常に工夫をしなければ歌手として生計を立てていくことができない状況に歌手たちは直面している。現在、歌手たちが自らの生業を継続していくうえでCDの制作・販売だけでは十分ではなく、公演活動が生計を立てるうえで極めて重要な選択肢となっている。世界各地でダウンロードやデータ交換による音楽の消費が一般化し、CDの販売益が激減しているのと同様に、ネパールでもCDの違法コピーやMP3データによるチベタン・ポップの作品の不正譲渡がまかり通っており、CDをつくっても現金収入に結びつかないという状況が常態化している。こうしたなか、チケットの偽造等の不正の可能性が低い公演という選択肢は歌手たちにとって確実な収入源となるため魅力的であり、多くの歌手が公演の機会を望んでいる。

二　ネパールの政教関係がチベタン・ポップ歌手に与える影響

ここで、ネパールにおける政教関係について概観したい。長きにわたり人民戦争を戦ってきたネパール共産党毛沢東主義派(以下毛派)は、他の政党とともに暫定政府を二〇〇六年に設立し、二〇〇八年には同党が制憲議会選挙で勝利しネパール共産党統一マルクス・レーニン主義派やマデシ人権フォーラムとともに連立を組んで連立内閣を組閣した。一九世紀にネパールを統一したプリティヴィティ・ナラヤン・シャハ王が「ネパールは世界で唯一の真正なるヒンドゥー国である」と位置づけ、さらに一九六二年のパンチャヤット憲法にネパールがヒンドゥー教国であることを明文化して以降、ネパールにはヒンドゥー教徒以外のマイノリティの声を抑圧してきた歴史がある。これに対し、一九九〇年代以降、ヒンドゥー教が支配的な状況に批判的な声が聞かれ始めていたものの、二〇〇七年の暫定憲法に宗教への中立性が明記され、ヒンドゥー教国というネパールの位置づけは大きな変化を被った。それに伴い、政教分離や「世俗化」は人々の意識にも大きな変化をもたらしている(Leve 2007、藤倉 二〇一三)。

その一方で、毛派がもたらした変化はチベット難民にとって容易ならざる意味を持っている。たとえば、毛派の政治進出以降、中国が援助資金提供者第二位となるなど(シャルマ 二〇一一：三五四頁)、中国とネパールとのさらなる接近がまことしやかに語られ、チベット難民に対する締めつけの強化が人々のあいだで意識されるようになっている。ネパールの経済においては、ヒマラヤやそこで暮らす仏教徒と結びつけられるチベット・イメージを活用した観光産業が中心的な位置を占めており(森本 二〇一二)、また、ネパールにはチベット仏教徒を自認するタマン、グルン、シェルパやヨルモなどの民族が数多く暮らしている。そのため、宗教的中立性を謳う毛派はチベット難民に対して表立った信仰上の弾圧や締めつけを行っていないように思われるものの、チベット難民が大勢で集まる活動に対して極めて敏感に反応している(Dunham 2011: 14)。その最たる例が、チベット仏教の最高指導者ダライ・ラマの誕生日を公的に祝うことの禁止であり(Dunham 2011: 13)、チベタン・ポップ歌手たちに向けられた規制もその一例である。歌手らによれば、これまで彼らは定期的に公演を行い、自らの食い扶持を確保してきたが、二〇〇八年以降、カトマンドゥで大々的に公演すると即座に警察が介入し、解散を命じられるなど、規制が強化されているという。そのため、歌手たちはカトマンドゥでは結婚式やバーなどで不定期に演奏するしかなく、もし公演活動を行うのであれば、カトマンドゥを離れてネパール北部やインド、はてはブータンにまで足を運ぶ必要があり、結果、彼らの暮らすカトマンドゥでの公演活動は規模縮小を余儀なくされている。

また、歌手たちの活動に対する締めつけは、公演活動だけではなく彼らの創作活動にも間接的に影響を与えている。チベタン・ポップの歌詞がバラエティ豊かであることは前述した通りだが、政治的なテーマを歌手が歌う場合には、チベットの政治的な独立や高度の自治の獲得を直接的な表現で歌うことが多い。しかしながら、二〇〇八年以降、独立や高度な自治の獲得に関する歌詞は特にカトマンドゥに活動の基盤を置く歌手たちのあいだではほとんど見られない。その理由の一端は、歌手のCDの版権を買い取って販売するCD屋から「独立など、政治的なテーマを直接歌うものは買わない」と通告されていることにある。こうした状況下において、彼らが政治的なメッセージを歌詞に込めるとすれば、ダライ・ラマへの帰依や生まれ育った地（＝チベット）へとダライ・ラマが帰還できるよう願うもの、中国とのあいだで問題となっているパンチェン・ラマ一一世への帰依などをテーマにしたものになってくる。CD屋が政治的なテーマを持った歌の版権を購入してくれない状況が背景となっているため、政治性をその裏に伴うような高僧に関する詞やラブソングなど、表面的には政治と全く無縁な歌を歌おうと考える歌手らが多くなっている。また、そうであるがゆえに、高僧への帰依を歌っている歌詞にしても、歌い手が意図して歌詞に政治的なメッセージを付与するか否かにかかわらず、聴き手がそこに政治性を読み込む隙間が生まれてくる。ここにおいて、チベタン・ポップで歌われるチベット仏教色の強い歌詞は、政治的な意味合いをさらに強く帯びてくることになる。以上のように、カトマンドゥに基盤を置くチベタン・ポップ歌手の活動は、ホスト国であるネパールの政治的要因により一部制限がかけられている側面がある一方で、そこをかいくぐった表現を模索したり、聴衆も、歌手の意図と必ずしも一致しないかたちで歌詞を解釈したりするという現象が起こっている。こうした実践を可能にするのが、チベット仏教や高僧に関連する歌詞という媒体なのであり、また、チベット仏教を「隠れ蓑」にすることを不可避かつ可能にする背景が、ネパールの政治情勢と、ネパール経済を支えるチベット・イメージを活用した観光産業にあるのである。

三　マントラＣＤと新たな宗教的意味づけ

上述の歌詞をめぐる諸実践に加え、ネパール経済を支える観光産業と結びついたチベットを取り巻くグローバル規模の消費熱の影響により、歌手たちの活動の幅がこれまで以上に広がっている側面もある。その一例が、土産物としてボーダナートやカトマンドゥにやってくる観光客が多く投宿するタメル地区で売られているマントラＣＤである（図18-2）。マントラＣＤとは、チベット語（やサンスクリット）で歌われるマントラにヒーリング音楽のような伴奏を加えた楽曲を収録したＣＤであり、欧米およびシンガポールや台湾からやってくる観光客が癒しやリラックスのための道具として購入していく。こうしたＣＤの制作は、カトマンドゥのレコード会社が中心となって行っている。彼らにマントラＣＤのための歌手として雇用されているチベタン・ポップ歌手らは、制作に際しもちろん身銭を切る必要がなく、なおかつチベタン・ポップを歌う以上の報酬を手に入れることができるため、マントラＣＤの制作は絶好のビジネスチャンスとなっている。

マントラＣＤが歌手にもたらす経済上の利益は、歌唱等の制作作業に対して支払われるもののみではない。これらのマントラＣＤは土産物として売られると同時に、カトマンドゥのレコード会社がインドやシンガポール、ドイツなどのレコード会社と配給契約を結び、世界各地で売られるようになっている。こうして、チベタン・ポップ歌手たちは労せずして世界に自らの名を知らしめることができるようになっている。なかには、海外のファンやプロモーターの目に留まった結果、マントラを歌いに海外公演に行く歌手もおり、彼らはさらなる利益を得ることができるのである。このように、チベタン・ポップ歌手たちがマントラを唱えるＣＤは、彼らにとっ

図18-2　チベタン・ポップ歌手チョダクが作成したマントラCD

て副業ではありつつも、欧米や台湾、シンガポールのチベット熱に後押しされることで大きな経済的利益をもたらしているのである。

　また、マントラCDがチベタン・ポップ歌手たちに与えている新たな可能性は経済的利益にとどまらない。「真言」とも訳されるマントラは、その性質上、宗教的含意を不可避に伴うものである。このマントラを唱えるという行為自体、別に俗人に禁止されていたわけではないが、これまでCDとして売られてきたものは僧侶や尼僧が大部分を担ってきた。しかしながら、現在ではむしろチベタン・ポップ歌手の方がマントラCDの歌い手の大部分を占めており、従来、僧侶にのみフォーカスが当てられてきたチベット仏教関連の商品の世界展開のなかにチベタン・ポップ歌手という俗人が介入することができるようになっている。さらに、こうした状況は、チベタン・ポップ歌手たちに新たな意味の読み込みを可能にした。マントラを詠唱するチベタン・ポップ歌手たちは、自分がマントラを詠唱することで自らが功徳を積むことができるとともに、チベット仏教徒であれ誰であれ、彼らが詠唱するマントラを聴くことで、意識することなく聴き手も功徳を積むことができると捉えているのである。チベット仏教において、功徳とは前世、現世、来世という生きとし生けるものの生の連鎖を成立させるうえで重要な理解枠組みであるが、チベット難民らが生きるこうした仏教的世界とその功徳を、マントラC

Dを通してチベタン・ポップ歌手らは世界中の聴衆に対して拡散する伝道師となっているのである。

このように、カトマンドゥに暮らすチベタン・ポップ歌手を取り巻く状況を見れば、チベット難民の置かれた政治的状況は決して明るいものではないことがわかるだろう。しかしながら、ネパール経済を支えるチベット・イメージと結びついた観光産業を背景にすることで、人々の宗教的世界は思わぬかたちで拡大しているといえるかもしれない。その一例が、本稿で描き出したチベタン・ポップ歌手たちの実践である。彼らの実践は、一見したところ、アイデンティティを振りかざして権利を獲得しようとしたり、問題解決のために立ち上がるような社会参加的な宗教活動とは見えないが、政治経済的な背景と絡み合いつつ、静かなかたちながら、音楽を通して仏教的な実践の余地を拡大し、聴き手や世界にその価値観を浸透させようとしているのである。

参考文献

シャルマ、サガル・ラージ、二〇一一、中西宏晃訳「ネパール経済」石上悦郎・佐藤隆弘編『現代インド・南アジア経済論』ミネルヴァ書房、三三九―三六〇頁。

藤倉達郎、二〇一三、「多民族国家ネパールにおける宗教実践――ヒンドゥー教の非国教化を巡る議論を中心に」小杉泰編『環インド洋地域における宗教復興・テクノロジー・生命倫理』京都大学大学院アジア・アフリカ地域研究研究科附属イスラーム研究センター、一九―二四頁。

森本泉、二〇一二、『ネパールにおけるツーリズム空間の創出――カトマンドゥから描く地域像』古今書院。

Dunham, Mikel, 2011, *Caught in Nepal: Tibetan Refugees Photographing Tibetan Refugees*, Vajra Publications.

Leve, Lauran, 2007, "'Secularism is a Human Right!': Double-Binds of Buddhism, Democracy and Identity in Nepal", in Mark Goodale and Sally Merry, eds., *The Practice of Human Rights: Tracking Law between the Global and the Local*, Cambridge University Press, pp. 78-113.

あとがき

本書は、「宗教と社会」学会の創立二〇周年記念企画として学術大会に際して行われた、次の二つのテーマセッションがもととなっている。

「社会参加を志向する宗教の比較研究――エンゲイジド・ブディズム（社会参加仏教）を考える――」（第二〇回大会、二〇一二年）

企画者：外川昌彦・大谷栄一、発表者：舟橋健太・別所裕介・五十嵐真子・泉経武・大谷栄一

コメンテーター：櫻井義秀・奥山直司

「国家介入的な政教関係の近代――アジア諸国における宗教と政治の比較研究――」（第二一回大会、二〇一三年）

企画者：矢野秀武、発表者：長谷千代子・蓮池隆広・矢野秀武・小島伸之

コメンテーター：田中雅一・真鍋一史

この二つのテーマセッションは、日本宗教の研究者と、世界各地の諸宗教を研究している文化人類学者や地域研究者が、それぞれの専門領域を超えて議論を交わせる場として企画された。各地域の既存の研究枠に限定されず、相互につながり合い、新たな発想を持った宗教研究を生み出す。そういった思いの下、これらのセッションは、学会創立二〇周年記念企画に位置づけられたのである。

ここで少し、「宗教と社会」学会のテーマセッションの歴史を振り返ってみよう。学問の研究領域としては、宗教学、社会学、人類学、歴史学の順に研究者の発表が多いのだが、これらの諸学が連携してセッションを組むことが多く、単独領域での開催は稀である。しかも、日本の宗教研究と世界各地の諸宗教の比較研究が双璧をなしており、現代的な宗教の動向を探る問題探索型のセッションが多い。セッションの研究成果がコンスタントに書籍化されていたのは初期であり、学会発足後の三年間に開催された「ファンダメンタリズムへの視点」「宗教と民族・ナショナリズム」「情報時代は宗教を変えるか?」というテーマはそれぞれ書籍となっている。その後は、学術出版を取り巻く状況が厳しくなったこともあり、テーマセッションの成果は学会誌である『宗教と社会』に報告というかたちでまとめられることが多くなった。

この度のテーマセッションでは、近年学会のテーマセッションで日本研究の割合が高くなってきたので、人類学や地域研究者に再び学会に積極的に関わってもらえるよう起爆剤となるようなセッションを組んで、次の二〇年を始めたいという当時の学会常任委員会の意向を強く受け、日本の宗教研究者が関心を持ち、なおかつ海外の研究を主体とした地域研究のテーマセッションを持てないものかと考えたのである。

この二つのセッションが重視してきたのは、世界を均一には見ないといった人類学や地域研究の姿勢を保ちつつも、いくつかの限定的な共通性や接点を見いだすといった点である。実際、各地域の宗教の様相および、その様相に連動した各地域での宗教研究のあり方やテーマは極めて多様であり、相互のずれを越えてつながり合うことは、そう簡単なことではない。

この問題に対し、二つのセッションはそれぞれ異なるアプローチで挑んでいる。まず、初年度の「社会参加を志向する宗教の比較研究」セッションでは、世俗化した社会においても、その可能性が注目されている宗教の社会貢献、とりわけエンゲイジド・ブディズム(社会参加仏教)という観点から、日本を含むアジア諸国の事例を比較し、諸地域をつなぐ研究を試みた。

さらに、二年目の「国家介入的な政教関係の近代」セッションでは、仏教ならびに他の宗教が、政治・福祉・教育などの領域において強いコミットメントを求められる(つまり社会参加する)、そういった社会のあり方自体に注目した。つまり宗教の概念や特性、および宗教の参加のあり方に大きな影響を与えている、各国の政教関係といった制度レベルからの比較である。

このような二つのアプローチは、そのまま本書にも引き継がれている。市民社会の成熟度や福祉・経済の発展状況、政教分離のあり方や度合いも全く異なった、その意味での複線化した近代を体現している諸国家を比較しながら、各地域における仏教の社会参加だけでなく、その宗教が置かれている社会状況、さらにそれらを捉える各地域の宗教研究のあり方が、ずれを伴いながらところどころ重なり合っていく、その様子を可能な限り記述しようと努めた。また、各章の分析や考察に宗教学、人類学、社会学、地域研究ほか、諸学の分野横断的な連携がどこまで生かされているかは読者諸賢の判断を仰ぎたいと考えている。

以上が、本書成立の背景となる「宗教と社会」学会創設二〇周年企画と各章のもとになったテーマセッションの学問的背景を略述したものである。

実は、もう一つ編者たちの意図したことがある。アジアの宗教を考える際に、東アジア、東南アジア、南アジア、西アジアにおける基本的な宗教情報(宗教人口、政教関係、現代の宗教情勢)を盛り込んだテキストをつくりたいということだった。本書は、社会参加仏教をテーマとしているためにイスラーム圏の西アジアを含まない構成になっている。イスラーム圏は他の三地域と違った近代国家の形成過程、政教関係、そして宗教の公共空間における役割(政治参加・社会福祉をともに含む)を有しているので、この点でアジアの宗教を網羅したとはいいがたい。ただし、宗教人口ではイスラーム大国のインドネシアとマレーシアが東南アジアに、パキスタンやバングラデシュ、ムスリム人口でも大国のインドが南アジアに含まれている。ともあれ、三つの地域において国別の宗教情報を概説というかたちでまとめ、読者に供したという点において、特徴を持ったテキストの役割を果たすのではないかと考える。

本書は、学生や一般の方々に、アジア各国の宗教と社会の関わりや、その多様性について興味を持ってもらうための入門書として活用してもらうことも可能である。アジア圏の三つの地域間の異同だけでなく、それぞれの地域内の国々における宗教のあり方の多様性も把握できるよう記述を心がけた。情報として不十分なところもあるが、村落(地域社会)レベル、国家レベル、アジア圏レベルといった複層的視点から、日本を含むアジアの宗教と社会のあり方を考察するきっかけになればありがたいと考えている。

最後になるが、本書は、北海道大学大学院文学研究科の出版助成を得ることで刊行される。北海道大学出版会の現代宗教文化研究叢書第五巻となる予定である。編集にあたっては、北海道大学出版会の平山陽洋氏に詳細でかつ的確なコメントを草稿の段階からいただくことができた。また、『宗教と社会』の歴代常任委員会の諸先生、学会事務局のスタッフには、今回のテーマセッションの開催に関して様々なご尽力をいただいた。ここに記して、謝意を表したい。

セッションの開催から本書のとりまとめまで約三年間のプロジェクトであったが、執筆者の協力も得、編者たちもメールや学会時の会合において何度となく意見交換や原稿の相互チェックを繰り返し、ようやく刊行の目途が見えてきた。晩秋に安堵感を得ながら、関係各位に感謝してあとがきとしたい。

二〇一四年一一月一四日

櫻井義秀・外川昌彦・矢野秀武

現代宗教文化研究叢書 5

アジアの社会参加仏教――政教関係の視座から

2015 年 3 月 31 日　第 1 刷発行

編著者　櫻井義秀
　　　　外川昌彦
　　　　矢野秀武

発行者　櫻井義秀

発行所　北海道大学出版会
札幌市北区北 9 条西 8 丁目　北海道大学構内（〒060-0809）
Tel. 011(747)2308・Fax. 011(736)8605・http://www.hup.gr.jp/

アイワード/石田製本

ISBN978-4-8329-6812-7

執筆者紹介

編　者

櫻井義秀（さくらい　よしひで）　はじめに，第1章，第10章

生　年　1961年
現　在　北海道大学大学院文学研究科教授
専　門　宗教社会学，東アジア宗教文化論，タイ地域研究
主　著　『東北タイの開発と文化再編』北海道大学図書刊行会，2005年（単著）。『東北タイの開発僧』梓出版社，2008年（単著）。『社会貢献する宗教』世界思想社，2009年（稲場圭信と共編）。『統一教会』北海道出版会，2010年（中西尋子と共著）。『現代タイの社会的排除』梓出版社，2010年（道場良子と共編）。『越境する日韓宗教文化』北海道大学出版会，2011年（李元範と共編）。『日本に生きる移民たちの宗教生活』ミネルヴァ書房，2012年（三木英と共編）。『アジアの宗教とソーシャル・キャピタル』明石書店，2012年（濱田陽と共編）。『タイ上座仏教と社会的包摂』明石書店，2013年（編著）。『カルト問題と公共性』北海道大学出版会，2014年（単著）。

外川昌彦（とがわ　まさひこ）　はじめに，第14章，第17章

生　年　1964年
現　在　広島大学大学院国際協力研究科准教授
専　門　文化人類学，南アジア地域研究，宗教社会学
主　著　『ヒンドゥー女神と村落社会』風響社，2003年（単著）。*An Abode of the Goddess*, Manohar Publication, 2006（単著）.『聖者たちの国へ』NHKブックス，2008年（単著）。『宗教に抗する聖者』世界思想社，2009年（単著）。『南アジアの文化と社会を読み解く』慶應義塾大学出版会，2011年（分担執筆，鈴木正崇編）。『死者の追悼と文明の岐路』三元社，2012年（分担執筆，大稔哲也・島薗進編）。『宗教とツーリズム』世界思想社，2012年（分担執筆，山中弘編）。『叢書・激動のインド1　変動のゆくえ』日本経済評論社，2013年（分担執筆，水島司編）。『現代インド1　多様性社会の挑戦』東京大学出版会，2015年（分担執筆，田辺明生・杉原薫・脇村孝平編）。

矢野秀武（やの　ひでたけ）　はじめに，第8章，第9章

生　年　1966年
現　在　駒澤大学総合教育研究部教授
専　門　宗教学，タイ上座仏教研究，宗教社会学
主　著　『岩波講座・宗教9　宗教の挑戦』岩波書店，2004年（分担執筆，池上良正ほか編）。『現代タイにおける仏教運動』東信堂，2006年（単著）。『世界の宗教教科書』大正大学出版会，2008年（翻訳，分担執筆）。『グローバル化するアジア系宗教』東方出版，2012年（分担執筆，中牧弘允／ウェンディ・スミス編）。『情報時代のオウム真理教』春秋社，2011年（分担執筆，井上順孝責任編集，宗教情報リサーチセンター編）。『タイ上座仏教と社会的包摂』明石書店，2013年（分担執筆，櫻井義秀編）。『90分でわかる！ビジネスマンのための「世界の宗教」超入門』東洋経済新報社，2013年（分担執筆，井上順孝編）。『タイを知るための72章』明石書店，2014年（分担執筆，綾部真雄編）。

執　筆　者(執筆順)

小島伸之(こじま　のぶゆき)　　第2章

生　年　1970年

現　在　上越教育大学大学院学校教育研究科准教授

専　門　憲法，日本近代法史，宗教社会学

主著・論文　『情報時代のオウム真理教』春秋社，2011年(分担執筆，井上順孝責任編集，宗教情報リサーチセンター編)。「特別高等警察による信教自由制限の論理」『宗教と社会』14号，2008年。「近現代日本における『教育の中立性』」『比較憲法学研究』26号，2014年。

大谷栄一(おおたに　えいいち)　　第3章

生　年　1968年

現　在　佛教大学社会学部准教授

専　門　宗教社会学，近現代日本宗教史

主　著　『近代日本の日蓮主義運動』法蔵館，2001年(単著)。『近代仏教という視座』ぺりかん社，2012年(単著)。『ブッダの変貌』法藏館，2014年(末木文美士・林淳・吉永進一と共編)。

長谷千代子(ながたに　ちよこ)　　第4章

生　年　1970年

現　在　九州大学大学院比較社会文化学府・研究院准教授

専　門　文化人類学，宗教研究

主　著　『文化の政治と生活の詩学』風響社，2007年(単著)。『民族表象のポリティクス』風響社，2008年(分担執筆，塚田誠之編)。『現代中国の宗教』昭和堂，2013年(分担執筆，川口幸大・瀬川昌久編)。

別所裕介(べっしょ　ゆうすけ)　　第5章

生　年　1972年

現　在　広島大学大学院国際協力研究科助教

専　門　文化人類学，チベット・ヒマラヤ地域研究

主著・論文　『聖地巡礼ツーリズム』弘文堂，2012年(分担執筆，星野英紀・山中弘・岡本亮輔編)。『中華人民共和国と少数民族』勉誠出版，近刊(分担執筆，毛里和子・澤井充生・田中周編)。“Competition for the Mountain Landscape”, *Journal of Research Institute*, vol.51 (Current Issues and Progress in Tibetan Studies), 2014.

五十嵐真子(いがらし　まさこ)　　第6章

生　年　1965年

現　在　神戸学院大学人文学部教授

専　門　文化人類学(宗教，植民地経験，台湾)

主　著　『現代台湾宗教の諸相』人文書院，2006年(単著)。『戦後台湾における〈日本〉』風響社，2006年(三尾裕子と共編)。『台湾における〈植民地〉経験』風響社，2011年(分担執筆，植野弘子・三尾裕子編)。

李賢京(い　ひょんぎょん)　第7章

生　年　1979年
現　在　東西大学日本研究センター研究教授
専　門　宗教社会学，日韓宗教比較
主著・論文　『日本に生きる移民たちの宗教生活』ミネルヴァ書房，2012年(分担執筆，三木英・櫻井義秀編)。『韓流・日流』勉誠出版，2014年(分担執筆，山本浄邦編)。「『閉じた』ディアスポラ信仰共同体としての葛藤と『開かれた』信仰共同体としての可能性」『日本研究』61号(韓国外国語大学校日本研究所)，2014年。

藏本龍介(くらもと　りょうすけ)　第11章

生　年　1979年
現　在　東京大学大学院総合文化研究科学術研究員
専　門　文化人類学，ミャンマー地域研究
主　著　『静と動の仏教』佼成出版社，2011年(分担執筆，奈良康明・下田正弘編)。『アジアの仏教と神々』法藏館，2012年(分担執筆，立川武蔵編)。『世俗を生きる出家者たち』法藏館，2014年。

北澤直宏(きたざわ　なおひろ)　第12章

生　年　1984年
現　在　京都大学大学院アジア・アフリカ地域研究研究科博士課程
専　門　ベトナム地域研究
主著・論文　『アジアにおけるシャーマニズムと社会変容』松香堂書店，2010年(小島敬裕・前川佳世子と共編)。「〝解放〟後のベトナムにおける宗教政策」『東南アジア研究』50巻2号，2013年。「[書評] 黄蘊編『往還する親密性と公共性』京都大学学術出版会，2014年」『東南アジア研究』52巻1号，2014年。

蓮池隆広(はすいけ　たかひろ)　第13章

生　年　1969年
現　在　専修大学非常勤講師
専　門　宗教学，インドネシア地域研究
主　著　『新しい追悼施設は必要か』ぺりかん社，2004年(分担執筆，国際宗教研究所編)。『宗教の事典』朝倉書店，2012年(分担執筆 [「東南アジア島嶼部」の項目]，山折哲雄監修，川村邦光・市川裕・大塚和夫・奥山直司・山中弘編)。『世界は宗教とこうしてつきあっている』弘文堂，2013年(分担執筆，山中弘・藤原聖子編)。

田中雅一(たなか　まさかず)　第15章

生　年　1955年
現　在　京都大学人文科学研究所教授
専　門　文化人類学，南アジア民族誌
主　著　『供犠世界の変貌』法藏館，2002年(単著)。『癒しとイヤラシ』筑摩書房，2010年(単著)。『軍隊の文化人類学』風響社，2015年(編著)。

舟橋健太（ふなはし　けんた）　第16章

生　年　1973年

現　在　龍谷大学現代インド研究センター研究員（人間文化研究機構地域研究推進センター研究員）

専　門　文化人類学，南アジア地域研究

主　著　『来たるべき人類学3　宗教の人類学』春風社，2010年（分担執筆，吉田匡興・石井美保・花渕馨也編）。『講座・生存基盤論3　人間圏の再構築』京都大学学術出版会，2012年（分担執筆，速水洋子・西真如・木村周平編）。『現代インドに生きる〈改宗仏教徒〉』昭和堂，2014年（単著）。

山本達也（やまもと　たつや）　第18章

生　年　1979年

現　在　京都大学大学院アジア・アフリカ地域研究研究科客員研究員（人間文化研究機構地域研究推進センター研究員）

専　門　文化人類学，南アジア芸能研究

主著・論文　『宗教概念の彼方へ』法藏館，2011年（磯前順一との共編）。『舞台の上の難民』法藏館，2013年（単著）。「マントラを商品化する」『宗教と社会』20号，2014年。

索　引

サ　行

タ　行

ナ　行

ハ　行

マ　行

ラ　行

ワ　行